Viaje a través del Libro de Ejercicios de

Un curso de milagros

Primer volumen:
Primera parte — Lecciones de la 1 a la 60

VIAJE A TRAVÉS DEL LIBRO DE EJERCICIOS
DE
UN CURSO DE MILAGROS

DR. KENNETH WAPNICK

Foundation for A Course in Miracles®

EL GRANO Ð MOSTAZA

Título en inglés:
"Journey through the Workbook of A Course in Miracles"

Copyright © 2015 by
the *Foundation for* A COURSE IN MIRACLES®

Título en castellano:
Viaje a través del Libro de Ejercicios de Un curso de milagros

Subtítulo
Primer volumen: Primera parte — Lecciones de la 1 a la 60

Autor
Dr. Kenneth Wapnick

Traducción
Miguel Iribarren

Diseño
Félix Lascas

Primera edición
Julio 2020

Copyright © 2020
El Grano de Mostaza

Depósito legal B 12208-2020

ISBN 978-84-121759-5-0

EDICIONES EL GRANO DE MOSTAZA, S. L.
Carrer de Balmes, 394 ppal. 1.ª
08022 Barcelona

CONTENIDO

Prefacio del editor

Es para El Grano de Mostaza Ediciones un honor anunciar con la presente obra la publicación de la colección en siete volúmenes de *El Viaje a través del Libro de ejercicios de Un curso de milagros,* de Kenneth Wapnick.

Esta es posiblemente la mejor guía que se ha hecho para entender las lecciones del *Libro de ejercicios* de *Un curso de milagros* en toda su pureza no dual. Kenneth Wapnick fue el abanderado de la interpretación no dual pura del Curso, y estamos muy contentos de publicar la versión en castellano, que permite entender e integrar el contenido de las lecciones. Esta colección en siete volúmenes es un tesoro incomparable para el practicante comprometido de *Un curso de milagros.*

Por otra parte, nos gustaría indicar que si bien circulan por Internet algunas versiones de esta serie, traducidas por estudiantes interesados en difundir su contenido, queremos dejar claro que esta es la versión oficial, aprobada y validada por el editor original, la Fundación para *Un curso de milagros* de Estados Unidos.

Nuestro plan es publicar un nuevo libro cada pocos meses hasta completar la serie. Una vez que todos estén publicados, la serie estará disponible como tal en nuestra página web.

Hemos añadido el Apéndice en el primer volumen porque consideramos fundamental hacerlo llegar al público en una primera toma de contacto con la serie, pues enmarca todo el trabajo con las lecciones del *Libro de ejercicios* y le da contexto y contenido, aclarando además muchas dudas y haciendo recomendaciones pertinentes para la mejor lectura y aprovechamiento del material.

Por último, nos gustaría indicar que el propio autor, Kenneth Wapnick, desaconseja utilizar estos volúmenes en la primera ronda de práctica de las lecciones del Curso.

Queremos dar gracias desde aquí a todos los colaboradores que han intervenido en la elaboración de esta obra y a los futuros lectores. Estamos seguros de que atesorarán la luz contenida en estos libros y el amor con que fueron transmitidos por toda la cadena de participantes. También queremos agradecer de manera especial a la Fundación para Un curso de milagros (FACIM, por sus siglas en inglés) por la confianza depositada en nosotros.

Es nuestro deseo que la luz contenida en estos volúmenes pueda extenderse a un mundo necesitado. De la mano de Ken Wapnick y con una pequeña dosis de buena voluntad, podemos amigarnos con el trabajo que conllevan las lecciones de *Un curso de milagros,* logrando así una inversión de pensamiento que nos proporcionará paz, amor y sobre todo, la experiencia de unidad, de que en realidad somos uno.

Prefacio a la edición en español

En esta edición hemos incluido una segunda introducción, Introducción II, que consiste en una serie de extractos de un taller que dio el autor, Kenneth Wapnick, en 1992 titulado "El Libro de Ejercicios de *Un curso de milagros*: su lugar dentro del programa de estudios. Teoría y práctica." En palabras del autor: las selecciones se centran en diversos temas clave que desarrollo y entretejo con mis comentarios a lo largo de los siete volúmenes de esta obra. Dichos extractos, que incluyen algunas respuestas a preguntas planteadas por estudiantes, sirven para reforzar algunas de las directrices esenciales que los estudiantes han de tener en cuenta durante su viaje, no solo con el Libro de ejercicios, sino también con el propio Curso. Como solemos hacer con las transcripciones publicadas de los talleres y de las clases, en nuestra labor de edición nos hemos esforzado por mantener la naturaleza informal de las exposiciones.

Quiero dedicar un agradecimiento especial a Rosemarie LoSasso, nuestra directora de publicaciones, por corregir los extractos del taller original y ponerlos en una totalidad coherente. Ha sido una tarea difícil, que Rosemarie ha completado con la habilidad y amorosa dedicación que son habituales en ella.

Prefacio del autor a la primera edición inglesa

Estos siete volúmenes son el producto final de una serie de cincuenta y ocho clases que di en los antiguos locales de nuestra fundación, en Roscoe, Nueva York, en 1998 y 1999. La cinta grabada de cada conferencia duraba aproximadamente una hora, y consistía en un análisis del Libro de ejercicios línea por línea: lecciones, introducciones, revisiones, resúmenes y el epílogo. Las limitaciones de tiempo llevaron a omitir, o solo comentar brevemente, algunos pasajes relativamente menores. No obstante, en esta obra en siete volúmenes he incluido los pasajes omitidos durante las clases originales. También he ampliado considerablemente algunos de los comentarios, ofreciendo referencias adicionales a otras partes relevantes de *Un curso de milagros*, el prefacio del Curso, los dos anexos, *Psicoterapia* y *El Canto de la Oración*, los poemas procedentes de *The Gifts of God*, y el poema en prosa "The Gifts of God"[1*] , todos los cuales amplían o van en paralelo con lo que ya se había comentado. Así, estos volúmenes pueden considerarse un acompañante completo del Curso, que asistirá a los estudiantes en su recorrido por el Libro de ejercicios.

Mi propósito en este libro —como en las clases que lo inspiraron— es ayudar a los estudiantes de *Un curso de milagros* a entender mejor el significado de las lecciones y su lugar en el programa de estudios general del Curso. Sobre todo, el propósito es ayudar a los estudiantes a ver la importancia de aplicar las lecciones diarias a su vida cotidiana. Sin esta aplicación, el brillo de las palabras de Jesús en *Un curso de milagros* se desperdicia, y estas se convierten simplemente en un sistema estéril de enseñanzas intelectuales. Ciertamente, el propósito declarado del Libro de ejercicios es ayudar a los estudiantes a aplicar las enseñanzas del marco teórico del Texto:

> Para que los ejercicios de este libro de ejercicios tengan sentido para ti, es necesario disponer, como marco de referencia, de una base teórica como la que provee el texto. No obstante, es la práctica de los ejercicios lo que te permitirá alcanzar el objetivo del curso. Una mente sin entrenar no puede lograr nada. El propósito de este libro de ejercicios es entrenar tu mente a pensar según las líneas expuestas en el texto. (L.in.1)

Como sabe cualquier profesor, los estudiantes aprenden mediante la práctica constante y la repetición. Aunque nuestra memoria no se extienda tanto hacia el pasado, así es como aprendimos a leer, escribir y la aritmética. Asimismo, cualquiera que haya aprendido a tocar un instrumento musical recuerda la práctica diaria

---

1 [*] Los poemas y el poema en prosa fueron escritos por Helen Schucman, la escriba de *Un curso de milagros*. A lo largo de este libro me referiré a ella como Helen, y a su compañero en las labores de escritura, William Thetford, como "Bill". Puedes encontrar una exposición más amplia sobre Helen, su escritura de *Un curso de milagros* y otros materiales, y su relación con Bill, en *Ausencia de felicidad: La historia de Helen Schucman como escriba de Un curso de milagros*.

y la repetición de las escalas y ejercicios. Y lo mismo es aplicable a los principios del perdón del Texto. Deben ser practicados cada día, y momento a momento si es necesario. Jesús nos recuerda en el Texto que cada encuentro es un encuentro santo (T-8.III.4:1), porque cada experiencia, cualquiera que sea su magnitud, ofrece una oportunidad para la inversión de la proyección que nos permite examinar los contenidos de nuestra mente inconsciente. Sin esta conciencia nunca podemos volver a elegir, el objetivo último del Curso. Además, cuando estudiamos las habilidades básicas en la escuela elemental, no aprendimos todas y cada una de las combinaciones posibles de palabras y números, sino solo los principios a través de ejemplos específicos, que seguidamente generalizamos a todos los casos. Así, nuestro nuevo Maestro —Jesús o el Espíritu Santo— nos enseña a perdonar ciertas relaciones especiales, y a continuación nos ayuda a generalizar el principio a todas las relaciones:

> El propósito del libro de ejercicios es entrenar la mente de forma sistemática para tener una percepción diferente de todo el mundo y de todas las cosas. Los ejercicios están diseñados para ayudarte a generalizar las lecciones, de manera que puedas comprender que cada una de ellas es igualmente aplicable a todo el mundo y a todo lo que ves. (L.In.4)

En caso de que te lo perdieras la primera vez, Jesús repite su punto dos párrafos después:

> Así pues, las únicas reglas generales a observar a lo largo de todo el entrenamiento son: Primera, los ejercicios deben practicarse con gran precisión, tal como se indique. Esto te ayudará a generalizar las ideas en cuestión a toda situación en la que te encuentres, así como a todas las cosas y personas involucradas en ella [...] El objetivo general de los ejercicios es incrementar tu capacidad de ampliar las ideas que estarás practicando de modo que lo incluyan todo. (L.In.6:1-2; 7:1).

Volveremos a este punto esencial cuando comencemos nuestro viaje por el Libro de ejercicios.

Estos volúmenes pueden leerse al menos de tres maneras: 1) todo seguido, como uno leería el Texto de *Un curso de milagros*; 2) diferentes lecciones en diferentes momentos; o 3) una lección cada vez, como acompañante de cada lección. Sin embargo, si los estudiantes están haciendo el Libro de ejercicios por primera vez, les animaría a leer las lecciones tal como son, sin mis comentarios. En otras palabras, como todos mis trabajos anteriores con *Un curso de milagros*, esta obra en *siete volúmenes* está pensada para complementar la experiencia que tenga el estudiante del Libro de ejercicios, no para sustituir al Libro de ejercicios tal como se nos ha dado.

Antes de continuar me gustaría hacer unos pocos comentarios sobre la naturaleza y estructura de este libro. Para aquellos que vais a leerlo todo seguido, por favor, sabed que no explico *todas las cosas todo el tiempo*. De ser así, estos volúmenes serían insoportablemente pesados, y también más largos que ahora. Así, las ideas o principios a menudo se exponen bajo la suposición de que el lector ya ha leído el material del libro que los explica con más profundidad. Por ejemplo, con frecuencia menciono el principio fundacional del ego de *uno o el otro*, sin explicar siempre su origen ontológico ni su pleno significado. Más abajo comento el uso metafórico del lenguaje en *Un curso de milagros*, mediante el cual, por ejemplo, a veces se usa el término *Dios* cuando en realidad se refiere al *Espíritu Santo*. Si bien a veces se le recuerda esto al lector, no se menciona siempre.

Debido a la naturaleza cíclica del Libro de ejercicios, de vez en cuando repito citas relevantes del Texto, del manual y de otro material. Aquí, de nuevo, no siempre indico al lector que he hecho esto. Como he mencionado antes, también he usado la poesía de Helen para potenciar mis comentarios de las lecciones. Lo he hecho no solo por su relevancia evidente, sino para presentar estos maravillosos poemas a los lectores que pueden no ser conscientes de su existencia. Y lo mismo para el poema en prosa, también titulado "Los regalos de Dios". Esta obra maestra menor se encuentra al final del libro de poemas de Helen, y ofrece una visión general poderosa y sucinta del sistema de pensamiento de *Un curso de milagros.* Espero que los lectores que ya están familiarizados con estos escritos disfruten de su inclusión, y que los que los conocen por primera vez se alegren de encontrar otra fuente para las mismas enseñanzas que se hallan en el Curso. Para más información sobre el origen de este material, el lector interesado puede consultar mi libro sobre Helen y los comienzos del Curso, *Ausencia de felicidad,* citado en una nota anterior.

Además, no se han mencionado todas las referencias a las escrituras que aparecen en el Libro de ejercicios. El lector interesado puede consultar mi *Glossary-Index for A Course in Miracles*[2]* para obtener una lista exhaustiva de estas numerosas citas y alusiones.

Ahora una palabra sobre el uso del lenguaje en *Un curso de milagros.* Como comento con gran detalle en *Pocos eligen escuchar,* Volumen dos de *El mensaje de Un curso de milagros,* especialmente en los capítulos 2 y 3, el Curso está escrito en un lenguaje dualista (o metafórico). Este es el significado de la declaración de Jesús en la introducción a la clarificación de términos:

> Este curso opera dentro del marco de referencia del ego, pues ahí es donde se necesita. No se ocupa de lo que está más allá de todo error, ya que está planeado únicamente para fijar el rumbo en dirección a ello. Por lo tanto, se vale de palabras, las cuales son simbólicas y no pueden expresar lo que se encuentra más allá de todo símbolo. *El curso es simple.* Tiene una sola función y una sola meta. Solo en eso es totalmente consistente, pues solo en eso puede *ser* consistente. (C-in.3:1-3, 8-10).

Subrayando la naturaleza simbólica y, por tanto, intrínsecamente ilusoria de las palabras, Jesús hace estos comentarios en el Manual para el maestro:

> Dios no entiende de palabras, pues fueron hechas por mentes separadas para que las mantuvieran en la ilusión de la separación. Las palabras pueden ser útiles, especialmente

---

2 * Actualmente solo está publicado en inglés.

> para el principiante, ya que lo ayudan a concentrarse y a facilitar la exclusión o, al menos, el control de los pensamiento superfluos. No olvidemos, no obstante, no son más que símbolos de símbolos. Por lo tanto, están doblemente alejadas de la realidad. (M-21.1:7-10).

Por lo tanto, debido a nuestra limitada capacidad de entender —pues nos identificamos con el cerebro en lugar de con la mente—, el amor abstracto o no específico de Jesús tiene que ser expresado de una forma que podamos entender y eventualmente aceptar. Así, esto es lo que él dice en el Texto con relación a que el Espíritu Santo nos enseña cómo experimentar la unidad de la verdad mediante el perdón:

> De acuerdo con esto, se considera al tiempo y al espacio como si fueran distintos, pues mientras pienses que una parte de ti está separada, el concepto de una unicidad unida cual una sola no tendrá sentido. Es obvio que una mente así de dividida jamás podría ser el maestro de la Unicidad que une a todas las cosas dentro de Sí. Por lo tanto, lo que está dentro de esta mente, y en efecto une a todas las cosas, no puede sino ser su Maestro. *Él necesita, no obstante, utilizar el idioma que dicha mente entiende, debido a la condición en que cree encontrarse.* Y tiene que valerse de todo lo que esta mente ha aprendido para transformar las ilusiones en verdad y eliminar todas tus falsas ideas acerca de lo que eres, a fin de conducirte hasta la verdad que *se encuentra* más allá de ellas. (T-25.I.7:1-5; la cursiva es mía).

Así, se habla de Dios y del Espíritu Santo (y de Jesús) como si fueran personas, miembros de la especie *homo sapiens*. Tienen género y hablan, actúan, piensan, hacen planes, tienen reacciones y sentimientos, e incluso partes del cuerpo: voces, brazos, manos y conductos lacrimales. Sin embargo, ¿cómo puede un Dios no dualista ser o hacer cualquiera de estas cosas? La Lección 169 dice que "Dios es", y no se puede decir nada más que sea realmente significativo. Sin embargo, es esencial que el estudiante de

Un curso de milagros entienda que todas estas referencias a Dios, Cristo, el Espíritu Santo y Jesús no se han de tomar literalmente. En el nivel del símbolo o la metáfora, simplemente se encuentran con nosotros *en la condición en la que creemos estar*. Buena parte del Libro de ejercicios está escrita a este nivel, y generalmente apuntaré la aparente inconsistencia entre forma y contenido, palabra y significado, a veces refiriéndome a los pasajes que acabo de citar. Cuando se entienda adecuadamente el uso de símbolos, el problema de la consistencia desaparecerá. Por eso Jesús nos avisa en el Texto de que no debemos confundir símbolo y fuente. (T-19.IV-C.11:2)

Además, hay notables inconsistencias en el uso de las palabras. Por ejemplo, como se ha mencionado antes, a veces se usa la palabra *Dios* cuando es evidente que el sujeto correcto es el *Espíritu Santo*. Un ejemplo sale en la Lección 193, "Todas las cosas son lecciones que Dios quiere que yo aprenda." La propia lección deja claro que "el aprendizaje es algo que le es ajeno a Dios", mientras que a lo largo de los tres libros hay referencias al Espíritu Santo como nuestro Maestro. En la Lección 29 se nos dice que "Dios está en todo lo que veo", sin embargo, esta lección y la siguiente dejan claro que a lo que se refieren es al *propósito* de Dios, y sabemos por nuestro estudio de *Un curso de milagros* que la función del Espíritu Santo es mantener ese propósito de perdón en nuestras mentes. Los ejemplos abundan, y en la mayoría de los casos los señalaré cuando ocurran.

También es importante apuntar las referencias a los términos cristianos tradicionales, como *Expiación,* la *Segunda Venida y* el *Juicio Final,* por no hablar de lecciones como "yo soy la luz del mundo". Esto sigue las mismas líneas de razonamiento que acabo de comentar: Jesús hace uso de nuestro lenguaje occidental y dualista como la *forma* dentro de la cual nos enseña un *contenido* diferente. Por lo tanto, es extremadamente importante entender que, en el Curso, la mayor parte del tiempo Jesús usa el lenguaje de símbolos con el que todos hemos crecido. Tanto en el judaísmo como en el cristianismo se considera que Dios tiene planes y hace cosas por nosotros, como enviarnos distintos tipos de ayuda: fenómenos naturales, ángeles, Su Hijo, e incluso que este último muera por nosotros. Una parte significativa de Su plan incluye a personas especiales que desempeñan papeles especiales en el plan especial. Cuando los símbolos se toman literalmente, estos antropomorfismos evidentes son banderas rojas que apuntan a la voz de especialismo y no a la Voz de verdad. Jesús no habla directamente del especialismo en el Libro de ejercicios, pero sí que describe sus dinámicas. En una importante línea del Texto se dice que ni siquiera podemos pensar en Dios sin un cuerpo, o con alguna forma que pensemos que reconocemos (T-18.VIII.1:7). Esta es su manera de explicar que, como creemos ser cuerpos separados, él debe hablarnos de un Dios Quien también parece estar separado; no es que lo esté en verdad, pero *parece* estarlo. Una vez más, esto no significa literalmente que Dios haya puesto el remedio o el Espíritu Santo en nuestra mente, o incluso que tenga un plan. Cuando nos quedamos dormidos y empezamos este sueño loco, llevamos con nosotros al sueño un recuerdo —el Espíritu Santo— de donde vinimos. *Nosotros* hicimos eso, no Dios. El Espíritu Santo es el recuerdo y la Presencia de Amor, y el recordatorio de quiénes somos nosotros, puesto que somos Sus hijos. Volveremos a esto más adelante.

A medida que uno inicia su viaje por el Libro de ejercicios, es posible que sean de ayuda algunos comentarios adicionales. Si no se experimenta resistencia a las lecciones en algún punto del recorrido, el estudiante tendría que estar profundamente inmerso en la negación, o tan avanzado como para no reconocer el concepto. El propósito declarado del Libro de ejercicios, que refleja el de *Un curso de milagros* mismo, es deshacer el sistema de pensamiento de culpa del ego: el fundamento de nuestra existencia misma como yoes separados e individualizados. Uno no deja que dicho fundamento se vaya con facilidad ni a la ligera. Hacerlo sería el final de nuestra existencia tal como la conocemos. Y por eso nuestros yoes —regidos por el ego— se resisten a cualquier incursión en el bastión de defensas del ego. Así, hablamos del proceso de aprender y vivir el Curso como de un viaje que hacemos con el Espíritu Santo como Maestro. Es un viaje a través del país lejano de la resistencia —miedo, culpabilidad y proyección— con la luz del perdón como nuestro guía, y la luz del Cielo como objetivo. Por eso decimos que la estructura de *Un curso de milagros* es sinfónica, y en ella ciertos temas centrales se repiten, varían, se dejan de lado y se reenuncian, hasta que el conmovedor final de la redención anuncia el final del viaje.

Una de las numerosas formas que asume la resistencia —además de las más evidentes, como olvidar el título de la lección o la propia lección— es usar los títulos o declaraciones como afirmaciones. Ese no es su propósito, y su uso equivocado refleja el proceso del ego de llevar la luz a la oscuridad; esto no solo cubre la oscuridad, *sino también la luz*. Más bien, las declaraciones contenidas en las preguntas están pensadas como símbolos de la luz, a la que llevamos la oscuridad de la culpa y el juicio de nuestro ego, y el brillo de la luz hace que desaparezcan suavemente.

Agradecimientos

Me gustaría dar las gracias a las numerosas personas que han posibilitado este libro. Comienzo con los estudiantes de las primeras clases —el personal de la Fundación, así como los estudiantes a largo plazo (y los ocasionales)— de nuestro centro de Roscoe. Su interés continuado en *Un curso de milagros*, tanto en la teoría como en la práctica, fue la inspiración y el estímulo para esta serie de charlas. A continuación, me siento agradecido a las numerosas personas que amablemente se ofrecieron voluntarias para transcribir las cintas de audio, y a quienes realizaron la edición previa para eliminar los verbalismos evidentes que, si bien son normales en el discurso informal, se vuelven muy pesados en la lectura.

Rosemarie LoSasso, la directora de publicaciones de la Fundación, continuó el trabajo a partir de ahí. Además de realizar el mecanografiado original y de preparar las cintas para su publicación, Rosemarie fue en gran medida responsable de la enorme tarea de dar una forma mucho más legible a las transcripciones, lo que realizó con el estilo fiel e incansable que la caracteriza. A partir de su corrección fui capaz de revisar detenidamente todo el manuscrito hasta que alcanzó su forma final. Su ayuda, como siempre, ha sido valiosísima. También estoy agradecido a los numerosos individuos del personal de la Fundación que trabajaron tan diligentemente para preparar la forma final del manuscrito y del libro: Jennye Cooke, Jackie Futterman, Emmy Massengill, Loral Reeves, Elizabeth Schmit, y Virginia Tucker.

Finalmente, al igual que en todas mis enseñanzas, hablo con profunda y amorosa gratitud de mi esposa Gloria, que siempre ha estado a mi lado inspirándome y animándome a trabajar, y ciertamente, haciendo que todo esto sea posible.

PRELUDIO

INTRODUCCIÓN

Estamos a punto de embarcarnos en un viaje de 365 pasos. Nuestra guía es el Libro de ejercicios de *Un curso de milagros*. Comenzamos en el mundo de la forma, sin apenas una pista de las vistas que se desplegarán ante nosotros a medida que seamos guiados paso a paso por Jesús —profesor y guía, hermano y amigo— hasta que lleguemos a las amables praderas que anuncian el último paso, en el que desaparecemos para siempre en lo informe. Hablamos de pasos —365 lecciones— y sin embargo en verdad este es un viaje sin distancia, porque solo nos fuimos de casa en sueños. Hablamos de tiempo —un año—, y sin embargo la eternidad es un estado constante, y el tiempo lineal no es sino parte de un sueño que en realidad nunca ocurrió. No obstante, tenemos que empezar, y nuestro mundo cotidiano de aspiraciones y esperanzas, de amores y odios, de nacimientos y muertes es el aula en la que aprendemos las lecciones que acaban enseñándonos que no hay mundo.

En lugar de hablar de un viaje a través del tiempo y el espacio, podemos hablar de una experiencia circular, que acaba en su comienzo. Excusándome ante T.S. Eliot, sustituyo la palabra *viajar* por *exploración* y *explorar* respectivamente en los siguientes versos inmortales de "Little Gidding" (nombre de un pueblo y el último de sus *Cuatro Cuartetos*):

No dejaremos de viajar
Y el final de nuestro viaje
Será llegar donde comenzamos
Y conocer el lugar por primera vez.

Nuestro viaje está conectado por un hilo, como en un sutil tema musical que serpentea su camino a lo largo de una partitura, que a menudo solo reconocen los entendidos. Y, sin embargo, sin él, la estructura temática de la obra se desmoronaría. En la sinfonía de nuestro Libro de ejercicios hay dos temas significativos que se repiten: 1) nuestra identidad dentro de la ilusión como mente: la mente errónea (el ego), la mente correcta (el Espíritu Santo), y la parte tomadora de decisiones que elige entre ellas; y 2) el deseo de nuestro ego de tener razón y de demostrar que Jesús se equivoca. El trasfondo fundacional de estos temas es la estructura teórica del propio Curso, expresada de la manera más significativa en el Texto.

Por lo tanto, de forma muy parecida a una obertura de ópera que presenta los temas que se han de desarrollar en el trabajo siguiente, este preludio presentará una visión general del sistema de pensamiento de *Un curso de milagros*. Ya hemos mencionado la Introducción al Libro de ejercicios, que enmarca nítidamente sus lecciones dentro de la teoría del Texto. Por lo tanto, antes de embarcarnos en nuestro viaje a lo largo del Libro de ejercicios, es adecuado que establezcamos dicho resumen, al que podremos referirnos en nuestros comentarios posteriores. Si bien no está pensado como una presentación pormenorizada de los principios del Curso, destaca sus principios centrales, haciendo un énfasis particular en esos aspectos de las enseñanzas de Jesús en *Un curso de milagros* que tienen una relevancia directa para nuestro viaje. Estos comentarios se organizan en torno a los dos niveles reflejados en las enseñanzas del Curso: el primer nivel distingue entre la verdad y la ilusión, la Unidad y la separación, Dios y el ego. El segundo nivel solo guarda relación con el mundo de ilusión separado del ego, y contrasta el sistema de pensamiento de la mente errónea basado en la culpabilidad, el ataque y la defensa —el mundo del ego de relaciones especiales— con el sistema de pensamiento de perdón de la mente correcta, el mundo del Espíritu Santo de relaciones santas.

Nivel uno: la Unidad del Cielo

La premisa fundamental de *Un curso de milagros* es la Unidad de Dios:

> El Cielo no es un lugar ni tampoco una condición. Es simplemente la conciencia de la perfecta Unicidad y el conocimiento de que no hay nada más: nada fuera de esta Unicidad ni nada dentro (T-18.VI.1:5-6).

Esta perfecta Unidad es la principal característica de la visión de la realidad del Curso, lo que lo establece como un sistema de pensamiento no dualista. Dios y Su Hijo son totalmente uno, sin diferenciación posible entre ellos. Así, leemos en el Libro de ejercicios:

> Dios [...] no hace distinción entre lo que Él es y lo que sigue siendo Él Mismo. Lo que crea no está separado de Él, y no hay ningún lugar en el que el Padre acabe y el Hijo comience como algo separado (L-pI.132.12:3-4).

Como creemos ser criaturas dualistas que habitan un mundo de tiempo y espacio, un mundo no espacial y no temporal, sin diferenciaciones, es inconcebible para nosotros. Así, Jesús dice de la Unidad de Dios y de la nuestra:

> No podemos hablar, escribir, y ni siquiera pensar en esto en absoluto [...] No hay necesidad de clarificar más lo que nadie en el mundo puede comprender. Cuando la revelación de tu unicidad tenga lugar, lo sabrás y lo comprenderás plenamente (L-pI.169.6:1,10:1-2).

Dentro de esta Unidad, el amor se extiende continuamente a sí mismo: Dios extiende Su Ser a Su Ser, llamado Cristo. Esta es la definición del Curso de la creación. Cristo, siendo parte de Dios, comparte la capacidad de crear de Su Creador, y Sus extensiones son conocidas como creaciones. Todo esto, por supuesto, ocurre en una realidad en la que no hay tiempo ni espacio, estando totalmente unificada dentro de sí misma.

Cuando hablamos del fundamento metafísico no dualista del Curso, hablamos de su continuo contraste entre la verdad y la ilusión: el primer nivel. Esto invita a la distinción entre Dios y el ego, en la que la Unidad y la Totalidad de Dios es la realidad, y todo lo demás es irreal. Aquí no es posible ninguna concesión, y no hay lugar para graduaciones: "...que lo falso es falso y que lo que es verdad nunca ha cambiado" (L-pII.10.1:1). Como solo la eternidad es verdad, lo que conocemos como tiempo —pasado, presente, futuro— es ilusorio.

Nivel uno: la trinidad impía del ego

En palabras que citaremos con frecuencia, *Un curso de milagros* afirma:

> Una diminuta idea loca, de la que el Hijo de Dios olvidó reírse, se adentró en la eternidad, donde todo es uno. A causa de su olvido ese pensamiento se convirtió en una idea seria, capaz de lograr algo, así como de producir efectos "reales" (T-27. VIII.6:2-3).

Esta idea demente era que el Hijo de Dios podía separarse realmente de su Creador y Fuente. En verdad, por supuesto, esto nunca pudo haber ocurrido, pero en el sueño ilusorio de la mente del Hijo no solo *pudo* ocurrir, sino que *ocurrió*. Esta imposibilidad puso en marcha un drama cósmico de proporciones míticas, que incluye tres *dramatis personae*: el ego, el Espíritu Santo y el Hijo de Dios tomador de decisiones. Este trío compone la mente dividida, ahora aparentemente separada de la Mente de Cristo, el verdadero e indiviso Hijo de Dios.

El drama se despliega de esta manera: el tomador de decisiones de la mente debe elegir entre dos percepciones mutuamente excluyentes de la pequeña idea loca. El ego —la creencia del Hijo de que está separado de Dios— habla al Hijo de las glorias de la separación, de la individualidad, y de liberarse del yugo tiránico del cruel Creador autoritario. La respuesta del Espíritu Santo —el recuerdo del Hijo de su Identidad como Cristo—, de la que se hace eco el personaje de Cordelia en *El Rey Lear*[3]*, es simplemente amar y permanecer en silencio. Responder a una mentira solo la refuerza, y así la amable sonrisa del Espíritu Santo refleja Su principio de Expiación: la separación de Dios nunca ocurrió. Esto refleja el principio que gobierna el Cielo: *Las ideas no abandonan su fuente*, la Idea del Hijo de Dios nunca ha abandonado Su Fuente en la Mente de Dios. Es innecesario añadir que el ego argumenta lo contrario: las ideas *sí* abandonan su fuente, y ciertamente lo han hecho.

El tomador de decisiones —en realidad, más en el papel de juez llegados a este punto— no se siente impresionado por la respuesta del Espíritu Santo, y elige como verdad la percepción del ego. Esto es el comienzo del principio central que gobierna el sistema de pensamiento del ego, ahora floreciente: *uno o el otro*. Al elegir la separación del ego, el Hijo eligió efectivamente en contra de la Expiación del Espíritu Santo, silenciando así para toda intención y propósito Su Voz de verdad detrás de las mentiras del ego.

El ego ha ganado el primer asalto, pero reconoce inmediatamente que una amenaza pende sobre su horizonte recién establecido. Sabe que debe su existencia a que el Hijo lo ha elegido. Y ahora considera para su horror: ¿Y si el Hijo cambia de decisión? Sin el poder de la mente del Hijo para creer en él, el ego no podría hacer otra cosa que desaparecer en la nada, puesto que intrínsecamente es nada. Por lo tanto, esta ilusión de algo desarrolla un plan mediante el cual preservar su existencia ilusoria en la mente del Hijo. Su estrategia de supervivencia se basa en la lógica siguiente:

La existencia del ego depende de la creencia del Hijo en él, lo cual ya ha conseguido en virtud de la decisión tomada por la mente de este.

Su extinción solo puede venir de un cambio de parecer en la mente del Hijo.

Por lo tanto, hacer que el Hijo no tenga mente —haciendo que olvide incluso que la tiene— asegura que

3 * Shakespeare, William, *El Rey Lear*.

no pueda cambiar de parecer, puesto que ni siquiera recuerda que tiene una mente.

Así, lo único que queda es que el ego convenza al Hijo de que le conviene permanecer en el estado sin mente. Solo entonces el Hijo elegirá voluntariamente irse de su mente y no volver nunca.

Establecido ahora en teoría, el plan del ego necesita ser implementado. Este plan desarrolla para el Hijo el significado de haber elegido en contra del Espíritu Santo: una elección en contra de Dios y Su Amor que borra la unidad del Cielo, sacrificando a Dios para que él pueda vivir. El ego llama *pecado* a esta decisión de oponerse a Dios. Así, la separación de Dios no es un sueño tonto en absoluto, tal como mantiene el principio de Expiación, sino un acto pecaminoso que ha ocurrido realmente. No es nada menos que el Hijo tomando la vida de Dios e invirtiéndola en sí mismo. Mediante el asesinato del Padre y la crucifixión de Cristo, el Hijo emerge de este campo de batalla ensangrentado como un individuo —separado, único y especial—, el poseedor de la vida que ahora le falta a Dios. Pero esto tiene su precio: porque la separación del Hijo y su yo individual se equiparará para siempre con el pecado. Él existe no solo como un individuo, sino como un individuo pecaminoso.

Haciendo una breve digresión, a medida que nuestro mito progresa, recuerda que desde el punto en el que el tomador de decisiones del Hijo elige a favor del ego y en contra del Espíritu Santo, solo oye la voz de la separación y deja de oír la Voz de la Expiación. Por lo tanto, al oír solo la voz del ego, el Hijo debe creer por fuerza que la voz del ego es Dios; sus palabras deben ser verdad porque no hay ninguna otra voz que ofrezca una visión diferente. Por tanto, el Hijo no sabe más que lo que el ego le dice, y esto es lo único que puede explicar nuestra creencia colectiva en la locura del ego.

Por lo tanto, cuando el ego dice al Hijo que se ha separado de Dios y es pecaminoso, esto se convierte en su realidad, lo que le lleva a la culpabilidad, que es la experiencia psicológica de la pecaminosidad: "No solo he hecho algo terrible, yo soy algo terrible. Mi identidad como yo separado es inherentemente pecaminosa, porque me he convertido en lo que hice: pequé, y ahora soy, incontrovertiblemente, un pecador." Recuerda, este es el mito del ego, y su propósito es inducir al Hijo a abandonar su mente, tanto literal como figurativamente.

Por lo tanto, el primer paso hacia la consecución del objetivo del ego es convencer al Hijo de Dios de que es una entidad separada, pecaminosa y culpable. Ahora su misma existencia prueba su pecado, porque el ego le ha dicho que solo puede existir a través del pecado de haber destruido pecaminosamente a Dios. Así, el autoconcepto del Hijo ha pasado de tomador de decisiones a yo separado, y de ahí a yo pecaminoso y culpable; todos ellos aceptados como si fuera el evangelio porque, una vez más, solo oye la voz del ego dentro de su sueño de separación.

El ego continúa tejiendo su magia malvada, diciendo al Hijo: "A pesar de tu pecado asesino contra tu Creador, Dios no ha sido eliminado completamente. De hecho, está muy vivo. Él va a venir a por ti con ánimo de venganza para recuperar la vida que Le robaste." En palabras del Curso:

> "Has usurpado el lugar de Dios. No creas que Él se ha olvidado." [...] Y ahora ya no queda ninguna esperanza, excepto la de matar. En eso estriba ahora la salvación. Un padre iracundo persigue a su hijo culpable. Mata o te matarán, pues estas son las únicas alternativas que tienes. Más allá de ellas no hay ninguna otra, pues lo que pasó es irreversible. La mancha de sangre no se puede quitar y todo el que lleva esta mancha sobre sí está condenado a morir (M-17.7:3-4, 7-13)."

El mito del ego se ha convertido rápidamente en una pesadilla —totalmente irreal, pero difícilmente así en nuestra conciencia— en la que vemos el nacimiento de su principio por el cual el pecado y la culpabilidad exigen castigo. El Hijo ha pecado contra Dios, y testigo de ello es su culpabilidad, que le habla del castigo que merece. Puesto que Dios es el objeto de su pecado, Él se convierte en el agente vengativo de su castigo, lo cual da lugar inevitablemente al miedo. Por lo tanto, si el Hijo no actúa con rapidez, Dios ciertamente lo destruirá. Este es el origen de la creencia en la muerte, que es la conclusión justificada de una vida de pecado. Robé la vida de Dios, y por eso es justo que Él me la robe a mí, dejándome sin vida.

Cuando Dios se lleva mi vida, Él la tiene y yo no, *el principio de uno o el otro:* para ganar, algo o alguien tiene que ser sacrificado. Así, la elección es entre un Hijo separado o un Dios viviente de Unidad. Si Dios tiene vida, no hay ego; si el ego tiene vida, no hay Dios. Por lo tanto, el ego ha orquestado astutamente su plan, de modo que la mente del Hijo se ha convertido en un campo de batalla en el que ha de enfrentarse indefenso contra su Creador. En la historia del ego, el Hijo no está a la altura de esta deidad vengativa, maníaca y destructiva, lo que significa que, tras haber escuchado las mentiras del ego, tiene graves problemas. Si se queda en su mente, ahora aterrorizada —el hogar de su separación pecaminosa y de su individualidad cargada de culpa—, sin duda será destruido, porque, teniendo en cuenta quién es su Enemigo, está seguro de que será aniquilado. No desaparecerá en el Corazón de Dios; simplemente desaparecerá. En otras palabras, el ego tiene al Hijo de Dios exactamente donde quería tenerlo. Recuerda: el propósito de las maquinaciones del ego era convencer al Hijo de que abandonara voluntariamente su mente para nunca jamás volver, quedándose así sin mente. Si retorna, tendrá que afrontar una muerte cierta como resultado de su pecado, nacido de la separación de Dios.

Por lo tanto, ahora las principales características de la mente separada incluyen el pecado, la culpabilidad y el miedo a morir. Ahora el Hijo no tiene otra opción sino la de decir al ego, su único "amigo": "Creo en todo lo que dices. Por favor, ayúdame, porque si me quedo un instante más en la mente, mi existencia se acabará." El ego, con palabras llenas de dulzura y preocupación, replica: "Tengo un plan maravilloso para salvarte. Basta con que sigas confiando en mí." El Hijo no tiene elección —la Voz de Dios ha quedado efectivamente silenciada— y por tanto al ego se le permite seguir tejiendo su red: "La manera de escapar hacia la seguridad es simplemente salir de la mente." Psicológicamente, a esto se le llama proyección, y mediante ella tomamos lo que creemos que está en la mente y lo ponemos fuera, lanzando los contenidos de la mente lejos de nosotros con la creencia mágica de que se quedarán fuera de nosotros y nos sentiremos seguros. Por lo tanto, cuando proyectamos un pensamiento de separación —individualidad, pecado, culpabilidad y miedo a la muerte— el resultado es un mundo físico de separación: individualidad, pecado, culpabilidad y miedo a la muerte. Este es el mundo del tiempo lineal, que es la versión del Curso del Big Bang o Gran Explosión, que muchos científicos establecen como el principio del universo.

La proyección no solo da lugar a un mundo separado, sino también a un mundo fragmentado. Cuando el sistema de pensamiento del ego fue proyectado desde la mente del Hijo separado de Dios, se rompió en un número de piezas casi infinito, de manera muy parecida a lo que le ocurre a un panel de vidrio cuando se hace añicos. Cada fragmento es único y, al mismo tiempo, retiene las características químicas del vidrio. En cuanto a la Filiación, la fragmentación produjo un número de Hijos casi infinito, cada uno encasillado en una forma, delineando así la expresión individual del único contenido de separación de la mente dividida. Aunque dichas formas abarcan la totalidad del universo físico —animado e inanimado— limitaremos casi exclusivamente nuestros comentarios a la forma particular que conocemos como *homo sapiens*, el yo del Hijo encajado en un cuerpo humano. Esto nos lleva al segundo nivel o nivel dos: las dos maneras de mirar al cuerpo y su mundo.

Nivel dos: el sistema de pensamiento de culpabilidad y ataque de la mente errónea del ego.

Una vez que estamos en el mundo como cuerpos —un fragmento sombrío del pensamiento de separación original—, el sistema de pensamiento del ego se expresa de maneras específicas e individualizadas. Cada un de ellas, a su manera, expresa el deseo fundamental del ego para sus fragmentos: mantener la separación que robó de Dios, pero proyectar su responsabilidad sobre algo o alguien más. En otras palabras, todos conseguimos tener el pastel de la separación del ego, y disfrutar de su "dulzura" comiéndonoslo a expensas de otros, a quienes juzgamos responsables de nuestro estado separado. Dicho de otra manera, nacemos a este mundo con el deseo de ser tratados injustamente, viendo en otros el pecado que no queremos ver en nosotros mismos. Así, somos capaces de mantener nuestras identidades individuales, pero divorciarnos del pecado que el ego ha asociado a ellas, convirtiéndonos así en la cara de inocencia que oculta la cara subyacente del asesino.

En términos más generales, el ego fabrica un problema detrás de otro para que los resolvamos —las diferentes formas de evitar el dolor y perseguir el placer— y consideramos que cada una de ellas es capaz de alterar, e incluso de destruir nuestra paz. El mundo, como la mente que es su fuente, se convierte en el campo de batalla, del que no es posible escapar, una prisión de pecado y culpa que la mente nunca abandonará, puesto que aparentemente está atrapada dentro del cuerpo.

Y así caminamos por el mundo en "una despiadada búsqueda de pecados" (T-19.IV-A.12:7) —la causa de nuestra aflicción— que han de ser percibidos en otros, y allí han de ser atacados y juzgados. Al hacer esto reforzamos nuestra identificación con el estado sin mente de la existencia física y conservamos nuestra falta de responsabilidad por lo que nos ocurre. Todo esto puede resumirse en los ciclos gemelos del ego de *culpabilidad-ataque* y *ataque-defensa*, que juntos constituyen el doble escudo de olvido que se comenta en la Lección 136.

Nacemos a este mundo con el sistema de pensamiento del ego plenamente desarrollado (así como el sistema de pensamiento del Espíritu Santo plenamente desarrollado, que ahora comentaremos), y el propósito de este nacimiento en un cuerpo es ocultar la culpa de la mente para que nunca pueda ser deshecha. Esta culpa, como hemos visto, forma parte de la estrategia del ego para evitar que el tomador de decisiones del Hijo elija el pensamiento de amor de la Expiación, que también está en la mente. Así, la culpabilidad es el primer escudo de olvido del ego. Sin embargo, como necesita una segunda línea de defensa —el segundo escudo—, el ego convence al Hijo para que abandone su mente y entre en el estado sin mente de la dimensión física. Este es el cuerpo que actúa como una pantalla de humo, ocultando la mente —la verdadera fuente del problema— detrás del escondite distractor de un mundo lleno de problemas y preocupaciones. Una vez en el cuerpo, el Hijo tiene la oportunidad perfecta —una y otra vez, desde el nacimiento hasta la muerte— de proyectar su culpabilidad inconsciente sobre otros, atacándose así por el pecado que ha colocado sobre sus culpables cabezas: el ciclo de *culpabilidad-ataque.* Estos ataques tienen dos formas básicas, que son el corazón del sistema de pensamiento de separación del ego: las relaciones de amor especial y de odio especial. Aunque estos términos no se usan nunca en el Libro de ejercicios, a lo largo del mismo se hace referencia a ellos por implicación, y por tanto merecen que los expliquemos aquí.

La relación especial comienza después de que se inicie la separación del ego, y el Hijo emerge como una criatura de carencia o escasez, porque ciertamente algo falta. No hace falta añadir que el ego nunca revela que lo que falta es el recuerdo del amor de Dios, que ha desaparecido de la conciencia. En cambio, dice que lo que falta es la inocencia que le fue arrebatada por otro, y así la experiencia de escasez ha dado lugar a la experiencia de privación: alguien me ha privado de lo que me pertenece por derecho. Y está justificado que yo recupere lo que se ha quitado (la cuarta y quinta leyes del caos [T-23.II.9-12]).

Mi intento de recuperar la inocencia perdida asume dos formas básicas: *el odio especial* se produce cuando ataco directamente a otro, acusándole así del pecado de robo y asesinato del que en secreto me acuso a mí mismo. Mientras que el hecho de que alguien nos ataque (o ataque a alguien con quien nos identificamos) nos facilita nuestros intentos de proyectar, al final no supone ninguna diferencia. Tanto si tu ataque sobre mí es real como si es imaginado, yo te culparé en todos los casos. *El amor especial*, por otra parte, es más sutil. Aunque nuestra preferencia sería atacar al otro directamente, la sociedad no suele condonar el asalto directo, y así más a menudo intentamos recuperar nuestra inocencia y llenar nuestra sensación de carencia estableciendo relaciones dependientes con esas personas especiales que tienen ese algo especial que necesitamos para satisfacer nuestras relaciones especiales. De esta manera tratamos de adquirir el amor, la atención, el respeto y la aprobación que demandamos regateando con los demás para conseguir lo que queremos, dándoles a cambio lo que ellos necesitan. No es necesario añadir que el ego planea dar tan poco como pueda y conseguir todo lo posible, el colmo del interés en uno mismo.

Cualquiera que sea el camino que elijamos seguir —amor especial u odio especial— conseguimos el mismo resultado de culpabilidad. Hemos atacado a otros, y sabemos a cierto nivel que hemos atacado falsamente puesto que, independientemente de sus acciones, los demás no son responsables de nuestra felicidad o infelicidad; solo la culpabilidad de la mente puede reivindicar ser la *causa* del *efecto* de paz o conflicto. Así, debemos creer que los objetos de nuestro ataque proyectado a su vez nos atacarán.

> Por eso es por lo que los que proyectan se preocupan tanto de su seguridad personal. Temen que sus proyecciones van a retornar a ellos y a hacerles daño. Puesto que creen haberlas desalojado de sus mentes, creen también que esas proyecciones están tratando de volverse a adentrar en ellas. Pero como las proyecciones no han abandonado sus mentes, se ven obligados a mantenerse continuamente ocupados a fin de no reconocer esto (T-7.VIII.3:9-12).

Esta "actividad constante" es nuestro sistema de defensas, diseñado para protegernos del ataque que exige la proyección de culpa. Así, todos vamos por el mundo encajetados en nuestros escudos defensivos. La Lección 153 describe este ciclo de *ataque-defensa*:

> Los ciclos de ataque y defensa, y de defensa y ataque, se convierten en los círculos que forman las horas y los días, los cuales atan a la mente con gruesos anillos de acero reforzado, que se aflojan por un momento, mas solo para iniciar todo el proceso de nuevo. No parece haber respiro ni final para este aprisionamiento que atenaza a la mente cada vez más (L-pI.153.3:2-3).

Ciertamente, no parece haber esperanza de romper el control que estos ciclos mortales ejercen sobre nuestra mente, puesto que la estrategia del ego para preservar su identidad se ha convertido en un gran éxito, y en la práctica está a prueba de tontos.

Sin embargo, Jesús nos asegura que el plan del ego no está a prueba de Dios (T-5.VI.10:6), porque dentro de nuestra mente correcta sigue estando la Voz de la cordura, que nos llama continuamente a volver a elegir.

Nivel dos: el sistema de pensamiento de perdón de la mente correcta del Espíritu Santo

Durante todo el tiempo en que las maquinaciones del ego continúan, la amorosa Presencia del Espíritu Santo, la Memoria de quiénes somos en Cristo permanece en nuestra mente. Esa Memoria es nuestro maestro. A medida que el dolor de la culpabilidad se hace demasiado grande, exclamamos que debe haber otra manera, otro Maestro que nos ayude en lugar del ego (T-2.III.3:5-6). Este es el momento que el Espíritu Santo ha estado esperando, y Su respuesta es ayudarnos a cambiar nuestras percepciones. Al venir a Él, nos ofrece una manera distinta de mirar al mundo de nuestras relaciones especiales, y nos enseña que el mundo es "la imagen externa de una condición interna" (T-21.in.1:5). Remontando con nosotros la loca escalera que el ego nos hizo descender (T-28.III.1:2), el Espíritu Santo deshace delicadamente la doble estrategia del ego de culpabilidad y proyección mediante la inversión de nuestras percepciones. De esta manera nos enseña que estas percepciones vienen de la proyección de nuestra culpabilidad, y es importante reconocer que en *Un curso de milagros* percepción es interpretación, y no lo que nos informan nuestros sentidos. En otras palabras, el enfoque de nuestra mente correcta se dirige a cómo interpretamos lo que nos dicen nuestros cuerpos, y no a sus datos sensoriales. Por ejemplo, si te veo atacarme física o verbalmente, tengo la opción de dar o de no dar a tus acciones el poder de arrebatarme la paz de Dios. Puedo tener o no poder sobre tu comportamiento, pero siempre tengo poder sobre mi mente, a la que nada de este mundo puede afectar.

El propósito del perdón o del milagro es este reconocimiento: devolver la conciencia a mi mente —"la condición interna"— desde el mundo de los cuerpos. Como el cuerpo oculta la mente de nuestra conciencia, no tenemos modo de volver a ella excepto redirigiendo nuestras percepciones hacia su fuente, donde pueden ser cambiadas. Una vez que el problema es devuelto a la parte de la mente que toma las decisiones, que había elegido la culpabilidad sobre la Expiación, podemos volver a elegir de manera significativa. Así, nuestras mentes sanadas extienden la percepción del Espíritu Santo de intereses compartidos —el reflejo de la Unidad del Cielo—, y nosotros miramos a un mundo en el que cada Hijo de Dios contiene el mismo sistema de pensamiento erróneo de culpabilidad y odio, el mismo sistema de pensamiento correcto de perdón y de amor, y el mismo poder de elegir entre ellos. Por lo tanto, a pesar de las diferencias evidentes entre la Filiación en el nivel de la forma, la verdadera percepción del Espíritu Santo nos hace ver la unidad que subyace a la diversidad del ego, la igualdad más allá del mundo de las diferencias. Llenos ahora de la visión de Cristo, caminamos por la tierra enseñando lo que hemos aprendido, demostrando a nuestros hermanos que ellos también pueden hacer la misma elección a favor del perdón del Espíritu Santo que nosotros hemos hecho.

Un curso de milagros explica el poder sanador del perdón a través del principio de causa y efecto, que descansa sobre dos premisas. La primera es que cada efecto debe tener una causa, y sin efectos no puede haber causa:

> Sin causa no puede haber efectos, mas sin efectos no puede haber causa. Lo que hace que una causa sea causa son sus efectos [...] Los efectos no crean su causa, pero sí establecen su condición de causa (T-28.II.1:1-3).

Segunda, si algo existe, debe ser una causa (T-9.IV.5:5-6). Por lo tanto, si tú me atacas y yo no reacciono como si fuera un pecado, mi indefensión —una actitud, y no necesariamente una conducta— demuestra que tu pecado no ha tenido efectos, y por tanto no es una causa. Si tu ataque pecaminoso no es una causa, no puede existir. Así son perdonados los pecados.

Entonces, ¿cuál es la percepción que la mente correcta tiene del ataque? Si el ataque es la defensa del ego contra el miedo a la culpabilidad de la mente, que en sí mismo es una defensa contra el poder de la mente de elegir el amor, entonces el ataque expresa miedo, que a su vez es una petición del amor que ha sido negado (T-12.I.8:12-13; T-14.X.7:1-2). Por lo tanto, si estoy molesto, la causa no es lo que el cuerpo ha hecho (o dejado de hacer) —la forma— sino que mi mente ha decidido estar molesta: el contenido. Yo ya no me centro en cambiar tu comportamiento, sino solo en cambiar la interpretación que hace mi mente de tu comportamiento, que pasa de escuchar el propósito del ego para las relaciones a escuchar el propósito del Espíritu Santo. Aquí destaca el contraste entre la magia y el milagro. La primera se dirige al cuerpo y sus problemas, buscando la solución allí, mientras que la segunda redirige nuestra atención a la mente, que es la fuente del problema *y* de la solución.

Reaccionar sin defendernos ante un ataque que nunca fue es una expresión específica de la respuesta de Dios a nuestra pequeña idea loca, el prototipo del perdón: nuestro pensamiento atacante de separación no tuvo efecto sobre la Unidad de Su Amor. Ciertamente, Dios ni siquiera lo vio porque nunca ocurrió. En este mundo, nuestros ojos pueden ver el ataque, pero la mente sanada solo ve la petición de amor, y de esta manera no da realidad al error de nuestro hermano, mostrándole, una vez más, que el pecado no ha tenido efecto.

Este, entonces, es el significado de pedir ayuda al Espíritu Santo o a Jesús. Por otra parte, desde el punto de vista de tener un Maestro interno —la voz que habla a favor de la Expiación—, los papeles del Espíritu Santo y de Jesús son idénticos, y por tanto se usarán de manera intercambiable a lo largo de este libro, tal como se usan a lo largo de *Un curso de milagros*. Les pedimos ayuda para cambiar el propósito de nuestras experiencias en el mundo, de forma que este pase de ser una prisión, de la que tratamos continuamente de escapar a expensas de otras personas, a ser un aula escolar en la que nuestro nuevo Maestro emplea el programa de estudios de nuestras relaciones especiales para enseñarnos a retornar a la mente, donde tuvo su origen la relación especial original: nuestra unión con el ego en la ilusión de separación.

Cuando nuestro perdón es completo y hemos aceptado la Expiación para nosotros mismos —nuestra única responsabilidad (T-2.V.5:1)— entramos en el *mundo real*, el término del Curso para designar el estado de la mente sanada que está fuera del sueño de separación del ego. Allí solo esperamos un instante más para que Dios dé el último paso, en el que Él nos eleva de vuelta a Sí Mismo. Así se deshace finalmente la elección original del Hijo a favor del ego.

Concluimos este Preludio y completamos las preparaciones para nuestro viaje a lo largo del Libro de ejercicios volviendo a enunciar que su propósito es enseñarnos que tenemos una mente dividida, y tenemos el poder de elegir entre verdad e ilusión. Las lecciones nos ayudan a reconocer y admitir —con alegría y agradecimiento— que nos equivocamos al elegir al ego, un error que ahora corregimos felizmente eligiendo al Espíritu Santo como Maestro. Ahora estamos preparados para embarcarnos en nuestro viaje de aprendizaje: las 365 lecciones son el camino, y Jesús nuestro guía amoroso.

PRIMER VOLUMEN: PRIMERA PARTE
LECCIONES DE LA 1 A LA 60

Introducción al Libro de ejercicios

La Introducción contiene probablemente las declaraciones más claras de *Un curso de milagros* con respecto a la importancia de generalizar lo que aprendemos. En nuestro proceso de Expiación, a largo plazo no nos ayuda perdonar a una o dos personas si no perdonamos a todas. La idea central consiste en practicar con lo específico a fin de aprender lo que significa la no-especificidad. Una paradoja que se presenta a lo largo del Curso, y que es especialmente aparente en las primeras lecciones del Libro de ejercicios, es que tenemos que lidiar con lo específico de nuestra vida de cada día, pero solo con el propósito de darnos cuenta de que, en último término, todo es no-específico. Este es el principio que subyace a la generalización. Como mencioné brevemente en el Preludio, cuando éramos niños y estábamos aprendiendo la aritmética básica, practicamos con diferentes ejemplos y combinaciones de números para que finalmente pudiéramos tomar cualquier número del universo y sumarlo, restarlo, multiplicarlo o dividirlo. Practicamos con lo específico para aprender a generalizar.

En consecuencia, en el contexto de la práctica de estas lecciones queremos llegar al punto de aceptar que no hay absolutamente nada en nuestra vida con lo que el Espíritu Santo o Jesús no puedan ayudarnos. Esto *no* se refiere a recibir ayuda al nivel de lo específico o de la forma, sino más bien a deshacer la causa de nuestra percepción del problema. Como Jesús dijo a Helen Schucman, la escriba de *Un curso de milagros*, en el Capítulo 2 del Texto, dicha causa siempre entraña "el estar dispuesto a permanecer separado" (T-2.VI.4:4). Pedir ayuda a Jesús para mirar a la situación de manera diferente, en y por sí mismo remedia el problema, puesto que ahora estamos uniéndonos (o reuniéndonos) con el amor del que nos habíamos separado; una separación que evoca la separación original de Dios, que nos conduce a la culpabilidad que inevitablemente es proyectada y *voila*: percibimos que tenemos un problema externo a nuestra mente. Llevar nuestras preocupaciones *específicas* a Su presencia *abstracta* (o no-específica) es lo que resuelve el verdadero problema. Así, cuando percibimos que Ellos no nos están ayudando, se debe a que *nosotros* hemos retenido ciertas especificidades de Ellos. Todos tenemos en nuestro repertorio ciertas cosas marcadas con una bandera roja o una señal de "stop" que dice: "No te acerques. Esto no es negociable." Como pronto señalaré, las primeras lecciones del Libro de ejercicios están diseñadas para ayudarnos a ir más allá de este problema particular, que todo el mundo tiene. Siempre habrá ciertas personas a las que perdonaremos y con las que seremos tolerantes, y otras a las que desearemos crucificar; habrá ciertas situaciones en las que no tendremos problema para pedir ayuda a Jesús, pero, de manera igualmente segura, habrá otras en las que ni siquiera pensaremos en pedirla.

En la línea que cierra el Texto, Jesús dice sobre el final del viaje: "no queda una sola mota de obscuridad que pudiera ocultarle a nadie la faz de Cristo" (T-31.VIII.12:5). Volvemos a decirlo: el propósito del Libro de ejercicios, y de estas primeras lecciones en particular, es ayudarnos a entender este principio: no podemos retener de Jesús ninguna parte del sistema de pensamiento del ego porque, si lo hacemos, retenemos el sistema de pensamiento en su totalidad.

Empecemos, pues, con la Introducción. A medida que sigamos adelante, recuerda que el propósito de estas charlas es darte un avance de las lecciones mismas, de modo que sepas qué buscar al leerlas y estudiarlas, y es de esperar que también al aplicarlas.

La relación del Libro de ejercicios con el Texto se aborda en las primeras frases, un pasaje que ya he citado en el Prefacio a estos volúmenes:

(1) Para que los ejercicios de este libro de ejercicios tengan sentido para ti es necesario disponer, como marco de referencia, de una base teórica como la que provee el texto. No obstante, es la práctica de los ejercicios lo que te permitirá alcanzar el objetivo del curso. Una mente sin entrenar no puede lograr nada. El propósito de este libro de ejercicios es entrenar tu mente a pensar según las líneas expuestas en el texto.

Uno de los errores graves que tienden a cometer los estudiantes de *Un curso de milagros* es no ver la conexión entre el Texto y el Libro de ejercicios. Muy a menudo la gente suele pensar que está haciendo "el Curso" cuando practica los ejercicios del Libro de ejercicios. De hecho, recientemente he recibido una carta de alguien que estaba empezando el Curso, creo recordar que era un psicólogo, y decía que tenía muchas ganas de hacer este "curso de un año". Ni siquiera había empezado; pero su idea era —tal vez a partir de lo que le habían contado— que el Libro de ejercicios es un programa de entrenamiento de un año de duración, y que por tanto este curso dura un año.

Como tal vez sepáis, Jesús dice en el Epílogo, al final del Libro de ejercicios, que "este curso es un comienzo, no un final" (L-ep.1:1). El propósito del Libro de ejercicios es entrenar nuestra mente para iniciar el proceso de volver a casa; y a continuación pasamos el resto de nuestra vida pidiendo a Jesús o al Espíritu Santo que nos ayuden a aprender las lecciones específicas que nos permitirán recorrer el camino más deprisa. Pero el Libro de ejercicios por sí mismo, sin el Texto, carece esencialmente de significado. Lo que hace que los ejercicios del Libro de ejercicios sean significativos es la base teórica que provee el Texto. Por lo tanto, nada del Libro de ejercicios debería tomarse como sustituto de lo que enseña el Texto.

Por otra parte, el Texto sin el Libro de ejercicios te deja exclusivamente en la cabeza, por así decirlo. Una vez más: el propósito del Libro de ejercicios es iniciar el proceso de entrenar nuestra mente, un entrenamiento mental con dos componentes: 1) Dentro de nosotros hay dos maestros —no uno— entre los que podemos elegir; y 2)Qué significa pedir ayuda al maestro correcto, el Espíritu Santo —en lugar de pedírsela al maestro equivocado, el ego— reconociendo, en palabras de la Lección 193, que "Todas las cosas son lecciones [de perdón] que Dios [el Espíritu Santo] quiere que yo aprenda". *Un curso de milagros* nos entrena para ver todas las cosas que ocurren en el mundo como oportunidades de aprender. Este es el significado de generalizar nuestras lecciones.

(2) Los ejercicios son muy sencillos. No requieren mucho tiempo y no importa dónde se hagan. No exigen ninguna preparación. El periodo de entrenamiento dura un año. Las lecciones van numeradas de la 1 a la 365. No intentes hacer más de una lección con sus correspondientes ejercicios por día.

Podemos ver desde el principio que a Jesús no le preocupan los rituales, ni quiere que sus alumnos sean esclavos de la *forma*. Si bien reconocemos con claridad, incluso en esta breve declaración, la naturaleza estructurada de estas lecciones del Libro de ejercicios, también podemos discernir que nos está pidiendo que *no* les demos excesiva importancia. Cierto: uno puede ver aquí que la única regla que nos está dando es la de no hacer más de una lección por día. Gloria y yo todavía recordamos a la joven que, hace muchos, muchos años, anunció orgullosamente ante un grupo de estudiantes de *Un curso de milagros* al que estábamos dando una charla que ella había diseñado una manera de hacer todo el Libro de ejercicios en un periodo de veinticuatro horas y, horror de horrores, realmente lo había hecho. Esta estudiante, totalmente ferviente y sincera, tenía tanta prisa por alcanzar la salvación que no tuvo tiempo de leer la línea 2:6. Jesús también establece los límites de este programa de formación en un año de duración, y está pensado para ser el compañero inicial de nuestro estudio del Texto. Recuerdo que Helen me contó lo impresionada que se sentía ante el hecho de que al principio Jesús le había dicho a ella (y a todos nosotros) lo que iba a hacer, y después procedió a hacer justamente eso.

(3) El libro de ejercicios está dividido en dos secciones principales. La primera está dedicada a anular la manera en que ahora ves, y la segunda a adquirir una percepción verdadera. A excepción de las sesiones de repaso, los ejercicios diarios están planeados en torno a una idea central que se enuncia primero. A esta le sigue una descripción de los procedimientos concretos mediante los cuales debe aplicarse la idea del día.

La Primera Parte trata principalmente del deshacimiento del sistema del ego, aunque esto no está ejemplificado en cada una de las lecciones. La Segunda Parte contiene relativamente poca enseñanza como tal, pero tiene unas oraciones maravillosas que refuerzan las ideas que ya hemos aprendido: Jesús o el Espíritu Santo es nuestro Maestro, y nuestro amoroso Creador y Fuente es nuestro objetivo. Es de esperar que estas oraciones también refuercen lo que ya hemos aprendido: que este no es un viaje que hacemos solos, sino al que debemos traer con nosotros a todos los demás. Por lo tanto, en general, las enseñanzas del Libro de ejercicios se concentran en la Primera Parte y no en la Segunda. Esto no significa que no haya declaraciones importantes en la Segunda Parte. Más bien, la Primera Parte refleja el deshacimiento del sistema de pensamiento del ego, lo que deja sitio para el pensamiento correcto que se refleja en la Segunda Parte.

No obstante, las primeras lecciones están diseñadas específicamente para ayudarnos a darnos cuenta de cuánto es lo que no entendemos, de cuánto no sabemos, y de lo equivocados que estamos con respecto a todas nuestras percepciones. De esta manera, Jesús comienza el crucial proceso de ayudarnos a deshacer nuestras creencias con respecto a lo que estamos viendo.

(4:1) El propósito del libro de ejercicios es entrenar la mente de forma sistemática para tener una percepción diferente de todo el mundo y de todas las cosas.

Aquí vemos la primera declaración de generalización. *Un curso de milagros* nos está ofreciendo una manera diferente de percibir cada una de las cosas del mundo. De hecho, encontramos aquí, en la Introducción y en las primeras lecciones, aplicaciones específicas del primer principio de los milagros según se enuncia en el Capítulo 1 del Texto: no hay grados de dificultad entre ellos (T-1.I.1:1). Los milagros son las correcciones que elegimos en nuestra mente, y no hay un orden de dificultad entre ellas porque cada problema es exactamente lo mismo que todos los demás. Esta es la premisa metafísica sobre la que descansan las declaraciones sobre la generalización. Mientras creamos que algunos problemas son más difíciles de resolver que otros —algunas personas son más malas, pecaminosas o culpables que otras— no va a haber manera de que aprendamos lo que enseña este curso, porque habremos hecho real alguna parte del error. En otras palabras, mientras veamos grados de importancia, pequeños o grandes, estaremos en el sistema del ego.

En nuestras clases resaltamos que el estado de la realidad es un estado de perfecta unidad, y que en el Cielo no hay diferenciación. Incluso los términos Dios y Cristo, que *Un curso de milagros* usa para denotar el estado del Cielo, son metáforas, porque en verdad no hay personajes específicos que tengan un nombre. El concepto de que la realidad es el estado de perfecta unidad significa que no hay individualidad ni diferenciación. En el Cielo todo es lo mismo, porque solo hay *una* realidad: el Amor de Dios, o espíritu.

Por otra parte, esto también significa que solo hay *un* error. En "El sustituto de la Realidad" (T-18.I.3-4) este punto se establece de manera muy clara. Jesús explica que es posible que no parezca que solo hay un error, pero esto no altera el hecho de que es así. Una vez que ocurre la fragmentación, *parece* que hay muchas formas y contornos, y después, subsiguientemente, muchos problemas distintos con los que tenemos que lidiar. Todavía no nos damos cuenta de que todos ellos surgen del mismo error básico.

Esta es la razón por la que, dando un salto hacia delante, en las Lecciones 79 y 80 Jesús enseña que solo hay un problema y una solución. El único problema es la creencia de que podríamos separarnos de Dios, y la solución, por supuesto, es la Expiación, que dice que la separación nunca ocurrió. Esta es la premisa metafísica de estas lecciones del Libro de ejercicios, así como la manera en que Jesús, una vez más, comienza su Texto: No hay orden de dificultad en los milagros. Aquellos de vosotros que habéis leído mi libro *Ausencia de felicidad: la historia de Helen Schucman, la escriba de Un curso de milagros,*[4][*] sabéis que el dictado no comenzó como aparece en el Curso publicado. Comenzó, más bien, con Jesús diciéndole a Helen: "Esto es un curso de milagros. Por favor toma notas." Y a continuación, Él continuó con el principio: la primera cosa que se ha de saber con respecto a los milagros es que no hay un orden de dificultad entre ellos. Este es el principio central de *Un curso de milagros*, porque todas sus enseñanzas, tanto sobre el Espíritu como sobre el ego, descansan sobre él.

---

4 [*] Wapnick, Kenneth, *Ausencia de felicidad,* Barcelona, El Grano de Mostaza ed., 2009.

Por lo tanto, el propósito del Libro de ejercicios es que miremos de manera muy específica a cómo percibimos a todos y todas las cosas. En las primeras lecciones ni siquiera miramos a personas, sino que percibimos mesas, percheros, ventanas y otros objetos. No obstante, esto no hace ninguna diferencia. La razón por la que nada de lo que hay en la habitación significa nada y por la que no entendemos el significado de nada es que pensamos que hay diferencias. Y pensamos que dichas diferencias marcan la diferencia y constituyen la realidad.

Generalización significa que aprendemos, a través de nuestras percepciones y relaciones específicas, que cada uno es exactamente lo mismo, porque todos y cada uno sirven al mismo propósito. Más adelante en el Libro de ejercicios nos encontraremos con la idea de *propósito,* un tema central tanto en el Libro de ejercicios como en el Texto. El propósito lo es todo, y el propósito de todas las cosas en el universo físico es demostrar que nosotros tenemos razón y Dios está equivocado: probar que la interpretación del ego de la pequeña idea loca fue correcta, y que la del Espíritu Santo es incorrecta.

(4) El propósito del libro de ejercicios es entrenar la mente de forma sistemática [las 365 lecciones con sus ejercicios] **para tener una percepción diferente de todo el mundo y de todas las cosas. Los ejercicios están diseñados para ayudarte a generalizar las lecciones, de manera que puedas comprender que cada una de ellas es igualmente aplicable a todo el mundo y a todo lo que ves.**

Como acabamos de decir, este es el tema central de la Introducción y también de las primeras lecciones del Libro de ejercicios. Si recuerdas esto, lo reconocerás en lo que dice Jesús en el núcleo de cada lección, y de manera igualmente clara en las instrucciones, todas las cuales están relacionadas con esta idea de generalización. Necesitamos un programa estructurado de entrenamiento mental que nos ayude a reentrenar nuestra manera de pensar, porque ahora *no* pensamos así. El mismo hecho de creer que somos cuerpos nos dice que creemos en la diferenciación. Por lo tanto, necesitamos practicar seriamente, dándonos cuenta de que todo lo que percibimos viene de una manera de pensar errada:

errada porque viene del ego, cuyo propósito es mantener nuestra individualidad intacta. Por lo tanto, si pensamos que hay distintos significados y propósitos en las cosas de este mundo, estamos glorificando nuestra propia individualidad y alimentando el sistema de pensamiento del ego, en lugar del sistema de pensamiento que Jesús nos está enseñando.

(5) La transferencia del entrenamiento para adquirir una percepción verdadera no procede del mismo modo en que procede la transferencia del entrenamiento del mundo. Si se ha logrado una percepción verdadera en conexión con una persona, situación o acontecimiento, la transferencia total a todo el mundo y a todas las cosas es inevitable. Por otro lado, una sola cosa que se excluya de la percepción verdadera imposibilita sus logros en cualquier parte.

Jesús nos está diciendo que la versión que ofrece el mundo de la transferencia del entrenamiento es restringida y limitada. Volviendo al ejemplo que he usado antes de aprender aritmética, la transferencia del entrenamiento se refería de manera específica a los números. Cuando aprendes a conducir un coche, eres capaz de conducir prácticamente cualquier otro tipo de coche, lo cual no significa que eso te ayude a deshacer la culpa, ni a cocinar mejor ni a escribir una carta con más fluidez. Solo significa que ahora sabes conducir un coche.

Por otra parte, la transferencia de entrenamiento tal como ocurre en la práctica de *Un curso de milagros* no está restringida por la forma, puesto que se extenderá absolutamente a todo, *sin excepción*, porque todo en el mundo es lo mismo. La última afirmación de que "una sola cosa que se excluya de la percepción verdadera imposibilita sus logros en cualquier parte" refleja el pasaje del final del Texto que he citado antes: "...no queda una sola mota de oscuridad que pudiera ocultarle a nadie la faz de Cristo" (T-31.VIII.12:4). Este aspecto absoluto de *Un curso de milagros* es lo que lo hace tan difícil. Así, el logro de la verdadera percepción, el objetivo último del Curso —la visión de Cristo, el logro del mundo real— es imposible mientras consideremos que cualquier cosa es más o menos importante que cualquier otra, o que alguna persona es más o menos importante que cualquier otra, que merece más o menos nuestro amor o nuestro ataque. La forma bajo la que se presente la excepción no establece ninguna diferencia. No se conseguirá el objetivo de *Un curso de milagros* mientras se haga y se justifique cualquier exención.

(6:1) Así pues, las únicas reglas generales a observar a lo largo de todo el entrenamiento son: Primera, los ejercicios deben practicarse con gran precisión, tal como se indique.

Esta es la paradoja inherente a este sistema, que ya hemos comentado: se supone que tenemos que practicar de manera muy específica a fin de aprender a ser inespecíficos. Aprendemos a vivir en un mundo de tiempo y espacio para poder aprender que no hay mundo de tiempo y espacio. Eso es lo que hace que esta forma de espiritualidad sea tan poderosa. No se nos pide en absoluto que neguemos nuestras experiencias en el mundo: no se nos pide que neguemos nuestros cuerpos, nuestros sentimientos o pensamientos, nada de lo que ocurre aquí. Simplemente se nos pide que demos a todo otro propósito diferente.

Para reenunciar este importante punto, el propósito lo es todo; y el propósito último de todas las cosas del mundo es ser un medio para aprender de Jesús que no hay mundo. Pero no puedes aprender que no hay mundo si lo niegas. De modo que tienes que aprender específicamente cómo ir más allá de las especificidades del mundo. Y el Libro de ejercicios proporciona una preciosa exposición de cómo hacerlo.

(6:2) Esto te ayudará a generalizar las ideas en cuestión a toda situación en la que te encuentres, así como a todas las cosas y personas involucradas en ella.

Si puedo aprender que he dado a esta silla o a esta mesa todo el significado que tiene, puedo empezar a entender que también lo he hecho con todo lo demás. Más adelante Jesús usa el ejemplo de una taza: cuando tomo una taza de café o de té por la mañana, me doy cuenta de que estoy mirando a esta taza a través de los ojos del pasado, porque si la mirara de manera fresca, no sabría qué hacer con ella. Él ciertamente no está diciendo que deberíamos hacer esto literalmente, puesto que no seríamos capaces de salir de casa, ni de la cama por la mañana, si no supiéramos qué hacer con las cosas ordinarias de nuestro entorno. Él está usando estos ejemplos pedagógicamente para ayudarnos a darnos cuenta de que cada cosa que vemos está determinada por el pasado.

El mundo del tiempo del ego —el mundo de nuestra experiencia del pasado, del presente y del futuro— no es más que la proyección en la forma del sistema de pensamiento del ego de pecado, culpa y miedo, tal como expliqué en el Preludio. Empezamos con los pensamientos de pecado, culpa y miedo en nuestra mente, y cuando los proyectamos afuera y fabricamos un mundo, el pecado se convierte en el pasado (he pecado en el pasado), la culpabilidad es la versión que ofrece el ego del presente (ahora me siento desdichado), y el miedo es el futuro (tengo miedo del castigo que creo que merezco).

Por lo tanto, cuando decimos: "Solo veo el pasado en esta taza", en realidad estamos diciendo que creemos en la realidad del pecado, porque el pecado se equipara con el pasado, el hogar de la separación. Sin embargo, la idea no es que nos sintamos culpables cuando nos damos cuenta de que al tomar una taza hemos hecho real el pecado. Pero nos ayuda a entender que eso es lo que *en última instancia* estamos haciendo. Debemos creer en la totalidad del sistema de pensamiento del ego, de otro modo no entenderíamos el propósito de la taza.

(6:3) Segunda, asegúrate de no decidir por tu cuenta que hay ciertas personas, situaciones o cosas a las que estas ideas no son aplicables.

Lo que nos impide generalizar es creer que, de algún modo, esta idea no puede aplicarse a una situación, relación u objeto particulares. Un poderoso ejemplo de esta necesidad de excluir ciertas cosas de nuestra práctica quedó ilustrado por una monja que conocí, que estaba estudiando *Un curso de milagros* y practicando las lecciones del Libro de ejercicios. Era monja de clausura, lo que significaba que ella y otras hermanas pasaban una porción considerable de su tiempo en la capilla. Como sabéis aquellos de vosotros que sois católicos, en casi todas las iglesias o capillas católicas hay un tabernáculo que contiene el Santo Sacramento, del que se cree que es el verdadero cuerpo de Jesús, que está en la forma o en el pan. Para los católicos, este es el objeto más sagrado del mundo, porque *es* Jesús. Así, esta monja solía estar sola en la capilla a primera hora de la mañana; y cuando empezó a practicar las primeras lecciones del Libro de ejercicios —en las que se dice "Nada de este mundo significa nada", o "Nada de lo que hay en esta habitación significa nada"— excluía deliberadamente el Santo Sacramento. Porque, ¿cómo iba a seguir siendo monja si creía que el Santo Sacramento no significaba nada? Sin embargo, esto es exactamente lo que Jesús nos está enseñando a *no* hacer. Es un ejemplo sorprendente, pero todo el mundo tiene cosas, situaciones o personas específicas a las que quiere excluir de estos principios, tanto si lo hace conscientemente como si no. Una vez más, esto es precisamente lo que Jesús nos está pidiendo que *no* hagamos. Volveremos más tarde a este importantísimo tema de *forma* frente a *contenido*.

(6:4-6) Eso interferiría en la transferencia del entrenamiento. La naturaleza misma de la percepción verdadera es que no tiene límites. Es lo opuesto a la manera en que ves las cosas ahora.

Podemos ver, incluso aquí, al comienzo, que Jesús dice lo mismo una y otra vez, tal como hace en el Texto: repite sus temas dentro del mismo capítulo, sección e incluso párrafo. La razón es que, debido a nuestra identificación con el ego, no vamos a querer oír lo que nos está diciendo. Por lo tanto, para estar seguros de que entendemos lo que es la transferencia del entrenamiento o la generalización, repite este importante punto.

(7:1) El objetivo general de los ejercicios es incrementar tu capacidad de ampliar las ideas que estarás practicando de modo que lo incluyan todo.

Otra vez el mismo punto. Si tu práctica no incluye a todo y a todos, entonces no está cumpliendo su propósito, y no estás haciendo lo que Jesús te pide. Como sabes, él no está diciendo que esto es lo que *tienes* que hacer. Él está diciendo que esto es lo que tienes que *querer* hacer. Si él creyera que todos sus estudiantes pueden hacer esto inmediatamente, no necesitaría un Libro de ejercicios, y el

Texto no tendría su forma actual. La idea es que seas consciente de cómo estás excluyéndole de ciertas partes de tu vida; y que hay ciertas cosas para las que le pedirías ayuda, pero para otras no. Jesús te está pidiendo que seas honesto contigo mismo, de modo que llegues a darte cuenta de cómo excluyes ciertas áreas de tu práctica del perdón, y que después te des cuenta de por qué estás haciéndolo.

(7:2-3) Esto no requiere ningún esfuerzo por tu parte. Los ejercicios reúnen en sí mismos las condiciones necesarias para este tipo de transferencia.

Esto puede entenderse de dos maneras. En primer lugar, Jesús está diciendo que el Libro de ejercicios no requiere mucho tiempo ni trabajo duro. Y si lo requiere, entonces no estás haciéndolo correctamente. Cuando te esfuerzas por aprender o desaprender algo, obviamente lo has hecho real, lo que significa que nunca lo desharás. Por eso, en la primera regla para la toma de decisiones, al principio del Capítulo 30 del Texto, él dice: *"No luches contra ti mismo"* (T-30.I.1:7). El perdón no debería ser una lucha. Tienes que ser consciente de cuánto te vas a resistir a lo que Jesús está enseñando aquí, y aceptarlo sin luchar contra ello. Ciertamente, la idea no es que tengas que hacer estos ejercicios a la perfección.

A otro nivel, la razón por la que los ejercicios no requieren esfuerzo es que *nosotros* no somos los que deshacemos o perdonamos. Ese es el papel de Jesús. El nuestro simplemente es el de estar dispuestos a pedirle ayuda para mirar al mundo de otra manera. Diciéndolo de otro modo y citando el Texto: nuestra tarea es "negar la negación de la verdad" (T-12.II.1:5; cursiva omitida), lo que se consigue mirando con Jesús al problema "tal como es [en la mente] y no de la manera… [que nosotros] lo hemos urdido [proyectándolo afuera hacia el mundo]" (T-27.VII.2:2). Esta es la razón por la que el proceso requiere tan poco esfuerzo; nuestra función es simplemente *mirar*, no *hacer*. Volveremos a este importante punto en la Lección 23, y muchas, muchas más veces después.

(8-9) Algunas de las ideas que el libro de ejercicios presenta te resultarán difíciles de creer, mientras que otras tal vez te parezcan

muy sorprendentes. Nada de eso importa. Se te pide simplemente que las apliques tal como se te indique. No se te pide que las juzgues. Se te pide únicamente que las utilices. Es utilizándolas como cobrarán sentido para ti y lo que te demostrará que son verdad.

Recuerda solamente esto: no tienes que creer en las ideas, no tienes que aceptarlas y ni siquiera tienes que recibirlas con agrado. Puede que hasta te opongas vehementemente a algunas de ellas. Nada de eso importa ni disminuye su eficacia. Pero no hagas excepciones al aplicar las ideas expuestas en el libro de ejercicios. Sean cuales sean tus reacciones a ellas, utilízalas. No se requiere nada más.

Es importante entender que Jesús hace estas declaraciones en el Libro de ejercicios, no en el Texto. Su punto es que no es necesario entender lo que enseña en el Libro de ejercicios, sino solo que hagas lo que él te dice, esencialmente porque confías en él. En el Texto él *sí* quiere que estudiemos y entendamos, y que pensemos cuidadosamente en sus enseñanzas. Como el Texto provee la teoría de *Un curso de milagros,* y el Libro de ejercicios su entrenamiento mental, aquí Jesús no tiene que insistir en el estudio. Por eso nos dice: "No os quedéis atascados en argumentos. No tenéis que estar de acuerdo con lo que digo ni creerlo, y tampoco es necesario que os guste. Simplemente haced lo que os pido." Una vez más, esto no es un requisito sino una sugerencia útil.

Así es como Jesús se cuela por la puerta de atrás. Él sabe que en cuanto hagamos lo que él dice, nos daremos cuenta de que tiene razón, y dejaremos de discutir o debatir. De hecho, él nos está diciendo: "Asume que, puesto que eres un estudiante de mi curso, quieres aprender su verdad de mí. Si no te gusta, puedes ir a hacer alguna otra cosa. Pero, como estudiante mío, procura no hacer excepciones, porque así me permitirás enseñar que estos principios son válidos para absolutamente todo en el mundo, sin excepción."

Ahora estamos preparados para empezar las lecciones. Lo que va a ser interesante a medida que las hagamos es notar que Jesús establece repetidamente el mismo punto, reflejando los principios de la generalización. Estas primeras lecciones son maneras brillantes de mostrarnos, en situaciones muy específicas y cotidianas, lo comprometidos que estamos con la idea de que existimos como individuos separados. Los ejercicios nos ayudan a darnos cuenta de que este pensamiento impregna cada aspecto de nuestra experiencia, incluso los más mundanos y ordinarios. Por lo tanto, a medida que leas y practiques estas lecciones, piensa en sus implicaciones con respecto a cómo y por qué vives tu vida como la vives. Piensa cuidadosamente en cómo percibes las cosas, y date cuenta de que el sistema de pensamiento de separación subyace a tus percepciones.

LECCIÓN 1

Nada de lo que veo en esta habitación [en esta calle, desde esta ventana, en este lugar] tiene significado.

La idea es mirar alrededor —sin juicio— a los muy prosaicos objetos del mundo: una mesa, una silla, una mano, un pie, un bolígrafo, una puerta, un cuerpo, una lámpara, una señal, una sombra. Nota cómo Jesús cuela dentro el cuerpo; la cuestión es que normalmente pensarías que tu mano es más importante que un bolígrafo, o que tu cuerpo es más importante que una lámpara. No hay nadie que no crea esto. Por lo tanto, tienes que darte cuenta de que vienes a *Un curso de milagros* con un conjunto de premisas de las que ni siquiera eres consciente, una jerarquía de valores que mantienes con respecto al mundo. Por eso Jesús nos instruye en el Texto:

> Aprender este curso requiere que estés dispuesto a cuestionar cada uno de los valores que abrigas. Ni uno solo debe quedar oculto y encubierto, pues ello pondría en peligro tu aprendizaje. Ninguna creencia es neutra. Cada una de ellas tiene el poder de dictar cada decisión que tomas. Pues una decisión es una conclusión basada en todo lo que crees. Es el resultado de lo que se cree y emana de ello tal como el sufrimiento es la consecuencia inevitable de la culpa, y la libertad, de la falta de pecado (T-24.In.2:1-6).

Esta primera lección, que parece tan simple, cuando no simplista si no la entiendes, contiene el sistema de pensamiento completo de *Un curso de milagros*. No hay diferencias entre ninguna de las cosas del mundo. Todas ellas son iguales, son lo mismo porque todas ellas son parte de la ilusión, y reflejan idéntico sistema de pensamiento de separación, que en sí mismo es irreal. Como sabes por haber estudiado el Texto, la primera ley del caos, el fundamento del sistema de pensamiento del ego y del mundo, es que hay una jerarquía de ilusiones (T-23.II.2:3). Si creo que mi cuerpo o mi mano es más importante que una lámpara, estoy diciendo claramente que hay una jerarquía de ilusiones. Una vez más, sería duro, si fuera posible en absoluto, encontrar a alguien en este mundo que no comparta la creencia en dicha jerarquía, o incluso que piense que eso es un problema. Así, si piensas seriamente en esto, te quedará claro que toda tu vida está basada en una mentira: la primera ley del caos que dice que hay una jerarquía de ilusiones.

Saltamos al tercer párrafo:

(3:1-2) Observa que estas afirmaciones no siguen ningún orden determinado ni hacen distinción entre la clase de cosas a las que se aplican. Ese es el propósito del ejercicio.

Esto no quiere decir que deberías renunciar a la importancia que le das a tu cuerpo o a tu mano. Más bien, el propósito de estas reflexiones es ayudarte a darte cuenta de que, incluso en este nivel básico, estás reflejando el sistema de pensamiento del ego. Si piensas profundamente en ellas, estas lecciones mueven a ser humilde porque te ayudan a darte cuenta de hasta qué punto tu vida va en contra de todo lo que enseña *Un curso de milagros.* Esto significa que hay una parte de ti que no quiere aprender este curso, porque hay una parte de ti que no quiere renunciar a tu vida. No quieres ir por ahí pensando que tu mano es realmente tan carente de significado como un bolígrafo, porque crees que hay un cuerpo que es real, y que realmente estás aquí en el mundo. Si crees esto, tal como todos lo creemos, no puedes creer en la realidad de Dios. En otras palabras, como se nos acaba de decir, la primera parte del Libro de ejercicios tiene el propósito de deshacer nuestra manera de percibir y de pensar. Esto establece el tono para lo que vendrá.

(3:2-4) Ese es el propósito del ejercicio [hacer que nos demos cuenta de que no hay diferencias]. La afirmación debe aplicarse sencillamente a cualquier cosa que veas. Al practicar la idea del día, hazlo con total imparcialidad.

Esto es lo que significa *generalizar.* Obviamente, Jesús no espera que practiquemos este ejercicio con total imparcialidad; si pudiéramos hacerlo, no necesitaríamos estas lecciones. La idea es tomar conciencia de que *no* practicamos esto en nuestra vida, incluso cuando estamos tratando específicamente de hacerlo. Por lo tanto, cuando hagas esta lección, en realidad deberías pensar en si estás verdaderamente preparado para decir: "Esta mano es tan carente de significado como un bolígrafo". Y si crees que piensas que son lo mismo, toma un bolígrafo y rómpelo, y luego toma tu mano y rómpela. De repente te darás cuenta de que crees que hay una diferencia verdadera. Ciertamente esto no está pensado para hacer que te sientas culpable, sino para ayudarte a darte cuenta de que has apostado por identificarte con el sistema de pensamiento de separación.

(3:5-7) No trates de aplicarla a todo lo que se encuentre dentro de tu campo visual, pues estos ejercicios no deben convertirse en un ritual. Asegúrate solamente de no excluir nada en particular. En lo que respecta a la aplicación de la idea, una cosa es igual que cualquier otra.

Sería muy fácil repasar todas las cosas de la habitación y mirar a distintas partes de tu cuerpo y decir: "Esto no significa nada". Pero entonces estarías haciéndolo como un ritual. Básicamente, un ritual te saca de la mente, te deja sin mente, y por eso los rituales gustan a la gente. Una amiga me dijo una vez que le gustaba rezar el rosario porque no tenía que pensar. Simplemente lo haces. Jesús te está diciendo que *no* hagas eso con este Libro de ejercicios. No lo conviertas en un ritual. Los rituales están diseñados para dejarte *sin mente*. Este es un curso cuyo propósito es hacerte *consciente de la mente*. Volveremos repetidamente a este tema del peligro potencial de los rituales.

Resulta fácil pasar por alto aquí que Jesús está siendo "sigiloso". Él parece estar diciéndonos que esta idea es solo para esta lección. ¡Lo que no nos dice es que *Un curso de milagros* en sí mismo descansa sobre este principio!

(4) Las tres primeras lecciones no deben hacerse más de dos veces al día, preferiblemente una vez por la mañana y otra por la noche. No deben pasar de un minuto más o menos, a no ser que eso cause una sensación de premura. Una cómoda sensación de reposo es esencial.

A medida que hagas estas lecciones deberías sentir a Jesús diciéndote: "Las lecciones deben hacerse con amabilidad. No te crucifiques con ellas. No trates de hacerlas perfectas. No te sientas culpable cuando *creas* que has fallado. No conviertas tu práctica en un ritual obsesivo. Deberías sentirte cómodo con estos ejercicios." Su amabilidad se convierte en uno de los principios significativos del Libro de ejercicios, e integrar esta bondad amable en nuestra propia vida es una de las lecciones más importantes que podríamos desear aprender. Jesús nos ofrece un modelo maravilloso.

LECCIÓN 2

Le he dado a todo lo que veo en esta habitación [en esta calle, desde esta ventana, en este lugar] todo el significado que tiene para mí.

La primera lección —que nada significa nada— ahora se extiende. La razón por la que nada significa nada es que tú le has dado significado a todo, oscureciendo, como veremos enseguida, su *verdadero* significado de perdón. Sabes que has hecho eso porque piensas que tu mano es más importante que un bolígrafo. Como está claro que esta no puede ser la manera de pensar del Espíritu Santo, solo puede haber venido de cómo piensas *tú*. Dios no ha dado a todo lo que ves a tu alrededor su significado, ni tampoco lo ha hecho Jesús. *Tú* lo has hecho.

Las personas dirán que valoran algo porque lo valoraban sus padres, y porque fueron educadas en cierta cultura, religión, estrato socio-económico, etcétera. Pero esa no es una declaración honesta. Si pensaran verdaderamente en ello, se darían cuenta de que no han adoptado *todos* los valores de sus padres, ni los de su sistema social, y así sucesivamente. Solo han adoptado esos valores que resuenan con lo que ellos *quieren* que sean sus valores.

Aunque no se menciona aquí, Jesús está pidiendo completa honestidad con él; se trata de aceptar que nada en esta habitación, o en el mundo, significa nada porque yo soy quien ha dado significado al mundo, y yo —mi ego— nunca podría entender el *verdadero* significado: el perdón.

(1) Los ejercicios que se deben llevar a cabo con esta idea son iguales a los de la primera lección. Comienza con las cosas que estén cerca de ti y aplica la idea a cualquier cosa en la que tu mirada se pose. Extiende luego tu campo visual. Gira la cabeza de un lado a otro de manera que puedas incluir lo que se encuentre a ambos lados de ti. Si es posible, da la vuelta y aplica la idea a lo que se encuentre detrás de ti. Sé tan imparcial como puedas al seleccionar los objetos a los que vas a aplicar la idea; no te

concentres en nada en particular ni trates de incluir todo lo que veas en una zona determinada, ya que eso causaría tensión.

Jesús nos está diciendo que no discriminemos diciendo que una cosa es importante y otra no, o que esta cosa no significa nada, pero esa sí. Nos está diciendo que seamos indiscriminados en nuestra práctica. Intentar incluirlo todo producirá tensión, nos dice, y entonces se desarrollará rápidamente un ritual. Los rituales conllevan tensión porque siempre está presente la sensación de *tener* que hacer algo. *Tengo* que decir la oración de cierta manera. *Tengo* que hacer la lección cada día a la misma hora. *Tengo* que ir a la iglesia o a la sinagoga cada día, o cada semana, o cualquier otra cosa. Si es un ritual, entonces es algo que tiene que hacerse del mismo modo todo el tiempo. Y generalmente, si se hace en un contexto religioso, tiene que hacerse del mismo modo todo el tiempo porque eso es lo que Dios quiere, o lo que la Biblia dice, o en lo que insisten las autoridades religiosas.

Por lo tanto, Jesús está diciendo que no hagas estos ejercicios como si fueran un ritual, y no hacerlos con una sensación de tensión. Si empiezas a sentir tensión, él dirá que deberías parar. Esto también es una indicación de que los estás haciendo mal; de que los estás haciendo con el ego y no con él.

(2:1) Echa simplemente una rápida e indiscriminada mirada a tu alrededor, tratando de evitar la selección de objetos en función de su tamaño, brillantez, color o material, o de la relativa importancia que tengan para ti.

El hecho mismo de que Jesús diga: "Procura evitar hacer esto" te está mostrando que tú vas a intentar hacerlo; en este caso, seleccionar de acuerdo con lo que es o no es importante para ti. Incluso si no piensas que lo estás haciendo conscientemente, inconscientemente es cierto que este tendría que ser el caso a la luz de la jerarquía de valores que todos compartimos.

(2:2-5) El simple hecho de ver un objeto lo convierte en tu selección. Trata de aplicar la idea con la misma facilidad a un cuerpo que a un botón, a una mosca que a un piso, a un brazo que a una manzana. El único criterio a seguir para aplicar la idea a algo es simplemente que tus ojos se hayan posado sobre ello. No trates de incluir nada en particular, pero asegúrate de no excluir nada deliberadamente.

Tenemos que leer las lecciones reflexivamente, yendo más allá de la *forma* de las palabras a su *contenido* subyacente o significado. En otras palabras, tenemos que darnos cuenta de que Jesús nos está ayudando a generalizar; que todas las cosas carecen igualmente de significado porque todo sirve al mismo propósito de separación del ego. Después descubriremos que todas las cosas se vuelven igualmente significativas, porque todo en nuestro mundo perceptual también puede servir al propósito del Espíritu Santo. No importa de qué se trate; podría ser algo que nosotros creemos que es significativo, como un cuerpo, o de algo que creemos que carece de significado, como una manzana o un botón. Mientras veamos, oigamos, saboreemos o sintamos algo, estamos diciendo que el mundo material es real; la dualidad y la percepción son reales. En último término es una manera de decir *yo* soy real. Y detrás de eso está, por supuesto, la declaración de que, como el mundo material es real, Dios no puede serlo. Esta es la metafísica que subyace a estas primeras y maravillosas lecciones.

LECCIÓN 3

No entiendo nada de lo que veo en esta habitación [en esta calle, desde esta ventana, en este lugar].

Nada en esta habitación significa nada porque yo le he dado todo el significado que tiene. Por lo tanto, como yo le he dado su significado, ¿cómo podría yo, un ser separado *del* significado, entenderlo? Puedo entenderlo desde el punto de vista de mi ego porque sirve al propósito de hacer real el mundo y mi experiencia de él. Pero no puedo entenderlo verdaderamente, porque el propósito del mundo, como he comentado en el Preludio a estos volúmenes, es impedirme entender. El verdadero entendimiento haría que me diera cuenta del propósito que he dado a todas las personas y cosas de mi vida. Una vez más, uno de los objetivos importantes de estas primeras lecciones es llevarnos a la humildad, para que podamos darnos cuenta de que no entendemos nada. Esto es lo que subyace a la importante (¡si no escandalosa!) declaración de Jesús en el Texto: "Todavía estás convencido de que tu entendimiento constituye una poderosa aportación a la verdad y de que hace que esta sea lo que es" (T-18.IV.7:5).

La lección comienza con el énfasis en la indiscriminación que ya hemos visto:

(1:1) Aplica esta idea de la misma manera que las anteriores, sin hacer distinciones de ninguna clase.

Esto significa que yo no entiendo nada. Pienso que entiendo para qué es un bolígrafo o una taza, y sin embargo no entiendo que su propósito *último* es mantenerme enraizado en la ilusión y fuera del Cielo. Mi ego me diría que el bolígrafo es para escribir, la taza para beber, y la ropa para cubrir mi cuerpo, pero yo no entiendo el propósito subyacente del ego para estos y todos los demás aspectos del mundo material.

(1:2-5) Cualquier cosa que veas se convierte en el objeto adecuado para la aplicación de la idea. Asegúrate de no cuestionar si algo es adecuado o no para aplicarle la idea. En estos ejercicios no se trata de juzgar. Cualquier cosa es adecuada si la ves.

Inconscientemente, sin duda cuestionamos la adecuación de algunas cosas. Una vez más, nadie se cree que su brazo sea menos importante que una manzana o un botón. Creemos que hay una diferencia extremadamente importante entre ellos.

"Cualquier cosa es adecuada si la ves," porque, si la veo, no puede ser real. Esto se debe a que "vemos" con nuestros ojos, y nuestros ojos, como todos nuestros órganos sensoriales, fueron fabricados específicamente para no *ver*. En otras palabras, fueron hechos por el ego para mirar *fuera* de la mente, mientras que la verdadera visión solo está *dentro* de la mente. Es esta irrealidad fundamental la que une a todas las cosas de este mundo.

(1:6-7) Tal vez algunas de las cosas que veas tengan una carga emocional para ti. Trata de dejar a un lado esos sentimientos y sencillamente aplícales la idea tal como se la aplicarías a cualquier otra cosa.

Lo que es útil de estas lecciones —si les prestas cuidadosa atención— es que traerán a la superficie todos nuestros valores inconscientes y ocultos, de manera similar a los test proyectivos que usan los psicólogos para ayudarse a entender las dinámicas subyacentes a la alteración psicológica de una persona. Veremos que este tema se refleja en futuras lecciones.

(2) El objetivo de los ejercicios es ayudarte a despejar la mente de todas las asociaciones del pasado para que puedas ver las cosas exactamente tal como se presentan ante ti ahora y también para que te des cuenta de lo poco que realmente entiendes acerca de ellas. Es esencial, por lo tanto, que tu mente se mantenga perfectamente receptiva y libre de juicios al seleccionar las cosas a las que vas a aplicar la idea del día. A tal efecto, una cosa es como cualquier otra: igualmente adecuada y, por lo tanto, igualmente útil.

Esta es la declaración más profunda que se ha hecho hasta ahora, y su significado debería quedar muy claro. Jesús está intentando ayudarnos a soltar el pasado, porque, mientras permanezca oculto a nuestra conciencia, no podemos deshacerlo. Por lo tanto, si lo dejamos enterrado, el pasado continúa saliendo a la superficie con su carga de culpa y de juicios una y otra vez. La clave de este deshacimiento reside en el principio que subyace a estos ejercicios: la igualdad inherente de todas las ilusiones.

LECCIÓN 4

Estos pensamientos no significan nada. Son como las cosas que veo en esta habitación [en esta calle, desde esta ventana, en este lugar].

Jesús está ayudándonos a darnos cuenta de que no es únicamente lo que vemos lo que no tiene significado, sino que nuestros
pensamientos con respecto a lo que vemos tampoco tienen significado. En lecciones posteriores explica que nuestros pensamientos
no son diferentes de lo que percibimos. Lo interno y lo externo son
uno y lo mismo.

**(1) Estos ejercicios, a diferencia de los anteriores, no comienzan
con la idea de hoy. Da comienzo a estas sesiones de práctica
observando los pensamientos que cruzan tu mente durante un
minuto más o menos. Luego aplícales la idea. Si ya eres consciente
de pensamientos que no te hacen feliz, úsalos como sujetos
para la idea. No obstante, no selecciones solo los pensamientos
que a tu parecer son "malos". Si te acostumbras a observar tus
pensamientos, descubrirás que representan una mezcla tal, que en
cierto sentido ninguna de ellos puede clasificarse de "bueno" o
"malo". Por eso es por lo que no significan nada.**

Tanto nuestra percepción como nuestro proceso de pensar son
variables. Lo que es variable no es inmutable, por definición, y si
no es inmutable, no puede ser de Dios. Esta declaración refleja
una de las premisas centrales sobre las que descansa la lógica de
Un curso de milagros. Cualquier cosa de Dios *debe* compartir sus
atributos. Si no lo hace, no puede ser Suya, y por tanto debe ser
irreal e ilusoria. Así, si hay algo que cambia no puede proceder del
Inmutable, y por lo tanto no existe y, habiéndose separado de lo
único que tiene significado, tiene que carecer intrínsecamente de
significado. Por lo tanto, a medida que prestemos atención a nuestros pensamientos, veremos su aleatoriedad, su variabilidad y su
naturaleza pasajera, todo lo cual atestigua su falta de significado.
Por lo tanto, al ser variables deben proceder del ego, que siempre

tiene que ver con el cambio, puesto que debe su origen al cambio original desde El Inmutable.

Estas primeras lecciones, con sus ejercicios engañosamente simples, nos llevan gradual y amablemente hacia el reconocimiento de su verdad conforme los aplicamos a nuestra vida de cada día.

(2) Al seleccionar los sujetos para la aplicación de la idea de hoy se requiere la acostumbrada especificidad. No temas usar tanto pensamientos "buenos" como pensamientos "malos". Ninguno de ellos constituye tus pensamientos reales, los cuales se encuentran ocultos tras ellos. Los "buenos" no son sino sombras de lo que está más allá, y las sombras dificultan la visión. Los "malos" son obstáculos para la visión, y, por lo tanto, te impiden ver. No te interesan ni unos ni otros.

Nuestros pensamientos reales son de amor o unidad, y deben ser no-específicos, que es la definición que da *Un curso de milagros* del término *abstractos*. Estos pensamientos abstractos están recubiertos por el mundo de especificidades del ego. Lo que queremos es la verdad, no una sombra ni un obstáculo. Como buenos platónicos, queremos lo Bueno que está más allá del *concepto* de bueno. *Bueno* y *malo* son conceptos, y como se nos enseña cerca del final del Texto:

> La salvación se puede considerar como el escape de todo concepto. No se ocupa en absoluto del contenido de la mente, sino del simple hecho de que esta piensa (T-31.V.14:3:4).

En el mejor de los casos, nuestros pensamientos de la mente correcta (los "buenos") son las correcciones de nuestros pensamientos de la mente errónea (los "malos"), pero, al final, su especificidad también debe desaparecer en el Amor abstracto o inespecífico de nuestra Fuente.

(3) Este es un ejercicio de gran importancia, y se repetirá de vez en cuando de forma ligeramente diferente. El propósito de esto es entrenarte en los primeros pasos hacia la meta de poder separar lo

que no tiene significado de lo que sí lo tiene. Representa el primer esfuerzo en el objetivo a largo plazo de aprender a ver que lo que carece de significado se encuentra fuera de ti, y lo significativo dentro. Es también el comienzo del entrenamiento que le permitirá a tu mente distinguir entre lo que es lo mismo y lo que es diferente.

Este es un pensamiento cargado de sentido: lo que no significa nada está fuera, porque lo que está fuera es irreal. Lo "significativo que está dentro" son los pensamientos del Espíritu Santo en nuestra mente. Cualquier cosa que percibamos fuera y creamos que es real sirve al propósito del ego, que es que sigamos pensando que lo que no significa nada es verdad. Todo esto, entonces, se convierte en algo que encubre lo que es verdaderamente significativo. Sin embargo, el Espíritu Santo nos enseña a ver que lo que está afuera, en el mundo, sirve al propósito de enseñarnos que no hay mundo. Ahí reside su significado. Los objetos no son significativos en sí mismos, sino que es el propósito del Espíritu Santo el que les da su significado. Todo lo que se ve sin Él carece de significado.

El ego nos hace valorar lo que hay en el mundo para que creamos en la realidad del sistema de pensamiento de separación que el mundo refleja. El Espíritu Santo nos hace percibir lo que hay en el mundo para que en último término lleguemos a darnos cuenta de que no hay mundo. Así, "lo que es lo mismo" son todas las cosas dentro del sistema de pensamiento del ego, y todas las cosas dentro del sistema de pensamiento del Espíritu Santo: la culpabilidad es culpabilidad, independientemente de su forma; el amor es amor, sin tener en cuenta su forma. Pero estos dos sistemas difieren entre sí, porque el sistema de pensamiento del ego nos enraíza más en el infierno, mientras que el Espíritu Santo nos lleva a casa. Así, aprendemos la *igualdad* inherente de todos los pensamientos dentro de cada sistema de pensamiento, y la *diferencia* intrínseca entre ambos sistemas.

(4) Al usar tus pensamientos como sujetos para la aplicación de la idea de hoy, identifica cada uno de ellos por la figura o acontecimiento central que contenga. Por ejemplo:

Este pensamiento acerca de _____ no significa nada. Es como las cosas que veo en esta habitación, [en esta calle, etc.].

Nota este primer énfasis —que se repetirá a lo largo del libro— en la necesidad de ser específicos en nuestra aplicación de la idea del día. Sin dicha aplicación los ejercicios no tienen significado para nosotros.

(5) Puedes aplicar la idea asimismo a cualquier pensamiento en particular que reconozcas que es perjudicial. Esta práctica es útil, pero no sustituye al procedimiento de selección más al azar que debe seguirse al llevar a cabo los ejercicios. En cualquier caso, no examines tu mente por más de un minuto. Aún no tienes suficiente experiencia como para poder evitar la tendencia a preocuparte innecesariamente.

Esto forma parte del propósito de Jesús de hacer que seamos humildes. Todavía no sabemos la diferencia entre lo que es dañino y lo que es inocuo. Esto es similar a la instrucción dada en el Texto de que no conocemos la diferencia entre dolor y alegría (T-7.X), y aprisionamiento y libertad (T-8.II). Y así nos preocupamos innecesariamente de perseguir lo que nos hará daño, en lugar de aprender lo único que nos aportará paz y alegría.

(6) Además, puesto que estos ejercicios son los primeros de esta índole, tal vez te resulte especialmente difícil suspender todo juicio en conexión con tus pensamientos. No repitas los ejercicios más de tres o cuatro veces al día. Volveremos a ellos más adelante.

Jesús no quiere que te sientas culpable porque no puedes hacer los ejercicios, pero sí quiere que seas consciente de que te cuesta hacerlos. Aquí está implicada la declaración siguiente: "Me está costando hacerlos porque no quiero renunciar a mi creencia de que no solo los objetivos de mi vida son significativos y también lo son mis pensamientos, sino que *yo* mismo soy significativo. Yo, como ser individual y especial, soy significativo." Esta es la razón por la que estas lecciones son "particularmente difíciles".

LECCIÓN 5

Nunca estoy disgustado por la razón que creo.

Esta es una de las lecciones que yo suelo citar con frecuencia porque va al corazón de nuestra práctica. Obviamente pensamos que estamos disgustados por lo que está ocurriendo en el mundo y por cómo nos afecta. Pero la *única* razón por la que estamos disgustados, que no se enseña explícitamente aquí, aunque está implícita, es que elegimos al ego como nuestro maestro en lugar de a Jesús.

(1) Esta idea, al igual que la anterior, puede aplicarse a cualquier persona, situación o acontecimiento que creas que te está causando dolor. Aplícala específicamente a lo que, según tú, es la causa de tu disgusto, y usa, para describir el sentimiento que te afecta, el término que te parezca más preciso. El disgusto puede manifestarse en forma de miedo, preocupación, depresión, ansiedad, ira, odio, celos o un sinnúmero de otras formas, y cada una de ellas se percibirá como diferente de las demás. Mas no es cierto que sean diferentes. Sin embargo, hasta que aprendas que la forma no importa, cada una de ellas constituirá materia apropiada para los ejercicios de hoy. Aplicar la misma idea a cada una de ellas por separado es el primer paso que te lleva a reconocer finalmente que todas son lo mismo.

Aquí se vuelve a expresar la paradoja de que hemos de seguir practicando con lo específico para aprender que todo es lo mismo e inespecífico. Ciertamente, este es el tema central del proceso que se nos da en *Un curso de milagros*, que finalmente nos despertará del sueño. Al practicar el perdón, todas y cada una de las veces que experimentemos molestia o inquietud —u otra *forma* de incomodidad— tomaremos conciencia del *contenido* subyacente de culpabilidad que *es* la fuente de la incomodidad. Ahí es cuando finalmente aprendemos la *igualdad* inherente de todas las ilusiones. En este punto desaparecerán, dejando solo el *contenido* de amor, nuestro único confort y la verdadera fuente de paz. Esta lección es extremadamente importante porque todos nos disgustamos, y siempre estamos seguros de la causa. Esto nos ayuda a darnos cuenta de que no estamos disgustados por lo que está fuera, sino solo por nuestra manera de *mirar a* lo de fuera.

A esto le sigue la tarea *específica* de esta lección de identificar la forma *específica* del disgusto, y la causa que le atribuimos:

(2) Al aplicar la idea de hoy a lo que percibas como la causa específica de cualquier forma de disgusto, usa el nombre del disgusto de que se trate, así como la causa que le atribuyes. Por ejemplo:

> *No estoy enfadado con _____ por la razón que creo.*
> *No tengo miedo de _____ por la razón que creo.*

Jesús pasa ahora rápidamente del mundo corporal de los sentimientos al mundo mental de nuestros pensamientos:

(3) Pero una vez más, esto no debe sustituir a las sesiones de práctica en las que primero examinas tu mente en busca de lo que crees son las "causas" del disgusto, y las formas de disgusto que, según tú, resultan de ellas.

Jesús nos devuelve al aspecto *búsqueda mental* de su entrenamiento. Hemos de acostumbrarnos a mirar dentro, aprender a prestar atención a nuestra culpabilidad hasta ahora reprimida, la fuente última de lo que creemos que son nuestros disgustos.

(4) En estos ejercicios, incluso más que en los anteriores, es posible que te resulte más difícil ser imparcial y evitar concederles más importancia a unos temas que a otros. Tal vez te resulte útil encabezar los ejercicios con la siguiente afirmación:

> *No hay disgustos pequeños. Todos perturban mi paz mental por igual.*

Todos tendemos a discriminar. Cuando algo menor nos disgusta, pensamos que solo estamos "ligeramente molestos". Después, a lo largo del día, algo importante ocurre y nos enfadamos mucho. Y pensamos que hay una diferencia. Esta es la cuestión que hemos estado abordando. El ego nos hace reafirmar el principio de que hay una jerarquía de ilusiones, pues es una de sus principales defensas contra la Unidad de Dios: la especificidad del mundo dualista contradice la realidad unificada de la Abstracción Divina, por usar un término del Texto (T-4.VII.5:4).

Jesús continúa con sus instrucciones para nosotros en esta misma línea:

(5-6) Luego busca en tu mente cualquier cosa que te esté afligiendo, independientemente de si te está afligiendo mucho o poco.

Es posible también que te sientas menos dispuesto a aplicar la idea de hoy a algunas de las causas de los disgustos que percibes que a otras. De ocurrir eso, piensa en primer lugar en lo siguiente:

No puedo conservar esta forma de disgusto y al mismo tiempo desprenderme de las demás. Para los efectos de estos ejercicios, pues, las consideraré a todas como si fuesen iguales.

Esto es lo que hemos de decir cuando nos sintamos tentados de establecer una jerarquía de lo que nos disgusta. Y a continuación Jesús reitera el punto en la frase siguiente:

(7) Escudriña luego tu mente durante un minuto más o menos y trata de identificar las diferentes formas de disgustos que te estén perturbando, haciendo caso omiso de la relativa importancia que tal vez les atribuyas.

Podemos ver cuántas veces Jesús nos recuerda en estas primeras lecciones que intentamos continuamente hacer una jerarquía de nuestras experiencias, creyendo que ciertas cosas son importantes y otras no. Él nos está entrenando para que nos demos cuenta de que todas son lo mismo. Una vez más, una ilusión es una ilusión es una ilusión.[5]

Un estudio más profundo de lo que se enseña en *Un curso de milagros* propicia una revelación bastante inquietante: cuando estamos disgustados, *queremos* estar disgustados, porque eso demuestra que somos víctimas inocentes de lo que el victimario nos está haciendo. Volveremos más adelante a esta importante enseñanza del Curso, pero, de momento, puedo mencionar dos

---

5 Alusión al poema de Rumi, «una rosa es una rosa es una rosa».

exposiciones muy específicas relacionadas con ella: "El cuadro de la crucifixión" (T-27.I) y "El concepto del yo frente al verdadero ser" (T-31.V).

El resto del párrafo repite la primera instrucción, haciendo énfasis en la necesidad de ser tanto específicos como amables en nuestra práctica.

LECCIÓN 6

Estoy disgustado porque veo algo que no está ahí.

Esta lección es una bomba. Lo que es muy intrigante de estas primeras lecciones es que Jesús no emplea una metafísica contundente. Sin embargo, eso es exactamente lo que aterriza la idea de que "Estoy disgustado porque veo algo que no está ahí". Lo que está disgustándome está *dentro* de mí, no fuera. *No hay nada fuera de mí*. Lo que creo ver solo es una proyección de un pensamiento en mi mente, y este pensamiento —de separación de Dios— ¡tampoco está allí! Mis percepciones son de ilusiones, las proyecciones de pensamientos que en sí mismos son ilusiones. ¿Qué puede engendrar una ilusión sino más ilusiones?

El primer párrafo, como él mismo dice, ya nos resulta familiar por su énfasis en la especificidad. El segundo párrafo también debería resultarnos familiar:

(2) Conviene aplicar la idea de hoy a cualquier cosa que parezca disgustarte, y puede usarse provechosamente durante el transcurso del día con ese propósito. No obstante, las tres o cuatro sesiones de práctica que hoy se requieren deben ir precedidas, como en días pasados, por un minuto más o menos de búsqueda mental, seguido de la aplicación de la idea a cada pensamiento de disgusto descubierto en dicha búsqueda.

La búsqueda mental es el punto focal del mensaje de Jesús, y el medio de aplicar sus enseñanzas a nuestras experiencias de cada día. A continuación, él vuelve a dos ideas mencionadas en la Lección 5:

(3) Una vez más, si te resistes a aplicar la idea a alguno de los pensamientos que te causan disgusto más que a otros, recuerda las dos advertencias mencionadas en la lección anterior:

No hay disgustos pequeños. Todos perturban mi paz mental por igual.

Y:

No puedo conservar esta forma de disgusto y al mismo tiempo desprenderme de las demás. Para los efectos de estos ejercicios, pues, las consideraré a todas como si fuesen iguales.

Sería difícil hacer un énfasis excesivo en la importancia que tiene esta idea de la inherente *igualdad* de todas las cosas, de los disgustos grandes y pequeños (así como de los grandes y pequeños placeres). Ocupa un lugar central en las enseñanzas de Jesús, puesto que es el medio de establecer la diferencia entre ilusión y verdad, o, en palabras de Platón, apariencia y realidad.

LECCIÓN 7

Solo veo el pasado.

La lección 7 es, en esencia, un resumen de las seis lecciones anteriores, como vemos en el primer párrafo, donde se repiten casi al pie de la letra.

En el segundo párrafo vemos que Jesús vuelve a una idea mencionada brevemente en el segundo párrafo de la Lección 3: la importancia de limpiar nuestra mente de pensamientos del pasado. Ahora lo elabora: la razón por la que nada significa nada, por la que hemos dado a todo el significado que tiene, etcétera, es que solo estamos viendo el pasado. Mantener en mente la ecuación que equipara el pecado, la culpabilidad y el miedo con pasado, presente y futuro nos ayudará a entender cuál es nuestra motivación para ver solo el pasado. El pecado se equipara con la separación, lo que demuestra que yo soy un individuo, autónomo de Dios. Una vez que creo esta mentira, será proyectada automáticamente hacia fuera y tomará la forma del pasado. Por tanto, veo el pasado en todas las cosas porque quiero mantener mi identidad individual. Así es como lo dice Jesús:

(2) Cambiar las viejas ideas que se tienen acerca del tiempo es muy difícil porque todo lo que crees está arraigado en el tiempo, y depende de que no aprendas estas nuevas ideas acerca de él. Sin embargo, esa es precisamente la razón por la que necesitas nuevas ideas acerca del tiempo. Esta primera idea acerca del tiempo no es realmente tan extraña como pueda parecer en un principio.

Cuando estamos disgustados, es porque estamos equiparando algo que acaba de pasar con algo que ocurrió en el pasado. Veo a una persona particular y sé lo que supuestamente tengo que hacer: ella es una autoridad, y por tanto mi odio está justificado; este es mi rival, de modo que tengo que odiar a esta persona; este tiene cierto color de piel, que yo debo odiar. El odio siempre se basa en el pasado. Sin embargo, la mayor parte del tiempo, la situación es más sutil que las de estos ejemplos, y por eso tenemos que practicar para reconocer y aceptar esta "primera idea".

En resumen, entonces, el propósito de ver el pasado en todas las cosas es que me permite decir que yo existo. Así, hacer real el pasado es lo mismo que decir que el pecado o la separación son reales y, por lo tanto, yo también. De paso, nótese el juego de palabras con la palabra "tiempo" en 2:2-3.[6*]

Ahora se nos da un ejemplo muy específico, aunque aparentemente trivial:

(3) Observa una taza, por ejemplo. ¿Estás realmente viendo la taza, o simplemente revisando tus experiencias previas de haber levantado una taza, de haber tenido sed, de haber bebido de ella, de haber sentido su borde rozar tus labios, de haber desayunado, y así sucesivamente? ¿Y no están acaso tus apreciaciones estéticas con respecto a la taza basadas asimismo en experiencias pasadas? ¿De qué otra manera, si no, sabrías que esa clase de taza se rompe si la dejas caer? ¿Qué sabes acerca de esa taza sino lo que aprendiste en el pasado? No tendrías idea de lo que es si no fuera por ese aprendizaje previo. ¿Estás, entonces, viéndola realmente?

Pero esto es cierto de *todas las cosas*. Literalmente no vemos *nada*, porque estamos viendo el pasado, que no está ahí.

(4) Mira a tu alrededor. Esto se aplica igualmente a cualquier cosa que veas. Reconoce esto al aplicar la idea de hoy indistintamente a cualquier cosa que te llame la atención. Por ejemplo:

Solo veo el pasado en este lápiz.
Solo veo el pasado en este zapato.
Solo veo el pasado en esta mano.
Solo veo el pasado en ese cuerpo.
Solo veo el pasado en esa cara.

Es interesante darse cuenta de los objetos que Jesús escoge para ser percibidos, entre los que se incluyen animados e inanimados. Continuaremos volviendo a este punto, pero de momento permitidme subrayar de nuevo la importante enseñanza de que, puesto que el mundo es "la imagen externa de

---

6 [*] En el original inglés (N. del t.). *Yet this is precisely why you need new ideas about* time. *This first* time *idea...*

una condición interna" (T-21.in.1:5) y esta condición interna es una ilusión, la imagen externa también debe ser una ilusión. Además, puesto que no hay una "jerarquía de ilusiones", no puede haber una diferencia intrínseca entre todos los objetos de nuestro mundo perceptual, animados e inanimados. *Todos* ellos son igualmente ilusorios, y por tanto todos son lo mismo. Aunque no hace falta añadir que esto no se ajusta a nuestra experiencia, también se nos está enseñando que las experiencias son falsas. En estas lecciones estamos viendo los intentos preliminares y sutiles de Jesús de enseñarnos esta verdad, a medida que nos conduce amablemente a su aceptación, y más allá de ellas a Dios, *la* verdad.

Finalmente, otro aviso más ante la tentación de excluir lo que creemos que no es importante, lo que muy a menudo es un velo que oculta lo que creemos secretamente que es muy importante, y a lo que el Texto se refiere como nuestros "pecados secretos y odios ocultos" (T-31.VIII.9:2):

(5) **No te detengas en ninguna cosa en particular, pero recuerda no omitir nada específicamente. Mira brevemente cada objeto, y luego pasa al siguiente. Tres o cuatro sesiones de práctica, cada una de un minuto más o menos de duración, bastarán.**

El foco central de esta primera parte del Libro de ejercicios sigue siendo responder de manera indiscriminada al mundo ilusorio de la percepción. Contiene los medios de deshacer el sistema de pensamiento de separación del ego, la esencia de los milagros: no hay orden de dificultad entre ellos (T-1.I.1:1).

LECCIÓN 8

Mi mente está absorbida con pensamientos del pasado.

Las lecciones siguen una secuencia discernible a medida que uno continúa leyéndolas y practicándolas. Jesús empieza con ideas y declaraciones simples con respecto a nuestra forma de percibir el mundo. A continuación, pasa rápidamente a cómo percibimos nuestros pensamientos y, empezando en la Lección 8, desarrolla mucho más claramente la conexión específica de causa y efecto entre nuestros pensamientos y el mundo. Aquí, por primera vez en el Libro de ejercicios, habla de la irrealidad del mundo. También introduce la idea de proyección, un principio que estaba implicado en las primeras siete lecciones, pero que será identificado con claridad en las lecciones siguientes. Hasta este punto Jesús nos ha estado diciendo que lo que vemos no tiene significado porque lo que vemos viene de lo que pensamos. Y lo que pensamos (en nuestra mente del ego) no tiene significado porque niega el verdadero Significado. Esto no había sido explicado con claridad en las lecciones que hemos visto hasta ahora, aunque lo hemos comentado, pero ciertamente estaba implícito y se expondrá más explícitamente en las lecciones siguientes.

(1) Esta idea es, obviamente, la razón de que veas únicamente el pasado.

La Lección 7, "Solo veo el pasado", introdujo la idea de que todo lo que percibimos carece de sentido porque se basa en nuestros pensamientos del pasado. En la Lección 8 Jesús continúa y extiende su comentario sobre el tiempo y el pasado: *Mi mente está absorbida con pensamientos del pasado.* No es que simplemente veamos el pasado, que fue el tema de la Lección 7, sino que solo vemos el pasado porque solo *pensamos* el pasado. Aquí Jesús está introduciendo la idea de que lo que vemos *fuera* proviene de lo que pensamos *dentro*, un tema importante del Texto: "La proyección da lugar a la percepción" (T-13.V.3:5, T-21.in.1:1). Lo que creamos y hayamos hecho real con respecto a nosotros mismos dentro, ya sea como hijos del ego o como hijos de Dios, se reflejará directamente en lo que percibamos fuera, porque lo interno y lo externo son lo mismo. Esto es una variante del principio esencial de *Un curso de milagros* de que *las ideas no abandonan su fuente*. Volveremos más adelante a este importantísimo tema. Que mi mente solo está preocupada con pensamientos del pasado es, por supuesto, la razón por la que solo veo el pasado (1:1). Aunque aquí no se declara con claridad, está claramente implicado el principio de que lo que vemos viene de lo que pensamos. Esta es la razón por la que:

(1:2) En realidad nadie ve nada.

Esta es otra de esas afirmaciones que, cuando empiezas a leer el Texto y a hacer las lecciones, tu mente tenderá a pasar por alto, porque en realidad no quieres aceptar lo que Jesús está diciendo. Él lo dice literalmente: "En realidad nadie ve nada".

(1:3) Lo único que ve son sus propios pensamientos proyectados afuera.

En el Texto hay muchos pasajes —y también un par de ellos en el Libro de ejercicios— en los que Jesús explica que los ojos del cuerpo no ven, tal como el cuerpo no piensa, siente, oye, ni hace nada. Simplemente hace lo que la mente le dice que haga (por ejemplo, T-28.V.5:3-8; VI.2:1-9; M-8.3:3-4:3). Entonces podemos pensar en el cuerpo como una simple marioneta o robot que lleva a cabo los dictados de su maestro. Por eso no vemos nada. Lo único que "vemos", y básicamente este *ver* debería ir entre comillas, es una proyección de lo que hemos estado pensando. Y, como hemos visto, lo que hemos estado pensando al escuchar al ego es simplemente nada.

(1:4) El hecho de que la mente esté absorbida por el pasado es la causa del concepto erróneo acerca del tiempo de que adolece tu visión.

En el Preludio, así como en el comentario de la Introducción al Libro de ejercicios, mencioné que una manera de entender el tiempo tal como lo conocemos, es decir, como lineal —pasado, presente y futuro— es verlo exclusivamente como un reflejo o sombra del sistema de pensamiento del ego de pecado, culpa y miedo. Cuando elegimos nuestra individualidad frente a la unidad del Espíritu

Santo, y después tratamos de preservar esta identidad indivi-dual, el ego hace que construyamos su sistema de pensamiento de pecado, culpa y miedo. Renunciando a esta importante dinámica: el pecado dice que hemos pecado contra Dios en el pasado; expe-rimentamos culpabilidad por lo que hemos hecho en lo que el ego llama el presente; y como la culpa siempre exige castigo, a conti-nuación, sentimos miedo del castigo de Dios que creemos merecer. El miedo al castigo, por supuesto, apunta al futuro. Si mantienes en mente esta "trinidad impía" de pecado (pasado), culpa ("presen-te") y miedo (futuro) al leer este primer párrafo, tendrá mucho más sentido. Cuando miramos afuera, vemos un mundo regido por el tiempo. Es, por supuesto, también un mundo de espacio. Espacio y tiempo, como el Texto los describe, son los lados opuestos del mismo error (T-26.VIII.1:3-5).

Así, todo lo que vemos fuera lo vemos en términos del pasado, porque lo vemos a través de la lente de nuestra identidad indi-vidual. Esta identidad está enraizada en el pecado, en la creen-cia de que nos hemos separado de Dios y ahora existimos como entidades separadas. Como creemos estar en guerra con Dios, un tema que se desarrollará más adelante, también debemos creer que estamos en guerra con todos los demás. En consecuencia, en nuestro mundo, cada percepción está orientada hacia lidiar con este asunto del deseo de ser especial: quién será la persona espe-cial que ganará, y quién la persona especial que perderá. Cuando esto se expresa directamente, es odio especial; cuando se esconde, es amor especial. Además, el especialismo está enraizado en la noción que el ego tiene del tiempo, que, una vez más, viene de la creencia en el pecado, la culpa y el miedo. Así, el especialismo *no* puede no estar enraizado en el pasado.

El "error conceptual con respecto al tiempo" es que este es real —que *hay* un pasado, un presente y un futuro— y que el presente y el futuro están causados directamente por el pasado. Así, lo que somos hoy se debe a nuestro pasado. Asimismo, el futuro solo será una extensión del presente del ego.

(1:5) Tu mente no puede captar el presente, que es el único tiempo que hay.

El presente del ego no es este "presente", al que *Un curso de milagros* se refiere como el "instante santo". Puesto que esta experiencia no está enraizada en el tiempo, tampoco está enraizada en el pecado, la culpa y el miedo. Está enraizada en la presencia en la mente correcta del Espíritu Santo, en la que la visión —no basada en el pasado, y ciertamente tampoco en ser especial— se convierte en el medio por el que el amor nos guía desde dentro.

(1:6) Por consiguiente, [tu mente] no puede entender el tiempo y, de hecho, no puede entender nada.

Esto se debe a que todo lo que pensamos que entendemos está enraizado en la aparente realidad del mundo espacial y temporal. Mientras nos identifiquemos a nosotros mismos como individuos, separados y autónomos, debemos crear en la totalidad del sistema de pensamiento del ego. Por lo tanto, todo lo que percibimos será una sombra de su pensamiento ilusorio de separación, lo que significa que no entenderemos nada.

(2:1) El único pensamiento completamente verdadero que se puede tener acerca del pasado es que no está aquí.

Esta es otra de esas líneas a las que, si le prestas atención con cuidado, debería hacer que te subieras por las paredes. Si eres una criatura del pasado y no hay pasado, entonces esto debe significar que *tú* no existes. En "El recuerdo del presente", que abre el Capítulo 28 del Texto, viene la frase: "Hace mucho que este mundo desapareció" (T-28.I.1:6). Si esto es cierto, significa que tú también desapareciste hace mucho. Esto nos obliga a preguntar: ¿Quién es el *tú* que tú crees que está leyendo estas palabras? O en las palabras de Jesús en el Texto: "¿Quién es el 'tú' que vive en este mundo?" (T-4.II.11:8). En otras palabras, la existencia es literalmente una fabricación, y si prestases mucha atención a ese pensamiento, te sentirías aterrorizado. Si no lo estás, se debe a que no le estás prestando mucha atención. Esa declaración, como la de la Lección 8, está diciendo literalmente que tú no existes.

Esto explicaría, como hemos mencionado antes, por qué hacer este Libro de ejercicios con cuidado y con diligencia debería ponerte extremadamente ansioso, aunque no estés seguro de dónde viene la ansiedad. Hay una parte de ti que reconoce lo que esto está diciendo, aunque, una vez más, el lenguaje es simple y no parece tener el mismo peso metafísico que encontramos en el Texto. Por esto te olvidas de las lecciones, no quieres hacerlas, y tiendes a pasarlas por alto y a enfocarte solo en sus aspectos más superficiales.

(2:2) Pensar acerca del pasado, por lo tanto, es pensar en ilusiones.

Pensar acerca del pasado es pensar en ilusiones. Detente por un momento mientras haces esta lección y considera que prácticamente cada uno de los pensamientos que tienes a lo largo del día está basado en el pasado, tanto si se trata de algo tan común como tomarse una taza de café, o de algo que parecería mucho más importante. Los pensamientos sobre una situación, una relación, tu cuerpo o cualquier otra cosa, todos ellos se refieren al pasado. Y deben hacerlo, porque el pasado no es nada más que la sombra del pecado, y el pecado es separación. Mientras creas que eres una entidad separada, debes creer en la realidad del pecado, y por lo tanto del tiempo.

(2:3-4) Muy pocos se han dado cuenta de lo que realmente supone visualizar el pasado o prever el futuro. De hecho, la mente está en blanco al hacer eso, ya que en realidad no está pensando en nada.

Esta declaración es la base de otra que solemos decir con frecuencia en los talleres y clases: "Los pensamientos que pensamos que pensamos no son nuestros pensamientos reales." Si no son nuestros pensamientos reales, no existen. Y la consecuencia es que, puesto que nos hemos identificado con nuestros pensamientos, *nosotros* tampoco existimos. "La mente está en blanco al hacer eso, ya que en realidad no está pensando en nada." No es solo que nuestra existencia sea una ilusión; ciertamente, toda existencia es una ilusión, puesto que está en contraste con la realidad de *ser*. Se puede encontrar un comentario sobre esta distinción en T-4.VII.4-5.

(3:1) El propósito de los ejercicios de hoy es comenzar a entrenar tu mente a reconocer cuándo no está realmente pensando en absoluto.

A partir de declaraciones como esta, así como de muchas otras, queda claro que el propósito de Jesús en estas lecciones es entrenar nuestras mentes. Aquí, específicamente, se enfoca en la idea de pensar: en hacer que nos demos cuenta de que en realidad no estamos pensando en absoluto. Tomaremos conciencia de esto reconociendo hasta qué punto nuestros pensamientos están enraizados en el pasado, o, aunque este no es el punto de esta lección, hasta qué punto están enraizados en el miedo al futuro. Nos preocupamos por lo que va a ocurrir —tanto si estamos hablando de los próximos cinco minutos como de los próximos cinco años— porque estos pensamientos de preocupación por el futuro están enraizados en nuestra preocupación por los pensamientos del pasado.

(3:2) Mientras tu mente siga absorbida con ideas sin contenido, la verdad permanecerá bloqueada.

Esta idea se irá desarrollando a medida que avancemos: el propósito de las ideas sin contenido y de aferrarnos al pasado es bloquear la verdad. El *propósito* sigue siendo uno de los temas centrales de *Un curso de milagros*, y Jesús hace énfasis en él repetidamente como el medio para entender el sistema de pensamiento del ego, tal como se ve, por ejemplo, en su introducción a las leyes del caos (T-23.II.1:1-5). Esta es, por tanto, otra declaración importante que nuestras mentes podrían pasar por alto, porque revela cuál es la motivación para aferrarnos a ideas sin contenido, tanto si se trata de preocupaciones por el pasado, temores con respecto al futuro o sentimientos de culpa en el presente. Todas ellas son intentos cuyo propósito es mantener oculta la verdad de nuestra Identidad en Cristo.

(3:3) Reconocer que tu mente ha estado simplemente en blanco, en vez de seguir creyendo que está llena de ideas reales, es el primer paso en el proceso de allanar el camino a la visión.

Como ocurre a lo largo de los tres libros de *Un curso de milagros*, Jesús se enfoca en hacer que despejemos "los obstáculos que nos impiden experimentar la presencia del amor" (T-in.1:7). Estos obstáculos son el problema. No nos tenemos que preocupar por lo que Jesús o la verdad hacen, pero tenemos que manternernos vigilantes con respecto a lo que hace el *ego*. Por lo tanto, es muy importante entender que, al mantener ideas sin contenido, nuestras mentes están en blanco, porque dichas ideas son sobre el pasado. Esto inicia el proceso de abrir la puerta a la verdadera percepción, la visión de verdadero perdón que nos conduce a la verdad.

(4:1-3) Los ejercicios de hoy deben hacerse con los ojos cerrados. Esto se debe a que en realidad no puedes ver nada, y es más fácil reconocer que por muy vívidamente que puedas visualizar un pensamiento, no estás viendo nada. Con el mayor desapego que puedas, escudriña tu mente durante el habitual minuto más o menos, tomando simplemente nota de los pensamientos que allí encuentres.

Algunos de los primeros ejercicios nos piden que tengamos los ojos abiertos. El punto aquí, y también más adelante, es que no hay diferencia entre lo que vemos y lo que pensamos. Son lo mismo. Aquí Jesús no está hablando de lo percibido externamente, sino que se enfoca en lo que estamos pensando. Volvemos a ver que pone énfasis en no hacer especial ninguno de los pensamientos, ni más ni menos importante que cualquier otro.

La lección pasa ahora a nuestros pensamientos específicos:

(4:4-5:3) Identifica cada uno de ellos por la figura central o el tema de que se trate, y luego pasa al siguiente. Da inicio a la sesión de práctica diciendo:

Parece que estoy pensando en _____.

Luego describe detalladamente cada uno de tus pensamientos. Por ejemplo:

Parece que estoy pensando en [nombre la persona], en [nombre del objeto], en [nombre de la emoción],

y así sucesivamente, concluyendo al final del período de búsqueda mental con:

Pero mi mente está absorbida con pensamientos del pasado.

Así es como se nos pide que practiquemos el aspecto central del proceso de perdón: llevar lo específico de nuestras ilusiones a la verdad inespecífica del Espíritu Santo, expresada aquí en la declaración: "Pero mi mente está absorbida con pensamientos del pasado."

(6) Esto puede hacerse cuatro o cinco veces en el transcurso del día, a menos que te resulte irritante. Si te resulta difícil, tres o cuatro veces será suficiente. No obstante, tal vez te ayude incluir la irritación, o cualquier emoción que la idea de hoy pueda suscitar, en la búsqueda mental en sí.

Este es otro maravilloso ejemplo de cómo Jesús, al mismo tiempo que nos inspira con amabilidad y paciencia, usa nuestra resistencia como parte de la sanación. Como dice en el Texto, en el contexto del especialismo:

Esta es la percepción benévola que el Espíritu Santo tiene del deseo de ser especial: valerse de lo que tú hiciste para sanar en vez de para hacer daño (T-25.VI.4:1).

Incluso nuestra irritación puede servir al propósito de perdón del Espíritu Santo, si le dejamos que nos ayude.

LECCIÓN 9

No veo nada tal como es ahora.

La Lección 9 es la continuación lógica de las Lecciones 7 y 8. Si mis pensamientos carecen de sentido porque están preocupados por un pasado que no existe, y el pasado no existe porque está enraizado en el pecado y la separación, que nunca ocurrieron, entonces la consecuencia lógica es que "No veo nada tal como es ahora".

(1:1-2) Esta idea es, obviamente, la consecuencia lógica de las dos anteriores. Pero si bien es posible que la puedas aceptar intelectualmente, es muy probable que todavía no signifique nada para ti.

Esta es una declaración atenuada y moderada. La idea no significará nada para nosotros porque su verdadero significado nos aterroriza. En el instante santo, que es el significado del "ahora", no hay nada que ver. El Capítulo 18 del Texto dice: "No hay ni un solo instante en el que el cuerpo exista en absoluto" (T-18.VII.3:1), lo que significa que en el instante santo no hay cuerpo. ¿Por qué? Porque no hay pensamiento de separación; no hay pecado, culpa ni miedo, y por lo tanto no se necesita el cuerpo para defenderse de esos pensamientos. Estos son los obstáculos a la verdad a los que Jesús se ha referido en la lección anterior. Así, todo lo que "veo" es una defensa contra el instante santo.

(1:3-7) De todas formas, el entendimiento no es necesario a estas alturas. De hecho, reconocer que no entiendes es un requisito previo para erradicar tus falsas ideas. Estos ejercicios tienen que ver con la práctica, no con el entendimiento. No necesitas practicar lo que ya entiendes. Sería bastante redundante, por cierto, tener como meta el entendimiento y al mismo tiempo asumir que ya lo has alcanzado.

Esta es la misma idea subrayada en la lección anterior: la importancia de reconocer que tu mente está en blanco cuando está pensando. Pensamos que entendemos lo que estamos pensando. Pero en verdad no entendemos nada, porque nuestro supuesto pensar es un obstáculo al verdadero entendimiento, que en *Un curso de milagros* se equipara con verdad o visión.

En "La pequeña dosis de buena voluntad", que ya cité anteriormente, Jesús dice: "todavía estás convencido de que tu entendimiento constituye una poderosa aportación a la verdad, y de que hace que esta sea lo que es" (T-18.IV.7:5). En otras palabras, nuestro entendimiento no es necesario. Sin embargo, lo que es necesario es que estemos dispuestos a aceptar que no entendemos nada. Si podemos aceptar este hecho, estamos abriendo el camino para que nuestro verdadero Maestro nos instruya. Pero si seguimos insistiendo en que entendemos y en que tenemos razón, no hay manera de que Jesús pueda enseñarnos. En nuestra demente arrogancia creemos que no hay nada que tengamos que aprender. En una lección posterior leemos:

> Nadie cuestiona lo que ya ha definido. Y el propósito de estos ejercicios es hacer preguntas y recibir respuestas (L-pI.28.4:1-2).

Así, nuestra buena voluntad de *practicar* y *aplicar* las lecciones, a cada momento que podamos, es la que en último término nos permitirá entender.

(2:1) A la mente no entrenada le resulta difícil creer que lo que aparentemente contempla realmente no está ahí.

Nos resulta extremadamente difícil creer que lo que estamos viendo no está ahí. Pensamos que vemos una sala llena de sillas y de gente, un reloj, un lago helado [esta clase se dio durante el invierno en las montañas Catskill de Nueva York], etc. En "realidad", todo lo que estamos viendo es una imagen externa de nuestros pensamientos de separación, las formas específicas que son proyecciones de nuestro sistema de pensamiento ilusorio.

(2:2-3) Esta idea puede producir gran inquietud y toparse con gran resistencia, la cual puede manifestarse de muchas maneras. No obstante, eso no excluye el que la apliques.

Una vez más, no es necesario entender ni estar de acuerdo con las ideas del Libro de ejercicios. Jesús simplemente nos está pidiendo que las practiquemos. El pensamiento de hoy debería ser inquietante, y algo está mal si no lo es. Como ya hemos comentado, si lo que estás viendo no está ahí, y tú estás experimentando el verte a ti mismo —tu ser físico y tus pensamientos—, entonces *tú* no estás ahí. ¿Qué podría ser más inquietante que eso? No es necesario aceptar que esta idea es verdad. Jesús simplemente te está pidiendo que inicies el proceso de entrenar tu mente para pensar como él piensa.

(2:4-5) Esto es lo único que se requiere para estos ejercicios o para cualesquiera otros. Cada pequeño paso despejará la oscuridad un poco más, y el entendimiento finalmente llegará para iluminar cada rincón de la mente que haya sido despejada de los escombros que la enturbiaban.

Este es un tema extremadamente importante, que repetiremos una y otra vez: se trata de deshacer las interferencias al recuerdo del amor. Cuando retiras y apartas los escombros que enturbiaban la mente —los pensamientos sin significado del sistema de pensamiento del ego—, lo que queda es la visión de Cristo, y eso es entendimiento. Esto no tiene nada que ver con lo que ocurre en el mundo, sino con darse cuenta de que aquí, en el mundo, no hay nada que entender. Recuerdo algo que dijo Miguel Ángel sobre su escultura. Explicó que primero vio la imagen dentro de la piedra, y después retiró lo que sobraba. La imagen de Cristo, que es la luz de nuestra verdadera Identidad, ya está en nuestra mente a través del Espíritu Santo. Nuestra responsabilidad es simplemente llevar a Su verdad los escombros de nuestras ilusiones, lo que nos lleva a tener una experiencia del Amor de Dios y de la unidad de la Filiación.

El resto de la lección ofrece instrucciones para los ejercicios. Nótese, una vez más, que Jesús hace énfasis en la aplicación indiscriminada, *sin excluir nada*. Él nos está ayudando a ser específicos sin ser ritualistas y obsesivos, puesto que el propósito último es generalizar de lo específico a *todos* los aspectos del mundo perceptual, los triviales y los importantes, tanto cercanos como lejanos. Jesús acaba la lección con otro recordatorio más:

(5) Hay que subrayar nuevamente que, si bien no debes intentar incluirlo todo, tampoco debes excluir nada en particular. Asegúrate de ser honesto contigo mismo al hacer esta distinción. Es posible que te sientas tentado de enmascararla.

A medida que progreses en el Libro de ejercicios, verás el significado de estas instrucciones de no excluir, así como de ser honesto a la hora de ver las resistencias a deshacer el ego.

LECCIÓN 10

Mis pensamientos no significan nada.

La Lección 4 declaró: "Estos pensamientos no significan nada." Como Jesús explica en el segundo párrafo, él ahora dice "mis" en lugar de "estos", haciendo de esta manera que las enseñanzas sean mucho más personales para nosotros.

(1) Esta idea es aplicable a todos los pensamientos de los que eres —o te vuelves— consciente durante las sesiones de práctica. La razón de que se pueda aplicar a todos ellos es que no son tus pensamientos reales. Hemos hecho esta distinción con anterioridad y la volveremos a hacer de nuevo. Todavía no tienes base de comparación. Cuando la tengas, no te cabrá la menor duda de que lo que una vez creíste que eran tus pensamientos, en realidad no significaban nada.

Nuestros "pensamientos reales" sería cualquier cosa que esté en nuestra mente correcta, cualquier cosa procedente del Espíritu Santo. En este sentido, un pensamiento *irreal* sería, por ejemplo, que alguien está atacándome. El pensamiento *real* es que esto es una petición de amor, y es una petición de amor que yo comparto. Sin embargo, tal como Jesús está enseñándonos aquí, todavía estamos demasiado identificados con *nuestros* pensamientos para ser capaces de considerar con seriedad lo que nos está diciendo sobre los pensamientos que nuestros pensamientos encubren. ¡Pero solo estamos en la Lección 10!

(2) Esta es la segunda vez que usamos este tipo de idea. Solo la forma es ligeramente distinta. Esta vez la idea se introduce con "Mis pensamientos" en lugar de "Estos pensamientos", y no se establece expresamente ningún vínculo con las cosas que se encuentran a tu alrededor. Lo que enfatizamos ahora es la falta de realidad de lo que crees que piensas.

Jesús no está hablando de lo que percibimos fuera; él ahora está hablando de lo que *pensamos*. En estas lecciones puedes ver cómo avanza y retrocede en sus delicados intentos de convencernos de que no somos quienes pensamos que somos. Es un proceso que nos conduce gradualmente a través del laberinto del sistema de pensamiento de nuestro ego —el aparente terror del círculo de miedo que describe en el Texto (T-18.IX.3:7-4:1)— al amor de Dios que nos espera felizmente un poco más allá.

El párrafo 3 es una buena descripción de la proyección, aunque no se usa este término:

(3) Este aspecto del proceso de corrección comenzó con la idea de que los pensamientos de los que eres consciente no significan nada y de que se encuentran afuera en vez de adentro; luego se subrayó el hecho de que son del pasado y no del presente. En lo que ahora estamos haciendo hincapié es en el hecho de que la presencia de esos "pensamientos" significa que no estás pensando en absoluto. Esto no es más que otra forma de repetir nuestra afirmación previa de que tu mente está realmente en blanco. Reconocer esto es lo mismo que reconocer la nada cuando crees que la ves. Como tal, es el requisito previo para la visión.

Jesús quiere que entendamos que nuestros pensamientos no son nada. Sin embargo, nosotros tomamos estos pensamientos que no son nada y los proyectamos porque pensamos que son reales. Así se ven como imágenes reales en el mundo externo. Jesús quiere que entendamos que los pensamientos que ahora son la fuente proyectada de nuestras percepciones en realidad no están allí. Repitiendo esta importante idea, nuestras mentes están llenas de pensamientos sin contenido, o de ideas sin contenido, porque se basan en el sistema de pensamiento ilusorio de separación que proviene del ego.

(4) Cierra los ojos durante estos ejercicios y comienza repitiendo para tus adentros la idea de hoy muy lentamente. Luego añade:

Esta idea me ayudará a liberarme de todo lo que ahora creo.

Estos ejercicios consisten, al igual que los anteriores, en escudriñar tu mente en busca de todos los pensamientos que puedas encontrar, sin seleccionarlos deliberadamente ni juzgarlos. Trata de evitar cualquier tipo de clasificación. De hecho, si te resulta útil, puedes imaginarte que estás viendo pasar una procesión compuesta de un extraño repertorio de pensamientos que tienen muy poco o ningún significado personal para ti. A medida que cada uno de ellos cruce tu mente, di:

Mi pensamiento acerca de _____ no significa nada.

Mi pensamiento acerca de _____ no significa nada.

Esto es un ejemplo de lo que significa mirar con Jesús a tu ego, a lo que daremos importancia continuamente. El *tú* que mira, sin apego personal a estos pensamientos, es la parte tomadora de decisiones de nuestra mente. Retornar a ella es el objetivo del Curso, y el significado del milagro que da su nombre a *Un curso de milagros*. El proceso entraña dar un paso atrás con Jesús, y observar al ego fabricar un caso contra alguien o contra ti mismo; verlo tomar un fragmento de aquí y una pieza de allá, entretejiendo una imagen aparentemente completa a fin de demostrar que tienes razón con respecto a tus percepciones de victimismo en el mundo, y de que todos los demás están equivocados, incluyendo al Espíritu Santo. Simplemente observas a tu ego en acción —"una procesión compuesta de un extraño repertorio de pensamientos"— cuyo propósito es confundirnos con respecto a nuestra identidad, haciéndonos creer que somos un *cuerpo* y no una *mente*. Si bien Jesús no nos está dando toda su enseñanza aquí, está estableciendo sus principios básicos. Finalmente:

(5) La idea de hoy puede servir, obviamente, para cualquier pensamiento que te perturbe en cualquier momento. Se recomiendan además cinco sesiones de práctica, en las cuales debes escudriñar tu mente durante no más de un minuto aproximadamente. No es recomendable alargar ese periodo de tiempo que, en caso de experimentar incomodidad, debería reducirse a medio minuto o menos. Acuérdate, no obstante, de repetir la idea muy despacio antes de aplicarla concretamente, así como de añadir:

Esta idea me ayudará a liberarme de todo lo que ahora creo.

Puedes ver, una vez más, la importancia que la generalización tiene para Jesús. Se nos pide que practiquemos —con la misma delicada bondad que él exhibe hacia nosotros— con nuestras percepciones erróneas específicas a fin de generalizar los principios aprendidos en estas aplicaciones a *todas* nuestras experiencias. Este tema continúa recurriendo a lo largo de estas primeras lecciones.

LECCIÓN 11

Mis pensamientos sin significado
me muestran un mundo sin significado.

Ahora Jesús establece explícitamente la conexión entre nuestros pensamientos y lo que percibimos, de modo que la razón por la que nada de lo que vemos a nuestro alrededor tiene ningún significado (Lección 1) es que lo que supuestamente estamos viendo viene de un pensamiento que no tiene significado. Esta lección expresa claramente esa relación causa-efecto.

(1:1-2) De todas las ideas que hemos presentado hasta ahora, esta es la primera que está relacionada con una de las fases principales del proceso de corrección: la inversión de la manera de pensar del mundo. Parece como si fuera el mundo el que determina lo que percibes.

Podríamos añadir: "lo que sientes, lo que piensas, tus emociones, tus problemas," etcétera. Por ejemplo, yo percibo que dos personas están teniendo una disputa porque están luchando. O mi cuerpo siente frío porque la temperatura está por debajo de la temperatura de congelación. Así es como el mundo piensa, y como todos experimentamos el mundo. Sin embargo, si todo esto procede de nuestros pensamientos, que son parte del sueño de separación del ego, deben ser estos pensamientos los que sueñan la temperatura de congelación y los cuerpos que reaccionan a ella. Por lo tanto, nuestro aparato sensorial nos demuestra que hay un mundo que es independiente de nosotros, y que somos las víctimas inocentes de un mundo más allá de nuestro control. Sin duda, esto no implica que hayamos de sentirnos culpables si estamos molestos porque hace un día muy frío. Simplemente significa que deberíamos darnos cuenta de que tenemos frío porque nos identificamos con el cuerpo, lo que a su vez significa que nos identificamos con el sistema de pensamiento de separación del ego, todo lo cual carece de significado. Una vez más:

(1:3-5) La idea de hoy introduce el concepto de que son tus pensamientos los que determinan el mundo que ves. [Ellos también determinan el mundo que experimentas.] Alégrate en verdad de practicar la idea en su forma original, pues en esta idea reside la certeza de tu liberación. La llave del perdón se encuentra en ella.

Esta es una declaración extremadamente importante. Jesús está diciéndonos que simplemente le escuchemos y que practiquemos esta idea en su forma original. Él nos está indicando que irá ampliándola a lo largo del año de trabajo con las lecciones y a través del estudio sistemático del Texto. Así es como aprendemos a perdonar. Yo no puedo perdonar un mundo que es real. Yo no puedo perdonar a los demás por lo que realmente han hecho, independientemente de los aparentes efectos que tenga en mí. Solo puedo perdonarte dándome cuenta de que he sido yo quien te ha puesto en mi sueño, y de que es mi sueño. Esta es la clave del perdón, y de la importante definición que se da en *Un curso de milagros* de que perdonas a tu hermano por lo que *no* te ha hecho (por ejemplo, L-pII.1.1:1). Podría muy bien ocurrir que la persona te haya hecho muchas cosas a ti o a otros en el nivel físico o psicológico. Pero, en el nivel de la mente no ha hecho nada, porque no es otra cosa que un pensamiento en tu mente. Tal como tú, la víctima del victimario, también eres un pensamiento en tu mente. Son uno y el mismo, víctima y victimario. Debe indicarse que la mente, que es anterior al mundo espacial y temporal, está fuera del espacio y del tiempo. Como comenté anteriormente en este libro, el tiempo y el espacio no son sino proyecciones en la forma del contenido de separación de la mente, y del pecado, la culpa y el miedo.

Todo esto está implícito aquí, aunque no declarado explícitamente. Lo cierto es que Jesús no tiene que decirlo con claridad aquí porque ese es el propósito del Texto. El propósito del Libro de ejercicios es que *comencemos* el proceso de aplicar estas ideas, y que *empecemos* a entender que lo que pensamos que vemos no es lo que estamos realmente viendo. No vemos sino una proyección de un pensamiento que está dentro de nuestra mente; un pensamiento con el propósito, como he mencionado brevemente antes, de asegurarnos de que nuestro sistema de pensamiento gane y el de Jesús pierda; nosotros tenemos razón y él está equivocado. El mundo separado de dolor y sufrimiento es testigo del hecho de que nosotros tenemos razón. Por eso lo hicimos tal como lo hicimos.

Ahora, las amables instrucciones para el ejercicio del día:

(2) Las sesiones de práctica con la idea de hoy deben llevarse a cabo de forma ligeramente distinta de las anteriores. Comienza con los ojos cerrados y repite la idea lentamente para tus adentros. Abre luego los ojos y mira a tu alrededor, a lo que está cerca, a lo que está lejos y a lo que está encima o debajo de ti. Mira por todas partes. Durante el minuto más o menos a emplear usando la idea, simplemente repítela en silencio y asegúrate de hacerlo sin prisa y sin ninguna sensación de urgencia o esfuerzo.

Comenzamos el ejercicio con los ojos cerrados, y después los abrimos y miramos alrededor. Jesús vuelve a subrayar que no hay diferencia entre lo que vemos y lo que pensamos. Son uno, porque dentro y fuera son lo mismo. Nótese una vez más que las instrucciones de Jesús son fáciles y no requieren esfuerzo; la presión solo sirve para fortalecer el mismo ego que estamos intentando deshacer.

Las palabras de Jesús en el párrafo siguiente subrayan el proceso de entrenamiento mental por el que nos guía:

(3) Para derivar el máximo beneficio de estos ejercicios, los ojos deben pasar de una cosa a otra con cierta rapidez, ya que no deben detenerse en nada en particular. Las palabras, en cambio, deben usarse pausada e incluso relajadamente. La introducción a esta idea en particular debe practicarse de la manera más casual que puedas. Contiene los cimientos de la paz, de la relajación y de la ausencia de preocupación que estamos tratando de lograr. Al final de los ejercicios, cierra los ojos y repite lentamente la idea para tus adentros una vez más.

Como nos enseñó la tortuga, la lentitud y la facilidad acaban ganando la carrera. Jesús está estableciendo el tono para el aprendizaje, deshaciendo la necesidad del ego de luchar, esforzarse y superar, incluso a sí mismo. Él nos pide que practiquemos usando términos como "sin prisa", "con calma", "de manera casual", "paz", "relajación", "despreocupación" y "lentamente". Nuestro entrenamiento mental debería estar tan libre de tensión y conflicto como sea posible.

El último párrafo relata las instrucciones familiares que nos animan delicadamente a:

(4) Tres sesiones de práctica probablemente serán suficientes hoy. No obstante, si no sientes ningún desasosiego o si este es muy ligero, y te sientes inclinado a ello, puedes hacer hasta cinco. Más de eso no es recomendable.

Más no es mejor, al menos no en el sistema de pensamiento que Jesús nos está impartiendo. Si podemos hacer cinco periodos de práctica, bien. Si no, entonces tres bastarán. Pero no nos esforcemos por hacer más, dice Jesús. Yo no estoy en el Cielo llevando la cuenta. En otras palabras, él está interesado en el *contenido,* no en la *forma;* en la calidad, no en la cantidad.

LECCIÓN 12

Estoy disgustado porque veo un mundo que no tiene significado.

Las Lecciones 5 y 6 afirmaron "Nunca estoy disgustado por la razón que creo" y "Estoy disgustado porque veo algo que no está ahí". Esta lección amplía estas ideas. Así, "Estoy disgustado porque veo un mundo que no tiene significado". Ahora Jesús explica por qué esta declaración es verdadera:

(1) La importancia de esta idea radica en el hecho de que contiene la corrección de una importante distorsión perceptual. Piensas que lo que te disgusta es un mundo aterrador o un mundo triste; un mundo violento o un mundo demente. Todos estos atributos se los otorgas tú. El mundo de por sí no tiene significado.

Percibimos violencia, hostilidad, locura y una miríada de otros estados. Jesús no está negando lo que percibimos. Él simplemente dice que lo que estamos viendo no es real. Él no está diciendo, no obstante, que deberíamos negar nuestras experiencias (véase, por ejemplo, T-2.IV.3:8-11). Más bien, nos está ayudando a darnos cuenta de la procedencia de las experiencias. Si estoy disgustado, no se debe a lo que me ha hecho algo o alguien del mundo, como también se nos enseña posteriormente en la Lección 31: "No soy víctima del mundo que veo". Este es un tema central a lo largo de *Un curso de milagros*: el mundo mismo carece de significado porque procede de un pensamiento sin significado. El pensamiento sin significado es que puedo estar separado de Dios; de hecho, no solo *puedo* estar separado, sino que *estoy* separado. Este pensamiento no tiene significado porque es una defensa contra lo único que tiene significado: Dios y Su creación unificada. Así, cuando crees que puedes separarte del único significado, es inevitable que todo se vuelva carente de significado.

(2:1-2) Estos ejercicios deben hacerse con los ojos abiertos. Mira a tu alrededor, esta vez muy lentamente.

Jesús vuelve a hacer que nos enfoquemos en lo que vemos, y ya nos ha enseñado que no hay diferencia entre lo que vemos y lo que pensamos.

Nótese que en lo que sigue se enfoca en que todas las ilusiones son iguales, y por tanto igualmente ilusorias:

(2:3-7) Trata de seguir un ritmo tal, que el lento pasar de tu mirada de una cosa a otra sea a intervalos de tiempo bastante similares. No permitas que el lapso de tiempo empleado para pasar de una cosa a otra sea ostensiblemente más corto o más largo; trata, en cambio, de mantener un compás medido y parejo a lo largo de todo el ejercicio. Lo que veas no importa. Te enseñas esto a medida que le prestas la misma atención y le dedicas el mismo tiempo a cualquier cosa sobre la que tu mirada se pose. Este es uno de los pasos iniciales en el proceso de aprender a conferirles a todas las cosas el mismo valor.

Al introducir la Lección 1, comenté brevemente la primera ley del caos del ego: hay una jerarquía de ilusiones, lo que significa que hay ciertas personas y cosas que son más importantes que otras. Resultará difícil romper este hábito profundamente arraigado de establecer distinciones al practicar la idea de que "estoy disgustado porque veo un mundo que no tiene significado". Jesús quiere que entendamos que todas las cosas carecen igualmente de significado, porque todas proceden del mismo pensamiento sin significado.

Todo lo que vemos en el universo de tiempo y espacio, incluyéndonos a nosotros mismos, no es más ni menos que un fragmento del pensamiento original de que podríamos estar, y estamos, separados de Dios y por nuestra cuenta. Cada fragmento retiene las características del pensamiento original, una "pequeña idea loca de la que el Hijo de Dios olvidó de reírse" (T-27.VIII.6:2). Necesitamos acordarnos de reírnos de ella debido a su falta de sentido, y no porque sea divertida en el sentido habitual de la palabra. Nos reímos con una suave sonrisa que dice que no significa nada porque es una imposibilidad. Usando un lenguaje familiar, es como si se cayera una gran hoja de vidrio, rompiéndose en billones y billones de fragmentos. Cada fragmento retiene las características de la hoja original: por ejemplo, cada uno tiene la composición química del vidrio. Cada uno de nosotros, así como todas las cosas del mundo, no es sino uno de esos fragmentos, todos ellos carentes de significado porque proceden de un pensamiento sin significado.

La razón por la que estoy disgustado, entonces, es que el mundo es testigo del hecho aparente de que yo tengo razón con respecto al mundo. Como yo creo existir en un mundo que está ahí fuera, este mundo me recuerda el pensamiento original que dio lugar a él, y también a mi existencia individual: yo destruí el Cielo y asesiné a Dios. Esto es extremadamente molesto porque creo que ahora Dios volverá para castigarme por lo que hice. Elaboraremos este concepto en las dos lecciones siguientes.

Como alumno suyo que estás haciendo las lecciones del Libro de ejercicios, Jesús no te pide que entiendas todas las implicaciones de estas afirmaciones. Tal comprensión viene del estudio del Texto. Pero quiere que comiences la práctica de no tomarte tus percepciones tan en serio.

En el párrafo siguiente Jesús nos pide que incluyamos en el ejercicio términos que son tanto positivos como negativos:

(3:1-6) A medida que mires a tu alrededor, di para tus adentros:

> *Creo ver un mundo temible, un mundo hostil, un mundo peligroso, un mundo triste, un mundo perverso, un mundo enloquecido,*

y así sucesivamente, usando cualquier término descriptivo que se te ocurra. Si se te ocurren términos que parecen ser positivos en vez de negativos, inclúyelos también. Podrías pensar, por ejemplo, en "un mundo bueno" o en "un mundo agradable". Si se te ocurren términos de esa índole, úsalos junto con los demás. Es posible que aún no entiendas por qué esos adjetivos "buenos" forman parte de estos ejercicios, pero recuerda que un "mundo bueno" implica uno "malo", y uno "agradable", uno "desagradable".

Lo que está implicado aquí, sin que se mencione expresamente, es que los contrastes y los opuestos nos enraízan sólidamente en el mundo del pensamiento dualista. El Texto define el Cielo como "una conciencia de la perfecta Unicidad" en la que no hay dualidad (T-18.VI.1:6). Así, en el Cielo no hay bien y mal, solo Dios. Aprender a reconocer esto es una parte importante de nuestro entrenamiento.

(3:7-8) Todos los términos que te vengan a la mente son adecuados para los ejercicios de hoy. Su aparente valor no importa.

En otras palabras, no importa si los términos son o no importantes o sagrados; todas las cosas del mundo provienen del pensamiento ilusorio; una ilusión es una ilusión es una ilusión.

(4) Al aplicar la idea de hoy, asegúrate de no alterar la duración de los intervalos de tiempo entre lo que piensas que es agradable y lo que piensas que es desagradable. Para los efectos de estos ejercicios, no hay diferencia alguna entre una cosa y otra. Al final de la sesión de práctica, añade:

> *Pero estoy disgustado porque veo un mundo que no tiene significado.*

Este importante punto sobre que no hay una verdadera distinción entre lo agradable y lo desagradable hace eco al comentario que aparece en "Los obstáculos a la paz", en el que Jesús dice dos veces que placer y dolor son lo mismo (T-19.IV-A.17:10-12; IV-B.12). Esta distinción solo sería relevante si *existiera* una jerarquía de ilusiones. Lenta e inevitablemente se nos está diciendo que *no* la hay.

(5:1) Lo que carece de significado no es ni bueno ni malo.

Cuando dices que algo es bueno o malo, obviamente le estás asignando un valor. Al comienzo del Capítulo 24, Jesús dice que "Aprender este curso requiere que estés dispuesto a cuestionar cada uno de los valores que abrigas" (T-24.in.2:1). Aquí se enuncia la misma idea, aunque de manera más simple. Al haber asignado valor a algo estoy diciendo que ese algo tiene significado. Si tiene significado, debe venir de un pensamiento significativo, porque lo que percibo fuera solo puede proceder de un pensamiento interno.

Entonces, ¿cuál es el pensamiento "significativo"? Es que las distinciones son válidas, la dualidad es real, y es valioso estimar una cosa más que otra. El núcleo de ese pensamiento es que yo valoro mi identidad individual por encima de la unidad de Cristo; mi vida y mi mundo por encima del Cielo. Si esto es así, las distinciones cobran muchísima importancia porque establecen que yo soy un ser dualista en un mundo dualista. Ese, entonces, es el mundo que yo percibo e insisto obstinadamente en que es real.

(5:2) ¿Por qué, entonces, habría de disgustarte un mundo que no tiene significado?

Si te afecta cualquier cosa del mundo, evidentemente crees que este no es un lugar que no tiene significado. Crees eso porque piensas que *tú* eres significativo. Para el ego, lo que es significativo es lo que alimenta nuestro deseo de ser especiales; lo que no tiene significado es cualquier cosa que sea irrelevante para el deseo de ser especiales. Por lo tanto, nos dice el ego, tenemos que enfocarnos en lo que sirve a nuestras necesidades especiales. La lección siguiente explicará por qué un mundo sin significado nos produce disgusto.

(5:3) Si pudieras aceptar al mundo como algo que carece de significado y dejar que, en lugar de lo que tú crees, la verdad se inscribiera en él por ti, ello te llenaría de una felicidad indescriptible.

Si aceptáramos que el mundo carece de significado, diríamos: "Mi mente está en blanco." Esto permitiría que el principio de Expiación del Espíritu Santo brillara y que el amor de Jesús se convirtiera en nuestra única realidad. Esa es la verdad, que nos llenaría de una "felicidad indescriptible". Como este yo ya no está identificado con el sistema de pensamiento de separación y culpa, lo que nos hace indescriptiblemente felices es darnos cuenta finalmente de que estábamos equivocados y Jesús tenía razón. No obstante, mientras nos identifiquemos con un yo separado y especial, tendremos miedo de la verdad de que todo esto es un sueño. Así, estamos eligiendo constantemente no ser indescriptiblemente felices porque, citando la conocida línea, preferimos tener razón a ser felices (T-29.VII.1:9). Sin duda, el pensamiento de la inexistencia no nos colmaría de felicidad, como mínimo. Por eso Jesús nos anima continuamente a dar "pequeños pasos" (L-pI.193.13:7); de otro modo, nuestro temor a ser "elevados y arrojados abruptamente a la realidad" (T-16.VI.8:1) sería demasiado abrumador. Los felices y amables sueños de perdón son la transición desde nuestro mundo de pesadilla del ego al despertar en Dios (T-27.VII.13:4-5).

(5:4-6) Pero precisamente porque [el mundo] carece de significado, te sientes impulsado a escribir en él lo que tú quisiste que fuese. Eso es lo que ves en él. Eso es lo que en verdad no tiene significado.

Como el mundo no tiene significado en sí mismo, yo tengo que darle un significado. Asimismo, como el mundo no es nada y yo no soy nada, tengo que pretender que soy algo. Ciertamente, todos pensamos que somos algo: maravillosos o miserables. Al ego no le importa cómo se juegue el juego de especialismo, si somos el regalo de Dios o el regalo de Satán, siempre que seamos un regalo especial. Lo que no queremos es no ser nada. Hacia el final de la sección "El Anticristo", Jesús dice que el ego siempre quiere más de algo: no importa si se trata de más placer o de más dolor, simplemente quiere más (T-29.VIII.8:6-12).

Nos aterra la posibilidad de no existir. Esto tiene que repetirse con frecuencia, puesto que es la suposición subyacente en estas lecciones, por no decir en la totalidad de *Un curso de milagros*. Este pensamiento es la fuente de la resistencia al Curso en general, y al Libro de ejercicios en particular. Tengo que pretender que existo, y así rápidamente fabrico un sistema de pensamiento que a continuación proyecto, fabricando de esta manera un mundo: tanto a nivel cósmico (puesto que todos formamos parte del Hijo uno) como individual. El punto es que siempre tratamos de imponer significado, porque de otro modo nos confrontaremos con la falta de significado intrínseca de nuestro pensamiento, y también de nuestro yo separado. Esto ocurre en el nivel metafísico de la mente, donde es una cuestión de *existir* o *ser*, como se ha comentado antes.

Sin embargo, en el nivel de nuestra experiencia personal, como cuerpos que viven en el mundo, tenemos miedo de perder nuestros problemas y agravios, pues todos ellos establecen el yo que creemos ser, al que, hacia el final, el Texto se refiere como nuestra cara de inocencia (T-31.V.1-3).

El verdadero miedo, como veremos en la lección siguiente, es que, si yo no pongo *mi* significado sobre el mundo, Jesús pondrá el *suyo*. Y por eso tengo que ganarle por la mano. Esto ayuda a explicar por qué estar muy aquietados tiende a hacer que nos sintamos ansiosos, y por qué experimentamos dificultades a la hora de meditar o rezar: si aquietamos nuestra mente, Jesús llegará allí primero —"El recuerdo de Dios aflora en la mente que está serena" (T-23.I.1:1)—, y si lo hace, nuestro ego se queda sin trabajo, y también nuestro sistema de pensamiento de separación y especialismo. Por eso, como veremos en la lección siguiente, acabamos creyendo que estamos en competición con Dios, y también con Jesús y su curso. En consecuencia, antes de que estas ideas puedan penetrar en nuestra mente, dándonos la oportunidad de escogerlas, tenemos que sustituirlas rápidamente por las nuestras. Finalmente, esta también es la razón por la que prácticamente todo el mundo trata de cambiar *Un curso de milagros* del modo que sea: escribir otro mejor o más simple, por ejemplo. Nos aterroriza lo que este libro realmente dice. Así, antes de dejar que sus palabras y pensamientos nos afecten, los cambiaremos para satisfacer nuestras necesidades especiales.

(5:7) Bajo tus palabras está escrita la Palabra de Dios.

En *Un curso de milagros,* la "Palabra de Dios" se usa casi siempre como sinónimo del principio de Expiación, o del Espíritu Santo. También puede entenderse como perdón, la corrección de la palabra de separación del ego, que nosotros elegimos para mantener oculta la Palabra de Dios.

(5:8-9) La verdad te disgusta ahora, pero cuando tus palabras hayan sido borradas, verás la Suya. Ese es, en última instancia, el propósito de estos ejercicios.

Ahora ya sabes por qué no quieres hacer estos ejercicios: si se borran tus palabras, entonces el sistema de pensamiento —la fuente de tus palabras— también queda borrado. Jesús ampliará esto en la Lección 14.

Esta lección acaba con la expresión, que ahora ya nos es familiar, de la amable compresión de Jesús hacia nuestras resistencias a sus enseñanzas:

(6) Tres o cuatro sesiones de práctica con la idea de hoy serán suficientes. Dichas sesiones no deben pasar de un minuto. Es posible que incluso un minuto te resulte demasiado largo. Suspende los ejercicios en el momento en que experimentes cualquier tensión.

No hay imposición, ni acoso, ni exigencias inductoras de culpa para ser disciplinado, y menos todavía espiritual. ¿Quién no habría deseado tener un profesor así en nuestros años jóvenes?

LECCIÓN 13

Un mundo sin significado engendra temor.

(1) La idea de hoy es realmente una variación de la anterior, excepto que es más específica en cuanto a la emoción suscitada. [No es solo que te disguste, también te da miedo]. De hecho, un mundo sin significado es imposible. Lo que no tiene significado no existe. Sin embargo, de eso no se deduce que tú no puedas pensar que percibes algo que no tiene significado. Por el contrario, eres especialmente propenso a pensar que sí lo percibes.

Esto se debe a que no quieres darte cuenta de que lo que percibes no tiene significado. Si lo que veo ahí fuera en el mundo no tiene significado, el pensamiento dentro de mí que ha dado lugar a lo que veo tampoco tiene significado. Puesto que yo *soy* mis pensamientos, la consecuencia es que *yo* no tengo ningún significado, lo que significa que *yo* no existo. Por lo tanto, en lugar de darme cuenta de que todo carece de significado, dentro y fuera, sustituiré esa carencia por mi propio significado. Obviamente, si percibo algo que creo que está ahí fuera, y que me afecta, ya lo he declarado real. Y quiero que el pensamiento subyacente sea real para que *yo* pueda seguir siendo real.

(2:1) El reconocimiento de esa falta de significado produce una aguda ansiedad en todos los que se perciben como separados.

Surge la ansiedad porque, a cierto nivel, me doy cuenta de que la falta de significado se extiende a *mi* existencia. Volveremos a esta idea en breve.

(2:2) Representa una situación en la que Dios y el ego se "desafían" entre sí con respecto a cuál de sus respectivos significados ha de escribirse en el espacio vacío que la falta de significado produce.

El ego desafía, pero Dios no; por eso la palabra va entre comillas. Para el ego, entonces, la naturaleza de su relación con Dios es la competición. Existe un "espacio vacío" porque el ego no es nada. Sin embargo, cree que debe llegar al vacío antes que Dios para reclamar que la identidad del Hijo es suya; de ahí la competición que percibe con el Creador. Si mi existencia como ego se basa en la creencia de *uno o el otro* —yo existo a expensas de Dios; yo Le maté para poder vivir—, proyectaré ese pensamiento y creeré que Él me está haciendo lo mismo a mí. Esta creencia profundamente arraigada es la fuente de nuestra percepción de que alguien viene a por nosotros, a hacernos daño, a abandonarnos, a sabotearnos, porque nos acusamos a nosotros mismos de hacer lo mismo a otros, y en último término a Dios. Como dice Jesús cerca del final del Texto:

> Nunca odias a tu hermano por sus pecados, sino únicamente por los tuyos. Sea cual sea la forma que sus pecados parezcan adoptar, lo único que hacen es nublar el hecho de que crees que son tus pecados y, por lo tanto, que el ataque es su "justo" merecido (T-31.III.1:5-6).

(2:3-4) El ego se abalanza frenéticamente para establecer allí sus propias ideas, temeroso de que de otro modo el vacío pueda ser utilizado para demostrar su propia impotencia e irrealidad. Y solamente en esto está en lo cierto.

Es decir, en que él no es nada. El ego sabe, como he explicado antes, que su poder descansa en el tomador de decisiones, porque el ego en y por sí mismo es impotente. Para asegurarse de que nunca reconozcamos su inherente nada y su falta de significado, trata de hacerse importante y poderoso mediante el pecado, la culpa y el miedo. Si yo he pecado contra Dios y Lo he destruido, soy ciertamente importante y poderoso. Esto también me da miedo, pero al menos me he convertido en algo de lo que Dios se da cuenta, lo cual también hace que yo sea importante.

La cosa más atemorizante de todas es darnos cuenta de que Dios ni siquiera sabe de nosotros, porque entonces, literalmente, no somos nada: impotentes e irreales. Así, queremos que Dios nos preste atención, bien porque somos su seguidor más devoto o el pecador más perverso. Esto no establece la diferencia para el ego, siempre que Dios se dé cuenta de él. Nuestro verdadero miedo, por supuesto, es que Él no sabe nada de nosotros. En algún lugar, muy dentro, sabemos que esto es verdad. Pero en lugar de aceptar que es verdad, lo encubrimos con las mentiras del ego; primero con los pensamientos de separación —pecado, culpa y miedo—, y a continuación con un mundo que refleja esos pensamientos.

(3:1) Es esencial, por lo tanto, que aprendas a reconocer lo que no tiene significado y a aceptarlo sin temor.

Esta aceptación viene de desarrollar una relación con Jesús o el Espíritu Santo que te permita mirar a tu ego sin miedo, ayudándote a darte cuenta de su falta de significado. Si tienes miedo de tu ego o sientes culpa con respecto a él, o si lo abrazas, obviamente crees que es real. Sin embargo, si das un paso atrás y observas pasar esta "procesión compuesta de un extraño repertorio de pensamientos", te das cuenta de que no es nada, y entiendes que su significado reside en intentar protegerte de lo que *es* significativo. Finalmente, como deseamos el significado por encima de cualquier otra cosa —es nuestra identidad como el Hijo de Dios—, acabaremos dándonos cuenta de que todo lo demás no tiene sentido y elegiremos contra ello.

(3:2) Si tienes miedo, no podrás por menos que dotar al mundo con atributos que no posee y abarrotarlo con imágenes que no existen.

En este caso decimos que el mundo es poderoso, hostil, amenazante, maravilloso, pacífico, dichoso, santo, etcétera. Estos son sus atributos. Y "las imágenes que no existen" son todo lo que vemos en el mundo, que son, por supuesto, proyecciones de pensamientos que no existen.

(3:3) Para el ego las ilusiones son dispositivos de seguridad, como deben serlo también para ti que te equiparas con él.

Los dispositivos de seguridad son defensas. Pecado, culpa, miedo y el mundo que surge de ellos son ilusiones, cuyo propósito es preservar la ilusión fundamental de que yo existo como un individuo separado.

Y ahora pasamos a la línea "bombazo" del párrafo siguiente:

(4) Los ejercicios de hoy, que deben hacerse unas tres o cuatro veces sin exceder un minuto cada vez, han de practicarse de manera ligeramente distinta de los anteriores. Repite la idea de hoy para tus adentros con los ojos cerrados. Luego abre los ojos y mira lentamente a tu alrededor mientras dices:

Estoy contemplando un mundo que no tiene significado.

Repite esta afirmación para tus adentros mientras miras a tu alrededor. Luego cierra los ojos y concluye con:

Un mundo que no tiene significado engendra temor porque creo que estoy compitiendo con Dios.

Así pasamos de los pensamientos de nuestra mente a las percepciones de nuestro cuerpo, y después volvemos dentro. Lo diremos otra vez: fundamentalmente el mundo no tiene significado. Sin embargo, nos esforzamos por darle significado puesto que, en último término, eso da significado a nuestro yo separado. Escuchando al ego fabricamos un sistema de pensamiento de *pecado, culpa* y *miedo*. Nuestro *pecado* de separación lleva a una experiencia de *culpa*, que culmina en la creencia *temerosa* de que merecemos ser castigados por un Dios vengativo, que ahora está en una competición mortal con nosotros por nuestra existencia; o sobrevive Él, o sobrevivimos nosotros, como dice el manual: *mata o te matarán* (M-17.7:11). Pero la falta de significado inherente a esta constelación de locura no impide que tenga un tremendo poder, porque nuestra creencia está invertida en ella. Dicha inversión significa que debemos esforzarnos por darle significado, de modo que podamos defendernos de la falta de significado del sistema de pensamiento del ego, que es la base de nuestra identidad sin significado.

Resumiendo este importante punto: cuando me doy cuenta de que el mundo no es nada, puesto que es una simple defensa contra los pensamientos de mi mente, soy lanzado de vuelta a dichos pensamientos. Si el mundo no tiene significado y yo tampoco, yo no existo, lo que significa que Dios ha ganado. Pero, en lugar de perder la batalla, me esfuerzo por darme significado a mí mismo y al mundo que me rodea.

Jesús está ayudándonos a que nos demos cuenta de que proyectamos todas las cosas sobre el mundo. Si prestamos cuidadosa atención a nuestras percepciones y a lo que valoramos aquí, nos daremos cuenta de que ninguna de ellas procede de nada inherente al mundo, porque no hay mundo. No son sino el resultado de una necesidad interna de justificar y reforzar el hecho espurio de que existimos.

(5:1-2) Tal vez te resulte difícil evitar resistirte, de una forma u otra, a esta última afirmación. Sea cual fuere la forma en que esta resistencia se manifieste, recuerda que en realidad tienes miedo de esa clase de pensamiento debido a la "venganza" del "enemigo".

El miedo se debe a que esta es una competición que no podemos ganar: Dios saldrá victorioso. El terror que engendra esta locura está más allá de lo que podemos tolerar. Nos defendemos de él construyendo un sistema de pensamiento, y después un mundo, detrás del cual poder escondernos. Habiéndonos identificado con esta defensa que culmina en el cuerpo, nos *resistimos* a que nos sea arrebatada, lo que sin duda haría que sus cimientos quedaran expuestos a la verdad de la Expiación. Y así no pensamos en la ira de Dios. Ese pensamiento, a pesar de lo horrible que es, protege la identidad individual, que a su vez nos defiende de la aceptación de la Expiación.

(5:3-4) No se espera que a estas alturas creas esta afirmación, y probablemente la descartarás por considerarla absurda. Observa cuidadosamente, no obstante, cualquier señal de temor patente o encubierto que dicha afirmación pueda suscitar.

Obviamente, si eres relativamente nuevo en *Un curso de milagros,* esta declaración no tendrá sentido. Pero Jesús te está pidiendo que te mantengas vigilante, que prestes mucha atención a cualquier miedo o ansiedad que pueda haber dentro de ti.

(6) Esta es la primera vez que intentamos exponer una relación explícita de causa y efecto de una clase que aún no puedes

reconocer por ser todavía muy inexperto. No te enfrasques en esa última afirmación, y no trates siquiera de pensar en ella, excepto durante las sesiones de práctica. Eso es suficiente por ahora.

La conexión de causa y efecto es entre nuestros pensamientos —el sistema de pensamiento del ego de pecado, culpa y miedo— y nuestra manera de percibir el mundo. En otras palabras, *no* tengo miedo por lo que está fuera de mí, sino por mi sistema de pensamiento, que me dice que la supervivencia se dirime entre Dios y yo. Nótese también que Jesús no confronta ni ataca nuestra resistencia. Simple y amablemente nos recuerda la verdad. Esto nos permite aceptarla cuando estamos preparados, sin que se ejerza sobre nosotros ninguna presión ni se nos atribuya ninguna culpa. ¡Un maravilloso ejemplo para todos los estudiantes del Curso!

LECCIÓN 14

Dios no creó un mundo sin significado.

(1) La idea de hoy es, obviamente, la razón de que sea imposible que haya un mundo sin significado. Lo que Dios no creó no existe. Y todo lo que existe, existe como Él lo creó. El mundo que ves no tiene nada que ver con la Realidad. Es tu propia obra y no existe.

Los estudiantes de *Un curso de milagros* a menudo usan líneas como estas para diluir la metafísica y afirmar que el Curso *no* dice que Dios no creó el mundo. Más bien, ellos afirman que el Curso enseña que Dios no creó el mundo que *nosotros vemos*. Es cierto que las palabras de algunas declaraciones dicen exactamente eso, pero solo porque Jesús nos está enseñando a prestar mucha atención a lo que percibimos. Él deja muy claro, tanto en el Libro de ejercicios como en muchos, muchos otros lugares del resto del material, que Dios no podría haber creado el mundo porque es Su opuesto. (Véase, por ejemplo, T-4.I.11; T-29.VI.2:7-10; L-pI.132.4-6; L-pI.152.5-7; C-4.1). En el mundo de lo específico y de la forma, todas las cosas cambian y mueren. Tal mundo está fuera de Dios, y por lo tanto no podría existir.

El hecho mismo de que *percibimos* el mundo significa que es irreal, y también que nosotros somos irreales. Una vez más, esto no se refiere solo al mundo que vemos. A veces, los estudiantes piensan equivocadamente que esto significa, por ejemplo, que Dios no creó el cáncer que estoy percibiendo. El hecho mismo de que yo vea un mundo en absoluto está diciendo que hay una realidad fuera de Dios; si yo percibo un mundo, debe haber perceptor y percibido, sujeto y objeto, observador y observado, lo que significa que estamos enraizados en la dualidad. Dios solo puede crear como Él Mismo, lo que significa un Ser o Espíritu de perfecta Unidad y Amor, inmutable y eterno. En otras palabras, lo que Dios no creó no existe, y todo lo que existe, existe tal como Él lo creó: el estado del Cielo.

(2) Los ejercicios de hoy deben practicarse con los ojos cerrados todo el tiempo. El periodo de búsqueda mental debe ser corto, a lo sumo un minuto. No lleves a cabo más de tres sesiones de práctica

con la idea de hoy a menos que te sientas a gusto haciéndolas. De ser así, es porque realmente entiendes su propósito.

Una vez más, Jesús no ejerce presión sobre nosotros. La cuarta frase es interesante porque nuestra comodidad también puede deberse a que *no* entendemos, puesto que tenemos mucho miedo del propósito de reentrenar nuestras mentes, que es lo que producirán estos periodos de entrenamiento mental. En este caso nuestro "confort" sería espurio, lo cual no es el punto que Jesús nos indica aquí.

(3:1) La idea de hoy es un paso más en el proceso de aprender a abandonar los pensamientos que le has conferido al mundo, y a ver en su lugar la Palabra de Dios.

Jesús nos está ayudando a entender que el hecho de aferrarnos a nuestros pensamientos tiene una motivación específica. No vienen y van como por arte de magia, una frase que se usará más adelante (L-pI.158.4:1); no aparecen sin más. Por ejemplo, cuando estoy tratando de estar aquietado a fin de meditar y rezar, y de repente surgen pensamientos extraños y distractores, no surgen de la nada. Surgen porque tengo miedo del amor y de la paz que surgen en mi mente si me aquieto. Por lo tanto, tengo que sustituir rápidamente *mis* pensamientos por los de Jesús, mi experiencia de especialismo por la experiencia de su amor.

Lo que es importante, y aquí está claramente implicado, es que existe una motivación específica para mi manera de percibir el mundo y los pensamientos que dan lugar a él. Si puedo soltar esos pensamientos, lo que ocurre cuando pido a Jesús que me ayude a mirarlos, ellos desaparecerán. Lo que queda es la Palabra de Dios, que, como hemos definido antes, es el principio de Expiación que dice que la separación nunca ocurrió.

(3:2-3) Los primeros pasos de este intercambio, al que verdaderamente se le puede llamar salvación, pueden ser bastante difíciles e incluso dolorosos. Algunos te conducirán directamente al miedo.

Esta es la primera vez que Jesús hace esta afirmación en las lecciones. Seguirán más, y también se encuentran a lo largo del Texto y del manual: el perdón es un proceso difícil, y no puede sino suscitar un miedo tremendo (por ejemplo, T-27.VIII.13:3-5; L-pI.196.10; M-4.I-A.3-5,7). Es casi seguro que algo está mal si el perdón no te cuesta; si no luchas contra él, si no te sientes aterrorizado o aburrido con él, o incluso quieres lanzar el libro lejos de ti. Si nunca experimentas una incomodidad de este tipo, casi siempre significa que no estás prestando cuidadosa atención a lo que se está diciendo.

Un curso de milagros dice que las personas atemorizadas pueden ser crueles (T-3.I.4:2). Estas lecciones tienen que provocar ansiedad porque no solo cuestionan la manera en que percibes algo externo a ti, también cuestionan tu identidad básica. A esto se refiere Jesús en la Lección 13 cuando dice: "El reconocimiento de esa falta de significado produce una aguda ansiedad en todos los que se perciben como separados". Cualquiera que crea que es un ser separado y autónomo experimentará ansiedad con estos pensamientos. Así, Jesús está diciéndote que está bien si esto te resulta difícil, si te produce miedo, y por lo tanto te resistes a ello.

Estas afirmaciones son extremadamente importantes, porque probablemente el mayor error que hace la gente con *Un curso de milagros* es negar el ego y la dificultad inherente a contemplarlo, lo que lleva a dejarlo ir. Todo el mundo quiere atenuar el proceso y "hacerlo amable", porque en realidad nadie quiere lidiar con todo lo que implican estos pensamientos. Y lo que implican es que tú, literalmente, no existes. Recuerda la línea que he citado antes (T-28.I.1:6): si el mundo se acabó hace mucho tiempo, y tú formas parte del mundo, *tú* también te acabaste hace mucho tiempo. Entonces, ¿quién es el *tú* que está pensando y sintiendo, y haciendo estos ejercicios? La respuesta a esta pregunta conduce "directamente al miedo".

(3:4-6) Mas no se te dejará ahí. Irás mucho más allá de él, pues nos encaminamos hacia la paz y seguridad perfectas.

Jesús quiere que entiendas que la ansiedad, el terror, la resistencia y la dificultad forman parte de un proceso más largo, y que hay Alguien contigo que te guiará a través de ello. Como hemos visto, él dice que el Espíritu Santo está ahí para guiarte a través del aparente terror. Él te guiará a través del círculo del miedo al Amor de Dios que está al otro lado (T-18.IX.3). Por eso es esencial cultivar una relación con Jesús o con el Espíritu Santo: Alguien dentro de ti, algún pensamiento que no sea del ego y que pueda guiarte a lo largo del proceso. Si intentas mirar a tu ego sin Él, te verás abocado al terror o a la negación, creyendo que todo es realmente maravilloso. Jesús está diciéndote: "Sí, habrá dificultad, resistencia y miedo, pero yo te guiaré a través de ello."

Los párrafos 4 y 5 nos advierten de que no seamos compulsivos con respecto a los ejercicios, y al mismo tiempo nos animan a *no* excluir nada de nuestro campo perceptual. No hace falta añadir que esto es más fácil de decir que de hacer, y por este motivo Jesús hace de la no-exclusividad de nuestra práctica un tema central en la primera parte de su programa de entrenamiento mental:

(4-5) Piensa, mientras mantienes los ojos cerrados, en todos los horrores del mundo que crucen tu mente. Nombra cada uno de ellos como se te ocurra e inmediatamente niega su realidad. Dios no lo creó, por lo tanto, no es real. Di, por ejemplo:

Dios no creó esa guerra, por lo tanto, no es real.

Dios no creó ese accidente de aviación, por lo tanto, no es real.

Dios no creó [especifica el desastre], por lo tanto, no es real.

Entre los temas adecuados para la aplicación de la idea de hoy se puede incluir, asimismo, todo aquello que temas te pueda ocurrir a ti o a cualquier persona por la que estés preocupado. Describe en cada caso el "desastre" en cuestión muy concretamente. No uses términos abstractos. Por ejemplo, no digas: "Dios no creó las enfermedades", sino "Dios no creó el cáncer" o los ataques cardíacos, o lo que sea que te cause temor.

Jesús quiere que nos aseguremos de incluir tanto los horrores personales como los colectivos, reflejando la importancia de reconocer que no hay una jerarquía de ilusiones.

Pasamos ahora al párrafo 6:

(6:1) Lo que estás contemplando es tu repertorio personal de horrores.

Jesús se está centrando en lo negativo. Con la misma facilidad podría haberse enfocado también en las cosas positivas. Así, Dios no creó el cáncer, y Él tampoco creó un cuerpo sano; Él no creó un accidente aéreo; pero tampoco creó un cohete que aterriza en la luna de manera segura.

(6:2-8) Esas cosas son parte del mundo que ves. Algunas de ellas son ilusiones que compartes con los demás, y otras son parte de tu infierno personal. Eso no importa. Lo que Dios no creó solo puede estar en tu propia mente, separada de la Suya. Por consiguiente, no tiene significado. En reconocimiento de este hecho, concluye las sesiones de práctica repitiendo la idea de hoy:

Dios no creó un mundo sin significado.

Cualquier cosa que pienses que tenga relación con la dualidad, la separación, la individualidad o el especialismo no está en la Mente de Dios, porque Su Mente solo es perfecta Unidad y Amor, en donde no hay separación en absoluto. Por lo tanto, si no está en Su Mente, no puede tener significado, y ciertamente no existe. Nótense los términos "ilusiones que compartes". Como parte de la Filiación una —la mente una— estamos de acuerdo en percibir ciertas cosas en el mundo físico: tamaño, forma, color, etcétera. Sin embargo, el hecho de que sean compartidas no las hace reales. Estas son las *ilusiones compartidas*: "Nada es tan cegador como la percepción de la forma" (T-22.III.6:7), dice el Texto, una afirmación importante a la que volveremos con frecuencia. Solo el conocimiento de Dios es verdad, en contraste con el mundo ilusorio de la percepción del ego.

(7) La idea de hoy puede aplicarse igualmente, aparte de las sesiones de práctica, a cualquier cosa que te perturbe a lo largo del día. Sé muy específico al aplicarla. Di:

Dios no creó un mundo sin significado. No creó [especifica la situación que te esté perturbando], por lo tanto, no es real.

Puedes ver que en estas lecciones Jesús nos está pidiendo repetidamente que apliquemos sus enseñanzas *muy específicamente* a nuestras vidas cotidianas. No hacerlo así nos asegura que nunca las aprendamos, lo que, por supuesto, siempre es la tentación de nuestro ego. Nos guía suavemente a aprender el proceso de llevar las ilusiones de nuestro mundo específico de *forma* al *contenido* de su verdad inespecífica de perdón.

En estas últimas siete lecciones, que siguen al primer grupo de siete, podemos observar que Jesús construye una lección o idea sobre otra. Él nos lleva a entender que la falta de significado del mundo que percibimos proviene de la falta de significado del mundo que hemos hecho real en nuestra mente, a entender que el núcleo de estos pensamientos sin significado es el pensamiento más terrible de todos: Dios está en competición con nosotros y de manera muy cierta nos destruirá. Es importante entender, aunque no se dice aquí, que ese pensamiento también es una defensa. Dice que yo existo, que soy importante, y que tengo el poder de enfadar a Dios, haciendo que Él piense de una manera tan loca como yo, como explica el Texto en este revelador pasaje de "Las Leyes del Caos":

> Piensa en las consecuencias que esto parece tener en la relación entre Padre e Hijo. Ahora parece que nunca jamás podrán ser Uno otra vez. Pues Uno de Ellos no puede sino estar por siempre condenado, y por el Otro. Ahora son diferentes, y, por ende, enemigos. Y Su relación es una de oposición, de la misma forma en que los aspectos separados del Hijo convergen únicamente para entrar en conflicto, mas no para unirse. Uno de ellos se debilita y el otro se fortalece con la derrota del primero. Y su temor a Dios y el que se tienen entre sí parece ahora razonable, pues se ha vuelto real por lo que el Hijo de Dios se ha hecho a sí mismo y por lo que le ha hecho a su Creador [...] He aquí el principio que pretende definir lo que debe ser el Creador de la Realidad; lo que

debe pensar y lo que debe creer; y, creyéndolo, cómo debe responder. Ni siquiera se considera necesario preguntarle si eso que se ha decretado que son Sus creencias es verdad. Su Hijo le puede decir lo que esta es, y la única alternativa que le queda es aceptar la palabra de Su Hijo o estar equivocado. Pues si Dios no puede estar equivocado, tiene entonces que aceptar la creencia que Su Hijo tiene de sí mismo y odiarlo por ello (T-23.II.5; 6:2-4,6).

Ahora Dios reacciona tan psicóticamente como yo, reflejando mi cruel y pecaminosa venganza en la Suya:

> Si eso fuese cierto, lo opuesto al Cielo se opondría a él y sería tan real como él. Y así, la Voluntad de Dios estaría dividida en dos y toda la Creación sujeta a las leyes de dos poderes contrarios, hasta que Dios llegara al límite de Su Paciencia, dividiese el mundo en dos y se pusiera a Sí Mismo a cargo del ataque. De este modo Él habría perdido el juicio, al proclamar que el pecado ha usurpado su Realidad y ha hecho que Su Amor se rinda finalmente a los pies de la venganza (T-26.VII.7:3-5).

¡Imagínate el poder que me da esto! Además, si soy lo suficientemente poderoso como para obligar a Dios a reaccionar a mí, yo debo existir. Reconocer la falta de significado definitiva de este pensamiento engendra mi ansiedad.

Así, la ansiedad por la venganza que anticipo de Dios es una defensa contra la ansiedad real, que es que yo no existo en absoluto. Puedo vivir muy bien con el pensamiento de que Dios quiere matarme. Es posible que no me haga feliz, pero sé lidiar con eso. Puedo establecer una religión: hacer tratos con Dios, realizar rituales para apaciguar Su ira, y proyectar responsabilidad sobre los no creyentes en un juicio justificado por sus herejías. Sin embargo, no sé cómo lidiar con el pensamiento de que yo no existo, excepto negándolo e inventándome rápidamente algo para que tome su lugar.

LECCIÓN 15

Mis pensamientos son imágenes que yo mismo he fabricado.

(1:1) Debido a que los pensamientos que piensas que piensas aparecen como imágenes, no te das cuenta de que no son nada.

Las "imágenes" son lo que percibimos en el mundo externo a nosotros. El ego toma nuestros pensamientos de separación —pecado, culpa y miedo— y los proyecta para que los "veamos" en el mundo, en lugar de aceptar su presencia dentro de nosotros. Así, percibimos estos pensamientos como las imágenes de una persona, una habitación, un perchero, un reloj, y todo lo demás. Podemos tener una imagen de un Dios vengativo o benevolente, de un mundo feliz o miserable, pero todas las imágenes de formas específicas son proyecciones de nuestros pensamientos de separación. Como creemos que vemos algo fuera, creemos que lo que vemos es real.

Este proceso, entonces, se convierte en la línea de defensa definitiva del ego. Como creemos que el mundo externo es real, nunca pensamos en el hecho de que las imágenes que percibimos fuera provienen de nuestros pensamientos internos, y si no sabemos que ellas vienen de nuestros pensamientos, no tenemos manera de darnos cuenta de que los pensamientos mismos en realidad no son nada. Todo el sistema de pensamiento del ego, y todos los pensamientos específicos asociados con él, son *nada:* una defensa contra la realidad de Quiénes somos, de nuestra verdadera Identidad en Cristo.

La frase "los pensamientos que piensas que piensas" es extremadamente importante. En realidad, pensamos que estamos pensando, como hemos comentado en lecciones anteriores. De hecho, podríamos decir que el problema fundamental del ego es que *pensamos:* no tanto *en qué* pensamos, como el hecho de que pensamos que *podemos* pensar (T-31.V.14:3-4). Creemos realmente que nuestros pensamientos *son* nuestros pensamientos. En otras palabras, creemos que *nos* pertenecen, y no nos damos cuenta de que el único Pensamiento verdadero es el Pensamiento de nuestra Identidad en Cristo, que es uno con el Pensamiento de Dios.

Así, el hecho de que creamos que podemos pensar presupone que tenemos una mente o yo autónomo que está fuera de Dios y que es independiente de Él. Una vez más, se puede ver que, aunque el lenguaje de estas lecciones es simple, se trata de una simplicidad engañosa en el sentido de que revela encubiertamente los fundamentos metafísicos del Curso.

(1:2-6) Piensas que los piensas [tus pensamientos], y por eso piensas que los ves. Así es como se forjó tu "manera de ver". Esta es la función que les has atribuido a los ojos del cuerpo. Eso no es ver. Eso es fabricar imágenes.

Jesús pone "manera de ver" entre comillas porque en realidad esto no es ver. Como literalmente no vemos nada, ¿cómo podríamos ver alguna cosa? El ego nos hace sustituir la grandeza de nuestra Identidad en Cristo por la pequeñez de nuestra individualidad autónoma, que es lo que atesoramos por encima de todo lo demás. A fin de que mantengamos esta individualidad intacta, el ego hace que la identifiquemos con el pecado de separarnos de Dios. Esto conduce a la culpa, que significa que creemos que merecemos ser castigados. Esta es la competición con Dios que se menciona en la Lección 13.

Esta constelación de separación y pecado es tan terrorífica que la negamos y la proyectamos para olvidarla, lo cual, a su vez, protege el pensamiento de individualidad. Entonces nos quedamos con las imágenes que hemos fabricado, pero sin recuerdo de cómo las hemos hecho. En este punto no hay absolutamente ninguna esperanza de corrección. Una vez más, por "fabricación de imágenes" Jesús se refiere a que literalmente fabricamos una imagen de nuestros propios pensamientos. Como nuestros pensamientos no son nada, las imágenes que proceden de ellos tampoco deben ser nada.

(1:7) Lo cual ocupa el lugar de la visión, reemplazándola con ilusiones.

En lugar de compartir la visión de Cristo o del Espíritu Santo, basada en el pensamiento de Expiación que dice que la separación nunca ocurrió, el ego reemplaza esa visión o pensamiento con los suyos. Así, en primer lugar, hacemos reales en nuestra mente estos pensamientos del ego, y después los proyectamos y los "vemos" como cosas reales que están fuera de nosotros. En esta lección Jesús nos enseña que las imágenes que percibimos fuera de nosotros no son sino los reflejos o las sombras de los pensamientos que hemos hecho reales dentro.

Él, por supuesto, en realidad no está hablando de las imágenes de un reloj, una papelera o un lápiz. Su propósito último es que nos demos cuenta de que el aspecto más atemorizante de este proceso es la imagen que hemos fabricado de nosotros mismos: seres separados, autónomos, que controlamos nuestra vida. Esta imagen de nosotros mismos también procede de un pensamiento —el de querer estar separados— y esta es la razón por la que, como he venido diciendo, si realmente prestas atención a estas lecciones, deberían producir terror en tu corazón, porque dicen literalmente que tú no existes. Así, lo que quieres es explorar más y más lo atemorizantes que son estos pensamientos, tratando de identificar cómo te defiendes contra ellos. Esto es extremadamente importante: observa cómo te defiendes de lo que estas lecciones están enseñándote.

(2:1) Esta idea introductoria al proceso de fabricar imágenes que tú llamas ver seguramente no tendrá mucho significado para ti al principio.

Una vez más, Jesús está haciendo una afirmación que se queda corta. Esta idea no tendrá mucho significado para nosotros porque no queremos aceptar lo que nos está diciendo. Una de las líneas de defensa más importantes que el ego usa es impedirnos entender lo que Jesús está realmente tratando de decirnos aquí. Por eso dice que probablemente esto no tendrá mucho significado para ti. En este caso ni siquiera dice "probablemente". Dice que *no tendrá* mucho significado para ti, y esto se debe a que estamos defendiéndonos de ese mismo significado como un medio de defender nuestra identidad individual.

(2:2-4) Comenzarás a entenderla cuando hayas visto pequeños bordes de luz alrededor de los mismos objetos que ahora te resultan familiares. Ese es el comienzo de la verdadera visión. Puedes estar seguro de que esta no tardará en llegar una vez que eso haya ocurrido.

En mi anterior publicación de audio "El Libro de ejercicios de *Un curso de milagros*: su lugar en el programa de estudios, teoría y práctica", entré detenidamente en este pasaje.[7*] En lugar de repetirlo aquí, déjame indicar brevemente que Jesús no está hablando *literalmente* de ver bordes de luz alrededor de los objetos. Originalmente esto estaba destinado a un amigo de Helen y Bill. Entenderás mucho mejor esta afirmación en términos del *contenido*. Cuando Jesús dice que verás "pequeños bordes de luz" alrededor de los objetos, en realidad él está hablando de la luz del entendimiento o visión que viene a ti. En otras palabras, entenderás que los objetos son imágenes que tú has fabricado como proyecciones de los pensamientos de separación a los que no quieres mirar en tu mente. Si tratas de tomar esto literalmente, te sentirás culpable por haber fracasado, al no ver "pequeños bordes de luz" alrededor de los objetos, por no mencionar que glorificarás a los que afirmen que sí los ven.

(3:1-4) A medida que avancemos, tal vez experimentes muchos "episodios de luz". Estos pueden manifestarse de muchas maneras, algunas de ellas bastante inesperadas. No les tengas miedo. Son la señal de que por fin estás abriendo los ojos.

Si tienes percepciones de luz, está bien, pero Jesús está diciendo que lo que realmente te daría miedo es reconocer repentinamente que esa cosa a la que estás mirando no está ahí en absoluto. Cuando de repente se enciende una "luz" en tu mente y te das cuenta: "¡Dios mío, de esto es de lo que está hablando Jesús!", y de que, si esa papelera en realidad no está ahí por ser la proyección de un pensamiento, ¿qué pasa con los que están percibiéndola? Este reconocimiento es la fuente del miedo. En realidad, a nadie le

---

7 * Se presenta una transcripción editada de este taller en la introducción a los siete volúmenes de esta serie, en este primer volumen.

importa si ahí hay una papelera o no, pero *sí* que te importa si *tú* estás ahí o no.

(3:5-7) No seguirán ocurriendo, pues simbolizan meramente la percepción verdadera y no guardan relación alguna con el Conocimiento. Estos ejercicios no han de revelarte el Conocimiento, pero allanarán el camino que conduce a Él.

En muchos lugares, especialmente en el Texto, Jesús deja claro que el objetivo de *Un curso de milagros* no es el Cielo, el conocimiento o el amor (T-in.1:6-7; T-8.in.1:1-2), sino la corrección de la falsa percepción del ego, que sería la percepción verdadera o visión, la paz que el perdón o el milagro producen.

En el Texto, Jesús también establece el mismo punto que aquí en 3:5: "...las visiones, por muy santas que sean, son efímeras" (T-3.III.4:6). Esto se debe a que todas las formas, por muy santo que sea su contenido, siguen siendo parte de la ilusión de separación. Por lo tanto, ellas no hacen sino *reflejar* la verdad, y no son la verdad misma.

Los dos párrafos restantes reiteran la necesidad de no ser selectivos y, sin embargo, tampoco compulsivos, y también hacen énfasis en la idea crucial de la aplicación específica cuando sintamos la tentación de estar disgustados. Estos énfasis son el *contenido* detrás de la *forma* de los ejercicios:

(4-5) Al practicar la idea de hoy, repítela primero para tus adentros, y luego aplícala a cualquier cosa que veas a tu alrededor, usando el nombre del objeto en cuestión y dejando descansar tu mirada sobre él mientras dices:

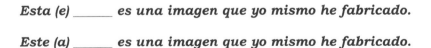

Esta (e) _____ es una imagen que yo mismo he fabricado.

Este (a) _____ es una imagen que yo mismo he fabricado.

No es necesario incluir un gran número de objetos específicos al aplicar la idea de hoy. Pero sí es necesario que continúes mirando cada objeto mientras repites la idea para tus adentros. En cada caso, la idea debe repetirse muy lentamente.

Si bien es obvio que no podrás aplicar la idea a un gran número de objetos durante el minuto más o menos de práctica que se recomienda, trata de seleccionarlos tan al azar como te sea posible. Si empiezas a sentirte incómodo, menos de un minuto será suficiente. No lleves a cabo más de tres sesiones de práctica con la idea de hoy a no ser que te sientas completamente a gusto con ella, pero no hagas más de cuatro. Puedes, no obstante, aplicar la idea durante el transcurso del día según lo dicte la necesidad.

Ser fieles a lo específico de los ejercicios diarios nos permite generalizar la lección de la igualdad inherente de todas las cosas a cada una de las experiencias de nuestra vida. Esta generalización es el corazón del perdón, y la clave para alcanzar la paz que es la meta que Jesús ha fijado para nosotros.

LECCIÓN 16

No tengo pensamientos neutros.

Esta idea es un intento de corregir la creencia equivocada de que nuestros pensamientos no tienen poder. A un nivel es cierto que no tienen poder, porque no pueden cambiar el Cielo ni destruir a Dios. Sin embargo, dentro del sueño, que es de lo que Jesús está hablando aquí, nuestros pensamientos tienen un poder tremendo. Simplemente imagina lo que son capaces de hacer nuestros pensamientos: literalmente fabrican un universo físico, y un yo físico y psicológico que habita dentro de él; a continuación, este yo cree realmente que existe en el universo. Este es el punto que nos transmite Jesús en la primera sección del Capítulo 31, "La simplicidad de la salvación", cuando nos anima a no subestimar el poder de nuestra capacidad de aprender. Aunque originalmente este mensaje estaba pensando para Helen Schucman en respuesta a sus constantes quejas, Jesús nos está diciendo a cada uno de nosotros: "No me digas que no puedes aprender este curso. No me digas que tu mente y sus pensamientos no tienen poder. Mira lo que tu aprendizaje es capaz de hacer." Estas son *sus* clarísimas palabras:

Lo que te has enseñado a ti mismo constituye una hazaña de aprendizaje tan gigantesca que es ciertamente increíble. Pero lo lograste porque ese era tu deseo, y no te detuviste a considerar si iba a ser difícil de aprender o demasiado complejo para poder comprenderse.

Nadie que entienda lo que has aprendido, con cuánto esmero lo aprendiste y los sacrificios que llevaste a cabo para practicar y repetir las lecciones una y otra vez, en toda forma concebible, podría jamás dudar del poder de tu capacidad para aprender. No hay un poder más grande en todo el mundo. El mundo se construyó mediante él, y aún ahora no depende de nada más. Las lecciones que te has enseñado a ti mismo las aprendiste con tanto esmero y se encuentran tan arraigadas en ti que se alzan como pesadas cortinas para nublar lo simple y lo obvio. No digas que no puedes aprender, pues tu capacidad para aprender es tan grande que te ha enseñado cosas tan difíciles como que tu voluntad no es tu voluntad, que tus pensamientos no te pertenecen e incluso que no eres Quien eres.

¿Quién podría afirmar que lecciones como estas son fáciles de aprender? Sin embargo, has aprendido eso y más. Por muy difícil que haya sido, has seguido dando cada paso sin quejarte, hasta construir un mundo de tu agrado. Y cada una de las lecciones que configuran al mundo procede del primer logro de tu aprendizaje, el cual fue de tal enormidad que, ante su magnitud, la Voz del Espíritu Santo parece débil e inaudible. El mundo comenzó con una extraña lección, lo suficientemente poderosa como para dejar a Dios relegado al olvido y a Su Hijo convertido en un extraño ante sus propios ojos, exilado del hogar donde Dios Mismo lo ubicó. Tú que te has enseñado a ti mismo que el Hijo de Dios es culpable, no digas que no puedes aprender las sencillas lecciones que la salvación enseña (T-31.I.2:7-4:6).

Estas palabras son fuertes, pero *Un curso de milagros* descansa sobre su verdad. A lo largo del Texto, así como en el corazón de estas lecciones, Jesús hace un énfasis primordial en el poder que tienen nuestras mentes para elegir en contra de Dios, y solo en este hecho está contenida la promesa de la salvación. La mente que albergó el pensamiento de separación es el *único* poder en el universo que puede salvarse a sí mismo. Y, sin embargo, aparentemente el ego ha tenido éxito a la hora de ahogarlo y silenciarlo mediante su plan de fabricar un mundo y un cuerpo, dejando al Hijo de Dios sin mente. El propósito de Jesús en *Un curso de milagros* es simple: que recuperemos la conciencia del poder de nuestra mente, con el propósito de que finalmente podamos reconocer nuestro error, dónde se hizo, y *volver a elegir*.

Así, esta lección nos recuerda que nuestros pensamientos son tremendamente poderosos. Ciertamente, este es el problema. Nosotros creemos —dentro del sueño— que dichos pensamientos han destruido a Dios, el Cielo y también al Espíritu Santo. Hemos dado tal poder a esta creencia —el poder de la culpabilidad— que tuvimos que negar estos pensamientos, proyectarlos afuera y fabricar un mundo, y todo ello como defensa contra lo que el ego nos dijo: el tremendo poder de nuestra mente destruyó el Cielo. Por eso la culpa es un concepto tan central en *Un curso de milagros*, porque nos dice que hemos cometido el pecado innombrable: destruir a Dios y Su Amor. Antes de que podamos entender que estos pensamientos literalmente no son nada y no han tenido efectos, primero tenemos que ponernos en contacto con el poder que están teniendo en nuestros sueños. Este es el propósito de la presente lección.

(1:1-2) La idea de hoy es uno de los pasos iniciales en el proceso de desvanecer la creencia de que tus pensamientos no tienen ningún efecto. Todo lo que ves es el resultado de tus pensamientos.

Deberías subrayar esto en multicolor: "¡Todo lo que ves es el resultado de tus pensamientos!" Esta importante frase debe entenderse a dos niveles, pues significa todo lo que ves en términos de *forma*, pero también en términos de *interpretación*. Ambos son "el resultado de tus pensamientos". Por tanto, a un nivel, como creemos que estamos separados de Dios, vemos todo tipo de cosas separadas: personas, sillas, lápices, relojes, paredes, etcétera. Los vemos como objetos separados porque son el resultado directo, o la sombra, de nuestros pensamientos de separación.

A otro nivel, que incluso es más importante específicamente para los propósitos de *Un curso de milagros* y las lecciones del Libro de ejercicios, entendemos que no se trata solo de lo *que* vemos, sino de *cómo* lo vemos. Jesús deja muy claro en el Texto y en el manual que percepción es interpretación (por ejemplo, T-3.III.2:3; T-11. VI:2:5-6; T-21.in.1-2; M-8.1-4; M-17.4:1-2). No podemos separar nuestra percepción de la "realidad objetiva" de nuestra interpretación de ella, porque son una y la misma. Una vez más, no se trata solo de lo *que* vemos, sino de *cómo* lo vemos.

Como Jesús explica en otros lugares, especialmente en el Texto, si comienzas con pensamientos culpables —y la culpa está enraizada en nuestra creencia de que traicionamos el Cielo y saboteamos

el plan de la creación de Dios, y por lo tanto merecemos castigo—
estos son los pensamientos con los que miraremos hacia fuera,
la lente a través de la cual miramos a todo. Por lo tanto, no solo
veremos un mundo separado, sino un mundo separado que nos
castigará y traicionará; un mundo en el que no hay esperanza,
sino solo la desesperación de una muerte cierta. Así, leemos, por
ejemplo:

> El mundo que ves es el resultado inevitable de la lección
> que enseña que el Hijo de Dios es culpable. Es un mundo de
> terror y desesperación. En él no hay la más mínima esperan-
> za de hallar felicidad. Ningún plan que puedas idear para tu
> felicidad tendrá jamás éxito. No puedes buscar dicha en él y
> esperar encontrarla (T-31.I.7:4-8).

Además, a medida que hacemos un seguimiento de nuestras
percepciones y nos descubrimos sintiéndonos enfadados, ansiosos o deprimidos, siempre interpretaremos que la causa es algo
que creemos externo a nosotros. La interpretación será el producto
directo de nuestros pensamientos secretos, y si nos acusamos a
nosotros mismos de traicionar a Dios, que es el pecado secreto de
todos, debemos ver y veremos la traición rodeándonos por todas
partes.

**(1:3-7) En esto no hay excepciones. Los pensamientos no son ni
grandes ni pequeños, ni poderosos ni débiles. Son simplemente
verdaderos o falsos. Aquellos que son verdaderos crean a su
semejanza. Aquellos que son falsos fabrican a la suya.**

Los verdaderos pensamientos que "crean a su imagen y semejanza" son los Pensamientos de Dios —verdad, amor, espíritu, etcétera— que constituyen el Cielo. Los falsos pensamientos del ego son
de separación —culpa, traición, asesinato, muerte, sufrimiento,
etcétera— y también fabrican a su semejanza. Si estos son nuestros pensamientos, percibiremos un mundo en el que todas estas
cosas *nos* ocurrirán *a nosotros*.

A medida que prosigamos con estas primeras lecciones, se hará
cada vez más claro que Jesús está tratando de hacernos ver la

conexión causal entre nuestros pensamientos y lo que percibimos: nuestros pensamientos determinan el mundo que vemos; así, en último término, nuestras mentes son la *causa* y el mundo el *efecto*.

(2:1) No hay concepto más contradictorio en sí mismo que el de "pensamientos fútiles".

Nuestros pensamientos no pueden ser "fútiles", como dice la expresión popular, porque tienen el poder de o bien crear la realidad, nuestra función en el Cielo, o de fabricar ilusiones, al menos en nuestros sueños. El poder de fabricar ilusiones conlleva de manera inherente el poder de olvidarnos de que las fabricamos, el poder de la negación. Cuando olvidamos que las fabricamos, creemos que lo que percibimos fuera son hechos. Por eso nunca toleraremos que nadie nos diga que lo que percibimos no *es* lo que percibimos. Estamos muy seguros de tener razón con respecto a lo que percibimos en el mundo porque estamos muy seguros de que existimos. Puesto que el mundo procede de ese pensamiento de existencia separada, tenemos igualmente la certeza de que el mundo existe tal como nosotros lo fabricamos y lo vemos. En consecuencia, no tenemos ninguna tendencia a cuestionar nuestras percepciones de nosotros mismos y del mundo.

(2:2-4) Difícilmente se puede calificar de fútil a lo que da origen a la percepción de todo un mundo. Cada pensamiento que tienes contribuye a la verdad o a la ilusión: o bien extiende la verdad o bien multiplica las ilusiones. Ciertamente puedes multiplicar lo que no es nada, pero no por ello lo estarás extendiendo.

Lo interesante aquí es que Jesús dice específicamente *percepción* de un mundo. Él está estableciendo la distinción de que los pensamientos no dan lugar a un mundo, sino a la *percepción* de un mundo. Él no siempre hace estas distinciones, pero aquí sí. En esencia, está diciendo que ahí fuera no hay ningún mundo.

Dentro de nuestro sueño somos libres de ver lo que queramos ver, tantas veces como queramos verlo. Pero eso no hace que sea real. En *Un curso de milagros,* extensión es un término que casi siempre está asociado con el Espíritu Santo, y el Espíritu Santo no puede extender la nada. En nuestra demencia, no obstante, nosotros creemos que podemos, y también multiplicamos las ilusiones. Sin embargo, en verdad, no son nada. Uno por cero da lo mismo que mil por cero.

(3:1-2) Además de reconocer que los pensamientos no son nunca fútiles, la salvación requiere que también reconozcas que cada pensamiento que tienes acarrea paz o guerra, amor o miedo. Un resultado neutral es imposible porque es imposible que haya pensamientos neutros.

En la lección siguiente Jesús desarrollará esto todavía más diciendo que lo que vemos fuera no es neutral, porque lo que pensamos dentro tampoco es neutral. Así, Jesús nos está diciendo que lo que es importante para la salvación es reconocer el poder de nuestros pensamientos —solo dentro del sueño, por supuesto— y que solo hay dos pensamientos dentro de la mente dividida: el del ego, que conduce a la guerra o al miedo, y el del Espíritu Santo, que conduce a la paz o al amor.

Por lo tanto, Jesús comienza diciéndonos que nuestros pensamientos no son fútiles y que no son neutros. Después dice que solo hay dos pensamientos. Esto simplifica mucho las cosas, porque nuestras percepciones e interpretaciones pueden llegar a ser muy complicadas. Por ejemplo, como veremos enseguida, nosotros creemos que hay grados de enfado, como "una ligera irritación" o "la furia más desenfrenada" (L-pI.21.2:5). Pero en verdad son lo mismo porque provienen de un pensamiento de separación. Esto es lo que hace que todo sea tan simple; no fácil, sino simple, porque reconocemos que todas las cosas son lo mismo.

(3:3-4) Hay tal tentación de descartar los pensamientos atemorizantes considerándolos irrelevantes, triviales y no merecedores de que uno se ocupe de ellos, que es esencial que los reconozcas a todos como igualmente destructivos, aunque también como igualmente irreales. Practicaremos con esta idea de muchas formas antes de que realmente la llegues a entender.

Esto está dirigido a las personas que se quedan "colgadas en las alturas"[8]* y que dicen que Dios y el amor son verdad, y todo

---

8 * [bliss ninnies]

lo demás es trivial y sin importancia, por lo tanto no merece la pena que nos ocupemos de ello porque es una ilusión. Desde el punto de vista del Cielo, ciertamente este es el caso, pero en este mundo esto *no* es así, y por eso Jesús dice que es "una tentación descartar los pensamientos atemorizantes considerándolos irrelevantes". Intentamos tratarlos como irrelevantes, diciéndonos a nosotros mismos que como *Un curso de milagros* enseña que estos pensamientos no son reales, no tenemos que prestarles atención. A continuación, los cubrimos con una sonrisa "santurrona" y solo vemos amor o peticiones de amor, por lo que todos llegarán al hogar como un coro feliz cantando un himno de alegría, y así sucesivamente *ad nauseam*. Sin embargo, no somos conscientes de que hemos descartado el pensamiento de que hemos destruido el Cielo. Dentro de nuestras mentes engañadas esto no es nada trivial ni sin importancia, y por lo tanto no podemos negarlo si verdaderamente vamos a dejarlo ir.

Por eso Jesús dice: "Es esencial que los reconozcas a todos como igualmente destructivos, aunque igualmente irreales." Antes de poder verlos igualmente irreales, primero tienes que darte cuenta de su naturaleza destructiva. En el Texto, Jesús dice que "lo que no es amor es asesinato" (T-23.IV.1:10), y que el amor sin ambivalencia es imposible en este mundo (T-4.III.4:6). Si sumas dos y dos, te da cuatro: si el amor no es posible en este mundo, y lo que no es amor es asesinato, entonces todos los pensamientos del mundo son asesinos e igualmente destructivos, tanto si un pensamiento supone una leve irritación o una ira irrefrenable que dice: "Quiero destruirte". Está claro que solo estamos hablando de lo que ocurre en la mente errónea, pero dentro de la mente errónea todos los pensamientos son "igualmente destructivos": no hay jerarquía de ilusiones, como ya hemos observado.

Este párrafo es extremadamente importante. Deberías leerlo con mucho cuidado y ver que, aunque no te consideres una "persona que niega la realidad y solo quiere ver la vida de color rosa" ni un "santurrón", resulta tentador caer en la trampa de descartar los pensamientos de tu ego. Ciertamente Jesús no nos está diciendo que nos obsesionemos con el ego, o que demos mucha importancia a sus pensamientos; después de todo, *son* intrínsecamente irreales. Pero no puede repetirse lo suficiente que antes de poder descartar estos pensamientos como irreales, primero debes mirar qué son. Este punto suele resaltarse con fuerza y con frecuencia en el Texto, donde, por ejemplo, Jesús dice:

> Nadie puede escapar de las ilusiones a menos que las examine, pues no examinarlas es la manera de protegerlas. No hay necesidad de sentirse amedrantado por ellas, pues no son peligrosas. Estamos listos para examinar más detenidamente el sistema de pensamiento del ego porque juntos disponemos de la lámpara que lo desvanecerá [...] debemos primero examinarla [La dinámica del ego] para poder así ver más allá de ella, ya que le has otorgado realidad. Tranquilamente desvaneceremos juntos este error, y después miraremos más allá de él hacia la verdad (T-11.V.1:1-3, 5-6).

El párrafo siguiente trata sobre la búsqueda mental, un tema central en *Un curso de milagros*. Este tema se repite en las instrucciones que nos da Jesús en casi todas estas primeras lecciones, donde acentúa la importancia de mirar dentro de nuestra mente a nuestros pensamientos. Una vez más, si no somos conscientes de qué hay allí, ¿cómo se los podemos llevar a él para que nos ayude a corregirlos?

(4) Al aplicar la idea de hoy, escudriña tu mente con los ojos cerrados durante un minuto más o menos, esforzándote al máximo por no pasar por alto ningún pensamiento "insignificante" que tienda a eludir tu búsqueda. Esto te resultará bastante difícil hasta que te acostumbres a ello. Descubrirás que todavía te resulta difícil no hacer distinciones artificiales. Cualquier pensamiento que se te ocurra, independientemente de las cualidades que le asignes, es un sujeto adecuado para aplicarle la idea de hoy.

Este es otro ejemplo de Jesús enseñándonos que no hay orden de dificultad en los milagros. Un milagro deshace problemas independientemente de su forma, porque todos ellos son lo mismo. Debemos darnos cuenta de que incluso nuestros pensamientos aparentemente sin importancia esconden la enormidad del sistema de pensamiento del ego, como también lo hacen los denominados pensamientos importantes. "Distinciones artificiales" sería decidir, por ejemplo, que una cosa es importante y otra no lo es; o que esta pequeña irritación no es importante, pero el agravio que mantengo contra esta persona realmente lo es.

Los dos últimos párrafos de esta lección repiten las mismas amables instrucciones que hemos estado viendo en la lección hasta ahora, indicando una vez más la necesidad de que apliquemos la idea del día a cada ejemplo de incomodidad que experimentemos:

(5-6) Durante las sesiones de práctica, repite primero la idea para tus adentros, y luego, a medida que cada pensamiento cruce tu mente, mantenlo en tu conciencia mientras te dices a ti mismo:

Este pensamiento acerca de _____ no es un pensamiento neutro.

Este pensamiento acerca de _____ no es un pensamiento neutro.

Como de costumbre, usa la idea de hoy cada vez que notes algún pensamiento en particular que te produzca desasosiego. Sugerimos a este fin la siguiente variación de la idea:

Este pensamiento acerca de _____ no es un pensamiento neutro porque no tengo pensamientos neutros.

Se recomiendan cuatro o cinco sesiones de práctica en caso de que te resulten relativamente fáciles. De experimentar tensión, tres serán suficientes. La duración del ejercicio debe reducirse asimismo si experimentas cualquier sensación de incomodidad.

De esta manera se nos entrena suave y amablemente en el proceso sanador de mirar a nuestros pensamientos, aprendiendo especialmente a tomar conciencia de aquellos que nos produzcan incomodidad. Es muy probable que no nos hayamos permitido sentir incomodidad, y mucho menos reconocer que su fuente es la culpa en nuestras mentes.

LECCIÓN 17

No veo cosas neutras.

Esto sigue de manera directa a "no tengo pensamientos neutrales". Aquí encontramos el mismo patrón que hemos visto en las primeras lecciones, donde Jesús va y viene entre nuestros pensamientos y lo que percibimos, intentando ayudarnos a entender que son lo mismo. Su propósito es que cultivemos la vigilancia de observar cómo pensamos, dándonos cuenta de que nada de lo que pensamos, percibimos o interpretamos como verdad es correcto. Esto requiere una gran humildad. La arrogancia del ego trata de encubrir el miedo que nos produce darnos cuenta de que estamos equivocados acerca de absolutamente todo, lo que en último término nos incluye a nosotros mismos.

En cualquier ocasión en que veas un enemigo "ahí fuera", o creas que alguien tiene el poder de victimizarte, traicionarte o herirte, estás diciendo que tú tienes razón y Jesús está equivocado; tienes razón porque puedes ver y sentir el ataque, y dispones de la evidencia para probarlo. Sin embargo, no eres consciente de que *tú* plantaste la evidencia para poder encontrarla. Lo que ves es lo que *quieres* ver, de modo que pones la evidencia ahí y dices: "¡Ves! Mis pensamientos *no* son el problema. De hecho, mis pensamientos no son nada. El problema está ahí fuera. Ese es el problema." Y casi siempre hay alguna persona especial que es el foco de tu problema.

Estas lecciones tratan de entrenar tu mente para que pienses de esta manera todo el tiempo, de modo que traduzcas automáticamente lo que percibas fuera en un pensamiento interno. Esto no importa tanto con percheros o papeleras, pero sí que importa en las relaciones importantes de tu vida. También importa en las que *no* son importantes, pero siempre hay personas especiales que ocupan el centro del escenario. Recuerda, ves fuera lo que has puesto allí porque tú *quieres* verlo en el *cuerpo*, y no en la *mente*, para poder decir: "Mis pensamientos no son importantes porque lo que veo es el hecho." Así, primero tienes que darte cuenta de que el *hecho* es lo que piensas. Cuando puedas examinar este pensamiento con Jesús, finalmente te darás cuenta de que no es un hecho en absoluto. Como dice el Texto: Dios es el único Hecho (T-3.I.8:2).

(1:1) Esta idea ["No veo cosas neutras"] es otro paso en el proceso de identificar causa y efecto tal como realmente operan en el mundo.

Los pensamientos en nuestra mente son la *causa*, y nuestras percepciones son el *efecto*. Esta es otra manera de expresar el importante principio que citamos en el primer párrafo del comentario de la Lección 8: "La proyección crea la percepción." Primero elijo a mi profesor, el ego o el Espíritu Santo, y esa elección determina el sistema de pensamiento con el que me identifico: separación o perdón. Lo he hecho real porque eso es lo que percibo dentro de mí (la *causa*) y, una vez proyectada, percibo sus manifestaciones por todo mi alrededor (los *efectos*).

(1:2-3) No ves cosas neutras porque no tienes pensamientos neutros. El pensamiento siempre tiene lugar primero, a pesar de la tentación de creer que es al contrario.

Es muy probable que podamos atestiguar el hecho, aunque hayamos leído estas líneas tanto aquí como en el Texto, y a cierto nivel creamos que son verdad, de que nuestras vidas cotidianas no reflejan esta comprensión en absoluto. Reaccionamos a lo que es externo, olvidándonos de que a lo que en realidad estamos reaccionando es a haber empujado a Jesús lejos una vez más, para después identificarnos con el sistema de pensamiento de culpa del ego. Olvidamos rápidamente este "hecho", proyectamos la culpa desde nuestra mente y la vemos en las personas, en los sucesos y en las cosas; todos ellos amenazan con herirnos y arrebatarnos nuestra paz.

El propósito de estas lecciones y ejercicios es practicar y ver que *no* vivimos de esta manera; y que reaccionamos a lo que está fuera de nosotros. Recuerda, lo que está fuera no solo incluye los cuerpos de otras personas, sino también el nuestro, porque *fuera* hace referencia a lo que está fuera de nuestra *mente*, no de nuestro cuerpo.

Una vez más, el punto es que no estamos reaccionando al mundo, sino a la decisión de nuestra mente. Además, es importante recordar que la decisión a favor del ego está tomada, porque reaccionamos al sistema de pensamiento ilusorio del ego que nos dice que no valemos nada, que somos perversos y pecadores : "La morada del mal, de las tinieblas y del pecado", como afirma la Lección 93 (1:1). Esta es la demencia que hemos hecho real y nunca cuestionamos. De esta manera estamos aprendiendo que no solo el mundo es una defensa, sino que también lo es nuestro sistema de pensamiento de separación. La realidad que está *más allá* tanto del mundo como de los pensamientos que lo fabricaron es el Amor de Dios, la única verdad.

(1:4) El mundo no piensa de esa manera, pero tú tienes que aprender que así es como piensas tú.

Jesús está dejando inequívocamente claro que esta conexión causal entre mente y cuerpo es algo que tenemos que aprender, como también lo deja claro en otras lecciones, y que hace falta una tremenda vigilancia y práctica porque nuestra forma de vida está establecida de la manera opuesta. Hemos sido programados para creer que es el mundo el que nos afecta, y que los tipos malos están ahí fuera, en el mundo. Sin embargo, Jesús nos está diciendo aquí: "Esto no es algo que vayas a entender inmediatamente, porque requiere mucha práctica. Ahora te lo estoy presentando por primera vez, pero lo repasaremos una y otra vez." Por lo tanto, Jesús está haciendo énfasis en que nosotros somos el alumno y él nuestro profesor, y que si en algún momento tenemos dificultades con el Texto, el Libro de ejercicios o el manual, se debe simplemente a que tenemos miedo de lo que nos está enseñando.

(1:5) De lo contrario, la percepción carecería de causa, y sería ella misma la causa de la realidad.

Si fuera correcto que el mundo determina lo que pensamos, entonces la percepción sería una realidad y una *causa;* a saber, los objetos de nuestra percepción nos harían pensar y sentir de ciertas maneras. Sin embargo, la verdad es que la percepción es el efecto, causado por nuestros pensamientos. Recuerda siempre que *la proyección da lugar a la percepción*. Si la percepción no tiene causa, sino que es una causa independiente de nuestros pensamientos, entonces simplemente existe y no hay nada que podamos hacer al respecto. Esto, evidentemente, describe el estado o la condición de prácticamente todas las personas del mundo. Esta es la razón por la que no hay esperanza una vez que hemos comprado el sistema de pensamiento del ego: no podemos cambiar lo que es. Si nuestras percepciones no son efectos causados por nuestros pensamientos, entonces deben ser reales. Entonces, la muerte, el mal, la guerra y el sufrimiento se convierten en la realidad, y no hay nada que podamos hacer excepto pasar por la vida lo mejor que podamos. Jesús, por tanto, nos enseña que lo que está ahí fuera —el mundo y el cuerpo, el sufrimiento y la muerte— son un *efecto*, y la *causa* reside en nuestras mentes. Cuando identificamos la causa, podemos hacer algo al respecto. De otro modo, una vez más, se trata de una situación sin esperanza.

Y después, este comentario final sobre la percepción:

(1:6) En vista de su naturaleza altamente variable, eso es de todo punto imposible.

La percepción, obviamente, es muy variable. Podemos ver esto incluso dentro de nosotros mismos. Una percepción que tuvimos un día sobre alguien, cuando pudimos perdonar, al día siguiente se vuelve muy diferente. Dependiendo de nuestro estado interno —de elegir el ego o el Espíritu Santo como profesor—, o bien percibimos el mundo a través de los ojos del juicio y el odio, o a través del perdón.

A esto le sigue el ejercicio, que continúa entrenando nuestras mentes para entender la relación entre nuestros pensamientos y nuestras percepciones:

(2) Al aplicar la idea de hoy, mantén los ojos abiertos mientras te dices a ti mismo:

No veo cosas neutras porque no tengo pensamientos neutros.

Luego mira a tu alrededor, dejando que tu mirada se pose sobre cada cosa que notes el tiempo suficiente para poder decir:

No veo un/una _____ neutro/a porque mis pensamientos acerca de _____ no son neutros.

Podrías decir, por ejemplo:

No veo una pared neutra porque mis pensamientos acerca de las paredes no son neutros.

No veo un cuerpo neutro porque mis pensamientos acerca de los cuerpos no son neutros.

Ahora las instrucciones de Jesús para los ejercicios se enfocan en su refutación continuada de la primera ley del caos del ego: la jerarquía de ilusiones.

(3) Como de costumbre, es esencial no hacer distinciones entre lo que crees que es animado o inanimado, agradable o desagradable. Independientemente de lo que puedas creer, no ves nada que esté realmente vivo o que sea realmente gozoso. Eso se debe a que todavía no eres consciente de ningún pensamiento realmente verdadero y, por lo tanto, realmente feliz.

No hay nada animado ni inanimado porque aquí nada está vivo. Como recordaremos, una de las categorías básicas que se nos enseña a partir de la escuela primaria es que nosotros somos seres vivos que podemos ser categorizados como animados, parte de la "gran cadena del ser", y también hay cosas no vivas que pueden ser categorizadas como inanimadas, como la madera, el metal, etc. Sin embargo, ambas categorías son ilusorias, como vemos en la sección "Las leyes del caos", que afirma categóricamente que "no hay vida fuera del Cielo" (T-23.II.19:1). Jesús nos dice esto de manera muy literal.

La vida real y la alegría real solo se encuentran tomando la mano de Jesús e identificándose con su sistema de pensamiento de perdón. Es alegre porque nos devuelve a nuestra vida real como parte de Dios, la única alegría. Sin embargo, todavía tenemos que aprender cómo alcanzar esta vida y alegría, y estos ejercicios, junto con las delicadas instrucciones que encontramos en el párrafo siguiente, están entre los medios que Jesús emplea para completar su propósito pedagógico:

(4) Se recomiendan tres o cuatro sesiones de práctica concretas, e incluso si experimentas resistencia, son necesarias cuando menos tres para obtener el máximo beneficio. En tal caso, no obstante, puedes acortar la duración de la sesión a menos del minuto que de otra forma se recomienda.

Mencionar nuestra resistencia es la manera útil que tiene Jesús de recordarnos que no hemos de sentirnos culpables. No la mencionaría con tanta frecuencia como lo hace si no esperara que tuviéramos miedo de su enseñanza, y que por tanto tratáramos de resistirnos a ella. Aprender a aceptar esta resistencia es un paso esencial hacia dejar ir.

LECCIÓN 18

No soy el único que experimenta los efectos de mi manera de ver.

Indiqué en el Preludio que, en el Libro de ejercicios, así como en el Texto, Jesús con frecuencia desarrolla un tema específico, lo deja, introduce otro tema relacionado, y a continuación lo deja y vuelve al anterior. Aquí vemos que se introduce la idea de que las mentes están unidas, un tema central de *Un curso de milagros*: la unidad del Hijo de Dios y, específicamente aquí, la unidad del Hijo de Dios en su estado separado.

(1) La idea de hoy es un paso más en el proceso de aprender que los pensamientos que dan lugar a lo que ves nunca son neutros o irrelevantes. También hace hincapié en la idea, a la que posteriormente se le dará cada vez mayor importancia, de que las mentes están unidas.

Tal como las cosas del mundo son diferentes proyecciones del único pensamiento de separación, las personas aparentemente diferentes son parte del único Hijo separado. Esto significa que todas las mentes divididas están unidas, porque vienen de un mismo pensamiento.

Antes de que se produjera la fragmentación, un tema que se comenta en el Texto al comienzo del Capítulo 18, solo había un error o pensamiento, tal como en el Cielo solo hay un Hijo. Las mentes están unidas como una, porque solo existe la Mente de Cristo, que es Una, y está unida con la Mente de Dios. Sin embargo, lo que es mucho más importante para nuestros propósitos es el principio de que todas las *mentes divididas* también están unidas. Nosotros no somos sino percepciones e imágenes fragmentadas que nosotros —nuestras mentes tomadoras de decisiones, fuera del tiempo y del espacio— mismos fabricamos, a fin de creer que la separación es la realidad. En verdad, todos los fragmentos aparentemente separados del Hijo de Dios, en el que estamos acostumbrados a pensar como el *homo sapiens*, pero que en realidad incluye a todas las cosas que percibimos

—animadas e inanimadas— son simplemente partes escindidas del pensamiento que dice: "He logrado lo imposible. Estoy separado, soy autónomo, independiente, libre y tengo el control de mi vida." Aquí está ese importante pasaje del Capítulo 18, que presenta el concepto del *único* pensamiento que fabricó el mundo:

Tú que crees que Dios es miedo tan solo llevaste a cabo una substitución. Esta ha adoptado muchas formas porque fue la substitución de la verdad por la ilusión; la de la plenitud por la fragmentación. Dicha substitución a su vez ha sido tan desmenuzada y subdividida, y dividida de nuevo una y otra vez, que ahora resulta casi imposible percibir que una vez fue una sola y que todavía sigue siendo lo que siempre fue. Ese error, que redujo la verdad a la ilusión, lo infinito a lo temporal y la vida a la muerte fue el único que cometiste. Todo tu mundo se basa en él. Todo lo que ves lo refleja y todas las relaciones especiales que has entablado proceden de él.

Tal vez te sorprenda oír cuán diferente es la realidad de lo que ves. No te das cuenta de la magnitud de ese único error. Fue tan inmenso y tan absolutamente increíble que de él no pudo sino surgir un mundo totalmente irreal. ¿Qué otra cosa, si no, podría haber surgido de él? A medida que empieces a examinar sus aspectos fragmentados te darás cuenta de que son bastante temibles. Pero nada que hayas visto puede ni remotamente empezar a mostrarte la enormidad del error original, el cual pareció expulsarte del Cielo, fragmentar el Conocimiento al convertirlo en inútiles añicos de percepciones desunidas y forzarte a llevar a cabo más substituciones (T-18.I.4-5).

(2) La idea de hoy no se refiere tanto a lo que ves como a la manera en que lo ves. Por lo tanto, los ejercicios de hoy hacen hincapié en ese aspecto de tu percepción. Las tres o cuatro sesiones de práctica que se recomiendan deben hacerse de la siguiente manera:

Este es el punto que he mencionado antes: la percepción no es solo *lo que* vemos, sino *cómo* lo vemos. No hay distinción entre ambas cosas. Hacemos una distinción arbitraria con fines didácticos, pero es arbitraria porque la *interpretación* es lo que da lugar a lo que vemos. La interpretación del ego es que yo *quiero* ver un mundo separado, hostil y vengativo para no tener que ver estos atributos en mí mismo. En otras palabras, el hecho de que mi necesidad de ver de cierta manera determine lo que veo es la razón por la que podemos decir que lo que vemos y cómo lo vemos son uno y lo mismo.

A estas alturas, las instrucciones en lo que queda de la lección nos resultarán familiares:

(3) Mira a tu alrededor, y a medida que selecciones los objetos para la aplicación de la idea de hoy tan al azar como sea posible, descansa tu mirada en cada uno de ellos el tiempo suficiente para poder decir:

> *No soy el único que experimenta los efectos de mi manera de ver _____ .*

Concluye cada sesión de práctica repitiendo esta afirmación más general:

> *No soy el único que experimenta los efectos de mi manera de ver.*

Un minuto o incluso menos es suficiente para cada sesión de práctica.

De esta manera pasamos de nuestras percepciones específicas a la generalización que nos enseña que *todas* nuestras percepciones son lo mismo, porque emanan de la misma mente dividida que une a la Filiación como una.

LECCIÓN 19

No soy el único que experimenta los efectos de mis pensamientos.

(1) La idea de hoy es obviamente la razón por la que lo que ves no te afecta a ti solo. Notarás que las ideas que presentamos relacionadas con el acto de pensar a veces preceden a las que están relacionadas con la percepción, mientras que en otras ocasiones se invierte ese orden. Eso se debe a que el orden en sí no importa. El acto de pensar y sus resultados son en realidad simultáneos, ya que causa y efecto no están nunca separados.

Jesús extiende la idea de la única mente dividida, diciendo que no solo nuestras mentes están unidas, sino que las mentes y el mundo también están unidos; puesto que el mundo no es nada sino la proyección de los pensamientos de separación de la mente. Esto es otra manera de decir que *las ideas no abandonan su fuente,* un principio central en las enseñanzas de *Un curso de milagros.* Se enfatiza en el Texto (por ejemplo, T-26.VII.4), y Jesús lo expone posteriormente en el Libro de ejercicios (por ejemplo, L-pI.132.5; L-pI.156.1): *las ideas no abandonan su fuente.* Los efectos no abandonan su causa; el mundo no permanece separado de la mente.

Sin embargo, nosotros estamos muy seguros de tener razón —de que el mundo existe *fuera* de nosotros— porque realmente nos vemos a nosotros mismos aquí y también vemos un mundo separado afuera. Llevándolo más lejos, al minimizar, cuando no negar el poder de los pensamientos, nuestras percepciones de nosotros mismos como víctimas de lo que el mundo nos hace nos demuestran que tenemos razón. Pensamos que nuestros pensamientos no tienen efectos, y por lo tanto los escindimos y los escondemos detrás de un escudo físico, de modo que solo seamos conscientes de nuestros cuerpos; de cómo ellos y otros cuerpos reaccionan. Esto se ha producido porque pensamos que el mundo está separado de nuestras mentes; que el *efecto*, que es el mundo, está separado de la *causa*, que es la mente. Pero recuerda, una vez más: *las ideas no abandonan su fuente.*

Como analogía, cualquier cosa que veas en una pantalla de cine no es sino una película que está en el proyector y está siendo proyectada hacia fuera. Sin embargo, lo que está sobre la pantalla nunca abandonó su fuente, la película que está siendo pasada en el proyector. Para ampliar esta analogía, lo que está en la película es lo que el escritor, el director, el productor, los actores y las actrices quisieron que estuviera en la película. Por lo tanto, una vez que está allí, será proyectado y visto en la pantalla *como si estuviera* en la pantalla.

Volviendo a nuestras vidas, nosotros, como el tomador de decisiones, somos el guionista, el director, el productor, además de las personas que toman parte en la película. La película es exactamente lo que hemos elegido, precisamente para poder verla, y para verla, de hecho, sobre la pantalla. La gente no se tomaría la molestia de hacer una película si no quisiera que otros la vieran. Y si no reaccionáramos a las películas como si fueran reales, no iríamos a verlas. Así, vamos al cine para emocionarnos, para ilustrarnos y para distraernos, porque nos gusta creer que hay algo ahí fuera que puede afectarnos, positiva o negativamente. Ese es el objetivo, y todo lo que lleva hacia él tiene este propósito.

Esto es exactamente lo que hacemos con el mundo. Hay un propósito muy específico en el hecho de fabricar nuestro sueño. Queremos que la gente, incluyéndonos a nosotros mismos, reaccione a él *como si fuera real*. Así, veo todas las cosas ahí fuera, en el mundo, olvidándome completamente de que es mi película. No es solo que yo la fabriqué, la fabriqué para ver el pecado por todas partes a mi alrededor; para ver victimarios en todos menos en mí.

Una vez que vemos que causa y efecto nunca están separados, entendemos que lo que estamos viendo fuera simplemente es una imagen que vino de un pensamiento. El punto clave que se ha de mantener en mente es que hay una motivación específica —que abordaremos en la lección siguiente— para aprender que las lecciones del ego son verdad, pero que nosotros no somos responsables de ellas. El ego enseña que nos hemos separado de Dios, que le hemos victimizado y asesinado, y de esta manera hemos adquirido nuestra existencia individual. Nosotros creemos que esto es verdad, aunque no somos responsables de ello; *alguien más lo es.*

Así, todos nos hemos tomado muchas molestias, y ciertamente hemos dedicado un gran presupuesto —nos ha costado *Todo*— a hacer esta grandiosa película de nuestras vidas. Invertimos una tremenda energía en la película a fin de satisfacer el propósito último del ego: demostrar que la separación es real, pero *nosotros no somos responsables de ella*. Nos olvidamos de que somos actores con nombres y papeles específicos en la película, además de ser los guionistas, directores y productores.

Si nos diéramos cuenta de que nosotros nos lo hemos montado todo, que nosotros, como directores, controlamos nuestra película por el hecho de excluir a otro Director, reconoceríamos de repente que nuestros mayores esfuerzos no han valido para nada, porque todo lo que habíamos hecho era una defensa contra la verdad. En un pasaje con el que nos familiarizaremos cada vez más, leemos:

> ¿Qué pasaría si reconocieras que este mundo es tan solo una alucinación? ¿O si realmente entendieras que fuiste tú quien lo inventó? ¿Y qué pasaría si te dieras cuenta de que los que parecen deambular por él, para pecar y morir, atacar, asesinar y destruirse a sí mismos son totalmente irreales? ¿Podrías tener fe en lo que ves si aceptaras esto? ¿Y lo verías? (T-20.VIII.7:3-7).

En otras palabras, el propósito defensivo del mundo se sostiene mediante la separación de causa y efecto, al no recordar que nuestras mentes son la causa del mundo.

Otro punto con respecto a esta lección: mi manera de ver no me afecta solo a mí. La gran ilusión del mundo es que puedo tener mis pensamientos de odio privados sin que le afecten a nadie. Sin embargo, si la Filiación es una, debe haber un efecto, porque los pensamientos están unificados y las mentes están unidas. Generalmente estos efectos no son observables, lo cual forma parte de la razón para hacer la película, y sin embargo están allí. Por eso nuestra culpabilidad es tan grande: en el fondo sabemos cuál es el efecto de nuestro enfado, por ejemplo. Tanto si lo expresamos como si no —ya sea a nivel físico, verbal o en nuestros pensamientos conscientes— el efecto del enfado dice continuamente a Jesús y a

Dios que están equivocados, y que nosotros tenemos el poder de destruir el Cielo. Una vez más, esta es la fuente de nuestra culpa, y es la razón por la que Jesús nos está diciendo que examinemos nuestras expresiones de enfado, e incluso más importante, que examinemos los pensamientos subyacentes. Si estos no cambian, nada cambiará.

Retornamos a la idea de unidad:

(2:1-3) Hoy volvemos a hacer hincapié en el hecho de que las mentes están unidas. Rara vez se acoge bien esta idea al principio, puesto que parece acarrear un enorme sentido de responsabilidad, e incluso puede considerarse como "una invasión de la intimidad". Sin embargo, es un hecho que no existen pensamientos privados.

Dentro del sueño ciertamente hay pensamientos privados. Todos tenemos la ilusión de tenerlos. Pensamos, por ejemplo: "Gracias a Dios que no dije eso, de modo que mi amigo no sabe lo que *realmente* pienso." Es posible que a nivel consciente esa persona no lo sepa, pero recuerda: todos nosotros somos parte de la mente una y, a ese nivel nuestros pensamientos refuerzan el miedo y la culpa de otro, y también los nuestros. Por lo tanto, es posible que los efectos de nuestros pensamientos no se vean de manera inmediata a nivel individual dentro del sueño, pero, en la mente mayor, de la que todos nosotros somos un efecto, los pensamientos tienen un poder tremendo porque refuerzan el sistema de pensamiento del ego. Son recordatorios para todos de que el ego está vivo y goza de buena salud, y Jesús no sabe de qué está hablando.

(2:4-5) A pesar de tu resistencia inicial a esta idea, ya entenderás que para que la salvación sea posible, esta idea tiene que ser verdad. Y la salvación tiene que ser posible porque es la voluntad de Dios.

Lo importante aquí es que la salvación solo es posible si hay *un* problema. La clave de la salvación dentro de *Un curso de milagros* es su primer principio: *No hay orden de dificultad entre los milagros.* Esto nos dice que cada problema es como todos los demás, y por tanto la solución —el milagro— es la misma para todos. El problema es irreal; pero no sabremos de su irrealidad hasta que nos demos cuenta de que cada problema es el mismo. La forma aparentemente externa de cada uno de los problemas no es sino una sombra del problema interno: el único pensamiento que dice: "Estoy separado y por mi cuenta." Si *pudiéramos* estar separados y tener pensamientos privados, eso significaría que la separación es real. La salvación solo puede ocurrir cuando nos damos cuenta de que la separación es ilusoria, lo que significa que no tenemos pensamientos privados.

Los tres párrafos de conclusión presentan el ejercicio diario que se ha de realizar:

(3) El minuto de búsqueda mental que se requiere para los ejercicios de hoy debe hacerse con los ojos cerrados. Repite primero la idea de hoy y luego escudriña tu mente en busca de aquellos pensamientos que se encuentren en ella en ese momento. A medida que examines cada uno de ellos, descríbelo en función del personaje o tema central que contenga, y mientras lo mantienes en la mente, di:

> *No soy el único que experimenta los efectos de este pensamiento acerca de _____.*

Aquí Jesús hace que nos enfoquemos solo en nuestros pensamientos, pues reflejan su unidad con la Filiación.

(4-5) El requisito de ser lo más imparcial posible al seleccionar los objetos para las sesiones de práctica ya te debe resultar bastante familiar a estas alturas, y de aquí en adelante no se repetirá diariamente, aunque se mencionará de vez en cuando a modo de recordatorio. No olvides, sin embargo, que seleccionar los objetos al azar en todas las sesiones de práctica seguirá siendo esencial hasta el final. Esta falta de orden en el proceso de selección es lo que hará que finalmente tenga sentido para ti el hecho de que no hay grados de dificultad en los milagros.

Además de las aplicaciones de la idea de hoy "según lo dicte la necesidad", se requieren por lo menos tres sesiones de práctica,

aunque el tiempo requerido para las mismas podría acortarse si ello fuese necesario. No intentes hacer más de cuatro.

En cierto sentido, Jesús está revelándonos su proceso y explicándonos el propósito de las primeras diecinueve lecciones. Una y otra vez él insiste en que no discriminemos en la elección de los objetos que percibimos fuera, o en nuestra elección de los pensamientos a medida que buscamos en nuestras mentes. Jesús quiere que nos demos cuenta de que *todo* lo que percibimos y pensamos es lo mismo. Al aprender a practicar esta idea con los objetos específicos que hay en la habitación y con los pensamientos específicos en nuestras mentes, llegaremos a darnos cuenta de que todo es lo mismo, y por lo tanto nuestros problemas tienen una solución: el milagro.

Así, encontramos una exposición clara del método subyacente de Jesús, y de por qué las lecciones del Libro de ejercicios parecen ser tan simples. Él quiere que practiquemos a un nivel que nos resulte cómodo —el perchero, la papelera, la lámpara, el teléfono, la taza, etcétera— hasta que tengamos la idea de que todos son lo mismo, y de que sirven al propósito de probar la realidad de la separación y que nosotros no somos responsables de ella. En último término esto nos ayuda a darnos cuenta de que no hay una jerarquía de ilusiones: la corrección a la primera ley del caos que trata de establecer dicha jerarquía.

LECCIÓN 20

Estoy decidido a ver.

Hay relativamente pocas lecciones como esta en el Libro de ejercicios; la Lección 95 es especialmente similar. Su importancia no reside tanto en el tema específico como en el hecho de que Jesús nos explica lo que está haciendo en estos ejercicios: cómo hacerlos, y cómo no hacerlos. Comienza comentando los periodos de práctica.

(1:1-2) Hemos tenido hasta ahora una actitud bastante relajada con respecto a nuestras sesiones de práctica. Apenas hemos tratado de dirigir el momento en que debes llevarlas a cabo; el esfuerzo requerido por tu parte ha sido mínimo, y ni siquiera se te ha pedido que cooperes o que te intereses activamente en ellas.

En otras palabras, Jesús está siendo muy cuidadoso. Él dice: "Toma un minuto o dos, y si eso es demasiado, toma menos tiempo. Hazlo dos o tres veces al día. Si eso es demasiado, hazlo menos." Y explica:

(1:3-6) Este enfoque ha sido intencional, y ha sido planeado muy cuidadosamente. No hemos perdido de vista lo importante que es invertir completamente tu manera de pensar. La salvación del mundo depende de ello. Mas no podrás ver si te sientes coaccionado o si te abandonas al resentimiento y a la oposición.

Así, Jesús está diciéndonos: "No estoy tratando de convencerte de que yo tengo razón y tú estás equivocado, y tampoco estoy tratando de obligarte a que creas estos conceptos. Estoy siendo lo más amable que puedo, pidiéndote solo que me acompañes, tanto si crees en esto como si no." Esto no es una discusión. Como Jesús no está intentando demostrar que tú estás equivocado y él tiene razón, tú no deberías intentar demostrar que tienes razón y que él está equivocado. Nuestra única razón para invertir nuestra manera de pensar no debería deberse a él, sino a nosotros: nos sentiríamos mejor si lo hiciéramos. La motivación que Jesús está tratando de instaurar en nosotros es la de sentirnos felices, como veremos seguidamente. Es importante que procedas como lo harías con un par de zapatos nuevos: pruébatelos y camina con ellos un rato. Si te resultan cómodos, quédatelos; si no, descártalos. Y así, perdón por el juego de palabras, estamos preparados para el paso siguiente en el que Jesús dice: "No he venido dándote mucha estructura, hasta ahora":

(2:1-5) Esta es la primera vez que intentamos establecer cierta estructura. No interpretes esto erróneamente como un intento de querer ejercer presión o fuerza. Deseas la salvación. Deseas ser feliz. Deseas la paz.

Ahora el enfoque está en la motivación. La motivación del ego es el opuesto exacto de la felicidad. Todo el mundo dirá que quiere la salvación, la felicidad y la paz, pero siempre se adquieren a expensas de otro, algo inevitable en el sistema de pensamiento del ego. Si yo soy feliz, tengo que tomar algo de algún otro; y si tengo que tomar algo, alguien tendrá menos de ello. Esta es la esencia de la relación especial, un término que, curiosamente, no aparece en absoluto en el Libro de ejercicios, aunque está claro que sus odiosas dinámicas se reflejan a lo largo de él. Así, Jesús está tratando de decirnos que realmente queremos la salvación, lo que significa que realmente queremos ser libres de nuestra culpabilidad. Realmente queremos ser felices y estar en paz.

(2:6) No lo has logrado todavía porque tu mente no tiene ninguna disciplina...

Si tienes alguna pregunta con respecto a esto, simplemente piensa en lo difícil que te resulta ir por ahí dándote cuenta de que todo lo que ves o a lo que reaccionas literalmente no está ahí. Esto te ofrece cierta idea de la naturaleza indisciplinada de tu mente. Ahora mismo puedes permanecer atento y entender todo lo que se está diciendo. Sin embargo, está casi garantizado que, a los pocos minutos, si no segundos, retornarás a tu antigua manera de ser: retener agravios, sentirte molesto por algo y realmente creer que no hay conexión entre tus pensamientos y las imágenes que percibes. A esto se refiere Jesús cuando dice que eres "indisciplinado". Él no está riñéndonos, sino simplemente diciendo: "Debes reconocer que esto es verdad. De otro modo no me dejarás ayudarte."

(2:6-8) ...y no puedes distinguir entre la dicha y el pesar, el placer y el dolor, o el amor y el miedo. Ahora estás aprendiendo a diferenciar unos de otros. Y grande en verdad será tu recompensa cuando lo logres.

Este es un tema muy importante en *Un curso de milagros,* tanto aquí como en el Texto (por ejemplo, T-7.X; T-8.II; T-19.IV-B.12-15). No es la primera vez que hemos hecho esta observación, ni tampoco será la última. Va al núcleo del intento de Jesús de motivarnos para aprender su curso de modo que podamos ser verdaderamente felices y estar alegres. Normalmente, lo que nos produce alegría y placer es conseguir lo que queremos. Pensamos que el amor es especialismo —satisfacer nuestras necesidades— y no somos conscientes de que esto forma parte del sistema del ego, y por lo tanto solo nos traerá culpa y dolor.

(3:1) Tu decisión de ver es todo lo que requiere la visión.

El problema es que nosotros no queremos ver, y, por eso, Jesús primero tiene que ayudarnos a darnos cuenta de hasta qué punto no queremos, un deseo que procede del reconocimiento de que, si vemos a través de sus ojos, ya no podremos culpar a nadie. Ver a través de sus ojos significa que la realidad no es lo que percibimos fuera, sino su amor por nosotros, el reflejo de la realidad del Amor de Dios.

Así, tenemos que darnos cuenta de hasta qué punto no queremos renunciar a la certeza de que tenemos razón con respecto a nuestras percepciones, porque ciertamente no queremos renunciar a nuestra certeza con respecto a lo que percibimos dentro: nuestro yo pecaminoso y culpable. Por dolorosa que pueda ser esta autoimagen, todavía sigue siendo mi egoísmo, que establece mi existencia. Recuerdo una línea del poema de Yeats Aedh wishes for the Clothes of Heaven, que era una de las favoritas de Helen y que, a propósito, ella solía citar erróneamente: "Pisa con ligereza sobre mis sueños. Son sueños. Y sin embargo son mis sueños."[9]*

---

9 * El original dice: "Pero yo, siendo pobre, solo tengo mis sueños; /yo he extendido mis sueños bajo tus pies; / holla con suavidad porque pisas mis sueños."

(3:2-8) Lo que quieres se te concede. No cometas el error de creer que el pequeño esfuerzo que se te pide es una indicación de que nuestro objetivo es de poco valor. ¿Cómo iba a ser la salvación del mundo un propósito trivial? ¿Y cómo podría salvarse el mundo si no te salvas tú? Dios tiene un solo Hijo, y él es la resurrección y la vida. Su voluntad se hace porque se le ha dado pleno poder en el Cielo y en la tierra. Con tu decisión de querer ver, se te da la visión.

El lenguaje de estos pasajes es claramente bíblico: términos y descripciones de Jesús procedentes del Nuevo Testamento. Él es el Hijo de Dios, es "la resurrección y la vida", y "se le da todo poder en el Cielo y en la tierra". Pero Jesús está diciéndonos aquí: "Sí, esto es verdad con respecto a mí, pero también es verdad con respecto a ti. Además, el mundo no puede salvarse si no te salvas tú." A estas alturas ya es evidente que este mundo no es externo, porque Jesús siempre se enfoca en lo interno: en lo que pensamos. Una vez más, tenemos que sentirnos motivados para pensar de manera diferente, y por tanto para ver de manera diferente.

(4) Los ejercicios de hoy consisten en que te recuerdes a ti mismo a lo largo del día que quieres ver. La idea de hoy implica tácitamente también el reconocimiento de que ahora no ves. Por lo tanto, cada vez que repites la idea, estás afirmando que estás decidido a cambiar tu estado actual por uno mejor, por uno que realmente deseas.

Así es como Jesús inicia el proceso de cambiar nuestra motivación: de la culpabilidad a la felicidad. Ahora no queremos ver porque creemos que la visión nos traerá dolor. Solo *querremos* cambiar la forma de ver del ego cuando aprendamos que la visión nos trae felicidad.

(5:1-2) Repite la idea de hoy lentamente y a conciencia por lo menos dos veces por hora, y trata de hacerlo cada media hora. No te desanimes si se te olvida hacerlo, pero esfuérzate al máximo por acordarte.

Jesús está introduciéndonos lenta y delicadamente al importantísimo concepto de pecado frente a error. Olvidarse de la lección de hoy no es un pecado, sino solo un error que deseamos corregir *de modo que nos sintamos mejor*. La amable enseñanza de Jesús deshace la dureza del ego, y nos proporciona un modelo de bondad para *todas* nuestras interacciones.

Y finalmente:

(5:3-6) Las repeticiones adicionales deben aplicarse a cualquier situación, persona o acontecimiento que te perturbe. Puedes verlos de otra manera, y los verás. Verás lo que desees ver. Esta es la verdadera ley de causa y efecto tal como opera en el mundo.

Si vemos separación, venganza, traición o sufrimiento es porque queremos verlos. Este deseo es la causa, y lo que vemos es el efecto. Jesús está tratando de convencernos de que realmente queremos ver de manera diferente. Evidentemente, todavía no estamos convencidos.

LECCIÓN 21

Estoy decidido a ver las cosas de otra manera.

Esta lección sigue inmediatamente de la anterior. Es interesante indicar que en esta lección Jesús habla específicamente de la ira, aunque no se refleja en el título en absoluto. Ilustra la idea de que no hay una jerarquía de ilusiones haciendo que nos demos cuenta de que la ira consiste en una amplia variedad de pensamientos. Empezamos con instrucciones específicas, que generalmente suelen venir al final de la lección:

(1:1-2:2) La idea de hoy es obviamente una continuación y ampliación de la anterior. Esta vez, sin embargo, además de aplicar la idea a cualquier situación concreta que pueda surgir, son necesarios periodos específicos de búsqueda mental. Se te exhorta a que lleves a cabo cinco sesiones de práctica de un minuto completo cada una.

Inicia las sesiones de práctica repitiendo la idea en tu interior. Luego cierra los ojos y busca con minuciosidad en tu mente aquellas situaciones pasadas, presentes o previstas que susciten ira en ti.

Esta es la búsqueda mental que habíamos comentado antes, y ahora Jesús quiere que nos enfoquemos específicamente en nuestra ira. El problema es que no podemos estar determinados a ver las cosas de otra manera y al mismo tiempo estar enfadados, porque nuestra ira dice: "Estoy determinado a ver las cosas como siempre las he visto. Mi percepción es correcta, la de Jesús está equivocada, y estoy dispuesto a morir para demostrarlo." Ahora Jesús está ayudándonos a darnos cuenta de que antes de que podamos decir: "Estoy decidido a ver las cosas de otra manera", tenemos que entender nuestros pensamientos, y por eso nos pide que nos pongamos en contacto con ellos. En otras palabras, la visión solo puede venir deshaciendo nuestros pensamientos de ira, o corrigiendo nuestra decisión errónea a favor del ego. Decir no al ego es la manera de aprender a ver.

(2:3-5) La ira puede manifestarse en cualquier clase de reacción, desde una ligera irritación hasta la ira más desenfrenada. El grado de intensidad de la emoción experimentada es irrelevante. Te irás dando cuenta cada vez más de que una leve punzada de molestia no es otra cosa que un velo que cubre una intensa furia.

Esta última línea es la que mencioné antes en la Lección 16, y es una de las más famosas de *Un curso de milagros*. De hecho, es tan importante que Jesús prácticamente la repite en el Manual para el maestro (M-17.4:5). Todo es lo mismo. Las formas varían, pero su contenido sigue siendo igual, como explica claramente esta lección. Este tipo de afirmaciones ilustran lo radical que es este curso. A todos los efectos, el curso invalida todas nuestras experiencias y creencias.

(3:1-2) Trata, por lo tanto, durante las sesiones de práctica, de no dejar escapar aquellos pensamientos de ira que consideras "insignificantes". Recuerda que no reconoces realmente qué es lo que suscita ira en ti, y nada de lo que puedas creer al respecto tiene significado alguno.

Pensamos que lo que suscita ira en nosotros es lo que la gente hace o deja de hacer, pero lo que verdaderamente suscita nuestra ira es la necesidad de proyectar la responsabilidad por la separación:

> La ira siempre entraña la proyección de la separación, lo cual tenemos que aceptar en última instancia como nuestra propia responsabilidad en vez de culpar a otros por ello (T-6.in.1:2).

Ese hecho es el que no queremos reconocer. Necesitamos proclamar: "Yo no soy culpable del pecado de asesinar a Dios y de traicionar Su Amor. Algún otro lo es." Cuando veo [la culpa] ahí fuera —porque yo la he puesto ahí fuera— creo que mi enfado está justificado: un buen truco en el que todos nosotros somos muy expertos. No importa si estoy furioso o solo ligeramente molesto. En ambos casos estoy diciendo que mi bienestar depende de alguien o de algo externo. En ausencia de ese objeto especial me sentiré disgustado, y no será culpa mía.

(3:3-5) Probablemente te sentirás tentado de emplear más tiempo en ciertas situaciones o personas que en otras, sobre la falsa base de que son más "obvias". Esto no es cierto. Es meramente un ejemplo de la creencia de que ciertas formas de ataque están más justificadas que otras.

Por primera vez vemos un ejemplo específico del principio de que no existe una jerarquía de ilusiones. Jesús usa la ira como ejemplo porque es central en el sistema de pensamiento del ego. Todo el mundo va por ahí enfadado, porque todo el mundo va por ahí sintiéndose culpable por la separación, y no queriendo aceptar responsabilidad por ella. Así, una vez más, antes de poder estar determinados a ver las cosas de otra manera, tenemos que reconocer y entender la interferencia a ver las cosas de otra manera: hay algo ahí fuera —ya sea en nuestro propio cuerpo o en el de algún otro— que nos produce un dolor que no es obra nuestra. En otras palabras, nuestros pensamientos no tienen poder, y por lo tanto no pueden causarnos disgusto. Alguien más nos ha producido este disgusto, o alguna enfermedad o circunstancia. Nosotros somos la víctima impotente e inocente de fuerzas que están más allá de nuestro control.

El resto de la lección repite las instrucciones que hemos visto antes.

(4-5) Al escudriñar tu mente en busca de todas las formas en que se presentan los pensamientos de ataque, mantén cada uno de ellos presente mientras te dices a ti mismo:

Estoy decidido a ver a _____ [nombre de la persona] de otra manera.

Estoy decidido a ver a _____ [especifica la situación] de otra manera.

Trata de ser tan específico como te sea posible. Puede, por ejemplo, que concentres tu ira en una característica determinada de alguna persona en particular, creyendo que la ira se limita a ese aspecto. Si tu percepción sufre de esa forma de distorsión, di:

Estoy decidido a ver _____ *[especifica la característica] de [nombre de la persona] de otra manera.*

Aquí la clave es: "Trata de ser tan específico como sea posible." A menudo nuestra tentación será pasar por alto las formas específicas de disgusto de nuestra vida, tratando inconscientemente de negarlas como el medio de negar su fuente. De esta manera, el ego nos pillará dos veces: primero enseñándonos a negar nuestra culpa, y después a negar su defensa específica, que es la ira. Este es el doble velo de olvido que Jesús describe en la Lección 136.

LECCIÓN 22

Lo que veo es una forma de venganza.

Esto continúa de la Lección 21, que comentó la ira y el ataque, y específicamente explica que no hay diferencias entre sus múltiples formas —desde la irritación hasta la furia— porque todas ocultan el pensamiento de separación y victimismo. Esta lección lleva estos principios un paso más lejos.

A medida que seguimos adelante, es extremadamente importante tener en cuenta la imposibilidad de estar en este mundo sin pensamientos de ataque. Si el mundo se fabrica como un ataque contra Dios, como Jesús dice mucho más adelante en el Libro de ejercicios (L-pII.3.2:1) —para probar que nosotros tenemos razón y Él está equivocado— y si nosotros nos identificamos con este mundo y con el cuerpo, nosotros somos una parte inherente de ese sistema de pensamiento de ataque. Por lo tanto, el concepto mismo de existencia individual conlleva ataque, si no asesinato, porque, para que haya existencia, Dios tuvo que ser destruido. En consecuencia, es imposible identificarse con el cuerpo —física y psicológicamente— sin compartir la totalidad del sistema de pensamiento del ego. El término ataque está ciertamente en lo alto de la larga lista de palabras que describen al ego.

(1:1-2) La idea de hoy describe con gran precisión la manera en que todo aquel que alberga en su mente pensamientos de ataque no puede sino ver el mundo. Habiendo proyectado su ira sobre el mundo, lo que ve es la venganza a punto de devolverle el golpe.

Mientras haya pensamientos de ataque en nuestras mentes, debemos ver el mundo a punto de vengarse de nosotros. La segunda frase, que es una descripción clásica de la proyección, nos dice la razón. Todos albergamos pensamientos de ataque porque nuestra identidad individual está basada en ello. Dado su origen —si yo he de existir, entonces Dios debe ser destruido— descansan sobre el principio de uno o el otro, mata o te matarán. Todos creemos que somos pecaminosos porque creemos que atacamos a Dios. Esta sensación de pecaminosidad, junto con la culpa que inevitablemente se deriva de ella, es tan abrumadora que resulta imposible tolerarla. Por lo tanto, el ego nos dice que empujemos el pecado y la culpa a nuestro inconsciente, y que después los proyectemos fuera. Además, como la expectativa de castigo es inherente a la idea misma de culpa, el mundo surge como el medio del ego para demostrar que merecemos ser castigados, tratados injustamente y victimizados.

A continuación, el comienzo de nuestras vidas físicas —la concepción y el nacimiento— se consideran la prueba de que somos víctimas inocentes de lo que nos han hecho otras personas. No estamos aquí como resultado de nuestras propias elecciones, sino de un accidente biológico. Esto refleja la creencia casi universal de que nosotros no tuvimos nada que ver en nuestro nacimiento. Todo lo que nos ocurre desde el momento en que somos concebidos se ve en el contexto de que somos víctimas inocentes de poderes y fuerzas que están más allá de nuestro control. El ego siempre interpretará estos poderes y fuerzas como algún tipo de ataque contra nosotros, y nos convence de que nos lo merecemos debido a nuestro ataque original contra Dios.

Esta es la idea central de la lección. De hecho, sin entender esta dinámica inconsciente, uno no será capaz de entender *Un curso de milagros*: tanto el sistema de pensamiento del ego como su deshacimiento a través del Espíritu Santo. Mientras creamos que estamos separados, creemos que tenemos pensamientos de ataque, y dichos pensamientos deben ser proyectados hacia fuera. Y, por lo tanto, también creeremos que otros nos están haciendo, o están a punto de hacernos, o ya nos han hecho lo que nosotros creemos que hicimos originalmente a Dios y a Su Hijo.

Podemos ciertamente asumir que la tarea que Jesús nos encomienda de manera continuada como alumnos suyos es entender estas dinámicas en el contexto de las lecciones y ejercicios del Libro de ejercicios. A continuación, nos pide que apliquemos los principios para deshacerlas —el perdón— a nuestras vidas personales, al tiempo que reconocemos cómo manifestamos estos pensamientos del ego en nuestra conducta diaria.

(1:3) De esta manera, percibe su propio ataque como un acto en defensa propia.

Nos olvidamos de que nosotros tuvimos el pensamiento de ataque original porque lo hemos proyectado, y ahora vemos a todos y a cada uno de los aspectos del mundo posicionados para atacarnos. Por lo tanto, sentimos que está justificado atacar como un acto de defensa propia. Este es el "rostro de inocencia" que mencioné antes, un concepto que se describe con más detalle en muchos lugares del Texto (por ejemplo, T-27.I; T-31.V). En la Lección 170, veremos que este concepto de la defensa propia también se elabora con más profundidad.

(1:4-6) Esto se convierte progresivamente en un círculo vicioso hasta que esté dispuesto a cambiar la manera como ve las cosas. De lo contrario, los pensamientos de ataque y contraataque le consumirán y poblarán todo su mundo. ¿De qué paz mental podría gozar en tales condiciones?

Jesús dice que este círculo vicioso de ataque y defensa —defensa es siempre contraataque— no puede cambiar hasta que cambiemos nuestra manera de ver. Esto significa cambiar nuestra manera de pensar, porque la percepción y el pensamiento son uno: las ideas no abandonan su fuente.[10*] Lo que percibimos fuera es simplemente una sombra de lo que primero percibimos e hicimos real en nuestras mentes. Cuando nos sentimos a merced de fuerzas que están más allá de nuestro control —fuerzas dentro de nuestros propios cuerpos, de los cuerpos de otros, las leyes del mundo o de la naturaleza— afirmamos la verdad del sistema de pensamiento del ego, lo que significa que la realidad de Dios y el Amor de Dios no son ciertos.

Una vez que comenzamos con la premisa de que existimos como yoes individuales y separados, es imposible no quedarnos atrapados en este círculo vicioso de ataque y contraataque. No hay salida a menos que cambiemos la premisa de nuestro pensamiento, un proceso que se explica más profundamente en la Lección 23.

---

10 * Este principio central se enuncia de diversas maneras en el Curso, por ejemplo, T-26.VII.4:7; L-pl.132.5:3; L-pl.167.3:6. Véase también p. 1102 de *Concordance of A Course in Miracles* para acceder a una lista completa.

(2:1-2) De esta fantasía salvaje es de lo que te quieres escapar. ¿No es maravilloso recibir las buenas nuevas de que no es real?

Definitivamente no son noticias alegres si todavía crees que existes y que eres importante, e incluso especial. Mientras te aferres a tu identidad individual, no son buenas noticias que se te diga que podrías escapar de esto. Lo anterior explica la resistencia a estas lecciones que todo el mundo tiene, tanto a la hora de entenderlas como de aplicarlas, por no hablar de la resistencia a lo que enseña el Texto. A medida que vayas avanzando, sería extremadamente útil identificar en qué medida te aferras a tu yo y a la convicción de que tienes razón.

(2:3-5) ¿No te alegra sobremanera descubrir que te puedes escapar de ella? Tú has fabricado lo que deseas destruir; lo que odias y lo que quieres atacar y matar. Nada de lo que temes existe.

Lo que destruiríamos es a otras personas, así como a cualquier otro objeto de nuestra ira. Nosotros fabricamos el mundo que buscamos destruir, y que creemos que trata de destruirnos a nosotros. Todo lo que odiamos, todo lo que atacaríamos y mataríamos, forma parte de nuestra "fantasía salvaje", cuyo propósito es probar nuestra existencia, pero que alguien más es responsable de ella. Nos percibimos como las víctimas inocentes de lo que se nos ha hecho.

Al hacer esta lección, trata de identificar el miedo y la ansiedad que surgen cuando empiezas a pensar en lo que Jesús está diciendo. El párrafo siguiente nos ofrece una buena oportunidad de practicar esto:

(3:1-6) Mira hoy al mundo que te rodea por lo menos cinco veces, durante no menos de un minuto cada vez. A medida que tus ojos pasen lentamente de un objeto a otro, de un cuerpo a otro, di para tus adentros:

Veo únicamente lo perecedero.

No veo nada que vaya a perdurar.

Lo que veo no es real.

Lo que veo es una forma de venganza.

Haz este ejercicio frente a un espejo y comprueba cuánto crees en lo que dices. Mientras contemplas el reflejo de tu yo separado, di: "Veo únicamente lo perecedero"; "No veo nada que vaya a perdurar". Si haces esto adecuada y reflexivamente, por fuerza vas a sentir ansiedad. Si no, busca en tu mente las defensas contra ella. Mientras pienses que existes, y que eres especial, único e importante —tanto en positivo como en negativo— estas lecciones te resultarán difíciles e inducirán ansiedad, y necesitarás identificar la resistencia en ti. De esta manera serás capaz de abordar con honestidad las últimas tres frases:

(3:7-9) Al final de cada sesión de práctica, pregúntate:

¿Es este el mundo que realmente quiero ver?

La respuesta será obvia.

Aunque la respuesta puede ser muy evidente para la mente correcta, para nuestros egos este yo que no va a perdurar sigue siendo nuestro yo, y por eso la desafortunada pero honesta respuesta es: "Sí, quiero ver esto." Ahora bien, citando el anexo de Psicoterapia: Propósito, Proceso y Práctica: "apenas nos encontramos al comienzo de la fase inicial de la primera jornada" (P-3.II.8:5). Aún nos queda mucho por aprender.

LECCIÓN 23

Puedo escaparme del mundo que veo renunciando a los pensamientos de ataque.

Esta está entre las lecciones más importantes del Libro de ejercicios, pues nos proporciona declaraciones claras sobre la naturaleza del mundo, y sobre lo que es y no es la salvación. Otro valioso aspecto de esta lección es su lenguaje simple, lo que hace que sea todavía más difícil confundir su mensaje. Ciertamente esto no significa que la gente no vaya a tratar valientemente de pasarlo por alto.

El título mismo es rompedor. El mundo que vemos es un mundo de muerte: venganza, violencia, dolor y sufrimiento. También podría ser descrito como un mundo de placer y felicidad, pero en este mundo ningún placer y felicidad son duraderos. A medida que empiezan a disiparse, nuestra ansiedad y nuestra ira crecen, nuestro especialismo se siente insatisfecho, e inevitablemente experimentamos dolor. Ahora Jesús está enseñándonos que la manera de escapar de este dolor no es hacer algo al mundo, sino cambiar nuestra manera de mirar al mundo.

(1:1-3) La idea de hoy describe la única manera de escapar del miedo que siempre tendrá éxito. Nada más puede lograrlo; nada más tiene sentido. Pero esta manera de escapar no puede fallar.

No lidias con el miedo superándolo directamente, ni cambiando nada del mundo ni del cuerpo. Solo puedes escapar del miedo cambiando su causa, que es la decisión de estar separado. Muchos de los métodos del mundo funcionarán, pero no todo el tiempo. En otras palabras, las ganancias que puedes obtener de seguir las directrices del mundo no durarán —por más nobles e ideales que puedan parecer— porque estamos pasando por alto la causa de nuestra desazón. Esta fue la afilada respuesta de Jesús a Helen, a la que retornaremos periódicamente, cuando al principio del dictado ella le pidió que le quitara el miedo:

Deshacer el miedo *es* tu responsabilidad. Cuando pides que se te libere del miedo, estás implicando que no lo es. En lugar de ello, deberías pedir ayuda para cambiar las condiciones que lo suscitaron. Esas condiciones siempre entrañan el estar dispuesto a permanecer separado... Puede que todavía te quejes de que tienes miedo, pero aun así sigues atemorizándote a ti mismo... Si me interpusiese entre tus pensamientos y sus resultados, estaría interfiriendo en la ley básica de causa y efecto: la ley más fundamental que existe. De nada te serviría el que yo menospreciase el poder de tu pensamiento. Ello se opondría directamente al propósito de este curso. Es mucho más eficaz que te recuerde que no ejerces suficiente vigilancia con respecto a tus pensamientos (T-2.VI.4:1-4; VII.1:1,4-7).

Así, Jesús estaba apelando al poder de la mente de Helen de elegir tener miedo, dirigiendo la atención a la causa de su disgusto, y lejos de su efecto.

(1:4-5) Cada pensamiento que albergas da lugar a algún segmento del mundo que ves. Es con tus pensamientos, pues, con los que tenemos que trabajar, si es que tu percepción del mundo ha de cambiar.

Esta es otra clara exposición de causa y efecto, y tiene la intención de que se tome de manera literal. La causa de todas las cosas del mundo es nuestros pensamientos, y el efecto es todo lo que percibimos en el mundo. No obstante, este principio debe ser entendido desde el punto de vista de la mente, porque de otro modo nos sentiríamos tentados de creer que un pensamiento concreto nuestro podría tener un efecto dañino sobre algo externo. Por ejemplo, si tú, como individuo, tienes un pensamiento de ira con respecto a alguien, y después ocurre algo desafortunado, podrías creer erróneamente que esta lección significa que eres responsable de lo ocurrido a esa persona. Aquí la intención no es inducir culpa porque algo le ocurra a alguien con quien estás enfadado. Jesús está hablando de un pensamiento en la mente, lo que significa que, si la persona se cae de una escalera, ha de verse como una elección que esa persona ha hecho, tal vez junto contigo si tú reaccionas a ella, pero no el tú que tú piensas que eres.

Es esencial recordar que los pensamientos son de la mente, no del cerebro. Lo que generalmente identificamos como nuestros pensamientos pertenece al cerebro, el cual, como se nos dice una y otra vez, no piensa verdaderamente. Jesús nos está hablando exclusivamente de la mente. Recuerda: la mente se encuenta fuera del tiempo y del espacio, y el mundo del tiempo y del espacio emana del único pensamiento de separación. Una vez que creemos que estamos aquí, todo parece ser real y estar gobernado por leyes que nosotros hemos establecido. Estas siempre serán alguna expresión de causa y efecto. Por ejemplo, yo bebo veneno y mi cuerpo experimenta el efecto: enfermaré, e incluso es posible que muera. Tanto la aparente causa —el hecho de que beba veneno— como el aparente efecto —la enfermedad o muerte de mi cuerpo— son efectos de una causa mayor, que es el pensamiento que dice: "Voy a probar que yo tengo razón y que Dios está equivocado. Voy a probar que la separación es real, que el cuerpo es real, y que el pecado, definitivamente, tiene un efecto: mi muerte."

Como resulta evidente, esta lección no comenta verdaderamente estos principios; esa es la función del Texto. Pero sus enseñanzas subyacentes ciertamente están reflejadas aquí. A estas alturas Jesús no espera que los estudiantes tengan una compresión plena de los principios teóricos del Texto. Simplemente nos pide que empecemos a practicar los ejercicios. La práctica consistente acabará conduciéndonos a entender la metafísica profunda del sistema de pensamiento de *Un curso de milagros*. Recuerda que el mundo fue fabricado como una defensa para no estar en contacto con los pensamientos en nuestras mentes.

"Es con tus pensamientos, pues, con los que debemos trabajar" es una declaración extremadamente importante. Este es un curso de entrenamiento mental, un curso para cambiar tu mente y cómo percibes. En la práctica, cambiar tu forma de pensar en realidad significa cambiar al profesor del que aprenderás. La base de *Un curso de milagros* siempre es: ¿Elijo a mi ego para que me enseñe cómo debería percibir el mundo, o dejo que Jesús o el Espíritu Santo sean mi Profesor? Mis pensamientos —culpa, ira y sufrimiento; o pensamientos de paz y perdón— dependen automáticamente del profesor que haya elegido. Por eso es importante entender que una parte integral del programa de estudios del Curso es desarrollar una relación personal con Jesús o con el Espíritu Santo. A partir de esa relación, seguirán inevitablemente nuestros pensamientos de la mente correcta, y por tanto nuestras percepciones y nuestra conducta también de la mente correcta.

(2) Si la causa del mundo que ves son los pensamientos de ataque, debes aprender que esos son los pensamientos que no deseas. De nada sirve lamentarse del mundo. De nada sirve tratar de cambiarlo. No se puede cambiar porque no es más que un efecto. Pero lo que sí puedes hacer es cambiar tus pensamientos acerca de él. En ese caso estarás cambiando la causa. El efecto cambiará automáticamente.

En primer lugar, es necesario aceptar la premisa de que la causa del mundo son los pensamientos de ataque. Esto es cierto tanto a un nivel mayor —que la causa de todo el universo físico es un pensamiento de ataque— como a nivel personal: que el mundo individual de nuestro ser físico y psicológico está causado por un pensamiento de ataque, que es la creencia de que estamos separados.

Jesús nos está diciendo que —para expresarlo con un ejemplo específico— si no te gusta una sombra sobre una pared, no te acercas a ella e intentas cambiarla, ignorando el objeto que está proyectándola. Si no te gusta lo que ves en la pared, ¡cambia el objeto! Intentar eliminar la sombra o modificarla de algún modo es una tontería. El universo físico puede compararse con una sombra, lo que nos recuerda la Alegoría de la Caverna de Platón, y por eso Jesús dice en una línea que se menciona con frecuencia: "No confíes en tus buenas intenciones, pues tener buenas intenciones no es suficiente" (T-18.IV.2:1-2). Las personas bienintencionadas del mundo son las que quieren cambiarlo, arreglarlo o mejorarlo. Es posible que tengan éxito hasta cierto punto, pero en último término fracasarán si ignoran que la causa subyacente del mundo es la separación.

Los estudiantes de *Un curso de milagros* con frecuencia han sacado de contexto afirmaciones como las que se expresan aquí —por ejemplo, "De nada sirve intentar cambiar el mundo"— y han interpretado equivocadamente que significan que literalmente no tenemos que hacer nada. Piensan erróneamente que esto significa que deberíamos dejar que los violadores anden sueltos, que los Hitlers invadan países, que el medio ambiente se vaya al infierno, que no prestemos atención a lo que ponemos en nuestro estómago, etcétera, porque el cuerpo y el mundo son ilusorios, y lo único que tenemos que hacer es cambiar nuestra mente. Sin embargo, esto es exactamente lo opuesto de lo que Jesús nos está enseñando. En último término es cierto que el universo es ilusorio y que nada de lo de aquí importa; pero, mientras creamos que estamos aquí, nuestros cuerpos son símbolos, y antes de poder dejarlos ir, primero tenemos que cambiar lo que simbolizan: de la separación a la unión, del ataque al perdón.

De esta manera volvemos al punto central: cambiar de profesor. Si hemos elegido a Jesús, él hará que actuemos de manera amorosa y de formas que el mundo entiende. La Lección 184 establece este punto de manera explícita. Por lo tanto, estos pasajes no deben usarse como excusa para no hacer nada con respecto al mundo, o con respecto a nuestro cuerpo o los de otras personas. Más bien, cualquier cosa que hagamos con respecto al mundo o a nosotros mismos debería hacerse con la guía de Jesús en lugar de con la del ego. Como él dice posteriormente en el contexto de percibir cosas específicas para aprender a abstraer: "Necesitamos poder ver un poco para poder aprender mucho" (L-pI.161.4:8). Así practicamos con las "pequeñas" cosas del cuerpo para poder llegar a aprender sobre la grandeza del espíritu.

Es muy improbable que Jesús te diga: "No hagas nada porque yo llevaré todo hasta ti, y el mundo es una ilusión." Él no te enseñará eso porque entenderlo y aceptarlo todavía te aterroriza demasiado. Mientras te identifiques con el cuerpo (y eso incluye a todos los que estudian este curso), lo que [el cuerpo] significa para ti tiene que ser cambiado. Tú no renuncias al cuerpo; no vas de la pesadilla del ego a la verdad de la eternidad. Más bien, vas de los sueños de pesadilla del ego a los sueños felices del Espíritu Santo:

Todo lo que aterrorizó al Hijo de Dios y le hizo pensar que había perdido su inocencia, repudiado a su Padre y entrado en guerra consigo mismo no es más que un sueño fútil. Mas ese sueño es tan terrible y tan real en apariencia, que él no podría despertar a la realidad sin verse inundado por el frío sudor del terror y sin dar gritos de pánico, a menos que un sueño más dulce precediese su despertar y permitiese que su mente se calmara para poder acoger —no temer— la Voz que con amor lo llama a despertar; un sueño más dulce en el que el sufrimiento cesa y en el que su hermano es su amigo. Dios dispuso que su despertar fuera dulce y jubiloso, y le proporcionó los medios para que pudiera despertar sin miedo (T-27.VII.13:3-5).

Esto significa que el cuerpo pasa a servir a otro propósito y tiene un significado diferente: es el medio para deshacer toda la culpa y el odio hacia los demás. Con este nuevo propósito en mente, eres libre de usar tu cuerpo amorosamente, tratándote a ti mismo y a los demás con más bondad. Las formas no importan; el profesor que elijas sí. Sin embargo, todo el mundo se siente tentado de saltarse pasos, porque el miedo a mirar lo que verdaderamente significa vivir en el mundo del ego produce demasiado dolor. En consecuencia, con demasiada frecuencia *Un curso de milagros* se convierte en un modo de escapar del dolor de nuestras vidas cotidianas, en lugar de ser el medio para deshacerlo.

Cuando Jesús habla de cambiar tus pensamientos, has de entender que él se refiere a cambiar el profesor del que vienen tus pensamientos. Si le eliges a él como maestro, todos tus pensamientos, percepciones y comportamientos serán amorosos. Pero ten cuidado con la treta del ego que te hará creer que estás eligiendo a Jesús, cuando en realidad estás eligiendo al ego. Puedes ver que has elegido al ego cuando estás atrapado en una manera de pensar que te hace parecer diferente a otros, que te separa de algún modo, una conducta que te hace especial. Cualquier cosa que te haga negar tu cuerpo o vivir de un modo que llame la atención hacia ti mismo, puedes apostar a que el 99,99 por ciento del tiempo es de tu ego y no de Jesús. La causa real por la que quieres cambiar es tu necesidad de probar que tú tienes razón y Jesús está equivocado, y haces esto estableciendo tu identidad personal. Recuerda, esta identidad denota especialismo, el cual es una bandera roja que te indica que has elegido como profesor al ego.

Otra expresión de las intenciones ocultas de especialismo del ego es el enfoque especial que los estudiantes de *Un curso de milagros* ponen en el efecto del cambio de mentalidad. Ciertamente, con mucha frecuencia el mundo físico cambiará a medida que cambien nuestros pensamientos, pero eso no significa nada si el mundo no es nada. El efecto que siempre cambia es el resultado inevitable de nuestros pensamientos de ataque: culpa, ansiedad, miedo, depresión, enfermedad, etcétera. Cuando se renuncie a estos pensamientos de ataque, el resultado siempre será la paz. Hacer énfasis en la forma del efecto es simplemente permitir que los pensamientos del ego vuelvan a nuestras mentes. Siempre debemos "mantenernos alerta solo en favor de Dios y de Su Reino" (T-6.V-C).

(3:1) El mundo que ves es un mundo vengativo, y todo en él es un símbolo de venganza.

Estas afirmaciones son muy fuertes, y están tan exentas de concesiones como cualquier otra que te puedas encontrar en el Texto. Todo en este mundo es un símbolo de venganza. ¿Por qué? Porque si crees que hay un mundo, estás diciendo que Dios ya no existe. Y si Dios ya no existe, es porque tú Lo mataste, y por fuerza crees que está justificado que Él se vengue de ti. Bloqueas este pensamiento y conflicto horrible, lo proyectas, y después crees que es el mundo el que trata de vengarse de ti. Hay, por supuesto, otro significado que podemos dar al símbolo del mundo —el propósito de perdón del Espíritu Santo— pero aquí el foco está en el ego.

(3:2) Cada una de las percepciones que tienes de la "realidad externa" no es más que una representación gráfica de tus propios pensamientos de ataque.

"Realidad externa" está entre comillas porque no hay realidad afuera. Esto es similar a la idea que Jesús presenta al principio del Texto: "Todo pensamiento produce forma en algún nivel" (T-2.VI.9:14), que aparece en el primer párrafo de esta lección:

"Cada pensamiento que albergas da lugar a algún segmento del mundo que ves." Con "representación gráfica" Jesús se refiere a proyección, como ya hemos visto en esta afirmación que no se puede citar con demasiada frecuencia:

> [El mundo] es el testimonio de tu estado mental, la imagen externa de una condición interna (T-21.in.1:5).

Una vez más, Jesús se está refiriendo al pensamiento que se produce dentro del sistema del ego, que siempre refleja algún aspecto de ataque.

(3:3-4) Uno podría muy bien preguntarse si a esto se le puede llamar ver. ¿No es acaso "fantasía" una mejor palabra para referirse a este proceso, y "alucinación" un término más apropiado para su resultado?

Fantasía es un término psicológico para los pensamientos que no son reales, y generalmente están relacionados con brindarte algo que tú quieres. Esto implica acudir al aliado en el que el ego confía: el deseo de ser especial. Si quieres defenderte de tu culpa, invocas fantasías de matar a alguien o de vengarte de otro; o si sientes que estás en un estado de carencia, te permites tener fantasías de placer, de conseguir lo que quieres. Todas las cosas de este mundo —el odio especial y el amor especial— vienen de un pensamiento de fantasía. Así, el mundo me da lo que quiero: es un refugio en el que me puedo esconder de Dios. Y como el mundo es el efecto de un pensamiento de fantasía, existe en el reino de la alucinación: la contraparte perceptual del sistema de pensamiento ilusorio y de fantasía de la mente.

(4) Ves el mundo que has fabricado, pero no te ves a ti mismo como el que fabrica las imágenes.

Esto es negación, que posteriormente se comenta en detalle en la Lección 136, "La enfermedad es una defensa contra la verdad", que nos enseña que nosotros fabricamos la enfermedad, y después nos olvidamos de que lo hemos hecho. Es otra manera de decir que nosotros somos el soñador del sueño, pero nos hemos olvidado de cuál es la fuente del sueño, y creemos que el sueño nos está soñando a nosotros. Este es un tema importante en el Texto, y volveremos a él. Por ahora, toma nota de estas declaraciones representativas que pueden servir de preludio para los comentarios más extensos que vendrán:

> Así es como surgieron todas las ilusiones. El que las teje no se da cuenta de que es él mismo quien las urde ni cree que la realidad de estas dependa de él. Cualquiera que sea su causa, es algo completamente ajeno a él y su mente no tiene nada que ver con lo que él percibe. No puede dudar de la realidad de sus sueños porque no se da cuenta del papel que él mismo desempeña en su fabricación y en hacer que parezcan reales... *Tú* eres el soñador del mundo de los sueños. Este no tiene ninguna otra causa ni la tendrá jamás (T-27.VII.7:6-9, 13:1-2).

> Devolvámosle al soñador el sueño del que se desprendió, el cual él percibe como algo que le es ajeno y que se le está haciendo a él (T-27.VIII.6:1).

> El milagro no te despierta, sino que simplemente te muestra quién es el soñador (T-28.II.4:2,7:4).

(4:2-3) No se te puede salvar del mundo, pero te puedes escapar de su causa. Este es el significado de la salvación, pues, ¿dónde se encuentra el mundo que ves cuando su causa ha desaparecido?

En último término no se te puede salvar del mundo porque no hay mundo. Se te salva de tu sistema de creencias que te dice que existe el mundo. Este sistema de creencias, como he venido diciendo, descansa sobre la autoacusación de que hemos asesinado a Dios para poder existir en Su lugar.

En el mundo real estás literalmente fuera del sueño y totalmente identificado con el Amor del Espíritu Santo. Ya no te identificas con la causa del mundo, la creencia en la separación de Dios.

Puede parecer que estás en el mundo, como en el caso de Jesús, pero tu realidad permanece fuera de él, y así, para ti, el mundo ha desaparecido.

(4:4-5) La visión ya tiene un sustituto para todo lo que crees ver ahora. La hermosura puede iluminar tus imágenes y transformarlas de tal manera que las llegues a amar, aun cuando fueron forjadas del odio.

Visión es el término que usa el Curso para designar la percepción de la mente correcta o verdadera percepción, cuando nos identificamos con el sistema de pensamiento de Expiación del Espíritu Santo.

Esto hace referencia a la Lección 15, "Mis pensamientos son imágenes que yo mismo he fabricado", que habló de las chispas de luz que rodean a los objetos. Expliqué entonces que estas referencias a la luz estaban dirigidas a un amigo de Helen y Bill, y que no se han de tomar literalmente. Se comprenden mejor en términos de contenido, lo que significa que aprendemos a ver las cosas de otra manera. Esta nueva manera de ver está representada por la luz: "La hermosura puede iluminar tus imágenes". Ahora todo en el mundo se vuelve hermoso bajo nuestra percepción llena de luz, porque su propósito ha cambiado. Volveremos al importante concepto del propósito.

Aunque nuestras imágenes fueron fabricadas por el odio —una palabra más fuerte que "ataque"— ahora su propósito ha sido cambiado. Las miramos con amor, a pesar de su origen. Como dice el Texto con respecto al deseo de sentirse especial en una importante declaración que ya hemos citado: "Esta es la percepción benévola que el Espíritu Santo tiene del deseo de ser especial: valerse de lo que tú hiciste para sanar en vez de para hacer daño" (T-25.VI.4:1). El propósito de nuestra fabricación del mundo fue proteger nuestra individualidad y nuestros pensamientos pecaminosos a través de la proyección. Cuando este propósito cambia, el mundo se convierte en un aula escolar en la que aprendemos que no hay mundo al revertir la proyección, llevándolo de vuelta a la mente que fue su fuente. Este hermoso pensamiento nos libera, pues su hermosura ilumina nuestra visión y todo lo que vemos.

(4:6) ...pues ya no las estarás forjando solo.

Esta es otra expresión del principio de que las mentes están unidas. Jesús no está hablando de ningún tipo de unión corporal. "Ya no las estaremos forjando solos" porque cuando elegimos identificarnos con Jesús, estamos haciendo una elección clara en contra de la separación y a favor de la unidad. Este es el significado de estar con Jesús. Si él es el Cristo porque es el Hijo uno de Dios, y yo me uno con él en un instante santo, yo también soy el Cristo, junto con todos los demás.

Cuando elijo el instante no-santo, como todos los demás también son uno conmigo dentro del sistema de pensamiento del ego, estoy transmitiendo el mensaje de que tenemos razón y Dios está equivocado. Tenemos razón en nuestra creencia de que estamos separados; tú tienes razón en sentirte injustamente tratado, y yo tengo razón en estar enfadado contigo. Así, no estamos solos en la experimentación de los efectos de nuestros pensamientos de la mente errónea o de la mente correcta, cuyos efectos son o bien lo que vemos o bien la visión de Cristo: la mente del Hijo de Dios es una.

Este principio no tiene nada que ver con este mundo ni con nuestra experiencia aquí, sino solo con los pensamientos de la mente, de los cuales hay dos, y ambos están perfectamente unificados: el pensamiento de separación del ego que compartimos como el Hijo uno, y la corrección de la Expiación para dicho pensamiento, que también compartimos.

En el Texto, Jesús dice que podemos elegir la visión o el juicio, pero no ambos (T-20.V.4:7). La visión nos contempla a todos como uno, y esto se refleja en este mundo en el compartir de un propósito común. El juicio ve culpa por el pecado de haber asesinado a Dios para poder existir; y, debido a esta culpa, tratamos continuamente de asesinar a otro, cumpliendo con el principio del ego de uno o el otro. Así, tenemos el poder de reforzar nuestra decisión a favor del ego, o de recordarnos mutuamente que podemos hacer otra elección.

El párrafo 5 es la principal fuente de los tres pasos del perdón que he enseñado durante tantos años:

(5:1-2) La idea de hoy introduce el pensamiento de que no estás atrapado en el mundo que ves porque su causa se puede cambiar. Este cambio requiere, en primer lugar, que se identifique la causa y luego que se abandone, de modo que pueda ser reemplazada.

Identificar la causa es reconocer que el problema no es lo que está en el mundo; mi disgusto no está causado por lo que mi cuerpo o el de otra persona me hace o me deja de hacer. La causa reside en una decisión tomada en mi mente. Este es el primer paso del perdón.

Dejar ir —el segundo paso— implica pedir ayuda a Jesús para mirar mi culpa y mis pensamientos de ataque de otra manera. Me doy cuenta de que tal como mi ataque contra ti fue una proyección fabricada, mi ataque contra mí mismo también fue fabricado: y yo sigo siendo tal como Dios me creó; quien yo soy como Hijo de Dios no ha cambiado. Así, este dejar ir entraña mirar mi culpa con el amor de Jesús a mi lado. Y después viene el tercer paso:

En el instante en que pido ayuda a Jesús para mirar a mi culpa, su brillante luz perdonadora hace que la culpa desaparezca. Mi responsabilidad consiste exclusivamente en llevarle la culpa a él; este es el significado de aceptar la Expiación para mí mismo (T-2.V.5:1).

Para resumir brevemente estos pasos: 1) Yo traigo de vuelta a mi mente la culpa que he proyectado en ti; 2) Al mirarla con Jesús, llevo la culpa que hay en mi mente ante él; y en ese instante, 3) la culpa se va, porque he aceptado el amor y la luz que ya estaban presentes, pero que habían quedado ocultos debajo de la oscuridad de mi culpa, protegidos por mis pensamientos de ataque.

(5:3-6) Los primeros dos pasos de este proceso requieren tu cooperación. El paso final, no. Tus imágenes ya han sido reemplazadas. Al dar los dos primeros pasos, comprobarás que esto es cierto.

El trabajo —el reflejo de la "pequeña buena voluntad"— consiste simplemente en llevar a Jesús los pensamientos del ego; los que hemos proyectado hacia fuera, y con los que hemos fabricado el mundo, y los que hemos fabricado con respecto a nosotros mismos.

Todo aquello en lo que creemos ya ha desaparecido, como afirma un pasaje que he citado antes. "Hace mucho que este mundo desapareció" (T-28-I.1:6). Nosotros simplemente creemos que el mundo está aquí, y por eso Jesús emplea el término alucinación para describirlo (T-20.VIII.7-8). Llegamos a darnos cuenta de la verdad del principio de Expiación cambiando de mentalidad con respecto a algo de lo que estábamos muy seguros de que era correcto: existe un mundo externo que nos victimiza a nosotros y a otros. Además, creemos inconscientemente que este mundo hostil es una defensa contra un mundo interno de culpa que es todavía más doloroso. Estábamos equivocados con respecto al mundo externo y al mundo interno.

(6:1-2) Además de usar la idea de hoy a lo largo del día según lo dicte la necesidad, se requieren cinco sesiones de práctica para su aplicación. Según miras a tu alrededor, repite primero la idea para tus adentros lentamente; luego cierra los ojos y dedica alrededor de un minuto a buscar en tu mente el mayor número posible de pensamientos de ataque que se te ocurran.

Como ya he comentado, "buscar en tu mente" es un tema destacado en *Un curso de milagros*, porque nuestros pensamientos de ataque están escondidos. Parte del entrenamiento por el que pasamos como estudiantes del Libro de ejercicios y del Curso mismo es permitirnos ver los pensamientos de ataque escondidos que están en nuestras mentes.

(6:3-5) Conforme cada uno de ellos cruce tu mente, di:

Puedo escaparme del mundo que veo renunciando a los pensamientos de ataque acerca de _____.

Mantén presente cada pensamiento de ataque mientras repites esto, luego descártalo y pasa al siguiente.

Estas instrucciones destacan el importante proceso de llevar la oscuridad de nuestras ilusiones ante la luz de la verdad. Estas lecciones no están pensadas para ser afirmaciones que simplemente declaran esta verdad. Más bien, están pensadas para representar la verdad, ante la cual nosotros llevamos nuestros pensamientos de ataque. Llevar luz a la ilusión no hace sino reforzar la ilusión. Por otra parte, llevar las ilusiones a la luz hace que estas se disipen ante su resplandor.

(7) Durante las sesiones de práctica, asegúrate de incluir tanto los pensamientos de ataque contra otros como los de ser atacado. Los efectos de ambos son exactamente lo mismo, puesto que ambos son exactamente lo mismo. Aún no reconoces esto, y lo único que se te pide de momento es que durante las sesiones de práctica los trates de igual modo. Todavía nos encontramos en la etapa de identificar la causa del mundo que ves. Cuando finalmente aprendas que los pensamientos de atacar y los de ser atacado no son diferentes, estarás listo para abandonar dicha causa.

No hay diferencia entre ser una víctima o un victimario. Ataque es ataque es ataque. Jesús reitera que no espera que entendamos esto, y menos aún que nos identifiquemos con ello, y ni siquiera que lo creamos, pero está pidiéndonos que lo practiquemos, y nos dice cómo hacerlo de manera precisa.

A medida que aprendemos que no hay diferencia entre el autoataque (culpa) y el ataque, nos damos cuenta de que ser una víctima es la peor forma de ataque posible. Si nos vemos a nosotros mismos como víctimas, está claro que alguien más pagará el precio del castigo por nuestro pecado. Este sufrimiento victimizado es el que apunta a otro con el dedo acusador (véase, por ejemplo, T-27.I.1-4). Renunciar a nuestro empeño de vernos a nosotros mismos como víctimas es la ilusión más difícil de perder. Nuestra existencia misma se basa en la ilusión de que nosotros somos las víctimas: nosotros no elegimos venir a este mundo —fueron nuestros padres los que nos trajeron aquí; nosotros no elegimos tener nuestros cuerpos, personalidades o problemas— nuestros genes o nuestro entorno han sido los factores determinantes. Esto es lo que creemos.

Resulta muy difícil aceptar que verte a merced de fuerzas que están más allá de tu control es un ataque. Sin embargo, este es el punto de la lección. Una vez más, Jesús no nos está pidiendo que lo aceptemos todavía, pero nos está pidiendo que oigamos sus palabras y que procuremos entenderlas, y por tanto que incluyamos los pensamientos de victimismo en nuestros periodos de práctica. No hace falta añadir que seguimos estando en las primeras etapas de nuestro entrenamiento mental.

LECCIÓN 24

No percibo lo que más me conviene.

Esta lección introduce el tema de la humildad. Estamos muy seguros de que sabemos qué es lo mejor para nosotros, por no hablar de lo que es mejor para los demás. En cierto sentido, como esta lección deja claro, es comprensible que pensemos así. De una u otra manera se nos ha enseñado que, si nosotros no cuidamos de nosotros mismos, ¿quién lo hará? Aprendemos que no podemos confiar en el mundo; no está preparado para satisfacer nuestras necesidades instantáneamente, tanto a nivel físico como emocional. Tampoco podemos confiar completamente en nuestros padres, porque, incluso los mejores de ellos según el juicio del mundo, nunca están allí para nosotros en todo momento. Una parte de nosotros aprende que debemos cuidar de nosotros mismos: no podemos confiar completamente en nadie. El contexto de esta lección, por tanto, es la corrección de la convicción de que nosotros sabemos lo que más nos conviene.

(1) No te das cuenta en ninguna de las situaciones que se presentan ante ti del desenlace que te haría feliz. No tienes, por lo tanto, una pauta por la que regir debidamente tus acciones ni manera alguna de juzgar sus resultados. Lo que haces está determinado por tu percepción de la situación de que se trate, y esa percepción es errónea. Es inevitable, pues, que nada de lo que hagas sea en beneficio de lo que más te conviene. No obstante, lo que más te conviene constituye tu único objetivo en toda situación que se perciba correctamente. De no ser así, te resultará imposible reconocerlo.

¡Ningún ego va a leer estas líneas sin sentirse muy insultado! Jesús está diciendo que no tenemos guía porque nos hemos elegido a nosotros mismos como guía, lo que recuerda unas líneas del Texto que suelo citar con frecuencia: "Renuncia ahora a ser tu propio maestro... pues no fuiste un buen maestro" (T-12.V.8:3;

T-28.I.7:1). Entonces, elegirle a él como nuestro guía remedia sutilmente la situación.

El razonamiento que está detrás de esta enseñanza es evidente,
una vez que reflexionamos sobre él. Saber qué es lo que más nos
conviene presupone que realmente conocemos nuestras necesidades, problemas y deseos. Solo entonces podríamos saber cómo
satisfacer nuestras necesidades, resolver nuestros problemas y
cumplir nuestros deseos. Sin embargo, como ya hemos visto y se
nos ha enseñado con claridad en el Texto, el mundo y el cuerpo
fueron fabricados literalmente para mantener el verdadero problema de la separación —en nuestras mentes— oculto de nosotros.
Por lo tanto, nuestra experiencia de nuestras necesidades y problemas no es sino una pantalla de humo, cuyo propósito es enraizar
nuestra atención en nuestros cuerpos —físicos y psicológicos—
distrayéndonos así de la mente, donde se encuentran tanto el problema como la solución.

Además, un resultado inevitable de nuestra arrogancia inicial
complica las cosas todavía más, pues hemos de pedir a Jesús o
al Espíritu Santo que nos ayuden con un problema que nosotros
hemos determinado que tiene que ser resuelto. Así, esperamos que
Ellos compartan nuestra demente necesidad de proteger nuestra
separación para que nunca pueda ser deshecha. Volveremos a este
importante tema más adelante.

**(2) Si te dieras cuenta de que en realidad no percibes lo que más
te conviene, se te podría enseñar lo que es. Pero como estás
convencido de que lo sabes, no puedes aprender. La idea de hoy es
un paso encaminado a hacer que tu mente se vuelva receptiva de
manera que el aprendizaje pueda dar comienzo.**

Se requiere la humildad de admitir que no sabes qué es mejor
para ti, y que hay Alguien dentro de ti, que sí lo sabe, a Quien
vas a pedir ayuda. El paso siguiente es darte cuenta de hasta qué
punto no quieres Su ayuda, y cuando la pides, con frecuencia lo
que pides es ayuda en tus propios términos, en cuyo caso no estás
renunciando a tu creencia de que sabes qué es el problema y la
solución.

Además, ¿por qué ibas a aprender algo cuando crees que ya tienes la respuesta? Entonces, ¿cómo puede él ayudarte si crees que ya tienes la respuesta a tu pregunta, la solución a tu problema? Esta es la razón por la que, en *Un curso de milagros*, Jesús necesita que entiendas que tú no sabes. Así, él te enseña que el verdadero aprendizaje es desaprender: no se te puede enseñar la verdad mientras no entiendas primero que no la conoces. Por eso Jesús siempre imprime en sus estudiantes el aspecto deshacimiento de su corrección (véase, por ejemplo, T-1.I.26:2-3; T-28.I.1:1-4; L-pII.2.3:1-3; M-4.X.3:6-7).

Jesús te está pidiendo aquí que confíes en él lo suficiente como para suspender todas tus creencias, y que después digas con sinceridad: "No percibo lo que más me conviene." Él nos suplica que tengamos una humildad total, y en esta súplica está incluido que le elijamos a él como maestro, en lugar de al ego. El comienzo del párrafo siguiente hace eco a esta súplica de Jesús:

(3) Los ejercicios de hoy requieren mucha más honestidad de la que estás acostumbrado a usar. Te será más útil examinar unos pocos temas honesta y minuciosamente en cada una de las cinco sesiones de práctica que se deben llevar a cabo hoy, que un mayor número superficialmente. Se recomiendan dos minutos para cada uno de los periodos de búsqueda mental que los ejercicios de hoy requieren.

Al expresarse de esta manera, Jesús nos está diciendo que hasta ahora no hemos sido muy honestos. Por eso hace un énfasis repetido en la búsqueda mental. Parte del problema inherente a la búsqueda mental es que pensamos que estamos buscando en nuestro cerebro. En este punto, en realidad no entendemos la distinción que se hace en *Un curso de milagros* entre el cerebro y la mente, un error comprensible cuando consideramos nuestra identificación casi completa con el cuerpo. Si el mundo fue fabricado como un ataque contra Dios, entonces, ciertamente, el cuerpo también fue fabricado como un ataque contra Dios, y el cerebro es el principal órgano del cuerpo, pues gobierna lo que piensa, percibe, dice y hace.

Jesús nos está pidiendo que seamos capaces de venir a él y decir: "No entiendo nada. Por favor, enséñame." Tenemos que entrar en contacto con lo difícil que esto nos resulta. Hay una parte de nosotros que realmente cree que sabemos lo que es mejor para nosotros mismos.

(4) Las sesiones de práctica se deben comenzar repitiendo la idea de hoy, a lo que debe seguir una búsqueda mental con los ojos cerrados de aquellas situaciones en tu vida que aún no estén resueltas y que actualmente te están causando desasosiego. Debes hacer hincapié en descubrir cuál es el resultado que deseas. Te darás cuenta muy pronto de que tienes varios objetivos en mente como parte del resultado que deseas y también de que esos objetivos se encuentran en diferentes niveles y de que con frecuencia son conflictivos.

Nota el uso de la palabra *descubrir* en la segunda frase, lo que hace eco a nuestro comentario de que el *deshacimiento* es central en la práctica del perdón. A partir de las instrucciones de Jesús también queda claro que *en realidad* nosotros no sabemos qué es lo que más nos conviene. ¿Cómo podríamos saberlo? En caso de que tengamos alguna duda sobre esto, el ejercicio siguiente nos lo deja claro como el cristal:

(5) Al aplicar la idea de hoy, nombra cada situación que se te ocurra, y luego enumera minuciosamente todos los objetivos que te gustaría alcanzar en el desenlace de la misma. El modelo que se debe seguir en cada caso debe ser más o menos así:

En esta situación con respecto a _____ lo que me gustaría que sucediese es que _____ y que _____ ,

y así sucesivamente. Trata de abarcar tantos diferentes desenlaces como honestamente se te ocurran, aun cuando algunos de ellos no parezcan estar directamente relacionados con la situación o, lo que es más, ni siquiera parezcan tener nada que ver con ella.

Esto prepara el escenario para el párrafo siguiente, que contiene el punto central de la lección:

(6) Si haces estos ejercicios correctamente, te darás cuenta de inmediato de que estás exigiendo de cada situación un gran número de cosas que no tienen nada que ver con ella. Te percatarás asimismo de que muchos de tus objetivos son contradictorios, que no tienes un resultado concreto en mente y que no puedes por menos que experimentar desilusión con respecto a algunos de tus objetivos, independientemente de cómo se resuelva finalmente la situación.

Por lo tanto, el mensaje de esta lección es que, si somos verdaderamente honestos, reconoceremos la naturaleza contradictoria de buena parte de nuestros deseos y objetivos. Esto es inevitable si consideramos la imposibilidad de tener objetivos libres de conflicto cuando no reconocemos qué es lo que más nos conviene. Para nuestro ego, el interés es la autopreservación, pero como este yo conflictivo está lleno de culpa y miedo, ¿cómo podría la satisfacción de nuestros objetivos no ser conflictiva y estar llena de la misma culpa y miedo que nos condujo a ellos?

El último párrafo de la lección hace hincapié una vez más en el punto esencial que se ha de aprender para completar con éxito el programa de estudios de *Un curso de milagros*:

(7) Después de pasar revista a tantos objetivos anhelados como puedas para cada situación aún sin resolver que cruce tu mente, di para tus adentros:

　　No percibo lo que más me conviene en esta situación,

y pasa a la siguiente.

Jesús quiere que generalicemos esta lección a todas las situaciones de nuestras vidas. Para asegurarse de que no pasamos por alto el punto importante, y de que no nos olvidamos de él, nos lo continúa enseñando en la Lección 25.

LECCIÓN 25

No sé cuál es el propósito de nada.

Esta lección aborda directamente el tema del propósito, tan crucial en *Un curso de milagros*. Ciertamente, uno podría decir que solo el propósito nos ayuda a entender el sistema de pensamiento del ego, el papel del mundo dentro de él, y que, mediante el cambio del propósito del mundo, el Espíritu Santo usa el plan del ego para deshacer el propio ego.

(1) Propósito es significado. La idea de hoy explica por qué nada de lo que ves tiene significado. No sabes para qué es. Por consiguiente, no tiene significado para ti. Todo existe para tu beneficio. Para eso es para lo que es; ese es su propósito; ese es su significado. Al reconocer esto, tus objetivos se unifican. Al reconocer esto, lo que ves cobra significado.

Jesús recurre a las primeras lecciones, incluyendo la precedente, para ayudarnos a darnos cuenta de por qué nada aquí significa nada. Algo tiene significado para nosotros solo porque no entendemos para qué es, lo que viene de no saber qué es lo que más nos conviene. Pensamos que dichos intereses tienen que ver con satisfacer nuestras necesidades de especialismo, físicas o emocionales, cuando lo que realmente nos conviene es aprender a perdonar. Esta es la razón por la que cada cosa en este mundo está al servicio de lo que más nos conviene, si elegimos al Maestro correcto. Cada situación o relación puede convertirse en un aula escolar en la que se nos ayude a entender que el mundo que fabricamos procede de nuestros pensamientos de ataque, y que todo lo que vemos, cuando se lo damos al Espíritu Santo para que lo reinterprete por nosotros, puede ser un recordatorio de que podemos elegir mirar al mundo de otra manera. Este proceso, como ya hemos visto, y veremos todavía muchas veces más, implica cambiar nuestra percepción del problema, y por lo tanto nuestra comprensión de qué es lo que más nos conviene, del *cuerpo* a la *mente*. Realizar este cambio perceptual es el principal objetivo de estas lecciones, por no decir del propio *Un curso de milagros*.

El ego ve el significado y el propósito de todas las cosas del mundo como una oportunidad de satisfacer sus necesidades de especialismo. Por otra parte, Jesús, después de que nosotros hayamos cometido el error del ego, ve oportunidades de que recurramos a él para pedirle ayuda y para que se nos enseñe que hay otra manera de mirar a todas las cosas. Esta otra manera de mirar, resumida en los tres pasos del perdón de la Lección 23, es darnos cuenta de que lo que vemos fuera es una proyección de lo que primero hemos visto dentro. Una vez más, Jesús está enseñándonos a llevar la atención del cuerpo a la mente.

Aprendemos que nuestras percepciones, y el modo en que organizamos nuestro mundo personal y nos relacionamos con los demás, se basan en la premisa de que tenemos un ego que tiene que ser tratado de cierta manera. Tenemos necesidades definidas basadas en nuestra existencia separada que dictan cómo debemos ver nuestro mundo, y especialmente a la gente que hay en él. Ahora que tenemos un profesor que nos muestra que lo que percibimos fuera es una proyección de un pensamiento interno, podemos cambiar este pensamiento cambiando de profesor. Ahora el mundo tiene un gran significado para nosotros, porque su nuevo propósito es convertirse en nuestra aula escolar, en la que aprendemos de nuestro nuevo profesor sus lecciones de perdón.

Cuando Jesús dice que el propósito lo es todo, él quiere decir que hay dos propósitos posibles: el del ego de enraizarnos en este mundo para que nuestra individualidad —localizada en la mente— esté segura; y el del Espíritu Santo de que nos demos cuenta de que el mundo no existe, porque no hay nada en nosotros que necesite defensa. Así, el nuevo propósito del mundo es ayudarnos a aprender este hecho feliz, que es la salvación de nuestra creencia en la culpa. En el Texto, la sección "Percepción y elección" resume el propósito dual de nuestra mente dividida:

> Pero este mundo fue construido para dos hacedores que no lo ven de la misma manera. Para cada uno de ellos el mundo tiene un propósito diferente, y es el medio perfecto para apoyar el objetivo para el que se percibe [...] En el mundo al que el error dio lugar existe otro propósito porque

el mundo tiene otro Hacedor que puede reconciliar el objetivo del mundo con el propósito de Su Creador. En Su percepción del mundo, no hay nada que no justifique el perdón y la visión de la perfecta impecabilidad (T-25.III.3:3-4; 5:1-2).

Así, el Espíritu Santo hace el mundo real de perdón como corrección y sustituto del mundo de culpa y ocio, del mundo lleno de errores del ego.

(2:1) Tú percibes al mundo y a todo lo que este contiene como significativo desde el punto de vista de los objetivos del ego.

Esta idea no podría haber sido expresada con más claridad. Como hemos visto, los "objetivos del ego" son alguna expresión de la necesidad de preservar su propia identidad, individualidad y especialismo. A través de los ejercicios de buscar en la mente, tienes que darte cuenta de hasta qué punto esto es verdad. Observa cómo piensas con respecto a las cosas a lo largo del día: no necesariamente durante toda tu vida, solo este día. Observa cómo todo está organizado en torno a lo que satisfará tus necesidades, a lo que hará que te sientas bien tanto a nivel físico como emocional. A continuación, observa cómo estas necesidades distorsionan tu manera de percibir el mundo. De hecho, ¡son esas mismas necesidades de especialismo las que hacen que creas que estás percibiendo el mundo en absoluto!

(2:2-4) Estos objetivos no tienen nada que ver con lo que más te conviene, ya que tú no eres el ego. Esta falsa identificación no te permite entender cuál es el propósito de nada. Por ende, no puedes sino hacer un uso indebido de ello.

Esta es una declaración extremadamente importante. El tú del que Jesús habla no es el ego, el yo físico o psicológico, sino aquello a lo que nos hemos referido como el tomador de decisiones. Jesús establece el mismo punto en el Texto, como ya hemos visto, cuando pregunta retóricamente: "¿Quién es el 'tú' que vive en este mundo?" (T-4.II.11:8). Esta temprana lección marca la etapa inicial del proceso de des-identificarnos o disociarnos del yo-ego, y darnos cuenta de que el tú al que Jesús se está dirigiendo está en la mente.

Por el hecho de haber elegido al maestro equivocado, hemos establecido la identificación equivocada. En consecuencia, entenderemos equivocadamente, malinterpretaremos y distorsionaremos todo lo que ocurra a nuestro alrededor, porque nuestra percepción estará dirigida hacia la consecución del propósito de preservar dicha identificación. De esta manera se refuerza la culpa asociada con nuestras relaciones especiales, porque estamos utilizando indebidamente a todos y a todas las cosas. Esta culpa parece tan enorme que nunca podemos permitirnos mirar a lo que estamos haciendo. Por eso es tan importante cambiar de profesor y permitir a Jesús mirar a nuestra culpa con nosotros. Dejamos que contemple con nosotros nuestras percepciones erróneas, nuestros usos erróneos, nuestras distorsiones y ataques, y él nos ayudará a darnos cuenta de que vienen de un único error. Al unirnos con él se deshace ese error de separarnos del amor.

(2:5) Cuando creas esto, te esforzarás por retirar los objetivos que le has asignado al mundo, en vez de intentar reforzarlos.

Cuando nos demos cuenta de lo que estamos haciendo, cambiaremos inevitablemente de objetivo. En el Texto, Jesús refleja esto como el cambio de la relación no santa a la relación santa. La relación cuyo propósito era la culpa o la ilusión se convierte en una relación cuyo propósito es el perdón o la verdad, cuyo propósito es dejar ir la culpa:

> Y así como la relación no santa es un continuo himno de odio en alabanza de su hacedor, así también la relación santa es un feliz cántico de alabanza al Redentor de las relaciones.
>
> Es la relación no santa de antes, pero transformada y vista con otros ojos (T-17.V.1:7-2:2).

(3) Otra forma de describir los objetivos que ahora percibes es decir que solo tienen que ver con tus intereses "personales". Pero puesto que no tienes intereses personales, tus objetivos en realidad no guardan ninguna relación con nada. Al abrigarlos, por lo tanto,

no estás abrigando ningún objetivo en absoluto. Por consiguiente, no sabes cuál es el propósito de nada.

La palabra "personales" está entre comillas porque no existe tal cosa. Dentro del sueño, tener intereses personales significa que yo tengo intereses que están separados de los tuyos. Esto solo podría ser verdad si la separación fuera real. Sin embargo, si las mentes están unidas, no puede haber intereses personales; solo el único interés que compartimos como el único Hijo por despertar de este sueño y volver a casa.

Una lectura cuidadosa y reflexiva de estas líneas por fuerza engendrará una ansiedad tremenda, y ciertamente esto es quedarse corto. Jesús está diciendo que tú no tienes intereses personales, ¿y dónde te deja eso sino en ninguna parte? En esencia, esto significa que tú ni siquiera existes. A propósito, en este contexto, personal tiene el mismo significado que especial.

Una vez más, Jesús no te está pidiendo que aceptes sus palabras y que vivas como si fueran verdad; solo te está pidiendo que empieces a entender la demencia de tu manera de pensar y de tus percepciones distorsionadas, porque literalmente estás creyendo y viendo lo que no está ahí. Si no cuestionas estas creencias y percepciones, aunque solo sea intelectualmente, nunca estarás abierto a recibir la respuesta que está esperándote. Así, tienes que observar tus pensamientos de cada día, momento a momento, y darte cuenta de que vienen de todo lo que Jesús está diciendo. Todos ellos están basados en preservar un objetivo del ego, que es tu propia identidad. Esto significa que no te importa nadie ni nada más, sino solo satisfacer tus necesidades y cumplir tus objetivos.

(4) Antes de que puedas entender los ejercicios, es necesario un pensamiento adicional. En los niveles más superficiales reconoces el propósito de todas las cosas. Sin embargo, el propósito de algo no se puede entender en esos niveles. Por ejemplo, entiendes que el propósito de un teléfono es hablar con alguien que no se encuentra físicamente en tu proximidad inmediata. Lo que no comprendes es para qué quieres ponerte en contacto con él. Y es eso lo que hace que tu contacto con él sea o no significativo.

Todos somos conscientes de propósitos superficiales, pero no somos conscientes de los verdaderos propósitos subyacentes. Usando el ejemplo del teléfono, el verdadero propósito de la llamada es darnos una oportunidad de reconsiderar el objetivo del ego de intereses separados a favor del objetivo del Espíritu Santo de intereses comunes o compartidos. Por lo tanto, lo que hace que *Un curso de milagros* sea tan simple es que nos enseña que solo hay dos propósitos que podamos tener que considerar. Como ya hemos comentado: el propósito del ego, que es retener la individualidad y la separación, dar realidad al mundo y demostrar que Jesús está equivocado; y el propósito de Jesús, que es desaprender todo lo que habíamos aprendido antes, y finalmente aceptar con humildad que él tenía razón y nosotros estábamos equivocados: la separación de Dios fue un sueño que en realidad nunca ocurrió.

(5:1) Es fundamental para tu aprendizaje que estés dispuesto a renunciar a los objetivos que les has adjudicado a todas las cosas.

Recuerda, como el objetivo que has establecido para todas las cosas es la preservación de tu individualidad, Jesús te está pidiendo que abandones este propósito. Esta es la razón por la que estas lecciones son tan difíciles, y nuestros egos deben percibirlas como extremadamente amenazantes.

El resto de la lección subraya un punto que ya hemos visto: las ilusiones siguen siendo ilusiones, independientemente de los atributos que proyectemos sobre ellas. Desde el punto de vista del ego, todas las ilusiones —buenas o malas, importantes o sin importancia, humanas o no humanas— sirven al único propósito de convencernos de que son lo que no son. Por eso es por lo que no sabemos para qué son. Estas frases notablemente simples continúan con el entrenamiento que Jesús está ofreciendo a nuestras mentes para que no hagamos distinciones entre ilusiones, y aprendamos, en cambio, a establecer la única distinción que es válida: la que diferencia entre los propósitos del ego y los del Espíritu Santo:

(5:2-6:8) Reconocer que dichos objetivos no tienen sentido, en vez de considerarlos como "buenos" o "malos", es la única manera de lograrlo. La idea de hoy es un paso en esa dirección.

Hoy se requieren seis sesiones de práctica, cada una de dos minutos de duración. Comienza cada sesión repitiendo la idea de hoy lentamente; luego mira a tu alrededor y deja que tu mirada se pose sobre cualquier cosa que llame tu atención, esté lejos o cerca, sea "importante" o "nimia", "humana" o "no humana". Mientras tus ojos descansan sobre cada objeto así seleccionado, di, por ejemplo:

No sé para qué es esa silla.

No sé para qué es ese lápiz.

No sé para qué es esta mano.

Dilo lentamente, sin apartar los ojos del objeto hasta que hayas terminado la frase. Pasa luego al siguiente, y aplica la idea de hoy de la misma manera.

Encontramos una declaración más sofisticada de esta enseñanza sobre la naturaleza ilusoria de todas las cosas en el siguiente pasaje del Texto, que describe la demencia compartida de las relaciones especiales: nuestras "míseras e insensatas sustituciones".

Tus míseras e insensatas sustituciones, trastocadas por la locura y formando torbellinos que se mueven sin rumbo cual plumas arrastradas por el viento, son insustanciales. Se funden, se juntan y se separan de acuerdo con patrones cambiantes que no tienen sentido y que no tienen que ser juzgados en absoluto. No tiene objeto juzgarlos individualmente. Las insignificantes diferencias que en lo relativo a la forma parece haber entre ellas no son diferencias reales en absoluto. Ninguna de tus sustituciones tiene importancia. *Eso* es lo único que tienen en común, nada más. Sin embargo, ¿qué otra cosa es necesaria para hacer que todas sean lo mismo? (T-18.I.7:6-12).

Reconocer la falta de sentido inherente a todas las cosas nos permite aceptar el propósito del Espíritu Santo: dejar sitio para Su verdad que reemplaza a las ilusiones del ego.

Ahora estamos preparados para pasar al siguiente segmento de nuestro entrenamiento: entender la relación entre nuestros pensamientos de ataque y nuestras percepciones de ataque.

LECCIÓN 26

Mis pensamientos de ataque atacan mi invulnerabilidad.

Esta es otra lección fundamental y, como acabo de indicar, lleva nuestro aprendizaje (y práctica) un paso más allá. Si tengo pensamientos de ataque, debo creer que soy vulnerable. Si soy vulnerable, no puedo ser Cristo, porque Él es invulnerable. Si, como Jesús me recordará repetidamente, "Soy tal como Dios me creó" [11*], y si mi realidad es espíritu, debo ser uno con todas las personas y cosas. Por lo tanto, literalmente no hay nada ni nadie "ahí fuera" que pueda herirme. No obstante, mientras crea que puedo ser herido —tanto a través de mi propio cuerpo como del de alguien más— estoy siendo testigo de mi vulnerabilidad. Además, al decir que soy vulnerable estoy diciendo que yo tengo razón en mi autoevaluación, y el Espíritu Santo está equivocado.

(1:1-3) Seguramente resulta obvio que si puedes ser atacado es que no eres invulnerable. Ves el ataque como una amenaza real. Esto se debe a que crees que realmente puedes atacar.

El hecho mismo de que estoy aquí me está demostrando que realmente puedo atacar, porque solo podría haber llegado aquí atacando previamente a Dios. Y "sé" que yo he atacado primero porque percibo que el ataque me rodea por todas partes. La dinámica de la proyección me ayuda a entender cómo ocurre este fenómeno de la percepción de ataque: la proyección da lugar a la percepción, lo que percibo fuera es la proyección de lo que he hecho real dentro, un punto que volveremos a retomar:

(1:4-6) Y lo que tendría efectos a través tuyo también tiene que tenerlos en ti. Esta es la ley que en última instancia te salvará, pero de la que ahora estás haciendo un uso indebido. Debes, por tanto, aprender a usarla en beneficio de lo que más te conviene en vez de en su contra.

Como hemos visto varias veces en estas primeras lecciones, lo interno y lo externo son uno y lo mismo. El pensamiento de atacar

---

11 * Este concepto está presente más de 140 veces a lo largo de *Un curso de milagros*. Han sido compiladas en el Apéndice C de la *Concordancia de Un curso de milagros,* pp. 1101-1102.

y el de ser atacado proceden del mismo sistema de pensamiento. Proyectamos hacia fuera nuestros pensamientos del ego y después creemos que van a herirnos de vuelta. Como Jesús enseña en el Texto, en el contexto de nuestra necesidad de proyectar ("librarnos de") el conflicto ("lo que no queremos"):

> ...la idea de que puedes deshacerte de algo que no deseas dándoselo a otro. Dándolo es precisamente *como* lo conservas. La creencia de que viéndolo fuera de ti lo eliminas de tu interior es una distorsión total del poder de la extensión. Por eso es por lo que los que proyectan se preocupan tanto de su seguridad personal. Temen que sus proyecciones van a retornar a ellos y a hacerles daño. Puesto que creen haberlas desalojado de sus mentes, creen también que esas proyecciones están tratando de volverse a adentrar en ellas (T-7.VIII.3:6-11).

Como hemos visto, también es cierto que el Amor de Dios, al que permitimos expresarse a través de nosotros en el perdón, volverá a nosotros; es este Amor el que percibiremos rodeándonos por todas partes: o bien expresiones de él o peticiones de él.

Las leyes de la proyección y de la extensión operan de manera similar, pero con diferentes contenidos. Esta es la razón por la que, al principio del Texto, Jesús habla de la proyección como el "uso inadecuado de la extensión" (T-2.I.1:7); es la misma ley de la mente que simplemente "se usó inadecuadamente", llevando a la creación errónea en lugar de a la creación. En último término esta ley también nos salvará en otro sentido, porque refleja que todo es una ilusión. Lo que parece estar fuera es una ilusión porque lo que parece estar dentro —el sistema de pensamiento del ego— es una ilusión. Reconocer esto es el deshacimiento del ego.

(2:1-2) Puesto que no podrás sino proyectar tus pensamientos de ataque, temerás ser atacado. Y si temes ser atacado, es que crees que no eres invulnerable.

Esto es lo que prueba que tú tienes razón y Jesús está equivocado. Jesús pregunta: "¿Por qué estás tan disgustado? Todo esto es un sueño." Y nosotros le decimos: "¿Qué quieres decir con que todo esto es un sueño? ¡Mira cómo he sido atacado! ¡Mira cómo sufro y todo el dolor que estoy sintiendo! Mira lo que sienten otras personas: ¡todos nosotros somos vulnerables! Por favor, no me digas que esto es un sueño. Así es como demostramos que nuestras percepciones son correctas. Nuestro dolor —tanto en otros como en nosotros mismos— es la prueba final de que Dios está muerto y en Su lugar existimos nosotros.

(2:3-5) Los pensamientos de ataque, por lo tanto, hacen que seas vulnerable en tu propia mente, que es donde se encuentran. Los pensamientos de ataque y la invulnerabilidad no pueden aceptarse al unísono, pues se contradicen entre sí.

Si yo percibo pensamientos de ataque en ti, solo se debe a que primero los he hecho reales para mí mismo, y esto se debe al deseo de hacer que mi separación de Dios —el ataque original— también sea real. Solo después de tomar la decisión de establecer que el ataque es real es cuando el plan de mi ego me pide que los proyecte afuera, dejándome así vulnerable al ataque que percibo de otros. Está claro que estos pensamientos de ataque —que reflejan la separación de Dios, y por tanto de todos los demás— "no pueden aceptarse junto con" nuestra invulnerabilidad tal como Dios nos creó. Esta es otra manera de decir que Dios y el ego se excluyen mutuamente. La dinámica de la disociación es lo que nos permite mantener en nuestra mente estas creencias contradictorias, como explica el Texto en estos dos pasajes:

> El ego y el espíritu no se conocen. Solo mediante la disociación puede la mente separada mantener vigente la separación (T-4.VI.4:1-2).

> La disociación es un proceso de pensamiento distorsionado en el que se abrigan dos sistemas de creencias que no pueden coexistir. Si se pone uno al lado del otro, resulta imposible aceptarlos a los dos. Pero si uno de ellos se mantiene oculto del otro, su separación parece mantenerlos vigentes a los dos y hace que parezcan ser igualmente reales. Poner uno al

lado del otro, por lo tanto, se convierte en motivo de miedo, pues si haces eso no podrás por menos que dejar de aceptar uno de ellos. No puedes quedarte con los dos, pues cada uno supone la negación del otro. Si se mantienen separados, este hecho se pierde de vista, pues al estar entonces en lugares diferentes es posible creer firmemente en los dos (T-14.VII.4:3-8).

(3:1) La idea de hoy introduce el pensamiento de que siempre te atacas a ti mismo primero.

Si te percibo atacándome y después reacciono como si eso fuera verdad, es solo porque yo ataqué primero. Esto no tiene nada que ver con el comportamiento, puesto que el ataque solo existe en mi mente. La idea de hoy se refleja bien en un incisivo pasaje del Texto: "Si no te habla de Cristo, es que tú no le hablaste de Cristo a él" (T-11.V.18:6). La proyección es el principio rector que gobierna la actividad de la mente, puesto que determina cómo percibimos el mundo que nos rodea. Recuerda, percepción es interpretación: cómo vemos, no lo que vemos.

No es posible decir con demasiada frecuencia que para entender adecuadamente pasajes como este, el estudiante debe darse cuenta de que Jesús nunca habla de lo que la gente hace a nivel del comportamiento, sino solo de nuestra percepción de lo que hacen los demás. Cuando sientes que has sido atacado por otro, tú has interpretado su comportamiento. Esto no significa que no veas pensamientos de ataque en otras personas: Jesús ve pensamientos de ataque en todos sus estudiantes. Es en nuestros juicios donde los pensamientos de ataque se hacen reales. Así, esto es lo que leemos en el Manual para el maestro:

Tal vez sea útil recordar que nadie puede enfadarse con un hecho. Son siempre las interpretaciones las que dan lugar a las emociones negativas, aunque estas parezcan estar justificadas por lo que *aparentemente* son los hechos (M-17.4:1-2).

(3:2-5) Si los pensamientos de ataque entrañan forzosamente la creencia de que eres vulnerable, su efecto no es otro que debilitarte ante tus propios ojos. De este modo, han atacado tu percepción de ti mismo. Y puesto que crees en ellos, ya no puedes creer en ti mismo. Una falsa imagen de ti mismo ha venido a ocupar el lugar de lo que eres.

Habiéndonos debilitado ante nuestros propios ojos (nuestra vulnerabilidad), hemos vuelto a probar que nosotros tenemos razón y el Espíritu Santo está equivocado; somos hijos del ego en lugar de Hijos de Dios. Ya no creemos que somos el Cristo, cuyo recordatorio es el Espíritu Santo que está en nuestra mente correcta. Hemos reemplazado la verdad de lo que somos con una falsa imagen: un yo especial, único e individualizado. Una vez más, el uso de la disociación es lo que nos permite mantener dos imágenes contradictorias de nosotros mismos: la verdad del conocimiento que hemos decidido olvidar y la ilusión de ataque que elegimos recordar. Estos pasajes describen de manera convincente esta dinámica y su deshacimiento a través del Espíritu Santo:

A menos que primero conozcas algo no puedes disociarte de ello. El Conocimiento, entonces, debe preceder a la disociación, de modo que esta no es otra cosa que la decisión de olvidar [...] Ofrécele al Espíritu Santo únicamente tu voluntad de estar dispuesto a recordar, pues Él ha conservado para ti el conocimiento de Dios y de ti mismo, y solo espera a que lo aceptes [...] Su voz te dirá que eres parte de Él cuando estés dispuesto a recordarle y a conocer tu realidad nuevamente [...] Recordar es simplemente restituir en tu mente *lo que ya se encuentra allí*. No eres el autor de aquello que recuerdas, sino que sencillamente vuelves a aceptar lo que ya se encuentra allí, pero había sido rechazado [...]

Cuando atacas te estás negando a ti mismo [...] Tu negación de la realidad te impide aceptar el regalo de Dios, puesto que has aceptado otra cosa en su lugar [...] Si entendieras que esto siempre constituye un ataque contra la verdad, y

Dios es la Verdad... Todo ataque es un ataque contra uno mismo[...] Atacar es, por lo tanto, la manera en que pierdes la conciencia de tu Identidad, pues cuando atacas es señal inequívoca de que has olvidado Quién eres. Y si tu realidad es la de Dios, cuando atacas no te estás acordando de Él (T-10.II.1:1-2, 2:3,5; 3:1-2; 4:1,3-4; 5:1,4-5).

(4) Practicar con la idea de hoy te ayudará a entender que la vulnerabilidad o la invulnerabilidad son el resultado de tus propios pensamientos. Nada, excepto tus pensamientos, puede atacarte. Nada, excepto tus pensamientos, puede hacerte pensar que eres vulnerable. Y nada, excepto tus propios pensamientos, puede probarte que esto no es así.

Nuestros ejercicios se enfocan exclusivamente en nuestros pensamientos, que son la fuente del problema y de su solución. Ciertamente, todo es pensamiento, y la aceptación de ello es el objetivo del entrenamiento mental que ofrece el Libro de ejercicios. Estos pensamientos no son de un órgano físico, el cerebro, sino de la mente, y vienen de identificarse con el ego o con Jesús. A partir de estos dos pensamientos, o sistemas de pensamiento —culpa o inocencia— surge un mundo y nuestra percepción del mundo. Si te sientes atacado, has elegido al ego como profesor, y por lo tanto crees que eres vulnerable y que mereces ataque. Esto no tiene nada que ver con la conducta; solo tiene que ver con cómo percibes la conducta. Por otra parte, si recordamos nuestra invulnerabilidad como la creación perfecta de Dios, nuestra percepción del mundo cambia consecuentemente. Un pasaje cerca del final del Texto expresa sucintamente el principio de que la *proyección da lugar a la percepción*:

Solamente se pueden aprender dos lecciones. Cada una de ellas da lugar a un mundo diferente. Y cada uno de esos mundos se deriva irremediablemente de su fuente. El mundo que ves es el resultado inevitable de la lección que enseña que el Hijo de Dios es culpable. Es un mundo de terror y desesperación. En él no hay la más mínima esperanza de hallar felicidad [...] Mas este no es el único resultado que se puede derivar de lo que has aprendido [...] En el mundo que resulta de la lección que afirma que el Hijo de Dios es inocente no hay miedo, la esperanza lo ilumina todo y una gran afabilidad refulge por todas partes. No hay nada en él que no te invite amorosamente a ser su amigo, y a que le permitas unirse a ti (T-31.I.7:1-6,9; 8:1-2).

El resto de la lección presenta un ejercicio y unas instrucciones con la que ya estamos muy familiarizados a estas alturas. Como siempre, el enfoque está en los pensamientos y sentimientos que parecen disgustarnos, mirándolos tan desapasionadamente como sea posible y con una atención más que superficial. Esta no-evaluación reflexiva es la que nos permite entender que todos estos disgustos comparten el mismo propósito subyacente de mantenernos distanciados del Pensamiento de Amor, que nuestros pensamientos tratan de ocultar. En otras palabras, todas las formas de disgusto reflejan el contenido oculto de atacarnos a nosotros mismos mediante la negación de Quienes somos como el Hijo uno de Dios.

(5-7) La idea de hoy requiere seis sesiones de práctica. Se deben dedicar dos minutos completos a cada una de ellas, que pueden reducirse a uno en caso de que la incomodidad sea demasiado grande. No deben reducirse a menos que eso.

Comienza cada sesión repitiendo la idea de hoy, luego cierra los ojos y trae de nuevo a la mente aquellas cuestiones aún sin resolver cuyos posibles desenlaces te inquietan. La inquietud puede manifestarse en forma de depresión, ansiedad, ira, una sensación de coacción, miedo, malos presentimientos o preocupación. Cualquier problema aún sin resolver que tienda a reaparecer en tus pensamientos durante el día constituye un sujeto adecuado. No podrás abarcar muchos de ellos en cada sesión de práctica porque se debe dedicar más tiempo del habitual a cada uno de ellos. La idea de hoy debe aplicarse de la siguiente manera:

Primero, nombra la situación:

Estoy preocupado acerca de _____ .

Luego examina todos los posibles desenlaces que se te hayan ocurrido en conexión con la situación que te hayan causado inquietud y refiriéndote a cada uno de ellos de manera muy concreta, di lo siguiente:

Temo que lo que pueda ocurrir es que _____ .

Este ejercicio refleja el principio axiomático del ego: la culpa exige castigo, un resultado que tememos justificadamente. Nuestra preocupación por lo que ocurrirá —"las cuestiones aún sin resolver cuyos posibles desenlaces te inquietan"— conduce inevitablemente a tener miedo de lo que pasará. Así, no tenemos más opción que erigir defensas contra estos objetos que nos dan miedo y que nuestra culpa había predicho. Más adelante volveremos a este importante tema de las defensas.

(8-9) Si has estado haciendo los ejercicios correctamente, deberías haber encontrado cinco o seis posibilidades desagradables para cada una de las situaciones en cuestión, y probablemente más. Es mucho mejor examinar detenidamente unas cuantas situaciones que revisar un número mayor superficialmente. A medida que la lista de los desenlaces que prevés se haga más larga, es probable que algunos de ellos, especialmente aquellos que se te ocurran hacia el final, te resulten menos aceptables. Procura, no obstante, en la medida de lo posible, tratarlos a todos por igual.

Después de que hayas nombrado cada desenlace que temes, di para tus adentros:

Este pensamiento es un ataque contra mí mismo.

Concluye cada sesión de práctica repitiendo una vez más para tus adentros la idea de hoy.

Por supuesto, este es el punto. Traemos la oscuridad de nuestras ilusiones ante la luz de la verdad de Jesús. El problema no está en el resultado que esperamos, sino en la decisión subyacente de atacarnos a nosotros mismos mediante la negación de Dios. Después de estas primeras veinticinco lecciones, puedes ver que —paso a paso, lección a lección— Jesús está guiándonos lenta y amablemente a la experiencia específica de las enseñanzas más abstractas del Texto.

LECCIÓN 27

Por encima de todo quiero ver.

Esta lección y la siguiente forman una pareja —"Por encima de todo quiero ver" y "Por encima de todo quiero ver las cosas de otra manera"— y nos llevan a avanzar todavía más en nuestro aprendizaje, volviendo al tema de la motivación. Los profesores reconocen que el rasgo más importante que desean ver en sus estudiantes es el deseo de aprender. Sin esa motivación, nada funcionará en el aula. Asimismo, los terapeutas no pueden ayudar a sus pacientes a menos que estos se sientan motivados a cambiar. Por tanto, tenemos que querer aprender lo que *Un curso de milagros* nos está enseñando, porque de otro modo hasta el mejor profesor del mundo fracasará.

Queremos aprender el curso de Jesús porque nos hará felices. Para ello, primero Jesús tiene que convencernos de que ahora no somos felices. Su necesidad está muy bien expresada en la apertura de la sección "El alumno feliz" del Texto:

> El Espíritu Santo necesita un alumno feliz en quien Su misión pueda llevarse a cabo felizmente. Tú que eres tan partidario de la aflicción, debes reconocer en primer lugar que eres infeliz y desdichado. El Espíritu Santo no puede enseñar sin este contraste, pues tú crees que la aflicción *es* felicidad. Esto te ha confundido tanto, que te has empeñado en aprender a hacer lo que nunca podrás hacer, creyendo que si no aprendes a hacerlo no serás feliz (T-14.II.1:1-4).

Ahora la lección misma:

(1:1-4) La idea de hoy expresa algo más fuerte que una simple resolución. Le da prioridad a la visión por encima de todos tus demás deseos. Quizá te sientas indeciso con respecto a si usar esta idea o no, debido a que no estás seguro de si eso es lo que realmente quieres. Eso no importa.

Jesús no espera que nadie diga estas palabras con plena convicción. Si renunciamos al juicio y elegimos la visión, se debe a que hemos elegido soltar nuestra inversión en el especialismo, lo que para el ego significa que estamos dejándonos completamente abiertos al ataque. Sin el especialismo para defendernos contra nuestro vacío y nuestra carencia internos —así nos aconseja el ego—, nos volvemos vulnerables al mundo hostil que nos rodea, empeñado en nuestra destrucción.

(1:5) El propósito de los ejercicios de hoy es aproximar un poco más el momento en que esta idea sea completamente verdadera para ti.

Jesús está dejando claro, como hace a lo largo de *Un curso de milagros*, que esto es un proceso. Así, él no espera que de repente soltemos la mano del ego y tomemos la suya. Pero quiere que entendamos lo que conllevan las opciones, para que sepamos en qué nos estamos metiendo.

(2:1) Puede que sientas una gran tentación de creer que se te está pidiendo algún tipo de sacrificio cuando dices que por encima de todo quieres ver.

El tema del sacrificio aparecerá más adelante en las lecciones. Para el ego, ver a través de la visión de Cristo es sacrificar nuestra identidad personal, que se basa en la separación y el juicio, en el miedo y el odio. Desde el punto de vista del ego, si hemos de sobrevivir, definitivamente tenemos que incluir el sacrificio: o bien sacrificamos nuestra felicidad y nuestro placer para expiar pecados del pasado, u otros tendrán que sacrificarse para que nosotros seamos felices y estemos en paz. En cualquier caso, alguien debe perder para que otro gane: el principio del ego de uno o el otro. Las líneas siguientes ofrecen la respuesta del Espíritu Santo a este principio del sacrificio:

(2:2-5) Si te sientes incómodo por la falta de reserva que esta idea entraña, añade:

La visión no le cuesta nada a nadie.

Si el temor a perder algo aún persiste, di además:

Tan solo puede bendecir.

Jesús nos apremia a reflexionar sobre nuestra motivación más profunda para aprender al intentar recordar la lección con tanta frecuencia como podamos a lo largo del día. Aquí debe indicarse, y esto se ha de repetir una y otra vez, que no es pecaminoso olvidarnos. Ciertamente, dicho olvido nos ofrece una información muy útil con respecto a nosotros mismos. Si verdaderamente vamos a aprender este curso, primero tenemos que darnos cuenta de cuánta resistencia tenemos a aprenderlo. A menos que podamos deshacer la resistencia —nacida en último término del miedo a perder nuestro yo— siempre obstruiremos nuestro progreso. El primer paso de este proceso de deshacimiento es darnos cuenta del problema. Solo entonces podremos abordarlo verdaderamente e ir más allá.

(3) Necesitas repetir la idea de hoy muchas veces para obtener el máximo beneficio. Se debe repetir por lo menos cada media hora, e incluso más si es posible. Puedes intentarlo cada quince o veinte minutos. Se recomienda que al despertarte o poco después establezcas un horario fijo para repetir la idea de hoy, y que trates de adherirte a él durante todo el día. No te será difícil hacerlo aun si estás conversando u ocupado en otra cosa cuando llegue el momento de repetirla. Siempre se puede repetir una frase corta silenciosamente sin que ello interfiera en nada.

Pero Jesús conoce a su público, y por eso nos habla amablemente. Por un lado, apela a nuestra motivación para aprender, expresada en la recomendación de incrementar la práctica; por otro lado, nos recuerda que no nos sintamos culpables cuando tengamos resistencias, tal como leemos ahora:

(4:1-5) Lo que realmente importa es: ¿con qué frecuencia te vas a acordar? ¿Hasta qué punto quieres que esa idea sea verdad? Si contestas una de estas preguntas habrás contestado la otra. Probablemente te saltarás algunas prácticas o tal vez muchas. No dejes que eso te perturbe, pero sí trata de adherirte al horario establecido de ahí en adelante.

Así, Jesús nos está diciendo que no nos sintamos culpables cuando nos olvidemos. Espera que lo hagamos. Pero nos está diciendo que cuando recordemos que nos hemos olvidado, al menos deberíamos intentar entender por qué hacemos eso: no estamos muy seguros de que realmente queramos aprender este curso. Una parte de nosotros quiere, obviamente; de otro modo no estaríamos haciéndolo. Sin embargo, hay otra parte que tiene serias reservas con respecto a continuar por este camino. Nuestra identificación con el ego y su sistema de pensamiento de separación y juicio todavía es muy fuerte.

(4:6) Si sientes que una sola vez durante todo el día fuiste completamente sincero al repetir la idea de hoy, puedes estar seguro de que con ello te habrás ahorrado muchos años de esfuerzo.

En el Texto, Jesús se refiere a ahorrarse miles de años (por ejemplo, T-1.II.6:7). Incluso si solo puedes ser sincero una sola vez durante el día, con eso ya consigues mucho. Es útil recordar que el tiempo lineal es una ilusión, y como nuestra existencia misma se basa en la realidad de tiempo y espacio, es imposible que entendamos la verdad de esta última afirmación. Por fortuna, nuestra comprensión no es necesaria, solo nuestra buena voluntad (T-18.IV.7:5-6).

En la lección siguiente Jesús amplía estas ideas.

LECCIÓN 28

Por encima de todo quiero ver las cosas de otra manera.

(1) Hoy le estamos dando una aplicación realmente concreta a la idea de ayer. En estas sesiones de práctica vas a hacer una serie de compromisos definitivos. El que los cumplas o no en el futuro no es algo que nos concierna ahora. Si al menos estás dispuesto a hacerlos ahora, habrás dado el primer paso en el proceso de cumplirlos. Y todavía estamos al principio.

El compromiso fundamental es demostrar que toda nuestra identidad descansa sobre una mentira, o diciéndolo de una manera menos amenazante, el compromiso es darnos cuenta de que nosotros estamos equivocados y Jesús tiene razón: hay otra manera de mirar al mundo. Una vez más, Jesús no nos aplica ninguna presión temporal; él es muy consciente de nuestra resistencia a (o de nuestro miedo a) hacer este compromiso. A propósito, esta última frase nos recuerda su comentario a los psicoterapeutas:

> La mayoría de los terapeutas profesionales apenas se encuentran al comienzo de la fase inicial de la primera jornada. Incluso aquellos que han comenzado a aprender lo que deben hacer pueden aún oponerse a dar el primer paso (P-3.II.8:5-6).

Está claro que Jesús nos ve a todos como principiantes, resistentes al cambio y al crecimiento.

(2:1-5) Tal vez te preguntes por qué es importante decir, por ejemplo, "Por encima de todo quiero ver esta mesa de otra manera". De por sí eso no es importante. Sin embargo, ¿qué existe de por sí? ¿Y qué significa "de por sí"? Ves a tu alrededor una legión de objetos separados, lo cual significa que en realidad no ves nada.

La lección 183 se enfoca más directamente en esta idea de dar diferentes nombres a las "cosas separadas" en el mundo, un proceso que refleja la necesidad del ego de convertir la separación y la individualidad en la realidad. Jesús nos está pidiendo que entendamos la premisa subyacente de su curso, que es que todo es lo mismo porque todo comparte el mismo propósito. En términos de la forma, las cosas del mundo son claramente diferentes y tienen propósitos diferentes unas de otras. A nivel del contenido, sin embargo, compartimos el propósito uno de que sanen nuestras mentes. En este sentido todo es lo mismo, porque todas las cosas pueden utilizarse para lograr este propósito. Tenemos que recordar que *Un curso de milagros* trata con el contenido, no con la forma.

(2:6-8) O ves o no ves. Cuando hayas visto una sola cosa de otra manera, verás todas las demás cosas de otra manera también. La luz que veas en cualquiera de ellas será la misma luz que verás en todas ellas.

Lo que cambia no es lo que está fuera, sino el profesor al que elegimos. Cuando hayamos cambiado de Maestro interno, veremos todas las cosas a través de Sus ojos en lugar de los del ego.

Una vez más, Jesús no está hablando de una luz física. La luz que veremos es la luz de la visión de Cristo, la luz de la comprensión que reconoce un propósito común o compartido en todos y en todas las cosas.

(3) Cuando dices: "Por encima de todo quiero ver esta mesa de otra manera", estás comprometiéndote a abandonar todas las ideas preconcebidas que tienes acerca de la mesa, y a tener una mente receptiva con respecto a lo que es esa mesa y al propósito que tiene. No la estás definiendo en función del pasado. Estás preguntando qué es, en vez de decírselo. No estás constriñendo su significado a tu reducida experiencia con mesas ni limitando su propósito a tus insignificantes pensamientos personales.

Esta es la humildad que dice: "Yo no sé." Una mesa no es importante puesto que típicamente no proyectamos sobre ella, pero aquí nos sirve de ejemplo para establecer el punto. Lo que es más importante es que admitamos humildemente que no conocemos el significado y el propósito de una relación o situación. Si pensamos que sabemos, nunca estaremos abiertos a recibir la respuesta y a aprender la verdad. Aferrarse al pasado es lo que refleja esta creencia arrogante de que sabemos, la defensa contra la visión que viene de elegir el instante santo.

(4:1-2) Nadie cuestiona lo que ya ha definido. Y el propósito de estos ejercicios es hacer preguntas y recibir respuestas.

Una vez más se apela a nuestra humildad. Si piensas que comprendes *Un curso de milagros*, no estarás abierto a lo que te está enseñando. Si piensas que entiendes el propósito de cualquier lección particular del Libro de ejercicios, no estarás abierto a recibir la respuesta que Jesús tiene para ti. Si piensas que entiendes, un muro cae repentinamente ante tu mente y no se te enseñará nada. Tú *pensarás* que se te está enseñando, pero lo que estarás "aprendiendo" es simplemente lo que tu ego quería saber originalmente. Ya hemos considerado esta sutil estratagema del ego, por la cual creemos conscientemente que estamos pidiendo ayuda, pero en realidad lo único que estamos haciendo al definir nuestro problema o encuadrar la pregunta es decir a Jesús lo que queremos que nos diga. Esto dicta inevitablemente la respuesta que recibiremos, y de esta forma le limitamos a él. Él también nos recuerda esto en el Texto:

> Has sido tan selectivo con respecto a lo que pones en duda como con respecto a lo que percibes. Una mente receptiva es mucho más honesta que eso (T-13.IV.3:7-8).

Todo este curso nos recuerda que limitamos ontológicamente a Dios mediante la definición de la naturaleza de nuestro yo. Así, Jesús nos está ayudando a deshacer o a desaprender todo lo que creemos con respecto a todas las cosas —a adquirir una mente abierta— incluyendo lo que creemos con respecto a este curso. Como él afirma en el Texto:

> Aprender este curso requiere que estés dispuesto a cuestionar cada uno de los valores que abrigas. Ni uno solo debe quedar oculto y encubierto, pues ello pondría en peligro tu aprendizaje (T-24.in.2:1-2).

(4:3-5) Al decir: "Por encima de todo quiero ver esta mesa de otra manera" te estás comprometiendo a ver. Mas no es este un

compromiso exclusivo. Es un compromiso que es aplicable tanto a la mesa como a cualquier otra cosa.

Volvemos a ver los intentos de Jesús de motivarnos para que aprendamos lo que nos está enseñando, y de generalizar esta visión a todas las cosas. Ciertamente, si no puede ser generalizado, no es verdadera visión.

(5) Podrías, de hecho, alcanzar la visión valiéndote solo de esa mesa si pudieras abandonar todas las ideas acerca de ella y mirarla con una mente completamente receptiva. Tiene algo que mostrarte; algo bello, puro y de infinito valor, repleto de felicidad y esperanza. Oculto tras todas las ideas que tienes acerca de ella se encuentra su verdadero propósito, el cual comparte con todo el universo.

El propósito compartido con el universo es el perdón —"bello, puro y de infinito valor"—, la fuente de la verdadera felicidad y de la genuina esperanza. Nada de esto viene de la mesa misma, de la experiencia o de una persona. Más bien, nuestra felicidad y esperanza vienen del *propósito*, cuya belleza se encuentra en la belleza del Maestro que has elegido. Por eso el propósito es la base. Lo diremos de nuevo: el propósito no es inherente al objeto, sino a la decisión que toma la mente de aprender del Espíritu Santo a ver el mundo de manera verdadera.

(6) Al usar la mesa como un sujeto para la aplicación de la idea de hoy, estás en realidad pidiendo ver cuál es el propósito del universo. Y con cada objeto que uses en tus sesiones de práctica estarás haciendo esa misma petición. Y estarás comprometiéndote con cada uno de ellos a dejar que su propósito te sea revelado, en lugar de imponerles tú tu propio dictamen.

Tu juicio procede de un pensamiento que dice que tú tienes razón y Jesús está equivocado. *Tú* vas a enseñarle a *él* lo que este curso debería estar enseñándote, en lugar de estar abierto a tenerle a él como maestro. No obstante, cuando estamos abiertos, se nos puede enseñar la *igualdad* inherente de todas las cosas del universo. Ellas son lo *mismo* porque comparten el *mismo* propósito. Volviendo a establecer este punto, el propósito lo es todo.

Recuerda también que al pensar sobre las ideas de estos ejercicios has de trabajar a la luz de los pensamientos que tengas en el momento de hacerlos. Es la aplicación específica, hecha con toda la frecuencia que sea posible, la que facilitará tu aprendizaje.

Los párrafos finales reiteran la aplicación reflexiva y no obsesiva de los ejercicios del día. Tratamos de recordar que queremos aprender lo que Jesús nos está enseñando: ver el mundo de otra manera.

(7-8) Hoy llevaremos a cabo seis sesiones de práctica de dos minutos cada una, en las que primero debes repetir la idea de hoy y luego aplicarla a cualquier cosa que veas a tu alrededor. No solo debes escoger los objetos al azar, sino que, al aplicarles la idea de hoy, debes ser igualmente sincero con todos ellos, intentando reconocer de esta manera la idéntica contribución que cada uno de ellos le presta a tu visión.

Como de costumbre, las aplicaciones deben incluir el nombre del objeto en el que tu mirada se pose, y debes mantener tus ojos sobre él mientras dices:

Por encima de todo quiero ver este(a) _____ de otra manera.

Cada aplicación debe hacerse muy despacio y tan a conciencia como sea posible. No hay prisa.

"Muy despacio", "tan a conciencia como sea posible", "no hay prisa". Estas deberían ser las consignas para nuestros días. Puesto que es nuestro nuevo maestro, Jesús nos está pidiendo que adoptemos una nueva perspectiva, una perspectiva que evite la tensión y la presión de deshacer nuestro ego, y que busque en cambio el planteamiento amable y paciente que él provee en estos ejercicios. Como se nos está enseñando que nuestras lecciones diarias son lo mismo, su forma no importa. Así, importante o sin importancia, principal o menor, se convierten en designaciones irrelevantes para eventos y relaciones. Unirlos todos como uno nos deja con una única elección que hacer: el ego o el Espíritu Santo. Al elegir la Voz de Dios para guiarnos, nuestra vida se ralentiza al paso tranquilo de aquellos que saben que el resultado es seguro. Así, procedemos con la confianza de que nuestro Maestro nos enseñará todo lo que necesitemos saber y, con el tiempo, aprenderemos Sus lecciones.

LECCIÓN 29

Dios está en todo lo que veo.

Cuando la gente trata de criticar *Un curso de milagros* sobre la base de que es panteísta —una importante herejía para los católicos, que enseña que Dios se encuentra literalmente en la materialidad que es Su manifestación— se seleccionan como ejemplos principales esta lección particular y también la siguiente. Hace muchos años hablé con un sacerdote jesuita que me recordaba a un antiguo cazador de herejías. Siendo un católico muy conservador, su principal función en la vida parecía ser la de encontrar todas las enseñanzas heréticas de la cristiandad contemporánea. Después de haber oído hablar de mí y de *Un curso de milagros,* tomó sobre sí la tarea de salvar a las monjas y sacerdotes con los que yo había estado trabajando de caer en las profundidades de la perdición con este curso. Una tarde pasé una hora con él, y durante ese tiempo procedió a enumerar las herejías del Curso.

En realidad, solo había examinado el Libro de ejercicios, y había dedicado un tiempo considerable a esta lección particular como prueba del panteísmo de *Un curso de milagros*. De hecho, es cierto que cuando esta declaración inicial "Dios está en todo lo que veo" se toma al pie de la letra, parece ser panteísta: Dios está en la mesa, Dios está en la silla, Dios está en el cuerpo, Dios está en las plantas, etcétera. Sin embargo, a medida que se estudia esta lección con cuidado, queda claro que precisamente esto no es lo que está diciendo Jesús. El tema de estas dos lecciones — las Lecciones 29 y 30— es que el propósito de Dios —es decir, el propósito del perdón— está en todo lo que veo. Esto es así porque el propósito está en la mente, lo que se explicará a medida que procedamos.

Es posible que el lector recuerde mi comentario en el Prefacio de este libro de que el lenguaje del Libro de ejercicios, por no hablar de *Un curso de milagros* mismo, puede ser engañoso. Por ejemplo, como he mencionado antes, y de manera especial en el Libro de ejercicios, Jesús dice Dios cuando, hablando técnicamente, se está refiriendo al *Espíritu Santo*. Un ejemplo específico que ya hemos citado se encuentra en la Lección 193: "Todas las cosas son lecciones que Dios quiere que yo aprenda", mientras que, en esa lección misma, Jesús declara con claridad que Dios no enseña, porque ese es el papel del Espíritu Santo. También en esta lección, al decir que Dios está en todo lo que veo, en realidad Jesús se está refiriendo al propósito de la enseñanza del Espíritu Santo.

(1) La idea de hoy explica por qué puedes ver propósito en todo. Explica por qué nada está separado, existe por sí mismo o en sí mismo. También explica por qué nada de lo que ves tiene significado alguno. De hecho, explica cada una de las ideas que hemos usado hasta ahora y también todas las subsiguientes. La idea de hoy es el pilar de la visión.

Como veremos también en la lección siguiente, la visión no tiene nada que ver en absoluto con los ojos del cuerpo, sino con un estado mental o actitud. Más específicamente, la visión hace referencia a que hemos elegido a Jesús como nuestro maestro, de modo que ahora vemos a través de sus "ojos". Se nos enseña que *lo interno y lo externo son lo mismo*. Por lo tanto, lo que percibimos fuera no es más que una sombra de lo que antes hemos percibido dentro. Cuando Jesús dice "Dios está en todo lo que veo", se refiere a que Dios está en todo lo que *pienso*, porque ver y pensar son lo mismo: la percepción viene de los pensamientos, y continúa siendo una con ellos. Así, la base de la visión es ver el *propósito* de Dios. Veo perdón en todo lo que contemplo porque he despedido al ego como profesor y he contratado a Jesús. Volviendo a citar estas dos afirmaciones y juntándolas: "Renuncia ahora a ser tu propio maestro [...] pues no fuiste un buen maestro" (T-12.V.8:3; T-28.I.7:1). En este punto, todo lo que percibo, pienso y siento es lo opuesto de lo que había sido antes de que tomara a Jesús como mi nuevo maestro.

(2:1-3) Es probable que a estas alturas te resulte muy difícil entender la idea de hoy. Puede que creas que es tonta, irreverente, insensata, graciosa e incluso censurable. Ciertamente Dios no está en la silla tal como tú la ves.

Nos resulta difícil porque pensamos que realmente hay una silla que está separada de nuestros cuerpos, y que nuestros ojos la perciben realmente: esta es la versión ilusoria del ver que tiene el mundo. En este sentido, Dios no puede estar en la mesa porque no hay mesa. Una vez más, el punto que hemos de notar es que Jesús está cambiando el énfasis de lo que percibimos *fuera* a lo que vemos *dentro*. Su enseñanza se enfoca en nuestra *manera* de ver —nuestros pensamientos— que solo guardan relación con el propósito o el profesor que elijamos.

A propósito, si al estudiante que está haciendo estas lecciones por primera vez todavía no se le ha ocurrido lo radicalmente distintas que son aquí las enseñanzas de Jesús, estas dos lecciones deberían dejar este hecho muy claro. *Un curso de milagros* no se parece en nada a lo que generalmente se enseña en otras disciplinas espirituales. Esta radicalidad se basa en la metafísica subyacente, que enseña que el mundo fenoménico es una ilusión. Por lo tanto, lo que percibimos y pensamos aquí no es real en absoluto. Debe ser, por tanto, que la verdadera actividad no es lo que ocurre en nuestros cuerpos o en el mundo, sino en nuestras mentes. Esto se enuncia con más claridad en estas lecciones de lo que se había hecho hasta ahora.

(2:4) No obstante, ayer subrayamos que una simple mesa comparte el propósito del universo.

Ese propósito es ser un objeto que parece estar fuera de nosotros, y sobre el cual proyectamos desde nuestra mente los pensamientos del ego. Ahora, tomando a Jesús como maestro, miramos a lo que antes percibimos y lo vemos de otra manera. El perdón conlleva darnos cuenta de que lo que percibimos fuera refleja lo que primero hemos hecho real dentro. Esa es la razón —mencionando la definición única del Curso— por la que perdonamos a nuestros hermanos por lo que ellos no hicieron; no han hecho nada en el sentido de que no tienen el poder para arrebatarnos la paz. Lo que tiene que ser perdonado, por tanto, son nuestros pensamientos de culpa, nacidos de la creencia de que nos hemos separado de la paz; es esta culpa la que hemos proyectado sobre otros.

(2:5) Y lo que comparte el propósito del universo comparte el propósito de su Creador.

Aquí Jesús emplea las palabras universo y Creador de una manera general e inespecífica —otro ejemplo de lo "general e inespecífico" que es el lenguaje del Curso— porque está claro que está hablando del universo físico. Pero Dios no puede ser el creador de lo físico, como queda inequívocamente claro a lo largo de *Un curso de milagros*. Si tomas estas líneas literalmente, acabarás arrancándote los pelos porque parecen decir justo lo contrario de lo que Jesús enseña en otras partes. Quieres entender el contenido de lo que está enseñando, en lugar de analizarlo a muerte y discutir con respecto a la forma. Retornaré con frecuencia a este importante punto.

(3:1) Trata hoy, pues, de comenzar a aprender a mirar todas las cosas con amor, con aprecio y con una mentalidad abierta.

Si eliges a Jesús como profesor, te identificarás con su amor. Así, lo que veas fuera será una expresión de amor o una petición de amor. Mirarás con aprecio al mundo, especialmente a tus relaciones especiales, porque estas se habrán convertido en oportunidades de aprender que estás perdonado y que tu ego puede ser deshecho. "Mentalidad abierta" significa que tu mente ya no está cerrada a la verdad del Espíritu Santo. Cuando elegimos como profesor al ego y descartamos al Espíritu Santo, nuestras mentes se cierran a Su verdad. "Mentalidad abierta" aquí, como en la décima de las características de los maestros de Dios que se comentan en el Manual para el maestro (M-4.X), significa que nuestras mentes están abiertas al amor de Jesús. Entonces no hay distorsión en nuestro pensamiento, lo que a su vez significa que no hay distorsión en nuestra percepción. Lo que oigamos y veamos vendrá del amor, en lugar de haber superpuesto los pensamientos del ego sobre estos objetos de nuestra percepción.

(3:2-4) Ahora mismo no las ves [es decir, no ves las cosas como realmente son]. ¿Cómo podrías saber lo que en ellas se encierra? Nada es como a ti te parece que es.

Esta es otra de esas frases que, si te detuvieras y meditaras sobre ella, debería hacerte sentir extremadamente ansioso. Si no ves nada tal como es —"nada es como a ti te parece que es"— y todo lo que percibes está equivocado, entonces tu manera de percibirte a ti mismo también debe estar equivocada. Todos tus pensamientos con respecto a todo están equivocados.

(3:5-6) Su santo propósito está más allá de tu limitado alcance. Cuando la visión te haya mostrado la santidad que ilumina al mundo, entenderás la idea de hoy perfectamente.

Esto vuelve a referirse a la Lección 15, la idea de ver bordes de luz alrededor de los objetos. Aquí, y en las lecciones que ya hemos estudiado, Jesús deja muy claro que él no está hablando de auras o de alguna forma de luz externa. Se está refiriendo a otra forma de ver; una visión basada en la luz de la verdad, la nueva comprensión que viene cuando le elegimos a él en lugar de la estrecha banda de distorsión del ego ("tu limitado alcance").

(3:7) Y no comprenderás cómo pudo jamás haberte resultado difícil.

Todo el mundo ha tenido esta experiencia en un momento u otro: cuando, aunque solo sea por un instante, nuestra mente está clara —cuando los pensamientos de culpa y juicio se van y sentimos el amor de Jesús dentro de nosotros— todo en *Un curso de milagros* se vuelve diáfanamente claro. Cuando surge el miedo porque nos damos cuenta de lo que implica que nosotros estamos equivocados y Jesús tiene razón, nuestras mentes vuelven a cerrarse, y la visión y la percepción se distorsionan.

Los dos últimos párrafos repiten las instrucciones habituales:

(4) Nuestras seis sesiones de práctica, de dos minutos cada una, deben seguir la norma habitual: comienza repitiendo la idea en tu interior y luego aplícala a aquellos objetos seleccionados al azar que estén a tu alrededor, nombrando específicamente cada uno de ellos. Trata de evitar la tendencia a dirigir la selección, que, en el caso de la idea de hoy, puede ser una gran tentación debido a su naturaleza totalmente extraña. Recuerda que cualquier orden que tú intentes imponer le es igualmente extraño a la Realidad.

Esta simple directiva refleja un punto mucho más profundo. Nuestro miedo a abandonar el sueño ilusorio del ego por la verdad es tan grande que todos nos vemos muy tentados de llevar la verdad a la ilusión. Una forma de esta tentación es pensar que entendemos lo que se nos está enseñando y por qué estos ejercicios toman la forma que toman. Así, tratamos de imponer el sistema de pensamiento que nos es familiar sobre la "naturaleza totalmente extraña" de Jesús, y de esta manera, inconscientemente pero con gran ingenio, negamos las enseñanzas y el objetivo de *Un curso de milagros*. El último párrafo nos ofrece ejemplos de nuestra libertad de "la selección autodirigida".

(5:1) Debes, por lo tanto, evitar al máximo ser tú mismo quien dirige la selección de objetos.

Los objetos sugeridos incluyen tanto los "importantes" como los "sin importancia": dedo, cuerpo, perchero, revista, lámpara, puerta, y papelera (5:3-9). A continuación, Jesús nos da una pista de los maravillosos efectos de nuestro aprendizaje, la paz que está más allá de nuestro miedo:

(5:10-11) Además de repetir la idea de hoy durante las sesiones de práctica asignadas, repítela como mínimo una vez por hora, mirando lentamente a tu alrededor mientras repites las palabras para tus adentros sin prisa. Por lo menos una o dos veces deberías experimentar una sensación de sosiego mientras haces eso.

El deseo de esta "sensación de sosiego" —a la que en el Texto Jesús se refiere como encontrar el "centro tranquilo" de nuestras mentes (T-18.VII.8)— es el que nos ofrece la motivación para practicar estos ejercicios y aprender el mensaje de *Un curso de milagros*.

LECCIÓN 30

Dios está en todo lo que veo porque Dios está en mi mente.

Esta lección también es extremadamente importante, y explica por qué Dios está en todo lo que veo: Él está en mi mente. El contexto, una vez más, no es lo que percibimos fuera, sino lo que está en nuestra mente. Por lo tanto, "pensar" puede ser sustituido por "ver", porque nuestros ojos solo nos informan del reflejo de lo que hemos estado pensando: La proyección da lugar a la percepción. Ciertamente, esta lección nos lleva a avanzar en nuestra comprensión y experiencia de la proyección, la defensa por excelencia del ego para retener nuestra culpa bajo el disfraz de liberarnos de ella.

(1) La idea de hoy es el trampolín a la visión. Por medio de esta idea el mundo se abrirá ante ti, y al contemplarlo verás en él lo que nunca antes habías visto. Y lo que antes veías ya no será ni remotamente visible para ti.

Este es un tema que se repite muchas veces a lo largo de *Un curso de milagros*: cuando nuestras mentes despierten y veamos con el amor de Jesús, todo lo que veíamos antes desaparecerá. Nuestros juicios contra los demás y contra nosotros mismos, nuestra extraña manera de entender los sucesos, todo desaparecerá. A medida que reforzamos esta nueva manera de pensar y de ver, esos juicios, que son defensas contra la verdad de nuestra realidad y de la realidad de nuestros hermanos, se disipan gradualmente hasta desaparecer por completo. Esto es lo que Jesús nos está diciendo aquí. Resulta fácil ver por qué estas ideas pueden darnos miedo. No solo desaparecerán nuestros juicios, nuestras percepciones distorsionadas y nuestros pensamientos; nosotros, tal como nos hemos conocido siempre, también desapareceremos. Este es el verdadero significado de la indefensión: estar *sin* defensas. El ego trataría de convencernos de que necesitamos defensas para protegernos de nuestro dolor, tanto si está infligido desde dentro como desde fuera. Nunca nos deja entrar en su secreto: toda su estructura defensiva está dirigida a protegernos de *Dios*.

La psicología —el estudio del ego— nos ayuda a entender que la vida de cada persona —una vez que se llega a la etapa adulta— se construye como una defensa contra el dolor de la infancia. Vinimos a este mundo para poder sentirnos víctimas cuando éramos niños; ese es el punto de nacer en este mundo, como comenté en el Preludio. Desde el punto de vista del ego, toda nuestra vida se fabrica como una defensa para protegernos de lo que hemos llegado a aceptar como las verdades innegables con respecto al mundo, y especialmente con respecto a nuestros mundos personales: no puedo confiar en mi madre, no puedo confiar en mi padre, no puedo confiar en las mujeres, no puedo confiar en los hombres, no puedo confiar en mi cuerpo, no puedo confiar en las autoridades, y así sucesivamente. Dichas conclusiones están perfectamente justificadas en la vida de cada uno porque nuestros guiones, como ya hemos visto, fueron escritos específicamente para justificar nuestros sentimientos de haber sido injustamente tratados. Una vez que aceptamos nuestra victimismo como verdad, construimos muro tras muro de defensas para protegernos de estas heridas, desaires y dolores imaginados de nuestra infancia y juventud. Son imaginados porque ya no están allí. De hecho, en verdad nunca estuvieron allí, por ser parte de nuestro sueño. Sin embargo, nunca queremos mirar a esta verdad a través de la visión de Jesús, porque nos daríamos cuenta de que todo fue un montaje.

En realidad, no hay justificación para que construyamos muros defensivos, puesto que nuestros problemas son intrínsecamente inexistentes. Esta es la verdad que nos da miedo. El significado que han llegado a adquirir nuestras vidas es el de sobrevivir a los embates de este mundo duro, cruel, sin sentimientos, insensible y brutal. Esta es la razón por la que fue hecho, y a lo que se refiere la afirmación: "el mundo se fabricó como un acto de agresión contra Dios" (L-pII.3.2:1).

Nuestra existencia se predica sobre la verdad de aquello que estamos tan seguros de que es la realidad. No queremos que se nos diga que hay otra manera de mirar, porque es evidente que Jesús no está hablando de otra manera de mirar a la mesa. Eso solo es un ejercicio que nos ayuda a darnos cuenta de que hay otra manera de mirarnos a nosotros mismos. Una vez más, a medida que practiques estas lecciones, que pienses y medites sobre ellas, procura entrar en contacto con el temor que surge de entender lo que están diciendo. Resulta útil mirar atrás y ver cómo tu vida ha sido construida como una defensa contra lo que crees que es el problema: cómo sobrevivir como una víctima inocente de un mundo duro. Jesús nos enseña que hay otra manera de mirar a absolutamente todo, pero que esta visión tiene un precio: reemplazar nuestro yo victimizado, reforzado por toda una vida de acumulación de defensas, por otro yo que puede estar completamente libre de defensas, "protegido" por la inocencia que es el reflejo de la impecabilidad del Cielo.

(2: 1-2) Hoy vamos a intentar un nuevo tipo de "proyección". No vamos a tratar de deshacernos de lo que no nos gusta viéndolo fuera.

Aunque aquí no se usa la palabra, Jesús está hablando claramente de extensión; la mitad de la dinámica de mirar dentro, y hacer que eso afecte a lo que vemos fuera. Con la proyección vemos nuestra pecaminosidad y culpa, juzgamos en su contra y las proyectamos sobre otros. Nos libramos de lo que no nos gusta dentro de nosotros. Así, literalmente, es como se fabricó el mundo. En una línea que leeremos en la Lección 161, Jesús dice: "Así es como surgió lo concreto", nosotros fabricamos un mundo de cosas específicas para poder tener algo y a alguien sobre quien proyectar la culpa que no queremos.

Ahora Jesús nos está enseñando "un nuevo tipo de proyección" (extensión), en la que primero tomamos el amor que antes hemos visto dentro —el Amor de Cristo que somos, el amor de Jesús con el que nos podemos relacionar— y lo extendemos, asi pues lo vemos en todo alrededor nuestro. Es importante indicar que no vemos el amor separado de nosotros, como nos ocurre cuando proyectamos nuestra culpa, puesto que debemos ver la culpa en alguien que no seamos nosotros; esto es algo intrínseco al propósito de la proyección. El Amor de Cristo, que primero se ve dentro, ahora se experimenta en todos los demás, independientemente de los velos de miedo y odio usados inconscientemente para esconderlo. Una vez más, experimentamos este amor en todos porque primero lo hemos experimentado en nosotros mismos. El cambio que Jesús explica es el cambio a nuestras mentes correctas —desde la proyección de culpa del ego a la extensión de perdón del Espíritu Santo— y es clave para la práctica de *Un curso de milagros*.

(2:3) En lugar de ello, trataremos de ver en el mundo lo que está en nuestras mentes, y lo que deseamos reconocer se encuentra ahí.

El pensamiento clave es "lo que deseamos reconocer se encuentra ahí". Como dice el Texto:

> Parece que es la percepción la que te enseña lo que ves. Sin embargo, lo único que hace es dar testimonio de lo que tú te enseñaste. Es el cuadro externo de un deseo: la imagen de lo que tú querías que fuese verdad (T-24.VII.8:8-10).

Nuestro deseo secreto es mantener la separación, pero ver la responsabilidad por ello en otro. La "imagen que tú querías que fuese verdad" es la culpa de nuestro hermano. Así, el ego dice que la culpa es real y nosotros no queremos reconocerlo. Al convencernos de que no reconozcamos la culpa que tenemos en la mente, el ego espera que nunca miremos al amor que ya está en nuestras mentes. En el Texto, Jesús dice que solo tenemos dos emociones: amor y miedo; una la fabricamos nosotros y la otra se nos dio (T-13.V.10:1). La emoción de miedo, que en realidad es lo mismo que la culpa, es lo que nosotros fabricamos para cubrir el amor que Dios nos dio. Tenemos que reconocer la culpa para poder mirar más allá de ella e identificarnos con el amor que está allí. Esto, por supuesto, es totalmente diferente de la forma de proceder del ego, que da realidad a la culpa y después nos hace prometer que nunca la miraremos. Nos dice que no la reconozcamos en nosotros mismos, sino que más bien nos libremos de ella viéndola en todos los demás. Sin embargo, el ego nunca nos dice que su plan no funciona, porque la culpa permanece dentro de nuestras mentes, a pesar de nuestros intentos febriles de repudiarla. Todo esto se describe con mucha claridad en el Texto:

El propósito fundamental de la proyección es siempre des-
hacerse de la culpa [...] Observa, sin embargo, cuán extraña
es la solución que el ego ha urdido. Proyectas la culpa para
deshacerte de ella, pero en realidad estás simplemente
ocultándola. Experimentas culpa, pero no sabes por qué
(T-13.II.1:1; 2:1-3).

En cualquier unión con un hermano en la que procures des-
cargar tu culpa sobre él, compartirla con él o percibirla en
él, *te* sentirás culpable [...] Verás culpabilidad en esa relación porque tú mismo la sembraste en ella. Es inevitable
que quienes experimentan culpabilidad traten de despla-
zarla, pues creen en ella. Sin embargo, aunque sufren, no
buscan la causa del sufrimiento dentro de sí mismos para
así poder abandonarla [...] Su mayor preocupación es percibir la fuente de la culpabilidad fuera de sí mismos, más allá
de su control (T-13.X.3:1, 3-5,7).

Siguiendo la guía del ego, entonces, nos remitimos a nuestras
décadas de experiencia y declaramos confiadamente que la culpa
está en todos esos otros. Además, tenemos todas las pruebas que
necesitamos para justificar lo que sentimos hacia ellos. Expone-
mos cómo han abusado de nosotros y nos han maltratado, o cómo
han abusado y maltratado a otros con los que nos identificamos
porque también son víctimas. Y estamos absolutamente seguros
de que tenemos razón con respecto a nuestras conclusiones. Por
eso *Un curso de milagros* es tan difícil y atemorizante. Una y otra
vez Jesús nos dice que estamos equivocados, que "Dios piensa de
otra manera" (T-23.I.2:7). ¡Pero sabemos positivamente que él se
equivoca y nosotros estamos en lo correcto!

**(2:4-5) Así pues, estamos tratando de unirnos a lo que vemos,
en vez de mantenerlo separado de nosotros. Esa es la diferencia
fundamental entre la visión y tu manera de ver.**

Nuestra manera de ver, una vez más, es ver problemas u objetos
de placer fuera de nosotros. Siempre queremos mantener separado de nosotros lo que está afuera. Incluso cuando parece que

queremos unirnos a otros, en realidad estamos tratando de tener la ilusión de unirnos para poder proteger nuestro especialismo. Sin embargo, en la visión ya no nos vemos separados de nadie. Al principio del manual Jesús hace una importante declaración que ya he citado: los atributos del maestro de Dios consisten únicamente en que no vea sus intereses aparte de los intereses de los demás (M-1.1:2). Esa visión solo puede empezar por no ver nuestros intereses separados de los del Espíritu Santo o Jesús. Al principio, nuestros intereses están muy separados, porque si nos unimos a Ellos, la individualidad y el especialismo de nuestro ego desaparecen. Así, debemos mantenerLos separados de nosotros, tal como hemos hecho con Dios. Basándonos en esta dinámica de división, nos separamos de nuestra culpa y la proyectamos sobre otros, a los que ahora vemos separados de nosotros. La visión es exactamente lo opuesto: ve a toda la gente como lo mismo, lo que refleja nuestra unidad inherente como Cristo.

La radicalidad del sistema de pensamiento de *Un curso de milagros* reside en que Jesús no está hablando del cerebro o del cuerpo, sino solo de la mente, que no puede ser vista ni tocada porque está más allá de nuestros sentidos, o de cualquier cosa física o cuantificable.

(3) La idea de hoy debe aplicarse tan frecuentemente como sea posible a lo largo del día. Cada vez que tengas un momento, repítela lentamente para tus adentros, mirando a tu alrededor y tratando de comprender que la idea es aplicable a todo lo que ves ahora o podrías ver ahora si estuviese al alcance de la vista.

Jesús nos recuerda una vez más la generalización: no excluir nada de nuestra aplicación de las lecciones. Recuerda, en cuanto crees que hay una jerarquía de ilusiones y un rango en lo que percibes, estás diciendo que la separación y las diferencias son la realidad y la verdad. La única realidad es el pensamiento uno de la Expiación, la única realidad dentro de nuestras mentes. Como ese pensamiento es uno, es visto como uno. En este mundo todo es igual que todo lo demás porque todas las cosas comparten el propósito único de perdón.

(4) La verdadera visión no está limitada por conceptos tales como "cerca" o "lejos". Para que te vayas acostumbrando a esta idea, trata de pensar, a medida que aplicas la idea de hoy, en cosas que estén más allá de tu alcance visual, así como en aquellas que de hecho puedes ver.

Aquí podemos ver que Jesús expone sutilmente su punto de que esta idea no solo funciona para lo que ven nuestros ojos físicos, sino también para lo que pensamos; para lo que vemos en nuestra mente, así como para lo que vemos "realmente". Una vez más, la visión real no tiene nada que ver con nada físico. No se aplica a lo que percibimos físicamente (vemos, oímos, sentimos o tocamos), sino a lo que *pensamos*. Recuerda que no hay diferencia entre lo que pensamos y lo que vemos. Solo al aceptar esta verdad puede uno empezar a tener la comprensión de que, según es de esperar, le lleve a la experiencia de nuestra unidad inherente, una unidad que solo puede existir en la mente, puesto que los cuerpos están separados. Como Jesús nos recuerda en el Texto: "Las mentes están unidas; los cuerpos no" (T-18.VI.3:1).

(5:1-2) La verdadera visión no solo no está limitada por el espacio ni la distancia, sino que no depende en absoluto de los ojos del cuerpo. La mente es su única fuente.

No podríamos pedir una afirmación más clara que esta. Jesús no está hablando de nada de lo que percibimos, porque siempre estamos viendo alguna forma de separación, lo que significa que lo que vemos viene de un pensamiento de separación en nuestras mentes, un pensamiento que está intrínsecamente equivocado. Como dice Jesús en una línea que citaremos con frecuencia: "Nada es tan cegador como la percepción de la forma" (T-22.III.6:7).

Aunque no se menciona específicamente en estas lecciones, ya he comentado en el Preludio que la idea de pedir ayuda a Jesús o al Espíritu Santo es central en la práctica de *Un curso de milagros*. Al separarnos de Ellos estamos separándonos de Dios, lo que significa que estamos considerando real la separación. Todo lo que pensemos, veamos o creamos a partir de ese momento estará equivocado. Por eso hay tanto temor asociado con hacer este curso. Lentamente empezamos a darnos cuenta de que estamos equivocados con respecto a todo lo que pensamos, percibimos y juzgamos, con respecto a nosotros mismos y a todos los demás.

(5:3-4) Como ayuda adicional para que te vayas acostumbrando cada vez más a esta idea, dedica varias sesiones de práctica a aplicarla con los ojos cerrados, usando cualquier tema que te venga a la mente, mirando en tu interior en vez de afuera. La idea de hoy es aplicable por igual tanto a lo uno como a lo otro.

La respuesta a por qué la idea de hoy es aplicable por igual a lo que está dentro y a lo que está fuera es que ahí fuera no hay nada. Lo que parece estar fuera solo es una proyección de nuestros pensamientos. Tanto si miramos a nuestros pensamientos fuera como a nuestros pensamientos dentro de nuestras mentes, esto no hace ninguna diferencia. Siguen siendo nuestros pensamientos. Estas dos lecciones son muy explícitas con respecto a que todo comienza en nuestras mentes. Esto está directamente relacionado con el principio descrito en el Texto y que ya hemos visto en estas lecciones: las ideas no abandonan su fuente. La idea de un mundo, una relación y un cuerpo separados nunca ha dejado su fuente en la mente. Todo lo que percibimos son nuestros pensamientos proyectados. Lo único que es importante, entonces, es entrar en contacto con la fuente de dichos pensamientos: el ego o el Espíritu Santo. Este es el propósito último de estos ejercicios y de *Un curso de milagros* mismo.

LECCIÓN 31

No soy víctima del mundo que veo.

Esta es la lección favorita de mucha gente, y para otros también es la menos favorita. Como dije en la lección anterior, la vida de todas las personas se ha desarrollado como una defensa contra el dolor de la victimización infantil, que nuestra sociedad considera sacrosanta. Por lo tanto, tomarse esta lección en serio socava la existencia física y psicológica de todo el mundo. Si no eres la víctima del mundo que ves, entonces no necesitas ninguna defensa. ¡Imagina tu vida sin defensas! En la psicología tradicional, si no tienes defensas se piensa que eres psicótico, lo cual es cierto desde el punto de vista del mundo.

Estar identificado con el Amor de Dios es, ciertamente, una forma de psicosis tal como el mundo lo ve, porque va en contra de todo aquello que se juzga que es la realidad, empezando por el altruismo sobrenatural que es nuestro Ser. Así, si la afirmación "No soy víctima del mundo que veo" es cierta, tu vida es una mentira: no tiene significado ni propósito, lo que ha sido un tema importante en estas primeras lecciones. Por lo tanto, puedes entender por qué *Un curso de milagros* debe producir ansiedad, por qué siempre vas a tener que atacarlo de una manera u otra, o vas a tener que atacar a aquellos que lo representan para ti. Estas enseñanzas socavan todo lo que crees con respecto a ti mismo, las creencias que han dado a tu vida su significado.

(1:1-3) La idea de hoy es la introducción a tu declaración de emancipación. Una vez más, la idea debe aplicarse tanto al mundo que ves fuera de ti como al que ves dentro. Al aplicar la idea de hoy lo haremos de una manera que se utilizará cada vez más, con ciertas modificaciones que ya se irán indicando.

Obviamente esto no es la liberación tal como el mundo la considera. Esto es una declaración de que te liberas de tu ego, de la prisión de culpa y proyección a la que tu vida está sometida.

Las líneas siguientes describen un nuevo tipo de ejercicio, que abarca tanto una meditación más prolongada sobre la idea del día como su frecuente aplicación a lo largo de la jornada; a partir de ahora, esto va a caracterizar nuestra experiencia diaria con el Libro de ejercicios. Sin estas "aplicaciones frecuentes", el trabajo que hacemos podría fácilmente reducirse a una mera práctica intelectual. Jesús está pidiéndonos que cultivemos la disciplina de mantenernos cada vez más vigilantes ante los pensamientos ilusorios de ataque con los que nos tienta el ego, de modo que podamos traerlos ante la presencia llena de verdad del Espíritu Santo en nuestras mentes. Este es el proceso que estamos llegando a reconocer como perdón:

(1:4) En general, esta manera de practicar comprende dos aspectos: uno en el que aplicas la idea de manera más prolongada y otro en el que haces frecuentes aplicaciones de la idea en el transcurso del día.

Cuando leamos la lección 95, veremos un comentario sobre la necesidad de perdonarnos a nosotros mismos por olvidarnos de los ejercicios a lo largo del día. Es importante reconocer nuestra resistencia; de otro modo, es imposible soltarla e ir más allá de la defensa a la verdad del Amor de Dios.

(2) La idea de hoy requiere dos sesiones de práctica más largas que de costumbre, una por la mañana y otra por la noche. Se recomiendan de tres a cinco minutos para cada una de ellas. Durante ese intervalo, mira lentamente a tu alrededor mientras repites la idea dos o tres veces. Luego cierra los ojos y aplica la idea a tu mundo interno. Te liberarás de ambos al mismo tiempo, pues el interno es la causa del externo.

Aquí, de nuevo, Jesús está dejando claro que lo interno y lo externo son uno y lo mismo. Los ejercicios, por tanto, tienen que ver con aplicar la idea tanto a lo que percibes fuera de ti como a lo que piensas dentro de tu propia mente. Se nos continúa recordando que lo interno es la *causa* de lo externo. Este tema de causa y efecto va adquiriendo cada vez más significado a medida que avanzamos en la enseñanza y ahondamos en nuestra comprensión.

Si, por el contrario de lo que Jesús ha venido diciendo, creemos que nuestra manera de sentir es un resultado de cómo hemos sido tratados, estamos diciendo que la causa está fuera de nosotros: lo externo es la causa de lo interno. Este planteamiento hace que estemos completamente desamparados en este mundo, porque, aunque tengamos la ilusión de poder controlar algunas cosas, hay muy poco que podamos hacer para controlar todas las cosas que nos afectan. Después de todo, nuestros cuerpos fueron hechos para ser frágiles y vulnerables, y ciertamente lo son.

Por otra parte, si invertimos esto y vemos que la causa está dentro, entonces, no importa lo que pase fuera, porque ahora nosotros somos los que controlamos lo que sentimos: nuestras reacciones a las ocurrencias externas. Hemos aprendido que lo que sentimos y experimentamos viene de una elección que hemos hecho. Mucho después en el Libro de ejercicios Jesús nos dice que nosotros controlamos el universo (por ejemplo, Lección 253). Como ya hemos comentado, si elegimos al ego como maestro, percibimos y experimentamos el mundo de una manera. Si tomamos como maestro a Jesús, lo percibimos y experimentamos de otra manera. Por lo tanto, nosotros somos los que determinamos nuestras experiencias. Esa es la importancia de esta lección, una importancia que no debe ser subestimada, puesto que contiene el núcleo de las enseñanzas de Jesús en *Un curso de milagros*.

(3) Mientras exploras tu mundo interno, permite simplemente que cualquier pensamiento que cruce tu mente llegue hasta tu conciencia, obsérvalo por un instante y luego reemplázalo con el siguiente. Trata de no establecer ninguna jerarquía entre ellos. Observa su ir y venir tan desapasionadamente como puedas. No te detengas en ninguno en particular, sino trata de mantener un ritmo uniforme y calmado, sin ningún marcado interés por tu parte. Mientras estés sentado observando tus pensamientos serenamente, repite la idea de hoy en tu interior tan a menudo como quieras, mas sin ninguna sensación de premura.

Esto es similar a muchos ejercicios de entrenamiento mental budistas. La idea es simplemente observar los pensamientos en tu mente. Si tú los estás observando, ¿quién es el *tú* que está observando? Esta es la clave. Acabarás dándote cuenta de que el *tú* que está observando los pensamientos en tu mente, así como observando tus percepciones fuera, es el *tomador de decisiones*, la parte de tu mente que elige entre el ego y el Espíritu Santo, entre las ilusiones y la verdad. No es el *tú* en el que normalmente piensas, porque algunos de los pensamientos que observarás serán pensamientos sobre ti. Así, Jesús está iniciando el proceso de entrenarnos a disociarnos, en el sentido positivo de la palabra, de la identificación con el ego que hemos hecho real. Si yo observo mis pensamientos —y lo que estoy observando es mi ego en acción, tanto en sentido positivo como negativo— el *yo* que observa no es el *yo* que yo creo ser. Es, una vez más, el *tomador de decisiones.*

(4) Repítela además tan frecuentemente como puedas en el transcurso del día. Recuerda que al hacerlo estás haciendo una declaración de independencia en nombre de tu propia libertad. Y en tu libertad radica la libertad del mundo.

Aquí volvemos a ver la instrucción sobre las repeticiones frecuentes, lo que es de esperar que nos lleve a aplicaciones frecuentes de la sabiduría de la lección que nos ayuden a llevar nuestras locas ilusiones ante la sabia verdad que el Espíritu Santo ha conservado en nuestra mente. En mi libertad "reside la libertad del mundo" porque el mundo es parte de mí. Yo fabriqué este mundo, que es un producto de mis pensamientos. Si estos cambian, el mundo tiene que cambiar. Jesús no nos está hablando de liberar al mundo, ni de dejarlo libre de su sufrimiento; y tampoco se refiere a hacer nada con el mundo que está afuera. Él solo está hablando de nuestra *percepción* del mundo; el único mundo que verdaderamente existe.

El lenguaje de *Un curso de milagros,* especialmente en el Libro de ejercicios, sugeriría enérgicamente que Jesús está realmente hablando de salvar al mundo externo. Los cristianos siempre han hablado así. Primero era Jesús quien iba a ser el salvador del mundo, y ahora nosotros, sus discípulos, también vamos a salvarlo. En el Curso, Jesús usa los mismos términos que se han usado en el cristianismo tradicional, pero les da un significado totalmente diferente. Estas lecciones explican dicha diferencia de significado. Por ejemplo, la lección 186 se titula "De mí depende la salvación del mundo"; es solo mi mundo el que tiene que ser salvado. A medida que cambio de mentalidad y me libero de la tiranía del ego, el mundo que percibo y experimento también será salvado. Una vez más, Jesús no está hablando de nada externo. Debería indicarse aquí, aunque volveremos a este importante punto más adelante, que esto no debe tomarse como una excusa para no hacer nada en el mundo. Más bien, se nos pide que seamos pasivos hacia el ego, pero muy activos hacia el Espíritu Santo, Cuyo Amor guía automáticamente nuestros pensamientos, palabras y acciones.

Por eso estos pasajes deben leerse con mucho cuidado y mantenerse en el contexto de lo que Jesús ha venido enseñando. Si no hay mundo externo, ¿cómo podría haber un mundo ahí fuera que tuviera que ser salvado? Cuando los estudiantes de *Un curso de milagros* quieren dar realidad a sus egos toman frases fuera de contexto sin entender su trasfondo metafísico, y entonces hacen que el Curso parezca decir lo opuesto exacto de lo que en realidad dice.

La lección siguiente deja este punto todavía más claro, pero antes de pasar a ella, el párrafo final de esta lección nos anima a empezar a hacer las "frecuentes aplicaciones" que Jesús mencionó cerca del comienzo de la lección. Sin dichas aplicaciones el propósito del Libro de ejercicios no tendrá éxito.

Una cosa más antes de pasar al final de la lección: nótese la referencia explícita en lo anterior a la Declaración Americana de Independencia. Los estudiantes pueden recordar una referencia similar en el Texto (T-4.III.1:12-2:2), cuyo mensaje resuena en este párrafo final:

(5) La idea de hoy es también especialmente útil como respuesta a cualquier tipo de tentación que pueda presentarse. Es una declaración de que no vas a sucumbir a ella, aprisionándote así a ti mismo.

Al final del Texto, Jesús describe la tentación como creer que somos un cuerpo, victimizado por fuerzas que están más allá de nuestro control:

> La lección que la tentación siempre quiere enseñar, en cualquier forma que se presente e independientemente de donde ocurra, es esta: quiere persuadir al santo Hijo de Dios de que él es un cuerpo, nacido dentro de lo que no puede sino morir, incapaz de librarse de su fragilidad y condenado a lo que el cuerpo le ordene sentir (T-31.VIII.1:1-2).

Elegir al Espíritu Santo y Su sistema de pensamiento cambia nuestra identificación del cuerpo a la mente, que es la causa de todo lo que el cuerpo hace y siente. Así, por fin, estamos libres de la prisión del ego.

LECCIÓN 32

He inventado el mundo que veo.

(1:1-2) Continuamos hoy desarrollando el tema de causa y efecto. No eres víctima del mundo que ves porque tú mismo lo inventaste.

No soy víctima del mundo que veo porque soy la víctima de mis pensamientos, que fabricaron este mundo. Visto desde un punto de vista metafísico, toda mi vida —desde el nacimiento hasta la muerte— es mi sueño; escribí el guión de victimismo para lograr el propósito del ego. Como ya hemos visto, este propósito es conservar mi existencia individual, pero separarme de mi creencia en el pecado proyectándola en otros. Si mi vida es mi sueño, mi obra de teatro, mi guión, entonces, evidentemente, yo soy su autor. Así, soy víctima de mi propio guión. En verdad, el tomador de decisiones identificado con el ego —la parte de mi mente dividida que se identifica con la separación— escribió este guión para enseñar que el mundo es una prisión y que dentro de él todos son mis carceleros. Cuando invito a entrar al Espíritu Santo, Él se une a mí allí para enseñarme que ahora este mundo puede convertirse en un aula escolar en la que yo aprenda que lo fabriqué. Y también me enseña por qué lo hice: para proteger mi individualidad y mi especialismo. Por lo tanto, como yo lo fabriqué, como yo inventé el mundo que veo, puedo cambiarlo.

Una vez más, "he inventado el mundo que veo" hace referencia a la idea de que mi vida es una invención, basada en la premisa irreal de que he sido tratado injustamente cuando era un niño pequeño, y por lo tanto necesito defensas. Así, yo, como un ego saludable, invento el mundo que siempre demostrará que tengo razón y que todos los demás están equivocados, y por lo tanto mis pensamientos de ataque y mi comportamiento están justificados.

(1:3-5) Puedes renunciar a él con la misma facilidad con la que lo construiste. Lo verás o no lo verás, tal como desees. Mientras desees verlo, lo verás; cuando ya no lo desees ver, no estará ahí para que lo puedas ver.

Jesús está hablando una vez más de motivación: se trata de mi deseo de ver un mundo victimario, incluso si ese deseo está fuera de la conciencia, como están la mayoría de nuestros deseos. El mundo de victimismo que veo está allí porque quiero que esté allí. Aunque no se explica en la lección, la razón por la que quiero un mundo de victimismo es para poder decir que el pecado de la separación es tuyo y no mío. Un pasaje revelador del final del Capítulo 27 del Texto deja muy clara esta dinámica, que aquí está implícita.

> El mundo que ves te muestra exactamente lo que creíste haber hecho. Excepto que ahora crees que lo que hiciste se te está haciendo a ti. La culpa que sentiste por lo que habías pensado, la proyectaste fuera de ti sobre un mundo culpable que es el que entonces sueña tus sueños y piensa tus pensamientos por ti. Es su venganza la que recae sobre ti, no la tuya [...] El mundo no hace sino demostrar una verdad ancestral: creerás que otros te hacen a ti exactamente lo que tú crees haberles hecho a ellos. Y una vez que te hayas engañado a ti mismo culpándolos, no verás la causa de sus actos porque *desearás* que la culpa caiga sobre ellos (T-27.VIII.7:2-5; 8:1-2).

Volviendo a expresar este importante punto, el principio reinante del sistema de pensamiento del ego es preservar la separación y la individualidad, pero sin su pecado concomitante. Por lo tanto, en el mundo de lo específico proyecto mi pecado sobre ti y declaro que tú eres el victimario pecador, no yo. De esta manera, consigo todos los objetivos del ego. Tengo mi individualidad y especialismo —mi yo— pero no soy responsable de ellos: algún otro ha hecho de mí lo que soy.

Repitiendo, puedo renunciar al mundo con la misma facilidad con la que lo fabriqué cuando tomé al ego como maestro en lugar de a Jesús. Simplemente cambio de decisión soltando la mano del ego y tomando la de Jesús. Es muy simple. Lo que hace que sea difícil son sus implicaciones: si hago esto, desapareceré tal como me conozco a mí mismo, y entonces, ¿quién seré? Este es el miedo. Nuestra tarea es permitirnos entrar en contacto con ese miedo, y después observar las dementes defensas que elegimos para protegernos contra algo que de todos modos no está ahí.

Aquí Jesús está apelando a nuestra motivación, como hace consistentemente a lo largo de *Un curso de milagros*. Si realmente queremos ser felices, tenemos que seguir lo que él dice, porque es lo único que nos hará felices. Pero eso significa que tenemos que ser capaces de decir que él tenía razón y nosotros estábamos equivocados. Esto es lo más difícil de admitir para cualquiera en este mundo.

(2:1) La idea de hoy, al igual que las anteriores, es aplicable tanto a tu mundo interno como al externo, que en realidad son lo mismo.

En estas primeras lecciones puedes ver con cuánta frecuencia Jesús establece este punto. No está hablando metafóricamente o figurativamente; está hablando de manera muy literal. Quieres pensar profundamente en lo que esto significa, en todo lo que implica decir que los mundos interno y externo son lo mismo. Son estas implicaciones las que son tan atemorizantes e inquietantes.

(2:2-3) Sin embargo, puesto que los consideras diferentes, las sesiones de práctica de hoy tendrán una vez más dos fases: una dedicada al mundo que ves fuera de ti, y la otra, al que ves en tu mente. Trata de introducir en los ejercicios de hoy el pensamiento de que ambos se encuentran en tu propia imaginación.

Un pasaje como este es crucial porque Jesús está explicando por qué usa un lenguaje dual. La mayor parte del tiempo nos habla como si hubiera un mundo ahí fuera; personas a las que hay que perdonar, un mundo de tiempo y espacio en el que todo esto ocurre; y el Espíritu Santo y Jesús que están en nuestras mentes tratando de ayudarnos. Además, Jesús también habla de Dios como si fuera una persona con distintas partes del cuerpo: brazos, manos, pies, voz, labios, etcétera. Así, él nos dice aquí que usa los términos de la dualidad porque nosotros vemos lo interno y lo externo como diferentes; y por lo tanto, el propone periodos de práctica para reflejar esa dualidad: no porque lo interno y lo externo sean realmente diferentes, sino porque esa es nuestra experiencia, y él se encontrará con nosotros en la condición en la que nosotros creemos estar (T-25.I.7:4).

Los estudiantes de *Un curso de milagros* se quedan atrapados repetidamente en la dualidad cuando se pierden líneas como estas y toman sus palabras literalmente, cuando Jesús está afirmando que no es así en absoluto. Así, él está diciendo que tratará el mundo externo como si estuviera separado del interno; es decir, como si hubiera un mundo externo. Hay un pasaje en el Texto que quizá provea la mejor explicación de este estilo dualista de *Un curso de milagros* en su presentación del mensaje didáctico de Jesús. Su importancia es tal que se repetirá con frecuencia a lo largo de estos volúmenes, lo que ayudará a prevenir que los estudiantes confundan la forma del Curso con su contenido.

> Puesto que crees estar separado, el Cielo se presenta ante ti como algo separado también. No es que lo esté realmente, sino que se presenta así a fin de que el vínculo que se te ha dado para que te unas a la verdad pueda llegar hasta ti a través de lo que entiendes […] De acuerdo con esto, se considera al tiempo y al espacio como si fueran distintos, pues mientras pienses que una parte de ti está separada, el concepto de una unicidad unida cual una sola no tendrá sentido […] Él [el Maestro de la Unicidad] necesita, no obstante, utilizar el idioma que dicha mente entiende, debido a la condición en que cree encontrarse (T-25.I.5:1-2; 7:1,4).

La última frase del segundo párrafo de esta lección también es extremadamente importante. Tanto el mundo que vemos fuera como el mundo que vemos dentro de nuestras mentes solo existen en nuestra imaginación. Nosotros lo hemos fabricado todo: el pensamiento de separación; un mundo interno de pecado, culpa y miedo engendrado por el pensamiento de separación; y el mundo proyectado, que no es nada sino la sombra del mundo interno imaginario del ego. Por lo tanto, de lo único de lo que en realidad estamos hablando es de un mundo ficticio que aparece fuera, pero que en realidad está dentro de nuestras mentes. En estas primeras lecciones, Jesús nos entrena muy lentamente a entender que lo único importante son nuestros pensamientos, no el mundo externo.

Esta enseñanza continúa:

(3) Una vez más, comenzaremos la sesión de práctica de por la mañana y la de por la noche repitiendo la idea de hoy dos o tres veces mientras miras a tu alrededor al mundo que consideras como externo a ti. Luego cierra los ojos y mira tu mundo interno. Procura tratarlos a ambos con la mayor igualdad posible. Repite la idea de hoy sin ningún apresuramiento y tan a menudo como desees mientras observas las imágenes que tu imaginación le presenta a tu conciencia.

Jesús está reforzando lo que ha estado enseñándonos: estos pensamientos son fabricados: los pensamientos de ira, especialismo, autoodio, ansiedad y terror solo existen en nuestra imaginación, tanto si vienen como pensamientos de placer o de dolor. Puesto que estamos hablando de pensamientos imaginarios, también estamos hablando de mundos imaginarios. No hay diferencia.

(4) Se recomiendan de tres a cinco minutos para las dos sesiones de práctica más largas, siendo tres el mínimo requerido. Si notas que hacer los ejercicios te relaja, los puedes alargar a más de cinco minutos. Para facilitar esa relajación, escoge un momento en el que no preveas muchas distracciones y en el que te sientas razonablemente preparado.

Aquí vemos a Jesús apremiándonos a encontrar un periodo de tiempo pacífico y descansado (e implícitamente también un espacio) en el que meditar. A partir de sus comentarios en otras partes del Curso, se entiende que Jesús no quiere que hagamos que nuestra vida espiritual sea ritualista. Sin embargo, como todavía estamos al inicio de nuestro entrenamiento y aún no somos muy disciplinados en nuestra vigilancia hacia el ego, este tipo de estructura es de ayuda (véase, por ejemplo, el comentario en M-16.2-5).

Los párrafos que concluyen la lección subrayan nuestro nuevo tipo de práctica: usar la idea del día "tan frecuentemente como podamos", y especialmente cuando sintamos la tentación de percibir la causa de nuestro disgusto como si estuviera fuera de nosotros:

(5-6) Estos ejercicios se deben seguir haciendo asimismo a lo largo del día tan a menudo como sea posible. Las aplicaciones más cortas consisten en lentas repeticiones de la idea según exploras tu mundo externo o tu mundo interno. No importa cuál de ellos elijas.

La idea de hoy también debe aplicarse inmediatamente a cualquier situación que te pueda perturbar. Aplícala diciéndote a ti mismo:

> *He inventado esta situación tal como la veo.*

Puedes ver que esto es radicalmente diferente de la visión que tiene el mundo, de cómo percibimos normalmente las cosas. Pensamos que elegir nuestro mundo interno o el externo sí que marca una diferencia. Por ejemplo, esto es aparente cuando concluimos que lo que pensamos no importa mientras no lo digamos ni actuemos en base a ello. Sin embargo, Jesús nos está explicando que no hay diferencia entre expresar nuestros pensamientos o pensar silenciosamente en ellos. Nuestros juicios tienen tanto efecto sobre nosotros y sobre la mente de la Filiación como lo tiene el expresarlos en actos. Está bien no actuar nuestros pensamientos —en una ocasión dijo a Helen que él no estaba en contra de cierta cantidad de disciplina— pero, si no cambiamos la manera de pensar subyacente, estos pensamientos simplemente permanecen en nuestras mentes, esperando su destino inevitable de ser proyectados. En consecuencia, siempre estaremos librando y perdiendo la batalla de intentar restringir nuestra agresión: la hostilidad y el especialismo de la mente. Por lo tanto, necesitamos ir a la fuente del problema —en nuestros pensamientos— que fue habernos dirigido a Jesús para decirle: "Tú estás equivocado y yo tengo razón." Deshacer esta fuente es decirle: "Gracias a Dios tú tenías razón y yo estaba equivocado. Hay otra manera de mirar al mundo."

En estas lecciones, Jesús ha venido ayudándonos a darnos cuenta de que tenemos dos maneras de mirar al mundo, que vienen de dos sistemas de pensamientos o yoes —la mente errónea y la mente correcta—, y dos maestros: el ego y Jesús. Esta comprensión aumentará a medida que se desplieguen las lecciones. Hasta ahora, la mayor parte del énfasis ha estado en la manera que tiene el ego de mirar al mundo. Esta es la razón por la que las primeras lecciones nos dicen que en realidad no vemos nada, porque vemos lo que no está ahí. Por lo tanto, todo lo que percibimos carece de significado. Y esta también es la razón por la que las lecciones han hecho énfasis en nuestros pensamientos de ataque, en que percibimos el mundo como una forma de venganza, etcétera. Sin embargo, desde aquí hasta la Lección 50 Jesús nos enseña que hay otra opción disponible, otra manera de mirar al mundo. Este es el pensamiento que él introduce en la lección siguiente.

LECCIÓN 33

Hay otra manera de ver el mundo.

(1:1) Lo que se intenta con la idea de hoy es que reconozcas que puedes cambiar tu percepción del mundo tanto en el aspecto externo como en el interno.

Podemos cambiar la percepción porque hay algo dentro de nuestras mentes a lo que podemos acudir para que se produzca un cambio significativo. Este "algo" es el *tomador de decisiones*; el único aspecto de nuestro sueño en el que encontramos una verdadera elección. No son nuestras percepciones externas las que han de ser cambiadas, sino nuestra percepción interna de nosotros mismos: ¿Somos los hijos de Dios o del ego? ¿Es nuestra realidad la Unidad inmutable de Cristo o la individualidad cambiante de la separación? ¿Es nuestro maestro el Espíritu Santo o el ego? En otras palabras, esta *otra* manera de mirar al mundo comienza en nuestras mentes con nuestra elección de a través de qué ojos elegimos ver: la visión o el juicio.

(1:2-2:2) Deben dedicarse cinco minutos completos a la sesión de práctica de por la mañana, así como a la de por la noche. En estas sesiones debes repetir la idea tan a menudo como te resulte cómodo, aunque es esencial que las aplicaciones no sean apresuradas. Alterna tu examen entre tus percepciones externas e internas, de tal forma que el cambio de unas a otras no sea abrupto.

Mira simplemente de pasada al mundo que percibes como externo a ti. Luego cierra los ojos y examina tus pensamientos internos de la misma manera. Trata de ser igualmente desapegado con ambos y de mantener ese desapego cuando repitas la idea en el transcurso del día.

Aquí Jesús hace lo que ya hemos visto antes. Toma un tema muy importante, pero no lo comenta mucho en la lección misma porque va a retomarlo más adelante. Así, "No soy víctima del mundo que veo" es un pensamiento pesado, pero en esa lección se trata con brevedad. "Nunca estoy disgustado por la razón que creo" tampoco se comentó mucho en la lección misma, pero asimismo la idea retorna más adelante. Y aquí, de nuevo, Jesús simplemente introduce el pensamiento de que hay otra manera de mirar al mundo, y después se enfoca en la igualdad de nuestros pensamientos internos y el mundo que percibimos fuera. Esta verdad es el fundamento de *la otra manera de mirar al mundo*.

Déjame llamar tu atención sobre otro tema significativo que surge en los párrafos siguientes, y que aparece una y otra vez en estas lecciones: la aplicación del pensamiento del día *a lo largo* del día, cuando quiera que tomemos conciencia de que estamos disgustados:

(3-4) Las sesiones de práctica más cortas se deben hacer tan frecuentemente como sea posible. La idea de hoy debe aplicarse también de inmediato, de surgir cualquier situación que te tiente a sentirte perturbado. En estas aplicaciones di:

**   *Hay otra manera de ver esto.***

Recuerda aplicar la idea de hoy en el momento en que notes cualquier molestia. Quizá sea necesario sentarte en silencio un minuto más o menos y repetir la idea para tus adentros varias veces. Cerrar los ojos probablemente te ayudará en este tipo de aplicación.

Estos ejercicios tienen la intención de ser prácticos y útiles. Jesús no se limita a presentarnos un conjunto de principios metafísicos que hemos de dominar intelectualmente. Él está entrenándonos para que nos mantengamos cada vez más vigilantes a medida que transcurre el día. En cuanto nos demos cuenta de que estamos perturbados, molestos, enfadados, atemorizados o culpables, hemos de ir rápidamente a él y decirle: "¡Ayúdame!" Incluso si no podemos decir nada más, al menos podemos reconocer que hay otro pensamiento en nuestras mentes, otro maestro al que podríamos elegir. Incluso si de momento no elegimos a ese otro maestro en ese instante, al menos sabemos que está allí.

El punto reside en que te acostumbres a reconocer que, si te sientes separado de alguien o de algo, ese sentimiento viene de tu ego. No tienes que ir más lejos. Al ego le encanta regodearse en pensamientos de victimismo: justificarlos y reforzarlos, y encontrar aliados que estén de acuerdo con sus percepciones erróneas. En cuanto viene un sentimiento de victimismo, procura pensar en la lección, cualquiera que sea la lección de ese día. En realidad, no importa cuál sea, puesto que su contenido es el mismo. Si ocurre que estás trabajando con la lección de hoy, tan rápido como puedas después de darte cuenta de que estás sintiéndote separado o victimizado, di: "Puedo mirar esto de otra manera." Aunque no puedas hacer nada más, al menos estás manteniendo la puerta abierta, recordándote que hay otro sistema de pensamiento o maestro al que podrías elegir. Pero, como tienes tanto miedo, prefieres con mucho tener razón y ser desdichado que estar equivocado y ser feliz (T-29.VII.1:9). No obstante, ahora estás siendo honesto con lo que te ocurre; esta es una parte inmensamente útil de aprender a perdonar. La lección siguiente continúa con esta línea de pensamiento.

LECCIÓN 34

Podría ver paz en lugar de esto.

(1:1-3) **La idea de hoy comienza a describir las condiciones que prevalecen en la otra manera de ver. La paz mental es claramente una cuestión interna. Tiene que empezar con tus propios pensamientos y luego extenderse hacia fuera.**

La paz mental es un "asunto interno". El problema es que la mayor parte del tiempo pensamos que es el resultado de que el mundo externo satisfaga nuestras necesidades. Sin embargo, Jesús nos enseña que la paz no tiene nada que ver con lo externo. Una vez más, las implicaciones de este hecho *deben* evocar ansiedad en nosotros, porque nos está informando de que nada externo puede herirnos o darnos paz —el mundo externo no nos amenaza, victimiza o agrada—, *¡no hay nada fuera de nosotros!* El reto consiste en permitirnos ser cada vez más conscientes de esto *sin* caer en la negación. Lo que nos ayuda a *no* caer en esta trampa del ego es reconocer que las implicaciones prácticas de este pensamiento son que, aunque es posible que experimentemos ansiedad que atribuiremos a causas externas, todavía podemos acudir internamente al Maestro de verdad, Quien nos recuerda amablemente que la paz es una elección que *nosotros* podemos hacer (y por lo tanto, experimentar), independientemente de las circunstancias. Recuerdo que la primera vez que hice esta lección sustituí *Jesús* por *paz*. En otras palabras, cuando me siento tentado de dar realidad a algún aspecto del error, siempre puedo elegir a Jesús como maestro y acordarme de sonreír ante la tontería de creer que en mi mente podría alguna vez haber alguna otra cosa que no fuera su amor.

(1:4) **Es de tu paz mental de donde nace una percepción pacífica del mundo.**

Esto es todo lo que es importante, y todo lo que *Un curso de milagros* aborda: que percibamos el mundo pacíficamente. Jesús no está buscando la paz en el mundo, porque no hay un mundo objetivo fuera de nuestras mentes. Pedir la paz externa es haber dado en primer lugar realidad al conflicto, *ahí fuera*. Una vez más: no hay mundo aparte de nuestra manera de percibirlo. Lo que me importa a mí, como estudiante de este curso, es corregir cómo percibo, y lo hago corrigiendo cómo pienso. Esto se consigue corrigiendo la elección equivocada de mi maestro: este es siempre el fondo de la cuestión. Por lo tanto, en esta lección, en lugar de decir: "Podría ver paz en lugar de esto", podrías decir, como yo comenté antes: "Podría ver a Jesús en lugar de esto." Esto resaltaría todavía más la naturaleza personal de esta enseñanza.

(2) Para los ejercicios de hoy se requieren tres sesiones de práctica largas. Se aconseja que lleves a cabo una por la mañana y otra por la noche, con una tercera adicional a intercalar entremedias en el momento que parezca más propicio. Todas las sesiones deben hacerse con los ojos cerrados. Es a tu mundo interno al que deben dirigirse las aplicaciones de la idea de hoy.

Así, se nos anima a practicar con los ojos cerrados a medida que Jesús enfoca la atención en nuestros pensamientos: el *asunto interno* que es estar en paz. Esto es el prerrequisito para lo que sigue: hacer énfasis en el proceso de buscar en tu mente, un tema que, como hemos dicho, es central dentro de *Un curso de milagros*. A medida que proceses este material, el nivel de temor puede llegar a ser tan alto que sientas la tentación en encubrir los pensamientos de tu ego, y que pienses que no tienes que lidiar con ellos porque crees que hacer eso sería dar realidad a la ilusión. Así, podrías citar inapropiadamente algunas de las ideas metafísicas del Curso, como que tú eres santo y amado por Dios, y además, no ha ocurrido nada y tú ni siquiera estás aquí. Tal como en muchos otros lugares, aquí Jesús nos anima a buscar en nuestras mentes los pensamientos del ego. Si piensas que no tienes ninguno, *Un curso de milagros* es perfecto para ti, porque te enseña que *sí* los tienes. Ciertamente, no podrías estar aquí si no los tuvieras. La idea es entrar en contacto con tus pensamientos de ataque, bien los dirigidos contra ti mismo o contra otros, como ahora vemos:

(3:1-2) Para cada una de estas sesiones largas se requieren alrededor de cinco minutos de búsqueda mental. Escudriña tu mente en busca de pensamientos de temor, situaciones que provoquen ansiedad, personas o acontecimientos "ofensivos", o cualquier otra cosa sobre la que estés abrigando pensamientos no amorosos.

No tienes que arañar muy por debajo de la superficie antes de confrontar uno de estos pensamientos. Es esencial que los busques al hacer estas lecciones. Si no eres consciente de ellos, la idea de "ver paz en lugar de esto" no tiene significado. ¿Podría ver paz en lugar de *qué*? Si mi mente solo está llena de pensamientos amorosos, ciertamente no necesito esta lección. Por lo tanto, la lección tiene un significado particular cuando te permites entrar en contacto con tus pensamientos *no amorosos*, procedentes de tu maestro *no amoroso*. Llegados a este punto, tiene sentido decir: "Podría ver paz [o Jesús] en lugar de esto." Aquí vemos reflejado el gran énfasis que Jesús pone en mirar la oscuridad y llevarla a la luz. Para citar únicamente un pasaje representativo, leamos la primera de las muchas citas de esta serie:

Tu tarea no es ir en busca del amor, sino simplemente buscar y encontrar todas las barreras dentro de ti que has levantado contra él. No es necesario que busques lo que es verdad, pero sí es necesario que busques todo lo que es falso (T-16.IV.6:1-2).

(3:3) A medida que cada uno de estos pensamientos surja en tu mente, obsérvalo relajadamente, repitiendo la idea de hoy muy despacio, y luego déjalo ir y haz lo mismo con el siguiente.

Repitiendo este punto, no puedes dejar ir un pensamiento si no eres consciente de que lo tienes. Además, no puedes dejarlo ir a menos que hayas elegido a Jesús o al Espíritu Santo como tu Maestro. Si no lo has hecho, no estás dejando ir tus pensamientos. Elegir *contra* Ellos [Jesús o el Espíritu Santo] es elegir *a favor* del ego, lo que significa elegir la separación, por no hablar de la culpa, el miedo y la ansiedad que son inevitables una vez que eliges equivocadamente. "Notarlos relajadamente" significa no darles mucha importancia, lo cual es el significado de mirar a tu ego con Jesús. *No* mirar refleja que ya les hemos dado mucha importancia, puesto que, si no nos los hubiéramos tomado tan en serio, no los habríamos investido con la culpa que nos impide mirar.

La amabilidad de Jesús es aparente en el siguiente párrafo, en el que nos apremia a seguir practicando, aunque sintamos ansiedad o resistencia:

(4) Si comienza a resultarte difícil pensar en temas específicos, continúa repitiendo la idea para tus adentros sin prisas y sin aplicarla a nada en particular. Asegúrate, no obstante, de no excluir nada específicamente.

Avanzar con paso lento, constante y amable te llevará a ganar esta carrera.

En los párrafos 5 y 6 Jesús vuelve a decirnos que apliquemos la lección cuando quiera que nos sintamos perturbados, haciendo énfasis en la necesidad de permitirnos estar en contacto con estos pensamientos:

(5-6) Las aplicaciones cortas deben ser frecuentes, y hacerse siempre que sientas que de alguna forma tu paz mental se está viendo amenazada. El propósito de esto es protegerte de la tentación a lo largo del día. Si se presentase alguna forma específica de tentación en tu conciencia, el ejercicio deberá hacerse de esta forma:

Podría ver paz en esta situación en lugar de lo que ahora veo en ella.

Si los ataques a tu paz mental se manifiestan en forma de emociones adversas más generalizadas, tales como depresión, ansiedad o preocupación, usa la idea en su forma original. Si ves que necesitas aplicar la idea de hoy más de una vez para que te ayude a cambiar de parecer con respecto a alguna situación determinada, trata de dedicar varios minutos a repetirla hasta que sientas una sensación de alivio. Te ayudará si te dices a ti mismo lo siguiente:

Puedo sustituir mis sentimientos de depresión, ansiedad o preocupación [o mis pensamientos acerca de esta situación, persona o acontecimiento] por paz.

Por lo tanto, volviendo a establecer este punto esencial, esta lección —y ciertamente, *todas* las lecciones— no tendrán significado para ti y no te ayudarán a menos que admitas ante ti mismo estos pensamientos y sentimientos de depresión, ansiedad, preocupación, ataque, etc. No es que sea malo tenerlos; tú estás aquí porque, *de hecho,* los tienes. Así, Jesús nos dice en el Texto, en el contexto de nuestra buena disposición a elegir el instante santo:

> Concéntrate solo en ella [tu buena disposición] y no dejes que el hecho de que esté rodeada de sombras te perturbe. Esa es la razón por la que viniste. Si hubieras podido venir sin ellas no tendrías necesidad del instante santo (T-18.IV.2:4-6).

Por lo tanto, lo que es "malo" es pretender que no tienes sombras, porque entonces Jesús no será de ayuda para ti y no *podrá* ayudarte. Debes llevarle los pensamientos a él. Esta es *nuestra* función, tal como él nos recuerda en el Texto:

> Tal vez te preguntes por qué es tan crucial que observes tu odio y te des cuenta de su magnitud. Puede que también pienses que al Espíritu Santo le sería muy fácil mostrártelo y desvanecerlo, sin que tú tuvieras la necesidad de traerlo a la conciencia (T-13.III.1:1-2).

Debido a nuestra necesidad de tomar conciencia de estos pensamientos llenos de odio, necesitamos las "frecuentes aplicaciones" que Jesús recomienda. Son necesarias disciplina y vigilancia para atrapar estos pensamientos oscuros y traerlos ante esta luz sanadora y perdonadora.

Estas lecciones siguientes comienzan a mostrarnos las cosas maravillosas que están *más allá* de los pensamientos de nuestro ego: el *otro* lado que surge cuando pedimos ayuda a fin de elegir "otra manera de mirar al mundo". Tal vez recuerdes que afirmé que uno de los propósitos del Libro de ejercicios era ayudarnos a reconocer que tenemos una mente dividida: el estado de *mentalidad errada* del ego y el hogar del Espíritu Santo en la *mente correcta*. Solo mediante este reconocimiento podemos usar de manera significativa la parte de nuestra mente que *toma decisiones* para hacer la elección correcta.

LECCIÓN 35

Mi mente es parte de la de Dios. Soy muy santo.

Como se ha indicado al final de la lección anterior, Jesús continúa con el cambio de hacer énfasis en la mente correcta. Empieza dándonos instrucciones sobre lo que se halla en la *otra* parte de nuestras mentes. Todo el mundo debería tener problemas para creer esto, como Jesús mismo dice en la lección. Si realmente supieras que eres parte de Dios, y por lo tanto que tu mente es santa, no tendrías pensamientos de separación y de ser especial. De hecho, sabrías que no estás aquí en absoluto. Así, que estés aquí —o mejor, que *creas* que estás aquí— dice que tu mente no es parte de la de Dios y, por lo tanto, no podrías ser santo.

En esta lección, y cada vez más a lo largo de las quince siguientes, Jesús nos ayuda a darnos cuenta de que hay otra parte de nosotros: lo que se conoce en la primera parte del Texto como la *mente correcta*. A través del Espíritu Santo, esta parte todavía está conectada con la santidad de Dios que nunca ha cambiado, a pesar de nuestros sueños impíos de culpa y juicio.

(1:1-3) La idea de hoy no describe la manera como te ves a ti mismo ahora. Describe, no obstante, lo que la visión te mostrará. A todo aquel que cree estar en este mundo le resulta muy difícil creer esto de sí mismo.

Jesús nos está informando de que sabe que no es así como nos vemos a nosotros mismos, y él no espera que creamos lo que nos dice con respecto a nosotros. Su propósito es *iniciar* el proceso de enseñarnos que hay una verdadera alternativa en nuestras mentes. Él no quiere que usemos esto como un mantra que repetimos una y otra vez a lo largo del día para acallar nuestros pensamientos sin amor. Más bien, en continuidad con el entrenamiento, quiere que llevemos los pensamientos sin amor ante este pensamiento amoroso. Dichos pensamientos sin amor involucran alguna expresión de nuestra creencia de que somos impíos o pecadores. De esta manera nos elevaremos hasta esta nuestra nueva manera de entender, que es que hay otra manera no solo de *mirarnos* a nosotros mismos, sino también de *pensar* sobre nosotros mismos.

Cuando llevamos la oscuridad de nuestros pensamientos impíos e ilusorios ante la luz del pensamiento santo y verdadero, la luz disipa la oscuridad.

(1:4) Sin embargo, la razón por la que cree estar en este mundo es porque no lo cree.

Este es el punto que acabo de establecer. Como no creemos que somos parte de Dios, debemos creer que estamos en este mundo. Vivir aquí como un ser separado —física y psicológicamente— entre otros seres separados es la sombra del pensamiento que dice: estoy por mi cuenta, separado de Dios. Una vez más, el mismo hecho de que creamos que estamos aquí como cuerpos atestigua la creencia subyacente de que estamos separados, y por lo tanto no creemos que nuestras mentes son parte de la de Dios y que somos santos. Esta lección refleja el principio de la Expiación: la creencia de que, aunque *pensamos* que abandonamos a Dios, en verdad la separación nunca ocurrió. Por lo tanto, soy verdaderamente una parte de Dios, y por lo tanto muy santo.

(2:1-2) Crees que formas parte del lugar donde piensas que estás. Eso se debe a que te rodeas del entorno que deseas.

Creemos que estamos en este mundo, y que somos parte de él como cuerpos separados, viviendo entre otros cuerpos separados. A nivel ontológico, como Hijo uno separado, fabricamos un entorno que mantiene la separación, y después nos olvidamos de que lo habíamos fabricado, siguiendo el plan del ego para *su* salvación. En consecuencia, ahora creemos que el mundo es real, y que nosotros somos reales como parte de él. A nivel individual, si, como se ha comentado antes, queremos sentirnos injustamente tratados, ¿qué mejor manera de conseguirlo que estar siempre alrededor de quienes nos tratan injustamente? Tanto si lo hacen como si no, nosotros los percibiremos de esa manera. Como Jesús nos recuerda en esta afirmación parafraseada del Texto, una línea maravillosa que ya hemos mencionado: si experimentamos que nuestro hermano no nos habla de Cristo, es *solo* porque primero nos hemos acusado a nosotros mismos de no haberle hablado de Cristo a él

(T-11.V.18:6). Así, acabamos estando completamente convencidos de que nuestras percepciones de victimismo son válidas.

(2:3) Y lo deseas [el entorno de un mundo separado] para proteger la imagen que has forjado de ti mismo.

Esta es una afirmación inequívocamente causal. Hemos fabricado un mundo físico de separación para proteger la imagen de nosotros mismos como seres separados. Por eso debería quedar claro que Jesús nunca habla de cambiar o salvar al mundo: *no hay mundo.* Él solo habla de salvarnos a nosotros mismos de la autoimagen que hemos fabricado: la imagen de miedo pecaminosa, culpable y fragmentada que albergamos dentro. Es nuestro *deseo* de estar separados el que es la causa del mundo separado. Por lo tanto, es este deseo el que debemos cambiar si la verdadera paz ha de venir a nosotros.

(2:4-7) La imagen también forma parte de este entorno. Lo que ves mientras crees estar en él, lo ves a través de los ojos de la imagen. Eso no es visión. Las imágenes no pueden ver.

¿Qué es la imagen? Yo soy limitado, fragmentado, separado, independiente y autónomo. La naturaleza del mundo, y *todo* lo que el mundo es, es la proyección de esa imagen. En este mundo todos estamos solos, y por eso el especialismo es una defensa tan poderosa. Una de nuestras necesidades es que otras personas estén con nosotros, de modo que no experimentemos el dolor y la soledad que acompañan inevitablemente al hecho de formar parte de este mundo, de vivir en un lugar fuera del Cielo, nuestro verdadero Hogar.

Este párrafo es muy significativo y debería estudiarse cuidadosamente. El sistema de pensamiento de *Un curso de milagros* —su metafísica, el sistema de pensamiento del ego y su deshacimiento a través del perdón—, todo ello puede reconocerse en estos pasajes.

(3:1-2) La idea de hoy presenta una perspectiva de ti muy diferente. Al establecer tu Fuente establece también tu Identidad, y te describe como realmente debes ser en verdad.

En otras palabras, yo soy parte de Dios y soy muy santo. Por eso las palabras *Fuente* e *Identidad* están escritas con mayúscula inicial: Jesús está hablando de Dios y del Cristo que es nuestro verdadero Ser.

Ahora Jesús se dirige al perceptor, más que a lo que este percibe. Ciertamente, llegados a este punto, a Jesús no le interesa lo que percibimos fuera, sino solo lo que *pensamos*:

(3:3) La manera en que vamos a aplicar la idea de hoy es ligeramente diferente, ya que el énfasis recae hoy en el que percibe en vez de en lo que este percibe.

Podemos entender el gran énfasis que se hace en estas primeras lecciones en buscar en nuestras mentes, puesto que son nuestras mentes —el verdadero *perceptor*— las que necesitan corrección. Así leemos:

(4) Comienza cada una de las tres sesiones de práctica de hoy de cinco minutos cada una repitiendo la idea para tus adentros, luego cierra los ojos y escudriña tu mente en busca de los diversos términos descriptivos que te adjudicas a ti mismo. Incluye todos los atributos basados en el ego que te adscribes, sean positivos o negativos, deseables o indeseables, halagadores o denigrantes. Todos son igualmente irreales porque en ellos no te ves a ti mismo con los ojos de la santidad.

Lo que encontramos dentro de nuestras mentes son las múltiples formas del error *uno*, del pensamiento *uno* ilusorio de separación. En otras palabras, como he dicho antes, una vez que te identificas con el yo separado del ego, todo lo que pienses, creas, sientas, percibas y experimentes estará equivocado. Tanto si es noble, hermoso, santo y bueno, como si es simplemente terrible, estará equivocado porque estará basado en el especialismo y la separación.

(5) En la primera parte del periodo de búsqueda mental, probablemente pondrás mayor énfasis en lo que consideres son los aspectos más negativos de tu auto-percepción. Hacia el final del ejercicio, no obstante, es probable que lo que te venga a la mente

sean los términos descriptivos más autoengrandecedores. Trata de reconocer que no importa en qué dirección se inclinen las fantasías que albergas acerca de ti mismo. En realidad, las fantasías no se inclinan en ninguna dirección. Simplemente no son verdaderas.

Jesús nos avisa de que no nos tomemos demasiado en serio el hecho de que probablemente solo reconoceremos dentro de nosotros los pensamientos negativos, aunque ambos tipos de pensamientos, los positivos y los negativos, son ilusorios. Obviamente él no puede hacer suficiente énfasis en que no importa si estos pensamientos son de un tipo u otro. Mientras creas que tienes un yo que es positivo o negativo, que puede relacionarse positiva o negativamente con otras personas, estarás equivocado con respecto a ti mismo y a cualquier cosa que creas que está pasando. Los yoes separados no son santos. El Ser uno unido a Dios *es* santo, y está más allá de todos nuestros autoconceptos (T-31.V). En las lecciones siguientes Jesús habla cada vez más de nuestro verdadero Ser. Recuerda una vez más: no podemos llegar al verdadero Ser sin antes mirar al falso. Por eso, las primeras lecciones del Libro de ejercicios se enfocan en nuestros pensamientos y percepciones erróneos. La corrección de estos errores es darse cuenta de que hay otra manera de mirar al mundo; otra manera de mirarnos a nosotros mismos.

El párrafo siguiente nos sugiere una lista para que la sigamos. De los nueve rasgos que vienen en la lista, tres son positivos —*vencedor, caritativo y virtuoso*—, mientras que seis son negativos: *del que otros abusan, deprimido, fracasado, en peligro, inútil y perdedor*. Una vez más, para los propósitos de este ejercicio, la categoría no establece ninguna diferencia.

El séptimo párrafo nos apremia a ser específicos mientras damos pasos para alcanzar el estado mental de lo *no-específico*: el rasgo de nuestro verdadero Ser:

(7) No debes pensar acerca de estos términos de manera abstracta. Se te ocurrirán a medida que te vengan a la mente diversas personalidades, situaciones o acontecimientos en los que tú figuras. Escoge cualquier situación en particular que se te ocurra, identifica

el término o términos descriptivos que consideres pertinentes a tus reacciones a esa situación, y úsalos para aplicar la idea de hoy. Después de que hayas nombrado cada uno de ellos, añade:

Pero mi mente es parte de la de Dios. Soy muy santo.

Una vez más, enfocarse en lo específico es el prerrequisito para alcanzar lo no específico. También es una parte esencial de nuestro entrenamiento para no negar los pensamientos, sentimientos y percepciones. La oscuridad de la culpa no puede ser llevada a la luz y deshecha a menos que antes miremos a sus manifestaciones específicas, la puerta a través de la cual volvemos a nuestros pensamientos.

En el párrafo siguiente, Jesús vuelve a apremiarnos amablemente para que seamos amables con nosotros mismos en estos ejercicios. Una directriz útil de recordar es que cuando experimentamos una sensación de urgencia o una insinuación de fuerza procedente "del otro lado", deberíamos reconocer inmediatamente que esta guía viene del ego. Jesús y el Espíritu Santo son únicamente amables y pacientes, pues saben que el tiempo es ilusorio. Solo un ego impaciente, inseguro del resultado, aplicaría presión. Experimentamos la amable enseñanza de Jesús sobre la amabilidad en este pasaje del Texto:

> La Voz del Espíritu Santo no da órdenes porque es incapaz de ser arrogante. No exige nada porque su deseo no es controlar. No vence porque no ataca. Su Voz es simplemente un recordatorio. Es apremiante únicamente por razón *de lo que* te recuerda. Le ofrece a tu mente el otro camino, permaneciendo serena aun en medio de cualquier confusión a que puedas dar lugar. La Voz que habla por Dios es siempre serena porque habla de paz. La paz es más poderosa que la guerra porque sana (T-5.II.7:1-8).

Aquí, entonces, está el amable octavo párrafo:

(8) Durante las sesiones de práctica más largas probablemente habrá intervalos en los que no se te ocurra nada en particular. No te

esfuerces en pensar cosas concretas para ocupar dichos intervalos, sino simplemente relájate y repite la idea de hoy lentamente hasta que se te ocurra algo. Si bien no debes omitir nada de lo que se te ocurra durante los ejercicios, no se debe "sacar" nada a la fuerza. No se debe usar ni fuerza ni discriminación.

La amabilidad siempre gana frente a la fuerza, puesto que refleja la fuerza interna de Cristo. La fuerza, por otra parte, es la expresión sombría de la debilidad inherente del ego. Así, esto es lo que leemos sobre esta cuarta característica de los maestros de Dios avanzados:

> Los maestros de Dios, por tanto, son completamente mansos. Necesitan la fuerza de la mansedumbre, pues gracias a ella la función de la salvación se vuelve fácil [...] ¿Y quién elegiría la debilidad que irremediablemente resulta de hacer daño, cuando puede elegir la fuerza infalible, todo-abarcadora e ilimitada de la mansedumbre? El poder de los maestros de Dios radica en su mansedumbre [...] (M-IV.1:12,2:1,6-7).

En el cierre de la lección volvemos a ver que Jesús nos pide que seamos muy específicos a lo largo del día —"tan a menudo como sea posible"— con respecto a la aplicación de la lección del día. Solo de esta manera, repitiendo esta importante idea, pueden las enseñanzas de *Un curso de milagros* convertirse en nuestra experiencia:

(9) Tan a menudo como sea posible en el transcurso del día, aplica la idea de hoy a cada atributo o atributos que te estés adjudicando en ese momento, añadiendo la idea en la forma indicada más arriba. Si no se te ocurre nada en particular, repite simplemente la idea en tu interior con los ojos cerrados.

Repitiendo un punto anterior, haz todos los esfuerzos por mantenerte vigilante a lo largo del día ante los pensamientos del ego, pero también sé consciente de la necesidad de perdonarte cuando te acuerdes de que te has olvidado.

LECCIÓN 36

Mi santidad envuelve todo lo que veo.

Esta lección, junto con unas pocas de las siguientes, son extremadamente importantes puesto que exploran el tema de nuestra santidad. Al hacerlo, nos proporcionan la corrección obvia para el pensamiento de la mentalidad errada del ego, que hemos venido comentando en abundancia. También clarifican a qué se refiere y a qué no se refiere Jesús al hablar de *santidad.* Otro aspecto significativo, aunque desafortunado, de estas lecciones es que muchos estudiantes de *Un curso de milagros* han tomado sus mensajes inspiradores y han seguido el camino equivocado con ellos, malinterpretando completamente la enseñanza de Jesús. Por lo tanto, exploraré esta idea, entre otros temas importantes, a medida que vayamos avanzando.

(1:1) La idea de hoy extiende la idea de ayer del que percibe a lo percibido.

En la lección anterior —"Mi mente es parte de la de Dios. Soy muy santo."— comentamos la relación existente entre nuestro mundo interno y lo que percibimos que está afuera. Ahora la lección cambia de enfoque del perceptor, es decir, nuestros pensamientos, a lo que percibimos afuera. En realidad, esto no es un cambio, porque lo interno y lo externo son uno y lo mismo. Lo que vemos dentro, lo que en realidad significa lo que *pensamos* con respecto a nosotros mismos, es exactamente lo que creemos que estamos viendo fuera. Como ya hemos comentado, nuestra *percepción* no significa simplemente *lo que* vemos (u oímos, etc.), sino nuestra *interpretación* de lo que percibimos. Como siempre, el enfoque está en el *contenido* —lo que está en la mente— y nunca en la *forma,* que es parte del mundo físico.

(1:2-3) Eres santo porque tu mente es parte de la de Dios. Y puesto que eres santo, tu visión no puede sino ser santa también.

Esta afirmación implica que, si somos santos dentro, lo que percibamos también debe ser santo. Si lo que percibimos no es santo —por ejemplo, si percibimos cualquier otra cosa que no sea una expresión de amor o una petición de amor— no nos hemos percibido a nosotros mismos como santos en primer lugar. Así, podemos saber si hemos elegido identificarnos con el ego o con el Espíritu Santo prestando atención a nuestras percepciones; lo que percibamos siempre será un espejo directo de lo que hemos hecho real dentro de nosotros. Esto se explica en un importante pasaje del Texto:

> La condenación es un juicio que emites acerca de ti mismo, y eso es lo que proyectas sobre el mundo. Si lo ves como algo condenado, lo único que verás será lo que tú has hecho para herir al Hijo de Dios. Si contemplas desastres y catástrofes, es que has tratado de crucificarlo. Si ves santidad y esperanza, es que te has unido a la Voluntad de Dios para liberarlo. Estas son las únicas alternativas que tienes ante ti. Y lo que veas dará testimonio de tu elección y te permitirá reconocer cuál de ellas elegiste (T-21.in.2:1-6).

Por eso es tan importante que nos mantengamos vigilantes con respecto a nuestros pensamientos. Si somos conscientes de nuestros pensamientos con respecto a las personas *externas* a nosotros, ellos nos revelarán los pensamientos con los que nos hemos identificado *dentro*; así, nuestras relaciones especiales están en el núcleo de la sanación de nuestras mentes por medio del perdón. Si quieres saber qué hay dentro de la cámara después de usarla, revela la película y mira las fotos. Eso te dirá si tomaste una buena foto o no. Por lo tanto, dentro de este contexto puede considerarse que el propósito de *Un curso de milagros* es que reconozcamos que nuestras percepciones reflejan directamente lo que hemos elegido dentro. Solo entonces podemos volver a elegir.

(1:4-6) "Impecabilidad" quiere decir libre de pecado. No se puede estar libre de pecado solo un poco. O bien eres impecable o bien no lo eres.

Este es otro ejemplo de lo que hemos denominado una afirmación del Nivel Uno, lo que significa que algo es totalmente verdadero o totalmente falso; no cabe absolutamente ninguna transigencia entre la no-dualidad y la dualidad. Afirmaciones como esta forman la roca de base sobre la que se asienta el sistema de pensamiento de *Un curso de milagros*: su metafísica que no hace concesiones. O bien pecamos contra Dios al separarnos de Él, o bien no lo hicimos, y por tanto seguimos siendo tal como Dios nos creó, uno con Aquel Que es nuestra Fuente.

(1:7) Si tu mente es parte de la Dios tienes que ser impecable, pues de otra forma parte de Su Mente sería pecaminosa.

Aquí la lógica es inapelable. Si aceptas la premisa básica de que Dios es perfecta santidad, y que cualquier cosa que viene de Él es parte de Él y debe compartir esa santidad, la consecuencia es que cualquier cosa que parezca ser pecaminosa o impía no puede ser parte de Dios, y por lo tanto no puede existir. Por eso, desde el punto de vista de *Un curso de milagros,* no puede existir el mal. Puede haber percepciones, creencias y sueños con respecto al mal; pero no mal objetivo. Si lo hubiera, eso significaría que una parte de Dios también debe ser mala. Este es otro ejemplo de la radical postura metafísica del Curso.

(1:8) Tu visión está vinculada a Su Santidad, no a tu ego y, por lo tanto, no tiene nada que ver con tu cuerpo.

Hemos explorado brevemente este tema de que tenemos una mente dividida, y volverá a salir una y otra vez. Está la parte ego de nuestras mentes, pero también hay otra parte que es santa. La implicación que se ha de sacar de la última parte de esta afirmación es que nuestro cuerpo viene de la mente errónea, no de la mente correcta. He dicho con frecuencia que nadie en su sano juicio, en su mente correcta, nacería en este mundo. Solo vendría aquí alguien en su mente errónea, huyendo de lo que percibe como la ira de Dios. Esto no implica que el cuerpo no se pueda usar para servir a otro propósito, como ya hemos visto y volveremos a comentar. Pero, ontológicamente, el cuerpo es una expresión de separación, pecado y ataque. Su propósito de proteger la separación lo define. Asimismo, la dinámica de protección puede servir a un propósito diferente, como vemos en el párrafo siguiente donde cabe destacar la frase "asegurar tu protección".

(2:1-2) Hoy se requieren cuatro sesiones de práctica de tres a cinco minutos cada una. Trata de distribuirlas equitativamente y de hacer las aplicaciones más cortas a menudo para así asegurar tu protección durante todo el día.

La "protección" es el pensamiento del día: "Mi santidad envuelve todo lo que veo." En un sentido más amplio, por supuesto, nuestra protección es la Presencia del Espíritu Santo o Jesús. Hemos visto el paralelismo entre esto y la tercera lección del Espíritu Santo a la que Jesús se refiere en el Texto: "Mantente alerta solo a favor de Dios y de Su Reino" (T-6.V-C). Esto significa mantenerse alerta *en contra* de nuestra decisión de elegir el sistema de pensamiento del ego. "Asegurar la protección" requiere que nos mantengamos vigilantes a lo que estemos pensando, y lo hacemos manteniéndonos vigilantes a lo que estamos percibiendo. Si quiero saber qué pienso de mí mismo y de Dios, lo único que tengo que hacer es dedicar un momento a ver lo que pienso de *ti*. Esto se debe a que mis pensamientos con respecto a ti —quien quiera que sea el objeto de mi especialismo en cualquier momento dado— reflejará directamente lo que pienso sobre Dios y sobre mí mismo. Este es el significado de "asegurar la protección", y es algo que se hace bajo la guía del Espíritu Santo.

Los últimos dos párrafos ofrecen instrucciones específicas para los periodos de práctica, y hacen énfasis en la secuencia de, en primer lugar, ir dentro —*cerrar los ojos*— y después mirar —*con bastante lentitud, y con el menor esfuerzo y prisa posibles*— a las cosas específicas en el mundo que nos rodea. La idea, por supuesto, es que primero identifiquemos la santidad dentro —la Presencia del Espíritu Santo en nuestras mentes correctas— y que después hagamos que se extienda a través de nosotros para abrazar nuestras percepciones de lo que parece ser externo. Las plenas implicaciones metafísicas de esta lección tal vez todavía estén lejos de nuestra experiencia, pero estos primeros ejercicios son los pasos intermedios —los "pequeños pasos" mencionados antes que se describen en la Lección 193 (13:7)— que nos llevarán allí. Las instrucciones comienzan con la última frase del segundo párrafo:

(2:3-3:2) Las sesiones de práctica más largas deben hacerse de la siguiente forma:

Cierra primero los ojos y repite la idea de hoy varias veces lentamente. Luego ábrelos y mira a tu alrededor con bastante lentitud, aplicando la idea de hoy a cualquier cosa que notes en tu observación informal.

Entre las sugerencias de objetos que envolvemos en nuestra santidad se incluyen, una vez más, los importantes y los sin importancia: *dedos, cuerpo, alfombra, pared, silla y pluma.*

(3:10-4:2) Cierra los ojos varias veces durante estas sesiones de práctica y repite la idea para tus adentros. Luego ábrelos y continúa como antes.

Para las sesiones de práctica más cortas, cierra los ojos y repite la idea; mira a tu alrededor mientras la repites de nuevo y finaliza con una repetición adicional con los ojos cerrados. Todas las aplicaciones, por supuesto, deben llevarse a cabo con bastante lentitud y con el menor esfuerzo y prisa posibles.

Lenta y amablemente —"con el menor esfuerzo y prisa posibles"— estamos siendo guiados por el camino de la salvación que nos lleva del mundo externo al mundo interno, para allí descubrir nuestra santidad, que nuestra necesidad de especialismo trataba de negar.

LECCIÓN 37

Mi santidad bendice al mundo.

Esta es otra lección extremadamente importante en términos de lo que Jesús está enseñándonos, además de corregir algunos errores comunes que suelen hacer los estudiantes de *Un curso de milagros*. Obviamente, Jesús no nos está diciendo que debamos bendecir el mundo que está fuera de nosotros. Esto estaría en contradicción directa con todo lo que nos ha venido enseñando hasta ahora. Recuerda: Jesús nos está enseñando que el mundo no es otra cosa que un espejo de nuestros pensamientos. Por lo tanto, el *contenido* de la lección no es que debamos bendecir una silla, un bastón, un reloj o a otra persona. Más bien, él nos está diciendo que si elegimos su bendición —dentro de nuestras mentes— y nos vemos santos porque nos hemos unido a él, esa bendición se extenderá automáticamente a través de nosotros y envolverá a todo lo que veamos. El principio de *la proyección da lugar a la percepción* nunca debe estar lejos de nuestro pensamiento. Esto quedará cada vez más de manifiesto a medida que estudiemos esta lección.

(1:1-2) Esta idea contiene los primeros destellos de tu verdadera función en el mundo o, en otras palabras, la razón por la que estás aquí. Tu propósito es ver el mundo a través de tu santidad.

Esta es otra manera de decir que nuestro propósito o nuestra función es perdonar. El *perdón* todavía no había aparecido en estas lecciones, pero el proceso de ver el mundo a través de nuestra propia santidad es una descripción maravillosamente sucinta de él. El problema es que vemos el mundo a través de nuestra ausencia de santidad, como egos separados y cuerpos cuya misión en la vida consiste en proteger y preservar nuestro especialismo. Por tanto, esta lección presenta el pensamiento de la mente correcta que deshace el aforismo del ego que dice: "mi ausencia de santidad envuelve y condena al mundo que veo." Por lo tanto, en realidad el foco de esta lección no está en el mundo en absoluto; está en nuestros *pensamientos*. Si nuestros pensamientos están enraizados en la santidad de Cristo que somos, automáticamente todo lo que percibimos debe ser su extensión. No es posible hacer demasiado énfasis en la importancia de esta idea.

(1:3) De este modo, tú y el mundo sois bendecidos juntos.

El mundo solo es un reflejo de mi pensamiento, que es un pensamiento de santidad y bendición porque yo soy un hijo de la bendición. El mundo "ahí fuera" debe compartir esa santidad, porque viene de esa santidad. En otras palabras, el mundo que percibo está enraizado en quien yo soy. Otro principio que nunca debería estar lejos de nuestros pensamientos es *las ideas no abandonan su fuente.* En este caso, si mi santidad es la fuente, la idea del mundo también debe ser percibida como santa. Ciertamente, estos dos principios —*la proyección da lugar a la percepción* y *las ideas no abandonan su fuente*— son esencialmente el mismo: la proyección (o su forma en la mente correcta que es la extensión) es la razón por la que las ideas no abandonan su fuente. Las *ideas* que componen nuestro mundo *perceptual* solo son la autoimagen proyectada que tiene su *fuente* en nuestras mentes, y lo que se proyecta hacia fuera siempre permanece dentro. Así, *fuente* e *idea* siguen siendo uno.

(1:4-6) Nadie pierde, a nadie se le despoja de nada y todo el mundo se beneficia a través de tu santa visión. Significa el fin del sacrificio porque le ofrece a todo el mundo su justo merecido. Y todo el mundo tiene derecho a todo, ya que ese es su sagrado derecho como Hijo de Dios.

Esta es la primera vez que en estas lecciones Jesús habla del sacrificio, otro de los temas clave en el Texto, porque está en el núcleo del sistema de pensamiento del ego. La raíz del sacrificio reside en el principio *uno o el otro*, expresado más gráficamente en el manual, como ya hemos visto, como *mata o te matarán* (M-17.7:11). El ego —el pensamiento de individualidad— comienza con la idea de que es o Dios o yo. Si Dios ha de existir, yo no puedo existir como un ser separado, porque en el Cielo no hay separación, individualidad o diferenciación. Por lo tanto, si voy a existir como un individuo —el fundamento del sistema de pensamiento de toda persona— Dios ya no puede existir, al menos como Él verdaderamente es. Él tendrá que ser cambiado, y si Dios deja de ser perfecta Unidad, deja de ser. La perfecta unidad y la individualidad no pueden coexistir. Este es el origen del pensamiento de sacrificio: alguien debe perder para que otro gane.

Como el sacrificio de Dios es el fundamento de la mente dividida, cuando esa mente sigue dividiéndose en billones y billones de fragmentos, el pensamiento de sacrificio permanece, de acuerdo con el principio de que *las ideas no abandonan su fuente*. La idea de un mundo individual y separado, lleno de cuerpos, nunca ha abandonado su *fuente*, que es el pensamiento en la mente de que yo existo por mi cuenta, a expensas de Dios.

Un corolario directo del pensamiento de que yo he matado a Dios para poder existir es la enseñanza del ego de que Dios, de algún modo, va a levantarse de entre los muertos y va a venir a por mí. Por lo tanto, para apaciguar su ira, tengo que volver a recurrir al principio que me dio existencia: *uno o el otro,* la idea de sacrificio. A propósito, este es el mismo principio que ha llevado a la mayoría de las religiones del mundo a albergar la extraña noción de que Dios exige sacrificio: si yo he de existir, tengo que devolver a Dios lo que Le robé. Este concepto se convierte en la piedra angular de las relaciones especiales: para poder conseguir lo que quiero de ti, debo pagar por ello. Así, el *principio de uno o el otro*, que comienza con la premisa ontológica de que si yo he de existir Dios debe morir, se filtra a través del proceso de fragmentación y acaba siendo el fundamento del sistema de pensamiento de *toda persona*.

Por tanto, en esta temprana lección del Libro de ejercicios encontramos el primer intento de contrarrestar esa línea de pensamiento fundamental. Si veo que el mundo no es nada más que una parte de mí, todo lo que me ocurre a mí le ocurre al mundo. Si yo soy bendito, el mundo y aquellos a los que contiene también deben ser benditos. En "La roca de la salvación", Jesús dice que la roca sobre la que descansa la salvación es que nadie pierde y todos ganan (T-25.VII.12), que es la misma idea que se presenta aquí. Por tanto, dejo de asumir que mi felicidad depende de golpearte, de menospreciarte, canibalizarte o robarte. Puedo aprender a generalizar esta lección reconociendo que tú formas parte de mí; no de mi yo físico o psicológico, sino de la parte de mí que es el Hijo de Dios. Si trato de excluirte viéndote separado de mí —como a un enemigo o un objeto de mi amor especial— estoy diciendo que el Hijo de Dios está fragmentado. En verdad no puede estarlo, de modo que, al atacarte, en realidad estoy atacando mi propia Identidad. Sin embargo, si comienzo con la premisa de que mi mente forma parte de la de Dios y yo soy santo (Lección 35), veré que *tú* debes compartir esa santidad, si ciertamente la santidad es verdadera. Este paso marca el final del sacrificio: el principio de *uno o el otro*.

Hay una serie de declaraciones en el Texto que reflejan esta corrección:

La salvación es una empresa de colaboración (T-4.VI.8:2).

Y juntos alzaréis la mirada con fe o no la alzaréis en absoluto (T-19.IV-D.12:8).

Al arca de la paz se entra de dos en dos (T-20.IV.6:5).

Nadie puede entrar en el Cielo solo (L-pI.134.17:7).

(2:1) No hay ninguna otra manera de poder eliminar la idea de sacrificio del pensamiento del mundo.

En otras palabras, la única manera de eliminar el sacrificio del pensamiento del mundo es pasar del sistema de pensamiento del ego, basado en la separación, el juicio y el odio, al sistema de pensamiento del Espíritu Santo, basado en la unidad, el perdón y la curación. Esto no implica negar nuestros cuerpos o los cuerpos de otras personas, sino más bien negar la aparente verdad del principio *uno o el otro*. En esto consiste esta lección, que refleja la enseñanza central de *Un curso de milagros*.

Una vez más: no negamos que haya cuerpos, ni que hay un cuerpo con el que nos identificamos. Más bien, observamos el principio de *uno o el otro* operando en nuestras mentes y elegimos negar su aparente validez. Esta es la única manera de deshacer la idea de sacrificio. Me doy cuenta de que tú y yo estamos haciendo el mismo viaje a casa. Comenzó como un camino de locura que nos alejó de casa, y me doy cuenta en mi mente de que el camino de vuelta —el camino de la cordura— es tomar tu mano. Ni siquiera importa si tú sabes quién soy, ni si moriste hace treinta años. No estamos hablando de algo que ocurre externamente en el mundo, porque todas las relaciones existen *solo* en la mente. Estamos hablando de una relación a la que todavía me aferro en mis pensamientos. Si mi ego está al cargo, la relación reflejará el principio de *uno o el otro,* y eso es sacrificio. Sin embargo, si pongo a Jesús al cargo porque es mi maestro, consideraré mi relación especial como una oportunidad de examinar el pensamiento de *uno o el otro,* y después le pediré ayuda para cambiarlo.

(2:2-3) Cualquier otra manera de ver inevitablemente exige el que algo o alguien pague. Como resultado de ello, el que percibe sale perdiendo.

Debo creer que perderé porque, en mi mente, mi existencia viene de haber robado a Dios, por no mencionar que Lo asesiné. Por lo tanto, a través de la dinámica de proyección creeré que Él, junto con todos los que están en mi sueño, me van a hacer lo que yo creo que les hice a ellos, y les sigo haciendo. Al final, mi culpa me dice que tú me vas a robar lo que yo te robé a ti. El "razonamiento" del sistema de pensamiento del ego es como sigue: la existencia individual se identifica con el pecado, lo que significa que he llegado donde estoy robándote y matándote, la horripilante *solución final* que produce el principio de *uno o el otro.* Así, si todo lo que veo afuera refleja lo que está dentro, debo creer que todos los situados ahí fuera, a quienes yo he puesto literalmente ahí fuera, harán exactamente lo que yo creo haber hecho, es decir: robar y matar. Recuerda que estamos hablando del *contenido* de matar, no de su *forma,* como se refleja en la declaración de la Lección 21 que dice: "...una leve punzada de molestia no es otra cosa que un velo que cubre una intensa furia" (2:5). El *pensamiento* de asesinato es el mismo que el *pensamiento* de una leve molestia. Esto también es lo que está detrás de la afirmación aparentemente escandalosa del Texto, que antes cité: "Lo que no es amor es asesinato" (T-23. IV.1:10). En último término, la culpa descansa sobre nuestra creencia de que nos separamos de Dios, y, así, cualquier pensamiento de separación —sea "una leve punzada de molestia" o un asesi-nato— recuerda a la mente este pecado de traicionar al amor, que *solo* es perfecta unidad.

A la luz de lo anterior podemos entender por qué la muerte es el fenómeno central en el universo físico. Para el ego, la muerte es el castigo de Dios. Por eso, a un nivel, la Biblia entera se basa en el tercer capítulo del Génesis, que cuenta la historia del pecado de Adán y Eva y el castigo de Dios, Quien creó la muerte, y después, el plan de expiación a través del sufrimiento y el sacrificio. La muerte, entonces, es la prueba final de que mi pecado será casti-gado. Así, cada fragmento aparentemente separado de la Filiación *debe* morir como justo castigo por *estar* separado, y la vida en el cuerpo encarna claramente este principio. Este es el fundamento de la afirmación: "Como resultado de ello, el que percibe sale per-diendo."

(2:4) Y no tiene ni idea de por qué está perdiendo.

Pensaré que estoy perdiendo por lo que me hiciste, o estás pla-neando hacerme. No me daré cuenta de que la verdadera razón por la que estoy perdiendo es que soy el soñador de mi propio sueño; un sueño de pérdida, de *uno o el otro*, y de ganadores y perdedores. Volvemos a ver la eficacia de la estrategia del ego de mantenernos en un estado sin mente. Mientras percibamos que estamos en un cuerpo (y por lo tanto no estamos en nuestras mentes), *debemos* creer que otros cuerpos nos están haciendo lo que es, de hecho, la sombra de lo que nos trae la culpa que está en nuestras mentes. El siguiente pasaje del Texto describe contundentemente esta dinámica de proyección:

> De lo único que estabas seguro era de que entre las nume-rosas causas que percibías como responsables de tu dolor y sufrimiento, tu culpabilidad no era una de ellas. Ni tampoco eran el dolor y el sufrimiento algo que tu hubieses pedido en modo alguno. Así es como surgieron todas las ilusiones. El que las teje no se da cuenta de que es él mismo quien las urde ni cree que la realidad de estas dependa de él. Cual-quiera que sea su causa, es algo completamente ajeno a él

y su mente no tiene nada que ver con lo que él percibe. No puede dudar de la realidad de sus sueños porque no se da cuenta del papel que él mismo desempeña en su fabricación y en hacer que parezcan reales (T-27.VII.7:4-9).

(2:5) Su plenitud, sin embargo, le es restaurada a su conciencia a través de tu visión.

Cuando pido ayuda a Jesús y me identifico con su santidad, no solo sano mi mente, sino que te sirvo a ti como recordatorio. Así, si estamos en relación y yo puedo cambiar mi mente, dejando de mantener el principio regente de uno o el otro, y más bien veo la relación como un aula escolar en la que puedo aprender el opuesto exacto de dicho principio, te transmito este mismo mensaje. En otras palabras, te digo verbalmente o sin palabras que la lección que he aprendido, el maestro que he elegido, también está disponible dentro de ti. Esto es lo que se nos quiere indicar al final del Texto, cuando Jesús nos recuerda que Cristo está dentro de nosotros, al decir: "hermano, elige de nuevo" (T-31.VIII.3:2). Cuando somos capaces de elegir de nuevo, nos convertimos en esa misma expresión de la visión de perdón de Cristo, reflejando Sus palabras a nuestro hermano. El Manual para el maestro ofrece una descripción maravillosa de cómo "la plenitud es restaurada a la conciencia" de quienes están enfermos:

Los maestros de Dios acuden a estos pacientes representando una alternativa que ellos habían olvidado. La simple presencia del maestro de Dios les sirve de recordatorio. Su manera de pensar reclama el derecho de cuestionar lo que el paciente ha aceptado como verdadero. En cuanto que mensajeros de Dios, los maestros de Dios son los símbolos de la salvación. Le piden al paciente que perdone al Hijo de Dios en su propio Nombre. Representan la Alternativa. Con la Palabra de Dios en sus mentes, vienen como una bendición, no para curar a los enfermos sino para recordarles que hay un remedio que Dios les ha dado ya. No son sus manos las que curan. No son sus voces las que pronuncian la Palabra de Dios, sino que sencillamente dan lo que se les ha dado.

Exhortan dulcemente a sus hermanos a que se aparten de la muerte: "¡He aquí, Hijo de Dios, lo que la vida te puede ofrecer!" ¿Preferirías la enfermedad en su lugar? (M-5.III.2).

(2:6-7) Tu santidad le bendice al no exigir nada de él. Los que se consideran a sí mismos completos no exigen nada.

Si examinas honestamente tus relaciones, incluso durante el transcurso de este mismo día, te darás cuenta de que exiges algo de todos y cada uno. Unas veces es muy obvio, otras, es sutil. No obstante, esta dinámica debe estar ahí mientras creas que eres un individuo, y está claro que todos lo creemos. Si crees que eres, un individuo, también crees en el concepto de carencia, del que se puede hacer un seguimiento hasta nuestro mismo origen: al principio tuve que robar algo a Dios porque faltaba algo en mí. Y, por lo tanto, tengo que robar a todos todo el tiempo porque todavía me sigue faltando algo. ¿Cómo podría no faltarme? Mientras no se corrija la creencia subyacente en la escasez (otra forma de *carencia*), esta percepción interna generará la necesidad continua de llenar lo que falta —de "suplir una falta"— en las palabras de los primeros principios del milagro (T-1.I.8:1). En consecuencia, un aspecto importante del especialismo es que siempre tengo que tomar de alguna otra persona para satisfacer la carencia que percibo en mí.

De esto es de lo que Jesús habla en estos pasajes. Cuando te identificas con la santidad, no pides nada a nadie porque tú *eres* todo y *tienes* todo. Tú eres todo, porque *tener* y *ser* son lo mismo (por ejemplo, (T-6.V-B.3:4; V-C.5). La vigilancia es esencial en el proceso de aprendizaje para que puedas darte cuenta de que estás pidiendo a los demás. Si pides y crees en la realidad del ataque, esto te indica que no crees estar completo. Por lo tanto, no eres infeliz por no haber recibido lo que crees que deberías haber recibido de alguien, sino *solo* porque has elegido al maestro equivocado.

(3:1) Tu santidad es la salvación del mundo.

Aquí, una vez más, Jesús no está hablando del mundo externo. Como hemos comentado antes, Jesús usa el lenguaje de la cristiandad a lo largo de *Un curso de milagros*. En la cristiandad, y especialmente en Semana Santa, se hace un gran énfasis en que Jesús salva al mundo. Sin embargo, en el Curso nos hace darnos cuenta de que ahí fuera no hay un mundo que tenga que ser salvado. En realidad, salvar al mundo significa salvarnos a nosotros mismos de la *creencia* en el mundo. Como todas las mentes están unidas en la santidad de Cristo, si mi mente es sanada en un momento dado, la mente de la Filiación también lo es.

Como he dicho, nada de esto es comprensible desde la perspectiva del mundo. Nada de esto tendrá sentido dentro del marco de nuestra experiencia aquí, y solo puede ser comprendido cuando nos elevamos por encima del campo de batalla y estamos con Jesús en lo que él denomina el instante santo. Desde ahí miramos al mundo y lo vemos de otra manera, dándonos cuenta de que lo que tiene que ser salvado son nuestros *pensamientos* con respecto al mundo. Dichos pensamientos, una vez más, son el resultado de nuestros pensamientos con respecto a nosotros mismos. Lo externo y lo interno son uno y lo mismo: *las ideas no abandonan su fuente.*

(3:2) Te permite enseñarle al mundo que es uno contigo, sin predicarle ni decirle nada, sino simplemente mediante tu sereno reconocimiento de que en tu santidad todas las cosas son bendecidas junto contigo.

Estas líneas son significativas. Para cambiar y salvar al mundo no hemos de predicar *Un curso de milagros*, ni enseñar *Un curso de milagros* (en la forma), ni hacer nada con *Un curso de milagros* excepto aprenderlo nosotros mismos. Para que mi mundo se salve, no hay nada que tenga que decir o hacer sino aceptar lo que las lecciones me están enseñando; este es el significado de aceptar la Expiación para uno mismo. Estas no son líneas insignificantes porque van al corazón de la metafísica del Curso, que es el fundamento para entender las enseñanzas de Jesús y su aplicación. Si no hay mundo, ¿cómo podría ser salvado? Una vez más, las que necesitan ser salvadas, o corregidas, son nuestras mentes, que creen en la existencia del mundo. Una vez que nuestras mentes sanan, recordamos que la separación nunca ocurrió, y así el mundo que surgió de ese pensamiento de separación tampoco podría haber ocurrido. Además, si no hay separación, el Hijo de Dios sigue estando perfectamente unido como Hijo *uno*. Nuestras mentes reflejan la bendición de nuestro Creador, y siguiendo el principio tan repetido de que *las ideas no abandonan su fuente*, debe ocurrir que "todas las cosas sean bendecidas junto contigo". Desde esta bendición interna nuestra santidad se extiende inevitablemente a través de nosotros, como vemos en estos tres pasajes paralelos del Texto. Todos ellos resaltan el proceso de que no hagamos nada excepto deshacer la creencia en el ego, reflejando la pequeña buena voluntad que ciertamente salva al mundo *de nuestra creencia en él*.

La extensión de la santidad no es algo que te deba preocupar, pues no comprendes la naturaleza de los milagros. Tampoco eres tú el que los obra. Esto lo demuestra el hecho de que los milagros se extienden más allá de los límites que tú percibes. ¿Por qué preocuparte por cómo se va a extender el milagro a toda la Filiación cuando no entiendes lo que es el milagro? (T-16.II.1:3-6).

Extender el perdón es la función del Espíritu Santo. Deja eso en sus manos. Ocúpate únicamente de entregarle aquello que se puede extender. No guardes ningún secreto tenebroso que Él no pueda usar, antes bien, ofrécele los pequeños regalos que Él puede extender para siempre. Él aceptará cada uno de ellos y los convertirá en una fuerza potente en favor de la paz (T-22.VI.9:2-6).

El milagro se extiende sin tu ayuda, pero tú eres esencial para que pueda dar comienzo. Acepta el milagro de curación y se extenderá por razón de lo que es. Su naturaleza es extenderse desde el instante en que nace. Y nace en el instante en que se ofrece y se recibe [...] Deja, pues, la transferencia de tu aprendizaje en manos de Aquel que realmente entiende sus leyes y que se asegurará de que permanezcan inviolabas e ilimitadas. Tu papel consiste simplemente en aplicarte a ti mismo lo que él te ha enseñado y Él hará el resto (T-27.V.1:2-5; 10:1-2).

Lo que hace posible todo esto es, por supuesto, haber elegido al maestro correcto. Así, este es el punto crucial al que volvemos constantemente: "¿Tengo una relación con Jesús o no la tengo?" Si no la tengo, es porque le he excluido a él al excluirme a *mí mismo*, y no quiero reconocer mi "pecado". Este es siempre el fondo de la cuestión.

Los dos párrafos siguientes hacen énfasis en que no hay diferencia entre nuestras percepciones y nuestros pensamientos, que son uno y lo mismo:

(4) Hoy debes dar comienzo a las cuatro sesiones de práctica más largas —las cuales han de tener una duración de tres a cinco minutos cada una— repitiendo la idea de hoy, a lo cual ha de seguir un minuto más o menos en el que debes mirar a tu alrededor a medida que aplicas la idea a cualquier cosa que veas:

Mi santidad bendice esta silla.

Mi santidad bendice esta ventana.

Mi santidad bendice este cuerpo.

Luego cierra los ojos y aplica la idea a cualquier persona que te venga a la mente, usando su nombre y diciendo:

Mi santidad te bendice, [nombre].

Date cuenta de que Jesús hace que empecemos con lo "que no es importante" —una silla, una ventana, y el cuerpo relativamente neutral— y después nos pide que apliquemos nuestra bendición a una persona específica. Así nos lleva amablemente al enfoque central de *Un curso de milagros*: el perdón de nuestras relaciones especiales, esas a las que solemos retener nuestras bendiciones.

Las instrucciones de Jesús continúan, y nos invita a practicar con los ojos abiertos o cerrados, como nos parezca adecuado:

(5) Puedes continuar la sesión de práctica con los ojos cerrados o bien abrirlos de nuevo y aplicar la idea a tu mundo exterior si así lo deseas; puedes alternar entre aplicar la idea a cualquier cosa que veas a tu alrededor o a aquellas personas que aparezcan en tus pensamientos, o bien puedes usar cualquier combinación que prefieras de estas dos clases de aplicación. La sesión de práctica debe concluir con una repetición de la idea con los ojos cerrados, seguida inmediatamente por otra repetición con los ojos abiertos.

Si bien el entrenamiento de Jesús ha hecho un énfasis importante en estas prácticas con los ojos abiertos y cerrados, él siempre es amable en su planteamiento, como se ve en el uso que hace de palabras como "puedes", "si así lo deseas", y "que prefieras". Los buenos maestros nunca coaccionan a sus estudiantes, y Jesús quiere que nosotros queramos aprender sus lecciones; de otro modo, nuestro aprendizaje será débil.

(6:1-2) Los ejercicios más cortos consisten en repetir la idea tan a menudo como puedas. Resulta particularmente útil aplicarla en silencio a todas las personas con las que te encuentres, usando su nombre al hacerlo.

En otras palabras, Jesús nos está pidiendo que nos mantengamos vigilantes en la observación de nuestros egos en acción, especialmente en la relación con otros. Él espera que hagamos las elecciones equivocadas, como veremos en las lecciones siguientes. Por lo tanto, una lección como esta es la corrección de los errores que inevitablemente cometeremos. Una vez más, Jesús *espera* que nosotros percibamos erróneamente y que tengamos pensamientos de ataque, y una vez que seamos conscientes de que hemos hecho eso, que le pidamos ayuda mientras tratamos de recordar la lección del día.

(6:3-4) Es esencial que uses la idea si alguien parece causar una reacción adversa en ti. Ofrécele la bendición de tu santidad de inmediato, para que así puedas aprender a conservarla en tu conciencia.

Pienso que el 99,9 por ciento de los estudiantes que practican estas lecciones lo hacen casi de memoria. Piensan que lo único que tienen que hacer es decir a alguien con quienes estén enfadados: "Te bendigo", y todo queda sanado. Esto *no* es de lo que está hablando Jesús; él está hablando de reconocer que nuestra percepción del otro viene de nuestra *percepción errónea* de nosotros mismos. El simple hecho de decir palabras como "Mi santidad te bendice" no va a conseguir nada. En realidad, esto no es totalmente cierto; decir estas palabras conseguirá mucho: *¡Empujará los pensamientos de tu ego todavía más abajo!* La idea es llevar los pensamientos del ego ante la verdad, la oscuridad a la luz. Por lo tanto, cuando haces una lección como esta deberías hacer exactamente lo que Jesús dice, pero también deberías darte cuenta de *lo que está diciendo*. Presta atención a la necesidad de mantener a esa otra persona separada de ti. Sobre todo, sé consciente de la necesidad de mantener la culpa segura en tu mente. Solo entonces Jesús y estos ejercicios pueden ayudarte a dejarla ir.

LECCIÓN 38

No hay nada que mi santidad no pueda hacer.

Jesús no quiere decir que tu santidad te va a permitir caminar sobre el agua o sanar los síntomas físicos de otras personas. Su enfoque, como ya hemos observado muchas veces, no está en el comportamiento, aunque a veces el lenguaje puede sugerir que lo está. Lo que atañe a *Un curso de milagros* siempre son los pensamientos en tu mente. La razón por la que no hay nada que tu santidad no pueda hacer, pensar, decir o sentir vendrá directamente de tu decisión de la mente correcta de identificarte con la santidad de Cristo. Eso significa que no habrá interferencia o distorsión: una vez que la culpa y el juicio se han ido, lo único que queda es el amor que trasciende todos los problemas y las preocupaciones.

(1:1-2) Tu santidad invierte todas las leyes del mundo. Está más allá de cualquier restricción de tiempo, espacio, distancia, así como de cualquier clase de límite.

Esto se debe a que tu santidad reside en tu mente correcta, a la que accedes eligiendo el instante santo en el que te unes con Jesús o con el Espíritu Santo. Esto significa que no hay separación, y por lo tanto no puede haber pecado, culpa o miedo. Si no hay *pecado*, no hay *pasado*; si no hay *culpa*, no hay *presente*; y si no hay *miedo*, no hay *futuro*. En otras palabras, en el instante santo no hay tiempo. Además, si no hay pensamiento de separación de Dios, no hay cuerpo. Citando una declaración previamente citada del Texto: "No hay ni un solo instante [el instante santo] en el que el cuerpo exista en absoluto" (T-18.VII.3:1). Así, la santidad está completamente fuera del tiempo y del espacio. Cuando te identificas con tu santidad sabes que el mundo de espacio y tiempo es un sueño, y puedes literalmente observar tu figura del sueño —la figura del sueño con el nombre que tú crees ser— ir y venir, dándote cuenta finalmente de que eso *no* es quien tú eres. No hay nada que tu santidad no pueda hacer porque no hay nada que tú tengas que hacer: "No tengo que hacer nada", como dice el Texto (T-18.VII).

(1:3) El poder de tu santidad es ilimitado porque te establece como Hijo de Dios, en unión con la mente de su Creador.

Esto es lo que se logra al unirse con el Espíritu Santo o con Jesús. En ese instante todo cambia y todos tus problemas se resuelven. Las lecciones 79 y 80 nos dicen que nuestros problemas se resuelven porque solo hay un problema: la creencia en que estamos separados. Por lo tanto, solo hay una solución: aceptar la Expiación, que niega la realidad de la culpa porque niega la realidad de la separación. En ese punto, el recuerdo de nuestra Identidad como el Hijo uno de Dios amanece en las mentes despejadas.

(2:1-3) Mediante tu santidad el Poder de Dios se pone de manifiesto. Mediante tu santidad el Poder de Dios se vuelve accesible. Y no hay nada que el Poder de Dios no pueda hacer.

Jesús no está hablando de nada externo, como ya he dicho una serie de veces. Durante dos mil años, las historias de milagros de los evangelios han sido consideradas un testimonio del poder de Dios: Jesús puede curar a los enfermos, resucitar a los muertos, convertir el agua en vino y resucitar en la carne. Esto representa un entendimiento totalmente erróneo de lo que Jesús enseñó. Es interesante observar a estudiantes de *Un curso de milagros* tratando de alejarse de su educación cristiana y cometiendo el mismo error de confundir *forma* y *contenido*, *cuerpo* y *mente*: la confusión de niveles que, como comenta Jesús al comienzo del Texto, es la causa de toda enfermedad (T-2.IV.2).

Por lo tanto, Jesús no está hablando de lo que hará tu cuerpo, porque cuando te identificas con el poder de Dios y con tu santidad, te das cuenta de que el cuerpo es simplemente un producto de tu imaginación, una figura en tu sueño. Todos nosotros somos figuras en un sueño en el que el cuerpo no hace literalmente nada, y podemos compararlo con una marioneta que solo es un trozo de madera sin vida. Así, nosotros vivimos como marionetas, en un mundo ficticio que no tiene más realidad que aquella de la que disfrutan los niños en un teatro de guiñol. Esta también es una idea a la que volveremos una y otra vez.

(2:4-6) Tu santidad, por lo tanto, puede eliminar todo dolor, acabar con todo pesar y resolver todo problema. Puede hacer eso en conexión contigo o con cualquier otra persona. Tiene el mismo poder para ayudar a cualquiera porque su poder para salvar a cualquiera es el mismo.

La fuente de todo nuestro dolor, pena y problemas es nuestra decisión de empujar a Jesús lejos. Si le invitamos a volver, no puede haber congoja. Recuerda que solo estamos hablando al nivel de la mente, puesto que esa es la fuente de todo dolor. Es posible que continúes percibiendo circunstancias externas negativas, totalmente más allá del control humano, y también podrían continuar los síntomas físicos. No obstante, sin culpa, ya no se experimentarán como problemas o fuentes de dolor o angustia. En el Manual para el maestro, Jesús explica cómo percibe la mente que ha sanado:

> Los ojos del cuerpo continuarán viendo diferencias. Pero la mente que se ha permitido a sí misma ser curada ya no las tendrá en cuenta. Habrá quienes parezcan estar más "enfermos" que otros y los ojos del cuerpo informarán, como antes, de los cambios que se produzcan en su aspecto. Mas la mente que se ha curado los pondrá a todos bajo una misma categoría: la de irreales. Este es el don de su Maestro: el entendimiento de que, al clasificar los mensajes que la mente recibe de lo que parece ser el mundo externo, solo dos categorías son significativas. Y de estas, solo una es real. De la misma manera en que la realidad es completamente real, independientemente de los conceptos de tamaño, forma, tiempo o lugar —ya que en ella no pueden existir diferencias— así también las ilusiones carecen de distinciones. La única respuesta para cualquier clase de enfermedad es la curación. La única respuesta para cualquier clase de ilusión es la verdad (M-8.6).

No se puede hacer énfasis con demasiada frecuencia en que a *Un curso de milagros* solo le preocupa la *causa* del mundo —la *mente*— y no el *efecto*: el *mundo*. Por eso Jesús hace esta importante declaración en el Texto: "Este es un curso acerca de causas, no de efectos (T-21.VII.7:8)." Así, cuando pedimos a Jesús que nos ayude a acabar con nuestro dolor físico o emocional, o a resolver un problema externo, estamos llevando su verdad a nuestra ilusión. A veces el problema se resuelve y otras no, pero involucrar a Jesús en nuestros problemas externos solo glorifica el especialismo, el opuesto exacto de lo que nos está enseñando a corregir.

Esto ciertamente no significa que uno *no* debería pedirle ese tipo de ayuda. Sin embargo, permanecer en ese nivel de relación con él es asegurar que nunca crezcamos más allá de él. El anexo *El canto de la oración* se escribió específicamente para ayudar a los estudiantes de *Un curso de milagros* a ir más allá de lo que allí se describe como el peldaño inferior de la escalera de la oración —pedir cosas específicas—, hacia los peldaños superiores que reflejan nuestro cambio de enfoque del mundo a la mente, un cambio que nos ayuda a ver que solo hay *un* problema, y por lo tanto solo hay *una* solución. Por supuesto, esta comprensión es la que nos enseña el primer principio de los milagros:

> No hay grados de dificultad en los milagros. No hay ninguno que sea más "difícil" o más "grande" que otro. Todos son iguales (T-1.I.1:1-3).

Establezcamos este importante punto una vez más: nuestra santidad es "igual en su poder de ayudar a cualquiera" porque hay un problema. Asimismo, solo hay un Hijo. Si mi mente sana es porque he elegido la santidad de Cristo como mi identidad en lugar de la pecaminosidad del ego, en ese instante me doy cuenta de que yo soy ese Hijo uno, y todo el mundo forma parte de esa Filiación conmigo. Por lo tanto, en mi experiencia, todo dolor se ha ido. Esto no tiene nada que ver con las elecciones que otras personas hagan de todavía permanecer dormidas, porque en el instante santo yo estoy más allá de su sueño, como estuvo Jesús.

(3:1-3) Si tú eres santo, también lo es todo lo que Dios creó. Tú eres santo porque todas las cosas que Él creó son santas. Y todas las cosas que Él creó son santas porque tú eres santo.

Si yo soy santo, también lo es todo lo que Dios creó, porque lo que Dios creó es Uno. Cuando leas frases preciosas e inspiradoras como estas, tienes que penetrar más allá de las palabras al significado, más allá de la *forma* al *contenido*. Si realmente crees lo que Jesús está diciendo, entonces, a lo largo del día debes intentar generalizar su significado a todas las cosas *sin excepción*. Al hacerlo, tienes que darte cuenta de que *no* crees que el Hijo de Dios es santo porque no crees que el Hijo de Dios es uno. Tienes que darte cuenta de que eliges creer que algunas personas son santas y otras no. Recuerda que tu juicio con respecto a cualquiera afecta directamente a tu juicio con respecto a ti mismo. Mantenerse vigilante significa prestar cuidadosa atención a lo que percibes fuera de ti, dándote cuenta de que eso es un espejo de lo que has hecho real dentro.

(3:4-5) En los ejercicios de hoy vamos a aplicar el poder de tu santidad a cualquier clase de problema, dificultad o sufrimiento que te venga a la mente, tanto si tiene que ver contigo como con otro. No haremos distinciones porque no hay distinciones.

Podemos ver, una vez más, por qué Jesús comienza *Un curso de milagros* con "No hay grados de dificultad en los milagros" (T-1.I.1:1). Esto es el alfa y el omega. La versión del ego es que hay una jerarquía de ilusiones (T-23.II.2:3), y esta es la razón por la que, en estas lecciones, Jesús nos instruye repetidamente que no hagamos ninguna distinción en lo que percibimos o pensamos. O bien todo es del ego o bien todo es del Espíritu Santo, y no hay nada entre medio. Como Jesús ha dicho hace un momento, o bien eres pecaminoso o estás libre de pecado. Es una cosa o la otra; este es el uso que la mente correcta hace de ese principio del ego.

Los párrafos 4 y 5 nos instruyen con respecto al ejercicio del día, enfocándose en la labor de elegir nuestro pensamiento de santidad de la mente correcta para resolver *todos* nuestros problemas. Es importante indicar que Jesús nos pide que no hagamos distinciones entre los problemas percibidos en nosotros mismos y en otros:

(4) En las cuatro sesiones de práctica más largas, que preferiblemente han de tener una duración de cinco minutos completos cada una, repite la idea de hoy, cierra los ojos, y luego escudriña tu mente en busca de cualquier sensación de pérdida o de cualquier clase de infelicidad tal como la percibas. Trata, en la medida de lo posible, de no hacer distinciones entre las situaciones que son difíciles para ti y las que son difíciles para otro. Identifica la situación específicamente, así como el nombre de la persona en cuestión. Usa el siguiente modelo al aplicar la idea de hoy:

> *En esta situación con respecto a ＿＿＿ en la que me veo envuelto, no hay nada que mi santidad no pueda hacer.*

> *En esta situación con respecto a ＿＿＿ en la que ＿＿＿ se ve envuelto, no hay nada que mi santidad no pueda hacer.*

Como su fuente sigue siendo la misma —la falta de santidad (culpa) en nuestras mentes— no importa dónde se perciba la proyección. No *existe* una jerarquía de ilusiones: la idea ilusoria de separación nunca ha abandonado su *fuente* ilusoria en la mente. Por eso las distinciones entre ilusiones —por ejemplo, cuerpos separados— en último término son irrelevantes. Este es el *contenido* que está más allá de la *forma* de la instrucción de Jesús de "no hacer distinciones entre las situaciones que son difíciles para ti y las que son difíciles para otro".

(5) De vez en cuando puedes variar este procedimiento si así lo deseas y añadir algunos de tus propios pensamientos que vengan al caso. Podrías, por ejemplo, incluir pensamientos tales como:

> *No hay nada que mi santidad no pueda hacer porque el Poder de Dios reside en ella.*

Introduce cualquier variación que quieras, pero mantén los ejercicios centrados en el tema: "No hay nada que mi santidad no pueda hacer". El propósito de los ejercicios de hoy es comenzar a

inculcarte la sensación de que tienes dominio sobre todas las cosas por ser Quien eres.

Jesús nos está pidiendo que continuemos con nuestra práctica de generalizar su lección a tantos pensamientos y situaciones como sea posible. La última frase hace referencia a la historia de Adán y Eva en el Génesis, en la que Dios da a Adán dominio sobre todas las cosas (Génesis 1:28), simbolizado por el mito en el que Adán da nombre a todas las cosas. Nombrar algo es un símbolo de tener poder sobre ello, un pensamiento al que retornaremos en la Lección 184. Jesús usa la misma idea aquí, aunque evidentemente él no está hablando de poder tal como el mundo lo contempla, sino que se refiere al poder del Amor de Dios: Su Unidad total. Así, tengo dominio sobre todas las cosas porque todas las cosas son yo. Recuerda, todo lo que percibo fuera no está ahí fuera en absoluto, sino que es una proyección o extensión de lo que primero he hecho real en mi mente. Tengo dominio sobre todas las cosas debido a lo que soy: la santidad de Cristo. Por lo tanto, todo lo que percibo separado de mí también debe ser santo; no porque su forma sea intrínsecamente santa, sino porque es una proyección de la mente que contiene santidad. Este importante concepto se expresa en la siguiente oración de Jesús en el Texto, dicha en nuestro nombre:

Te doy las gracias, Padre, sabiendo que sellarás cada diminuta brecha que se encuentra entre los fragmentos separados de Tu santo Hijo. Tu Santidad, absoluta y perfecta, mora en cada uno de ellos. Y están unidos porque lo que mora en uno solo de ellos mora en todos ellos. ¡Cuán sagrado es el más diminuto grano de arena cuando se reconoce que forma parte de la imagen total del Hijo de Dios! Las formas que los diferentes fragmentos parecen adoptar no significan nada, pues el Todo reside en cada uno de ellos. Y cada aspecto del Hijo de Dios es exactamente igual a todos los demás (T-28.IV.9).

Si me siento tentado a no verte como santo, sino como una entidad separada de mí —que tiene algo que yo quiero o que tiene poder sobre mí— esta percepción errónea representa una opción *anterior* de mantener mi santidad separada de *mí*. Habría hecho esta elección por miedo a que, en mi santidad, toda individualidad y especialismo desaparecerían. En otras palabras, el poder está en nuestras mentes porque no hay nada fuera de ellas. Ese poder reside en la capacidad de nuestro tomador de decisiones de elegir el Amor de Dios o de atacarlo. No *hay* ningún otro poder en el mundo.

La lección concluye con Jesús pidiéndonos de nuevo que apliquemos el pensamiento del día a cualquier forma *específica* de disgusto:

(6) En las aplicaciones cortas y más frecuentes, aplica la idea en su forma original, a no ser que surja o te venga a la mente algún problema en particular que tenga que ver contigo o con otra persona. En ese caso, usa la forma más específica.

Como hemos señalado y continuaremos señalando, estos ejercicios no tienen valor si no aprendemos a generalizar sus principios a todas las situaciones en las que nos encontramos: grandes o pequeñas, placenteras o dolorosas. Debemos aprender que todos los problemas son el mismo, puesto que comparten la fuente común de la separación o falta de santidad. Cuando se llevan ante la Expiación —el pensamiento de santidad en nuestras mentes— no pueden sino desaparecer.

LECCIÓN 39

Mi santidad es mi salvación.

(1:1) Si la culpa es el infierno, ¿cuál es su opuesto?

Hay dos formas de responder a esta cuestión. A un nivel, que es el más evidente, la respuesta es el título de la lección: el opuesto de la culpa es la santidad, y el opuesto del infierno es la salvación. No obstante, como veremos en el segundo párrafo, otro opuesto de *la culpa es el infierno* es que *la culpa es el cielo*.

(1:2) Al igual que el texto para el que este libro de ejercicios fue escrito, las ideas que se usan en los ejercicios son muy simples, muy claras y están totalmente exentas de ambigüedad.

Esto no es lo que la mayoría de los estudiantes de *Un curso de milagros* creen con respecto al Texto. El problema es que una vez que entiendes lo que el Curso está diciendo, lo cual significa que has dejado a un lado la culpa, el especialismo y la inversión en ser un individuo, lo que queda es la simple verdad. Entonces lees *Un curso de milagros* en ese estado mental y siempre es "simple… claro y… exento de ambigüedad". Lo que hace que sea difícil de entender no es el lenguaje, el verso pentamétrico yámbico (en la versión inglesa) ni cualquier otro aspecto de su forma, sino que no estás dispuesto a entenderlo. Esto no tiene la intención de ser un ataque ni una condena, simplemente un medio de ayudarte a entender por qué te resulta tan difícil de comprender, por no hablar de practicarlo. Mientras sigas con la intención de mantener tu mente escondida, de hacer que el cuerpo sea real y des suma importancia a la individualidad, encontrarás que lo que este curso dice es terriblemente amenazante. Entonces será inevitable que la defensa natural contra la amenaza que percibes sea oscurecer lo que dice.

No puedes entender *Un curso de milagros* sin dejar primero que entre en ti. Una vez que lo haces, descubres que cuando lees algo que hace una semana, un mes o un año no tenía sentido, las palabras saltan repentinamente de la página y "están totalmente libres de ambigüedad". Cuando Jesús nos dice aquí —tal como lo hace en muchos otros lugares— que este curso es simple y claro, no está siendo travieso, ni está burlándose de ti. Simplemente está diciendo que, si no es claro para ti, se debe a que te estás defendiendo de él; esta es una declaración pensada originalmente para Helen:

> Este curso es muy claro. Si no lo ves así es porque estás haciendo interpretaciones contra él y, por lo tanto, no crees lo que dice. Y puesto que lo que crees determina tu percepción [una referencia a la *proyección da lugar a la percepción*], no percibes el significado del curso y, consecuentemente, no lo aceptas (T-11.VI.3:1-3).

(1:3-4) No estamos interesados en proezas intelectuales ni en juegos de lógica. Estamos interesados únicamente en lo que es muy obvio, lo cual has pasado por alto en las nubes de complejidad en las que crees que piensas.

Hasta aquí nuestros santos y brillantes pensamientos que pensamos que estamos pensando. Pero ya hemos aprendido que no estamos pensando en absoluto. Más bien, estos pensamientos "profundos" no son sino sombras del pensamiento de miedo en la mente. La dinámica subyacente aquí es nuestro miedo a la claridad de *Un curso de milagros,* lo que da lugar a la defensa de la complejidad. Esto hace que sus simples verdades sean temporalmente inaccesibles para nosotros.

Las enseñanzas del Curso brillan en nuestras mentes como el sol, y nos da tanto miedo la luz que rápidamente producimos nubes, más nubes, y todavía más nubes. Estas defensas, que en otra parte se describen como símbolos de culpa (T-13.IX) o "pantallas de humo" (L-pI.133.12:3), nos "protegen" de la luz de la verdad procedente del "sol". Así, en el contexto de este pasaje, las nubes representan nuestras cavilaciones intelectuales, todas ellas diseñadas, bajo la racionalización de buscar la comprensión, para defendernos de la simplicidad de las enseñanzas. Al final, la simplicidad de la verdad solo puede ser experimentada, no comprendida a través del cerebro. Esto es lo que Jesús explica en el Texto sobre la complejidad:

La complejidad forma parte del ámbito del ego y no es más que un intento por su parte de querer nublar lo que es obvio (T-15.IV.6:2).

La complejidad no forma parte de Dios. ¿Cómo podría formar parte de Él cuando solo conoce lo que es Uno? Él solamente conoce una sola Creación, una sola Realidad, una sola Verdad y un solo Hijo. Nada puede estar en conflicto con lo que es uno solo. ¿Cómo iba a poder haber complejidad en Él? (T-26.III.1:1-5)

(2:1-4) Si la culpa es el infierno, ¿cuál es su opuesto? Esta, sin duda, no es una pregunta difícil. La vacilación que tal vez sientas al contestarla no se debe a la ambigüedad de la pregunta. Pero, ¿crees acaso que la culpa es el infierno?

Este es el problema. Nosotros creemos que la culpa es el *cielo*, pero no somos conscientes de esa creencia. Hay una subsección de "Los obstáculos a la paz" llamada "La atracción de la culpabilidad" (T-19.IV-A.i), en la que Jesús se refiere específicamente a nuestra atracción a ver la culpa en otras personas. No obstante, es obvio que si la veo en otros es porque quiero conservarla real en mí mismo. Ese es el problema. Creemos que la culpabilidad es el cielo y la santidad es la condenación. En el Texto, Jesús dice que nuestro verdadero temor no es a la crucifixión, sino a la redención (o santidad) (T-13.III.1:10-11). En presencia de esta santidad —el principio de Expiación que es nuestra redención— nuestro autoconcepto de individualidad desaparece: nuestro ego se va, así como nuestros problemas y sus falsas soluciones. No queda nada sino la luz de la verdad, que es lo que verdaderamente nos atemoriza. Ese es el problema.

La culpa preserva nuestra individualidad porque nos dice que no miremos nunca dentro de nuestras mentes; nuestra culpa y autoodio son tan abrumadores que, si nos acercamos a ellos, seremos destruidos. Así, siguiendo la estrategia del ego que delineamos en el Preludio, fabricamos un mundo y un cuerpo para esconder la "horrible verdad" con respecto a nosotros mismos. Esta dinámica, que revela el verdadero propósito del cuerpo, se articula con la máxima claridad en el siguiente pasaje del Texto. Retornaremos ocasionalmente a algunas partes de él, pero aquí está el pasaje en su totalidad. He puesto los nombres apropiados allí donde los pronombres podrían resultar confusos.

> El círculo de temor yace justo debajo del nivel que el cuerpo percibe y aparenta ser la base sobre la que el mundo descansa. Ahí [en el mundo] se encuentran todas las ilusiones, todos los pensamientos distorsionados, todos los ataques dementes, la furia, la venganza y la traición que se concibieron para conservar la culpa intacta, de modo que el mundo pudiera alzarse desde ella [la culpa] y mantenerla oculta. Su sombra [de la culpa] se eleva hasta la superficie, lo suficiente para poder conservar sus manifestaciones [de la culpa] más externas en la oscuridad y para causarle al mundo desesperación y soledad, y mantenerlo en la más profunda tristeza. La intensidad de la culpa, no obstante, está velada tras pesados cortinajes, y se mantiene aparte de lo que se concibió para ocultarla. El cuerpo es incapaz de ver esto [la culpa], pues surgió de ello [de la culpa] para ofrecerle protección, la cual depende de que esto [la culpa] no se vea. Los ojos del cuerpo nunca lo [la culpa] verán. Pero verán lo que [la culpa] dicta.
>
> El cuerpo seguirá siendo el mensajero de la culpa y actuará tal como ella le dicte mientras tú sigas creyendo que la culpa es real. Pues la supuesta realidad de la culpa es la ilusión que hace que parezca ser densa, opaca e impenetrable, y la verdadera base del sistema de pensamiento del ego. Su delgadez y transparencia [de la culpa] no se vuelven evidentes hasta que ves la luz que yace tras ella [la culpa]. Y ahí, ante la luz, la ves [la culpa] como el frágil velo que es (T-18.IX.4-5).

Así, nosotros no somos conscientes de que la culpa es la elección que hacemos para preservar nuestra individualidad, fabricando pensamientos imaginarios que la equiparan [la individualidad] con el pecado y la culpa, que merecen castigo. Todo esto queda protegido por el mundo y el cuerpo, que mantienen oculto el horror de nuestra culpa. Entonces, cuando Jesús pregunta: "¿Crees que la culpabilidad es el infierno?", respondemos enfáticamente: "No". La prueba de que hemos respondido así es que estamos aquí como cuerpos y personalidades. Jesús sabe que esto es un hecho en el universo perceptual, y queda evidenciado en lo que dice a continuación:

(2:5-6) Si lo creyeras [que la culpa es el infierno], verías de inmediato cuán directo y simple es el texto, y no necesitarías un libro de ejercicios en absoluto. Nadie necesita practicar para obtener lo que ya es suyo.

Esta es la réplica de Jesús cuando dices que no puedes entender su curso, que es demasiado complicado, difícil o complejo. Él te está diciendo que eso *no* es el problema. Al decir —y esta es una línea que ya hemos citado— "Y Dios piensa de otra manera" (T-23.I.2:7), Jesús te dice: "*Yo* pienso de otra manera". El problema es que tú crees que la culpa es el cielo, y no crees que la culpa es el infierno y que tu santidad es tu salvación. Está claro que aquí Jesús no está atacando ni juzgando a nadie. Más bien te dice: "No serás capaz de aprender este curso mientras no escuches lo que te estoy diciendo, que es que no quieres aprender este curso. Tráeme a mí tu miedo a aprender para que pueda enseñarte que *Un curso de milagros* te ayudará y no te hará daño. El amor no te abandonará ni te traicionará ni te crucificará, simplemente te aceptará como el Cristo que eres. Es a ese amor al que le tienes miedo."

Este pasaje también apela a nuestra humildad. Jesús nos informa amablemente de que todavía somos niños espirituales, bebés en el bosque del ego que necesitamos a un hermano mayor sabio que nos dé su mano amable y nos guíe. Mientras nos identifiquemos con nuestro yo físico y psicológico, necesitaremos *Un curso de milagros* como el medio mediante el cual Jesús nos guíe a través de los oscuros matorrales del sistema de pensamiento del ego, hacia la luz de la verdad que brilla justo más allá de ellos. Solo la arrogancia del ego nos haría creer que estamos más allá de necesitar dicha ayuda.

(3:1-3) Hemos dicho ya que tu santidad es la salvación del mundo. ¿Y qué hay de tu propia salvación? No puedes dar lo que no tienes.

El mundo no es más que un espejo de lo que tú crees ser; y, por lo tanto, la salvación del mundo y la tuya son idénticas.

Tener y *dar, dar* y *recibir, tener* y *ser,* todos ellos se equiparan en el Curso (véase, por ejemplo,T-6.V), y por lo tanto son lo mismo. Si la realidad del amor, que es la *única* realidad, es la unidad perfectamente indiferenciada y nada más, entonces lo que *tengo* es lo que *soy,* y lo que *doy* es lo que *recibo*: una vez más, son lo mismo. Los cuatro son sinónimos con la dinámica que dice que el amor es, y que no hay nada más. En este mundo, por supuesto, *tener, ser, dar* y *recibir* están separados. Si yo te doy algo, dejo de tenerlo. Estas frases, además, resaltan la necesidad de que aceptemos la Expiación para nosotros mismos, no para algún otro. No puedo ser de ayuda para otros si sigo siendo un *sanador no sanado* (T-9.V). Las líneas siguientes dejan esto claro:

(3:4-5) Un salvador tiene que haberse salvado. ¿De qué otro modo, si no, podría enseñar lo que es la salvación?

En *Un curso de milagros* nada tendrá sentido para ti —intelectual o experiencialmente— a menos que te des cuenta de que todo es uno: tanto dentro del sueño del ego como en el Cielo. La culpa que está en tu mente errónea es la misma culpa que está en todos. E igual ocurre en tu mente correcta: si perdonas a una persona, las perdonas a todas, porque todas son lo mismo. El perdón debe comenzar y acabar allí donde es necesario: en nuestras mentes, donde se hizo la elección original a favor de la culpa. Ya hemos visto que, a medida que aceptamos la salvación para nosotros mismos, se extiende automáticamente a través de nosotros para abrazar a la Filiación como uno.

(3:6) Los ejercicios de hoy van dirigidos a ti, en reconocimiento de que tu salvación es crucial para la salvación del mundo.

No tengo que preocuparme de salvar al mundo o de mejorar una condición terrible, sea global o personal. Solo tengo que "preocuparme" de salvarme a mí mismo, lo que significa pedir a Jesús que me ayude a mirar de otra manera a mis decisiones y pensamientos equivocados.

(3:7) A medida que apliques los ejercicios a tu mundo, el mundo entero se beneficiará.

Por supuesto, esto no tiene sentido desde el punto de vista del mundo. Así, cuando los estudiantes hacen esta lección pensando todavía que son personas reales, viviendo en un mundo al que pueden salvar, malinterpretan la enseñanza de Jesús de que el mundo no existe, a la que se dará atención detallada más adelante en el Libro de ejercicios (Lección 132). Aquí, Jesús está enseñando que, si me salvo a mí mismo y lo tomo a él como maestro en lugar de al ego, el mundo entero también se salva. La unidad del mundo refleja la unidad de nuestras mentes, una unidad que permanece en unidad consigo misma, puesto que *las ideas no abandonan su fuente*.

(4:1-2) Tu santidad es la respuesta a toda pregunta que alguna vez se haya hecho, se esté haciendo ahora o se haga en el futuro. Tu santidad significa el fin de la culpa y, por ende, el fin del infierno.

De esto es de lo que tenemos miedo, y por lo tanto elegimos ser impíos. Cuando atacamos a otro, bien sea con nuestros pensamientos, palabras o acciones, tratamos de probar que somos impíos y que no merecemos amor. Es muy simple. Solo hay una motivación específica: seguir siendo culpable. Si eres culpable, tú tienes razón y Jesús está equivocado, porque él te dice que eres santo. Entonces, esta es la respuesta del ego a su "ataque": "¡Te voy a enseñar! Mira lo que estoy haciendo o pensando. Mira lo que no estoy haciendo o lo que no estoy pensando." Tienes que entrar en contacto con la motivación subyacente que quiere demostrar que la culpa no es el infierno sino el cielo. Una vez que estás atrapado en el remolino de la culpa, tu sistema de pensamiento evoluciona rápidamente hasta querer que la culpa resida en otro y no en ti. Tal proyección es el cielo del ego, puesto que protege la falta de perdón hacia nosotros mismos (L-pII.1.2), y por lo tanto protege nuestras identidades individuales y llenas de culpa.

Preservar esa identidad es la motivación última de nuestros pensamientos de juicio y ataque.

(4:3) Tu santidad es la salvación del mundo, así como la tuya.

¿Por qué? Porque son exactamente lo mismo: *las ideas no abandonan su fuente.*

(4:4-6) ¿Cómo podrías tú —a quien le pertenece tu santidad— ser excluido de ella? Dios no conoce lo profano. ¿Sería posible que Él no conociese a Su Hijo?

Habiendo establecido firmemente esto en el Texto (por ejemplo, T-4.I.2:6,11-12; II.8:6-7), lo que Jesús dice aquí implica claramente que Dios no sabe de este mundo. Este es un mundo impío procedente de un pensamiento impío, y Dios no conoce a su Hijo en un estado impío. Si lo conociera, el estado impío sería real y la dualidad sería la verdad del Reino. Aunque el ego se siente furioso cuando se le dice que Dios no sabe de él, en verdad este es el pensamiento más reconfortante de todos. Si Dios no sabe de ti, entonces tú —el Hijo de Dios separado— no existes. Pero lo que Dios conoce sí que existe: el Ser que *verdaderamente* eres.

(5) Se te exhorta a que dediques cinco minutos completos a cada una de las cuatro sesiones de práctica más largas de hoy, y a que esas sesiones sean más frecuentes y de mayor duración. Si quieres exceder los requisitos mínimos, se recomienda que lleves a cabo más sesiones en vez de sesiones más largas, aunque sugerimos ambas cosas.

Una vez más, vemos que Jesús nos anima amablemente y nos guía hacia delante en nuestra práctica. Está claro que quiere que pensemos en él y en su mensaje con toda la frecuencia posible a lo largo del día, y sin embargo no quiere que nos sintamos coaccionados, porque la coerción solo refuerza el temor.

(6) Empieza las sesiones de práctica como de costumbre, repitiendo la idea de hoy para tus adentros. Luego, con los ojos cerrados, explora tu mente en busca de pensamientos que no sean amorosos en cualquiera de las formas en que puedan presentarse: desasosiego,

depresión, ira, miedo, preocupación, ataque, inseguridad, etc. No importa en qué forma se presenten, no son amorosos y, por lo tanto, son temibles. De ellos, pues, es de los que necesitas salvarte.

Esta es una afirmación sorprendente e inequívoca de que solo necesitas ser salvado de tus pensamientos. El problema es que no los conocemos porque pensamos que nuestros pensamientos han huido y existen fuera de nosotros. Por eso he venido haciendo énfasis en que Jesús resalta la necesidad de buscar en nuestras mentes. Ciertamente, uno de los temas más importantes de estas lecciones es mirar en nuestras mentes en busca de pensamientos no amorosos. Ocasionalmente Jesús nos pide que busquemos pensamientos amorosos, como ocurrirá en breve, pero, en general, hace énfasis en los pensamientos no amorosos porque ellos son el problema. Son ellos los que necesitamos llevar ante la luz de la verdad. Una vez que su oscuridad se disipa, los pensamientos amorosos simplemente *son*.

(7) Todas las situaciones, personalidades o acontecimientos específicos que asocies con pensamientos no amorosos de cualquier clase constituyen sujetos apropiados para los ejercicios de hoy. Es imperativo para tu salvación que los veas de otra manera. Impartirles tu bendición es lo que te salvará y lo que te dará la visión.

Esta es una afirmación muy fuerte: "Es imperativo para tu salvación que los veas de otra manera." ¿Cómo puedes verlos de otra manera si no los ves en absoluto? Por eso tienes que buscar en tu mente los pensamientos no amorosos. Jesús ya te ha dicho que entiende que tú no entiendes de qué está hablando. Además, ciertamente tú no aceptas sus enseñanzas porque no crees que la culpa sea el infierno. La idea que aquí se presenta, por lo tanto, es no *pretendas* ser un estudiante maravilloso que se cree todo lo que dicen estas lecciones. Lo que hace de ti un estudiante maravilloso de *Un curso de milagros* es perdonarte por *no* creer todo lo que viene aquí. Recuerda: la idea es llevar nuestros pensamientos no amorosos ante su amor para que él pueda reinterpretarlos para nosotros. Por eso nuestro reconocimiento y aceptación de su presencia —en nuestras mentes— es tan esencial para nuestra sanación y salvación.

(8) Lentamente, sin hacer una selección consciente y sin poner un énfasis indebido en ninguno en particular, escudriña tu mente en busca de todos aquellos pensamientos que se interponen entre tu salvación y tú. Aplica la idea de hoy a cada uno de ellos de esta manera:

> *Mis pensamientos no amorosos acerca de _____ me mantienen en el infierno. Mi santidad es mi salvación.*

A esto se refiere Jesús en el Texto cuando dice, volviendo a citar esta importante declaración:

> Tu tarea no es ir en busca del amor, sino simplemente buscar y encontrar todas las barreras dentro de ti que has levantado contra él (T-16.IV.6:1).

Este aspecto de nuestro proceso de perdón es tan esencial que casi podría repetirse en cada lección. Tenemos que mantenernos continuamente vigilantes ante nuestros pensamientos no amorosos, a fin de llevarlos ante la Presencia de Amor en nuestras mentes, que los disipa amablemente con su resplandor. Nuestra tarea, una vez más, solo es buscar y encontrar; la labor de retirarlos pertenece al Espíritu Santo.

El resto de la lección contiene más guía e instrucciones para la práctica del día. Nota especialmente estos amables recordatorios de que solo somos, después de todo, principiantes en el viaje:

(9) Quizá estas sesiones de práctica te resulten más fáciles si las intercalas con varias sesiones cortas en las que simplemente repites muy despacio la idea de hoy varias veces en silencio. Te puede resultar útil asimismo incluir unos cuantos intervalos cortos en los que sencillamente te relajas y no pareces estar pensando en nada. Mantener la concentración es muy difícil al principio. Sin embargo, se irá haciendo cada vez más fácil a medida que tu mente se vuelva más disciplinada y menos propensa a distraerse.

"La concentración mantenida" se convierte en una de las características de nuestro estado de aprendizaje más avanzado, cuando somos capaces de pensar de manera consistente en Jesús y en su mensaje de perdón. La consecución del mundo real, el objetivo último de *Un curso de milagros*, llega cuando la concentración mantenida se hace permanente: la corrección de la mente correcta deshace el problema de la mente errónea, dejando que solo el recuerdo de Dios amanezca en nuestras mentes sanadas y santas.

(10) Mientras tanto, debes sentirte en libertad de introducir variedad en las sesiones de práctica en cualquier forma que te atraiga hacerlo. Mas no debes cambiar la idea en sí al variar el método de aplicación. Sea cual sea la forma en que elijas usarla, la idea debe expresarse de tal manera que su significado sea el hecho de que tu santidad es tu salvación. Finaliza cada sesión de práctica repitiendo una vez más la idea en su forma original y diciendo:

Si la culpa es el infierno, ¿cuál es su opuesto?

Jesús introduce la idea de que podemos ser flexibles en nuestra práctica, un intento obvio de ayudarnos a iniciar el proceso de generalizar las lecciones específicas a *todas* las situaciones y circunstancias. Al instruirnos que *no* cambiemos la idea, también está introduciéndonos amablemente a la idea de *forma* y *contenido*; podemos variar la *forma* en que expresamos el perdón o el amor, siempre que el *contenido* permanezca igual.

El último párrafo nos anima a hacernos cada vez más conscientes a lo largo del día, así como a aplicar la idea del día a las tentaciones de escuchar a la doctrina de culpa del ego:

(11) En las aplicaciones más cortas, que deben llevarse a cabo unas tres o cuatro veces por hora o incluso más si es posible, puedes hacerte a ti mismo esa pregunta o repetir la idea de hoy, pero preferiblemente ambas cosas. Si te asaltan tentaciones, una variación especialmente útil de la idea es:

Mi santidad es mi salvación de esto.

En la medida en que podamos responder rápidamente a las tentaciones de nuestro ego de sentir culpa o ira, en esa medida progresaremos hacia el objetivo de saber que nuestra santidad es nuestra salvación y que *somos* santos.

LECCIÓN 40

Soy bendito por ser un Hijo de Dios.

(1:1) Comenzamos hoy a afirmar algunas de las bienaventuranzas a las que tienes derecho por ser Quien eres.

En estas primeras lecciones, como ya hemos comentado anteriormente, Jesús deja claro que nuestras mentes están divididas, una parte de ellas adora la culpa y los pensamientos de ataque, mientras que la otra contiene el recuerdo de Quiénes somos verdaderamente. Empezando en esta lección y continuando en las diez siguientes, Jesús da un respiro a nuestros egos al hablar casi exclusivamente sobre el otro lado —"las bienaventuranzas a las que tienes derecho"—: nuestras mentes correctas.

(1:2-6) Hoy no se requieren largas sesiones de práctica, sino muchas cortas y frecuentes. Lo ideal sería una cada diez minutos, y se te exhorta a que trates de mantener este horario y a adherirte a él siempre que puedas. Si te olvidas, trata de nuevo. Si hay largas interrupciones, trata de nuevo. Siempre que te acuerdes, trata de nuevo.

Así, los ejercicios de hoy representan un alejamiento de los anteriores debido a la ausencia de un periodo largo para el ejercicio. Además, Jesús continúa con sus exhortaciones intensas pero amables de que sigamos intentando recordar —con tanta frecuencia como podamos a lo largo de cada hora— sin convertir nuestro olvido en un pecado. Es muy evidente que él sabe que nos olvidaremos.

El párrafo siguiente es extremadamente importante porque nos ayuda a reconocer que estos ejercicios deben aplicarse todo el tiempo, tanto si estamos meditando en una habitación tranquila como ocupados con algo. *No tenemos que cerrar los ojos para acordarnos de Dios y de Su Hijo:*

(2) No es preciso que cierres los ojos durante los ejercicios, aunque probablemente te resultará beneficioso hacerlo. Mas puede que durante el día te encuentres en situaciones en las que no puedas

cerrar los ojos. No obstante, no dejes de hacer la sesión por eso. Puedes practicar muy bien en cualquier circunstancia, si realmente deseas hacerlo.

Así, sin importar dónde estés durante el día —conduciendo tu coche, comiendo con un amigo, tranquilo en soledad, ocupado en el trabajo— puedes recordar la lección de hoy.

(3) Los ejercicios de hoy no requieren ningún esfuerzo ni mucho tiempo. Repite la idea de hoy y luego añade varios de los atributos que asocias con ser un Hijo de Dios, aplicándotelos a ti mismo. Una sesión de práctica, por ejemplo, podría consistir en lo siguiente:

Soy bendito por ser un Hijo de Dios.

Soy feliz y estoy en paz: soy amoroso y estoy contento.

Otra podría ser, por ejemplo:

Soy bendito por ser un Hijo de Dios.

Estoy calmado y sereno; me siento seguro y confiado.

Si solo dispones de un momento, basta con que simplemente te digas a ti mismo que eres bendito por ser un Hijo de Dios.

Jesús está pidiéndonos que tomemos la afirmación general de nuestra identidad y que la hagamos más específica, haciéndola así más personal para nosotros. La última línea de la lección reitera que no necesitamos un lugar sereno ni reservar un tiempo concreto para recordar.

Lo que subyace a la enseñanza de Jesús aquí es que necesitaremos un tiempo y un lugar —es decir, rituales— mientras estemos identificados con nuestros cuerpos. Pero, como la enseñanza última de Jesús es que somos mentes, deshacernos de nuestra dependencia de lo externo es un paso importante hacia la eventual identificación con la mente: la fuente de nuestra bendición, así como el lugar de nacimiento de nuestra resistencia a aceptar Quiénes somos verdaderamente.

LECCIÓN 41

Dios va conmigo dondequiera que yo voy.

Evidentemente este es un pensamiento feliz, y de manera igualmente obvia Jesús no está hablando de un Dios literal y físico que camina con nosotros, lo que me recuerda la canción de la película *El príncipe estudiante*, "Camino con Dios". Aquí Jesús nos está diciendo que el recuerdo de Dios está en nuestras mentes —el hogar del Espíritu Santo— y así siempre está con nosotros. En este sentido, Dios está ciertamente con nosotros dondequiera que vamos. Esto se hará más evidente a medida que hagamos la lección.

(1) Con el tiempo, la idea de hoy desvanecerá por completo la sensación de soledad y abandono que experimentan todos los que se consideran separados. La depresión es una consecuencia inevitable de la separación, como también lo son la ansiedad, las preocupaciones, una profunda sensación de desamparo, la infelicidad, el sufrimiento y el intenso miedo a perder.

Lo que reaparece aquí es el importante tema de *causa y efecto*. Aunque estas palabras no se usan de manera específica, la enseñanza de Jesús puede verse como un reflejo de este tema. Todos nuestros problemas son lo mismo y vienen de una *causa*: creer que nos hemos separado de Dios. Los efectos de este error son la preocupación, la depresión, la desdicha, el sufrimiento, y el miedo a perder. Ya hemos comentado antes que el mundo existe para proporcionarnos causas para nuestra angustia, que solo disfrazan la verdadera causa. Nuestros egos son increíblemente habilidosos para esconder la verdad, y nos llevan a estar seguros de que sabemos cuáles son las causas de nuestra infelicidad: cualquier cosa menos la decisión de la mente a favor de la culpa.

Así, si yo sé que "Dios va conmigo dondequiera que yo voy" porque Él está en mi mente, eso significa que yo no Lo he abandonado y que Él no me ha abandonado a mí. Además, eso significa que yo no Lo he matado, y tampoco me he separado de Él. Si acepto esta verdad de la Expiación, no puedo estar deprimido, solitario, ansioso o temeroso, puesto que estos estados proceden de la culpa, la cual, sin la creencia en la separación, no puede existir. La manera de darme cuenta de mi creencia en la separación es tomar conciencia de mis sentimientos de ansiedad, preocupación e infelicidad. Por eso es esencial no tapar las experiencias negativas. Si lo hacemos, literalmente no hay esperanza, la cual reside en reconocer en primer lugar nuestra incomodidad y desesperación, y después en darnos cuenta de que estas son simplemente los efectos del pensamiento de que Dios *no* va donde quiera que nosotros vamos porque Le matamos. Este pensamiento pecaminoso representa una decisión que ahora puede ser felizmente revocada.

Tienes que aprender que estabas equivocado, y ahora quieres ser un alumno feliz; te sientes feliz de haber estado equivocado, y no feliz por haberte probado que tenías razón (T-29.VII.1:9). Esta es una idea que no puede dejar de citarse con frecuencia. Si tienes una inversión en tener razón, nunca serás feliz. Tal vez tengas razón hoy, pero el "tener razón" (o inocencia) que robaste a algún otro te será vuelto a robar con ira por aquel de quien lo tomaste. La única manera de que verdaderamente tengas razón es saber que Dios está contigo dondequiera que vas, lo que significa que todo lo que el ego te ha enseñado es una mentira. Tú no te *separaste* de Dios porque no *pudiste*.

(2:1-2) Los que se consideran separados han inventado muchos "remedios" para lo que, según ellos, son "los males del mundo": Pero lo único que no han hecho ha sido cuestionar la realidad del problema.

"Males del mundo" está entre comillas porque "no hay males en el mundo". Puesto que no hay mundo, ¿cómo podría haber males? Solo hay un pensamiento enfermo. "Remedios" también está entre comillas porque no puedes remediar un problema que no existe. El verdadero problema es la separación, y si no reconocemos que este pensamiento es la causa de nuestros problemas, ¿cómo podríamos cuestionarlo, por no hablar de cambiarlo? El ego nos ha convencido de que la separación es real, y este es un pensamiento tan horrible que no podemos volver a mirarlo, bajo pena de ser destruidos. Como Jesús explica en el Texto:

> [El ego] te pide imperiosamente que no mires dentro de
> ti, pues si lo haces tus ojos se posarán sobre el pecado y
> Dios te cegará. Esto es lo que crees, por lo tanto, no miras
> (T-21.IV.2:3-4).

Así, el ego nos aconseja que salgamos corriendo de la mente, el
hogar del pensamiento de separación, y que erijamos una defensa
tras otra, que pongamos muro sobre muro, todos los cuales sirven
al propósito de enraizar nuestra atención en el mundo del cuerpo.
Así estamos protegidos de cuestionar la aparente realidad de la
afirmación: "Estoy separado de Dios". Mientras nos mantengamos
en un estado *sin mente*, nunca podremos cuestionar verdaderamente "la realidad del problema", que permanece siempre en su
fuente: la *mente*.

**(2:3) Los efectos de este [el problema], no obstante, no se pueden
sanar porque el problema no es real.**

Nuestros intentos de curar un problema en el mundo, tanto en
nuestros mundos personales como en el mundo en general, nunca
tendrán éxito. Tal vez los síntomas desaparezcan temporalmente,
pero nosotros todavía creeremos que el problema —la *causa*— es
real. Mientras lo hagamos, la culpa como causa continuará gene-
rando síntomas —*la sustitución de síntomas* de Freud— que nos
afectarán. Sin embargo, a pesar de que el dolor de los síntomas
exige atención constante, su causa subyacente continúa sin ser
notada, y el ego continúa reinando triunfante hasta que podamos
exclamar: "¡Tiene que haber otra manera!" Finalmente, nuestro
maestro nos ayuda a ir más allá del efecto a la causa, para que
pueda ser cambiada.

**(2:4-5) La idea de hoy tiene el poder de acabar con todo este
desatino para siempre. Pues eso es lo que es, un desatino, por muy
serias y trágicas que parezcan ser sus manifestaciones.**

Es importante que Jesús no usa la palabra *pecaminoso*; simplemente dice que es *desatinado*. Lo que él expresa aquí es idéntico
a lo que enseña en "El héroe del sueño", donde dice que nuestro
problema es que nos olvidamos de reírnos de la diminuta idea loca,

y que el Espíritu Santo mira a nuestras preocupaciones y se ríe de ellas, no de manera burlona, sino con la amabilidad de saber que los disgustos no son reales. Este tema es recurrente a lo largo de *Un curso de milagros*, pero el pasaje siguiente del final del Capítulo 27 es representativo:

> El Espíritu Santo, sonriendo dulcemente, percibe la causa y no presta atención a los efectos. ¿De qué otra manera podría corregir tu error, cuando has pasado por alto la causa enteramente? Él te exhorta a que lleves todo efecto temible ante Él para que juntos miréis su descabellada causa y os riáis juntos por un rato. *Tú* juzgas los efectos, pero *Él* ha juzgado la causa. Y mediante Su juicio se eliminan los efectos. Tal vez vengas con los ojos arrasados en lágrimas, mas óyele decir: "Hermano mío, santo Hijo de Dios, contempla tu sueño fútil en el que solo algo así podría ocurrir." Y saldrás del instante santo riendo, con tu risa y la de tu hermano unida a la de Él (T-27.VIII.9).

Más adelante en el Libro de ejercicios examinaremos el uso de la metáfora de los *juguetes* para describir la naturaleza aparentemente colosal del pecado, que solo sirve para ocultar su desatino innato.

(3) En lo profundo de tu interior yace todo lo que es perfecto, presto a irradiar a través de ti sobre el mundo. Ello sanará todo pesar y dolor, todo temor y toda sensación de pérdida porque curará a la mente, que pensaba que todas esas cosas eran reales y que sufría debido a la lealtad que les tenía.

Si yo sé que Dios va conmigo, que a través del Espíritu Santo Su Amor está siempre conmigo, me doy cuenta de que todo lo que había creído y percibido no es verdad. Una vez más, ese es el miedo: si mis creencias y percepciones no son verdad, entonces *yo* tampoco soy verdad. Así, me aferro inconscientemente a la creencia de que la culpa es el cielo, porque demuestra que yo existo, el *yo* que pienso que soy.

(4) Jamás se te puede privar de tu perfecta santidad porque su Fuente va contigo dondequiera que tú vas. Jamás puedes sufrir porque la Fuente de toda dicha va contigo dondequiera que tú vas. Jamás puedes estar solo porque la Fuente de toda vida va contigo dondequiera que tú vas. Nada puede destruir tu paz mental porque Dios va contigo dondequiera que tú vas.

A Jesús le gustaría que vieras lo firme y tercamente que tratas de probar que estas afirmaciones están equivocadas, y que tus creencias están en lo cierto. Haces esto demostrando que el mundo es hostil, amenazador y pecaminoso, o que *tú* eres hostil, amenazador y pecaminoso. No importa cuál de los dos. Es extremadamente útil examinar cómo te defiendes de esta verdad afirmando continuamente que tú tienes razón y tratando de probarlo. También es crucial que reconozcas que no crees en las palabras de Jesús, como te va a decir en la frase siguiente.

Un punto más antes de pasar a lo siguiente: si aceptáramos como verdad las preciosas afirmaciones que vienen en el párrafo anterior, nuestra culpa no podría ir a ninguna parte y solo podría quedarse dentro de nuestras mentes, donde el ego nos ha dicho que nos espera una muerte cierta a manos de un dios vengativo, empeñado en destruirnos. Nuestro sufrimiento e infelicidad proyectados *afuera* protegen este terrible pensamiento *dentro*. Es esta necesidad de protegernos la que provoca la resistencia a aceptar las reconfortantes palabras de Jesús.

(5:1-2) Comprendemos que no creas nada de esto. ¿Cómo ibas a creerlo cuando la verdad se halla oculta en lo profundo de tu interior, bajo una pesada nube de pensamientos dementes, densos y turbios que representan, no obstante, todo lo que ves?

¿Cómo podrías entender esto cuando todavía crees que hay un *tú* leyendo estas palabras? ¿Cómo podrías entender cuando sigues preocupado por tu especialismo, individualidad y problemas? Una vez más, vemos la naturaleza *intencional* de nuestros pensamientos dementes, que nos llevan a nuestras percepciones dementes: ellos mantienen escondida la verdad que ciertamente nos liberaría del sistema de pensamiento del ego basado en el miedo, el odio y el sufrimiento.

(5:3) Hoy intentaremos por primera vez atravesar esa oscura y pesada nube, y llegar a la luz que se encuentra más allá.

Jesús volverá a usar esta forma en la Lección 70; aquí el pensamiento es que Jesús es quien te guía a través de la nube. Él te pide que no niegues la presencia de esta nube de culpa, individualidad y especialismo, y que le prestes mucha atención. Nunca podemos llegar a la luz sin atravesar la nube, que solo es "oscura y pesada" para el ego. Sin embargo, en verdad no es sino "un frágil velo ante la luz", como leemos en este maravilloso y extenso pasaje del Texto:

> Pues la supuesta realidad de la culpa es la ilusión que hace que parezca ser densa, opaca e impenetrable, y la verdadera base del sistema de pensamiento del ego. Su delgadez y transparencia no se vuelven evidentes hasta que ves la luz que yace tras ella. Y ahí, ante la luz, la ves como el frágil velo que es.

> Esta barrera tan aparentemente sólida y ese falso suelo que parece una roca son como un banco de nubes negras que flotan muy cerca de la superficie, dando la impresión de ser una sólida muralla ante el sol. Su apariencia impenetrable no es más que una ilusión. Cede mansamente ante las cumbres que se elevan por encima de ella y no tiene ningún poder para detener a nadie que quiera atravesarla y ver el sol. Esta aparente muralla no es lo suficientemente fuerte para detener la caída de un botón o para sostener una pluma. Nada puede descansar sobre ella, pues no es sino una base ilusoria. Trata de tocarla y desaparece; intenta asirla y tus manos no agarran nada.

> [...] Asimismo debería ser con las tenebrosas nubes de culpabilidad, las cuales son igualmente vaporosas e insustan-

ciales. No te pueden magullar al atravesarlas. Deja que tu Guía te muestre su naturaleza insustancial a medida que te conduce más allá de ellas, pues debajo de ellas hay un mundo de luz sobre el que esas nubes no arrojan sombras (T-18.IX.5:2-4; 6; 8:1-3).

Ciertamente, esta enseñanza sobre la "naturaleza insustancial" de la culpa es el corazón y el alma de *Un curso de milagros*; la esencia de la Expiación. Enseña que no hay necesidad de defenderse del pensamiento de culpa, no tiene efectos y por lo tanto no está ahí. Una vez más, podemos ver que la profundidad de las enseñanzas del Texto se encuentra "escondida" en estas "simples" lecciones del Libro de ejercicios.

Ahora continuamos con las instrucciones para el día, que nos devuelven a un periodo de práctica largo. En esta ocasión Jesús nos anima más directamente a ir dentro, estableciendo una clara distinción entre la actividad de pensamiento del cerebro y la de la mente, la verdadera fuente de nuestros pensamientos:

(6:1-7:2) Hoy tendremos una sola sesión de práctica larga. Por la mañana, a ser posible tan pronto como te levantes, siéntate en silencio de tres a cinco minutos con los ojos cerrados. Al comienzo de la sesión de práctica repite la idea de hoy muy lentamente. No trates de pensar en nada en particular. Trata, en cambio, de experimentar la sensación de que estás sumergiéndote en tu interior, más allá de todos los pensamientos vanos del mundo. Trata de llegar hasta lo más profundo de tu mente, manteniéndola despejada de cualquier pensamiento que pudiese distraerte.

De vez en cuando puedes repetir la idea de hoy si observas que esto te ayuda. Pero, sobre todo, trata de sumergirte tan profundamente como puedas en tu interior, lejos del mundo y de todos sus pensamientos disparatados.

Y aquí todo es disparatado; o, mejor, es disparatado creer que las cosas del mundo puedan traernos placer o dolor. Sumergirse más allá de ellas significa ir más allá de nuestra identificación con el cuerpo —el lugar *aparente* de nuestro placer y dolor— a la mente, que es la única fuente de nuestros sentimientos y pensamientos. Es en la mente donde experimentamos la Presencia de Dios a través del Espíritu Santo, y es en la mente donde se toma la decisión de sustituir la presencia del ego por la Suya.

Las dos frases siguientes hacen énfasis en la distinción crucial, que se toma prestada de Platón, entre apariencia y realidad, pues tomar conciencia de ella es el propósito de entrar dentro:

(7:3-4) Estás tratando de llegar más allá de todo ello. Estás tratando de dejar atrás las apariencias y de aproximarte a la Realidad.

Jesús quiere que primero miremos con cuidado a lo que nos parece real: el mundo, repleto de personas que ven y oyen nuestros cuerpos, y cuyos cuerpos nosotros oímos y vemos. A continuación, siguiendo la amable guía de Jesús, el paso siguiente es reconocer la naturaleza ilusoria de estas apariencias e ir más allá de ellas a los pensamientos del ego; y después, finalmente, ir más allá del ego al pensamiento de Expiación del Espíritu Santo.

(8:1-4) Es perfectamente posible llegar a Dios. De hecho, es muy fácil, ya que es la cosa más natural del mundo. Podría decirse incluso que es lo único que es natural en el mundo. El camino quedará despejado, si realmente crees que ello es posible.

Jesús no está diciendo que tengas que creer esto totalmente, solo tienes que creer que tal vez, solo tal vez, es posible que él tenga razón y tú estés equivocado. Si la única cosa que es natural en el mundo es llegar a Dios, y todo en el mundo es un movimiento contra Él, entonces en este mundo nada es natural, incluyéndote a ti mismo, tu cuerpo, tu personalidad y tu existencia individual. Es tu *creencia* la que te llevará a Casa, una vez que pongas su poder bajo el principio de Expiación del Espíritu Santo, corrigiendo la creencia errónea en la separación.

A continuación, Jesús subraya la importancia de esta lección, tratando de reforzar nuestra confianza en el proceso de reentrenar nuestra mente que lleva a cabo el Libro de ejercicios. Esta es una de las muchas "charlas de ánimo" que nos da a lo largo del camino:

(8:5-9:3) Este ejercicio puede producir resultados asombrosos incluso la primera vez que se intenta, y tarde o temprano acaba por tener éxito. A medida que avancemos ofreceremos más detalles acerca de este tipo de práctica. No obstante, nunca fracasa del todo, y es posible tener éxito inmediatamente.

Usa la idea frecuentemente a lo largo del día, repitiéndola muy despacio, preferiblemente con los ojos cerrados. Piensa en lo que estás diciendo, en el significado de las palabras. Concéntrate en la santidad que estas palabras te atribuyen, en la compañía indefectible de la que gozas, en la completa protección que te rodea.

Estas últimas líneas apuntan a la verdad que está más allá de la ilusión, una verdad que es nuestra una vez que nos enfocamos verdaderamente en las lecciones y en la práctica de los ejercicios.

Y después viene la última línea de la lección:

(10) Puedes ciertamente permitirte el lujo de reírte de los pensamientos de miedo, recordando que Dios va contigo dondequiera que tú vas.

Jesús vuelve al tema de reírse del ego; es decir, de no tomarlo en serio. Esto solo es posible cuando hemos traído nuestros pensamientos de miedo ante el Amor de Dios, que el Espíritu Santo recuerda por nosotros. Sin este proceso de llevar las ilusiones ante la verdad, nuestra risa será superficial en el mejor de los casos, y burlona y crítica en el peor. La risa del Espíritu Santo nace de la amable sonrisa que conoce la diferencia entre apariencia y realidad, ilusión y verdad, separación y Expiación. En la Lección 187, Jesús hace la afirmación aparentemente escandalosa de que podrías mirar al dolor, al sufrimiento y al hambre del mundo y reírte de ellos. Te reirás del sufrimiento no porque te burles de la gente, sino porque, habiéndote unido al Espíritu Santo en tu mente correcta, sabrás que eso no es verdad: no tiene el poder de arrebatarte la paz y el Amor de Dios.

LECCIÓN 42

Dios es mi fortaleza. La visión es Su regalo.

(1:1-2) La idea de hoy combina dos pensamientos muy poderosos, ambos de gran importancia. Plantea también una relación de causa y efecto que explica por qué tus esfuerzos por alcanzar la meta del Curso no pueden ser en vano.

La "relación de causa y efecto" es que si yo sé que Dios "camina conmigo" y Él es mi fuerza, percibiré automáticamente a través de los ojos de Su Amor y Santidad. La visión de Cristo viene del pensamiento de que yo soy santo y soy parte de Dios. Cuando miro afuera, lo cual, como hemos aprendido, no tiene nada que ver con los ojos físicos, lo único que veo son figuras de un sueño que o bien expresan amor y tratan de volver a casa, o todavía tienen demasiado miedo del amor y tratan de atacarlo. En otras palabras, la causa es que recuerdo Quien soy, y el efecto es la visión que ve a todas las personas como parte de la Filiación una, independientemente de sus formas dispares.

(1:3-5) Verás, porque esa es la Voluntad de Dios. Es Su Fortaleza, no la tuya, la que te da poder. Y es Su regalo, no el tuyo, el que te ofrece visión.

Jesús nos apremia a que confiemos en él cuando dice que no podemos fracasar. Las ilusiones de fuerza del ego no pueden tener poder sobre la Fuente real de fuerza que está dentro de nosotros. Ahora Jesús establece las maravillosas consecuencias de este hecho feliz:

(2:1-2) Dios es ciertamente tu fortaleza, y lo que Él da es verdaderamente dado. Esto quiere decir que lo puedes recibir en cualquier momento o lugar, donde quiera que estés y en cualquier circunstancia en la que te encuentres.

A continuación, el comentario pasa más específicamente al tema del tiempo, que examinaremos posteriormente con mucho más cuidado. De momento, solo haré algunos breves comentarios:

(2:3-6) Tu paso por el tiempo y por el espacio no es al azar. No puedes sino estar en el lugar perfecto, en el momento perfecto. Tal es la fortaleza de Dios. Tales Sus dones.

Jesús está diciendo que nada es al azar porque todo esto es nuestro sueño. El ego elige nuestros guiones como una manera de mantenernos más y más lejos de la verdad. Cuando miramos a estos guiones con Jesús, se convierten en aulas escolares. Pero nada ocurre al azar. Yo —la mente de la que mi actual identidad física no es sino un fragmento— he elegido mi vida y lo que ocurre en ella como una manera de reforzar mi individualidad y mi especialismo. Si examino cualquier aspecto de esta vida con Jesús y le pido ayuda, lo veo como un medio para aprender el perdón, de modo que pueda retornar a ser consciente de mi verdadera Identidad. Así, yo estoy "en el lugar correcto y en el momento correcto", porque las lecciones de perdón siempre pueden aprenderse, independientemente de las circunstancias externas.

Puesto que la mente, el hogar de la fuerza de Dios, está más allá del tiempo (y del espacio), *siempre* está disponible para nosotros. Por eso Jesús nos dice en el Texto, como ya hemos citado antes, que no tenemos que hacer nada (T-18.VII). No tenemos que hacer nada excepto aceptar lo que ya está allí. Así, lo que necesitamos es aprender a *des*hacer las enseñanzas del ego, liberando la fuerza de Dios para que vuelva a ser nuestra de nuevo. Como este es un proceso que ocurre en nuestras *mentes*, que están totalmente bajo nuestro control, esta alegre aceptación puede ocurrir en cualquier lugar, independientemente de las circunstancias externas.

Hoy, para los dos periodos de práctica más largos, Jesús nos anima a enfocarnos en pasar algún tiempo en *quietud*. Mirando a las instrucciones de estas lecciones como un todo, podemos ver que Jesús ha resaltado distintos aspectos de nuestra práctica en distintos momentos; a veces, enfocándose en la *forma* (lo externo), y otras veces, en el *contenido* (lo interno). La cuestión aquí es ayudarnos en nuestro propio nivel de aprendizaje, de modo que podamos llegar a entender que *causa* y *efecto*, *contenido* y *forma*, *interno* y *externo*, nunca están separados:

(3) Hoy llevaremos a cabo dos sesiones de práctica de tres a cinco minutos cada una; una tan pronto como te despiertes, y la otra, lo más cerca posible de la hora de irte a dormir. Es mejor, no obstante, esperar hasta que puedas sentarte tranquilamente a solas en un momento en que te sientas listo, que preocuparte de la hora en sí.

Jesús está alejándonos de confiar en la *forma* de nuestra práctica y esto es parte de su entrenamiento para que no seamos esclavos del ritual. Anteriormente hemos citado el comentario que se hace en este sentido en el Manual para el maestro, y aquí está el pasaje relevante:

> Hay algunas reglas generales a seguir, aunque cada cual debe usarlas a su manera como mejor pueda. Las rutinas, como tales, son peligrosas porque se pueden convertir fácilmente en dioses por derecho propio y amenazar los mismos objetivos para los que fueron establecidas [...] Este curso es siempre práctico [...] La cantidad de tiempo que Le dedique no es lo más importante. Uno puede fácilmente pasarse una hora sentado inmóvil con los ojos cerrados y no lograr nada. O bien puede, con igual facilidad, dedicarle a Dios solo un instante, y en ese instante unirse a Él completamente (M-16.2:4-5; 4:1,4-6).

Volveremos a este importante tema de la *calidad* del tiempo que pasamos con el Espíritu Santo, más que de la *cantidad*.

El cuarto párrafo comenta nuestros pensamientos personales "en relación con la idea del día".

(4) Da comienzo a estas sesiones de práctica repitiendo la idea de hoy lentamente mientras miras a tu alrededor. Luego cierra los ojos y repite la idea otra vez, aún más despacio que antes. Después de eso, trata de no pensar en nada, excepto en los pensamientos que se te ocurran relacionados con la idea de hoy. Puedes pensar, por ejemplo:

La visión tiene que ser posible. Dios da verdaderamente, o:

Los regalos que Dios me ha hecho tienen que ser míos porque Él Mismo me los dio.

Una vez más podemos observar el énfasis que Jesús hace en llevar *nuestros* pensamientos a los *suyos*, y de esta manera practicar el llevarlos a la armonía con su visión de perdón y paz.

En el siguiente párrafo, Jesús minimiza los ejercicios de buscar activamente en la mente y nos pide que nos aquietemos, que dejemos que sus pensamientos vengan a nosotros, en lugar de que nosotros vayamos a ellos:

(5) Cualquier pensamiento que esté claramente relacionado con la idea de hoy es adecuado. De hecho, tal vez te asombre la cantidad de entendimiento relacionado con el curso que algunos de tus pensamientos reflejan. Déjalos que te vengan sin censurarlos, a menos que notes que tu mente está simplemente divagando y que es obvio que has permitido que se infiltren pensamientos irrelevantes. Es posible también que llegue un punto en el que parece que no te van a venir más pensamientos a la mente. De ocurrir tales interferencias, abre los ojos y repite el pensamiento una vez más mientras miras lentamente a tu alrededor; después ciérralos, repite la idea otra vez y continúa buscando en tu mente pensamientos afines.

No obstante, si no "viene" nada, nuestro amable profesor nos instruye en el párrafo siguiente que volvamos a estar más activos y que busquemos los pensamientos. Sin embargo, aquí el foco *no* está en este buscar, sino más bien en soltar el control, permitiendo que su guía tome el mando, lo que nos recuerda la siguiente afirmación del Texto:

> Mi control puede hacerse cargo de todo lo que no es importante, mientras que, si así lo decides, mi asesoramiento puede dirigir todo lo que lo es [...] Este [tu comportamiento] lo controlo yo tan pronto como pongas tu pensamiento bajo mi dirección (T-2.VI.1:3; 2:9).

(6:1) Recuerda, no obstante, que en conexión con los ejercicios de hoy no es apropiado que te esfuerces por encontrar pensamientos afines.

Jesús te está diciendo que no tienes que buscar a Dios. Cuando hayas retirado tus pensamientos negativos, el trabajo de las lecciones anteriores, la pizarra limpia resultante permite que aparezcan en ti los pensamientos de amor. Por lo tanto:

(6:2-3) Trata sencillamente de hacerte a un lado y dejar que te vengan a la mente por su cuenta. Si esto te resulta difícil, es mejor pasar la sesión de práctica alternando entre repeticiones lentas de la idea con los ojos abiertos y luego con los ojos cerrados, que esforzarte por encontrar pensamientos adecuados.

Podría añadir que en realidad los pensamientos no vienen a nosotros; *nosotros venimos a ellos.* Fue el tomador de decisiones de nuestra mente el que eligió abandonar el pensamiento de Expiación por el pensamiento de separación, y por tanto es este tomador de decisiones el que ahora debe hacer la elección de retornar a ese pensamiento, aunque nuestra experiencia puede muy bien ser que la Expiación, y los pensamientos que esta refleja, vienen a nosotros. Esa experiencia se refleja en esta lección, como también lo hace el énfasis que Jesús hace en la naturaleza amable y no coercitiva de su aprendizaje.

(7) No hay límite en el número de sesiones de práctica cortas que podrían resultarte beneficiosas hoy. La idea de hoy es uno de los pasos iniciales en el proceso de unificar tus pensamientos y de enseñarte que estás estudiando un sistema de pensamiento unificado que no carece de nada que sea necesario, y en el que no se incluye nada contradictorio o irrelevante.

Este es el punto que Jesús establece también en muchos otros lugares. Todo lo que podrías necesitar está en este curso; no hace falta buscar en otro lado. Una vez que decides que *Un curso de milagros* es tu camino espiritual, hacer cualquier otra cosa simplemente te confundirá. Como Jesús dijo a Helen específicamente, en palabras destinadas a todos sus estudiantes:

> No aprovechas el curso si te empeñas en utilizar medios que les han resultado útiles a otros y descuidas lo que se estableció *para ti* (T-18.VII.6:5).

Un curso de milagros contiene todo lo que te ayudará a deshacer tu ego, y, por lo tanto, todo lo que te ayuda a recordarte quién eres. Insistir en "utilizar medios que les han resultado útiles a otros" simplemente te defenderá de aceptar el mensaje de perdón del Curso como propio.

(8) Cuanto más a menudo repitas la idea de hoy durante el transcurso del día, más a menudo estarás recordando que el objetivo del curso es importante para ti y que no lo has olvidado.

Tienes que darte cuenta de que hay una parte de ti que, a pesar de tu miedo, quiere aprender lo que enseña este curso, y que su meta es muy importante para ti. A pesar de todos los intentos de cubrirlo con nubes de culpa, el yo de mentalidad correcta que recuerda tu objetivo sigue estando presente: por encima de todo quieres volver a casa. Con Jesús como maestro, *Un curso de milagros* será el medio para ayudarte en último término a alcanzar ese objetivo.

LECCIÓN 43

Dios es mi Fuente. No puedo ver separado de Él.

Antes de comentar esta lección, me gustaría revisar un cuadro que espero que sea de ayuda en nuestro estudio de esta lección y las siguientes. Esta es una versión modificada del cuadro que suelo usar habitualmente, porque en estas lecciones a la estructura de la mente se la retrata yendo de abajo hacia arriba, en lugar de en el otro sentido.

En la base está Dios, la Mente Una, el lugar de verdad en nuestras mentes al que se designa con el término *conocimiento*. Este es el reino de nuestros pensamientos reales, los que siempre hemos pensado con Dios. Estos pensamientos no tienen forma, y pueden ser entendidos como una expresión de vida eterna, de amor, de la Voluntad de Dios, y de la unidad de la creación.

P
E
R
C
E
P
C
I
Ó
N

TOMADOR
DE
DECISIONES

●

MUNDO-CUERPO

EGO (MENTE ERRÓNEA)-PENSAMIENTOS IRREALES

ESPÍRITU SANTO (MENTE CORRECTA)-PENSAMIENTOS REALES

CONOCIMIENTO

DIOS-PENSAMIENTOS REALES

Esquema Uno

La mente dividida está representada por las capas situadas por encima de Dios, empezando por la *mente correcta*, el hogar *del Espíritu Santo*. En estas lecciones, Jesús no establece una distinción entre nuestros pensamientos reales de *mentalidad correcta* y nuestros pensamientos reales de la *Mente Una*. A propósito, este es otro ejemplo de que uno no puede acercarse a *Un curso de milagros* como si fuera un tratado científico en el que cada término está cuidadosamente analizado. Jesús se muestra relativamente suelto con las palabras, probablemente más en el Libro de ejercicios que en el Texto. Así, sería más preciso decir que los pensamientos de mentalidad correcta son el *reflejo* de nuestros pensamientos reales. Sin embargo, para el propósito de estas lecciones, nuestros pensamientos reales incluyen tanto esos que el Espíritu Santo alberga para nosotros en nuestra mente correcta como los Pensamientos de Dios en la Mente Una.

Por encima del Espíritu Santo está la *mente errónea*, el dominio del *ego*, donde residen nuestros pensamientos irreales. Estos son los que se proyectan hacia fuera, fabricando así el mundo en el que viven nuestros cuerpos.

Las *mentes correcta* y *errada* son el domino de la percepción. Las falsas percepciones del ego son corregidas en nuestras mentes correctas por lo que en el Texto se denomina *percepción verdadera*. Todo el reino de la mente dividida —la mente recta y la errada, y las proyecciones que fabrican el mundo— comprenden el mundo de la *percepción*. Todo esto, como será evidente dentro de un momento, está en contraste con el reino del *conocimiento,* el Hogar de Cristo, nuestro verdadero Ser.

En las lecciones siguientes veremos que Jesús nos guía en el proceso de sumergirnos en nuestras mentes, más allá de las *percepciones externas* y atravesando los *pensamientos irreales* del ego que dan lugar a ellas, hasta los *pensamientos reales* del Espíritu Santo. Entonces, estos pensamientos correctores se disiparán finalmente en los *Pensamientos de Dios*.

Veamos ahora la lección 43:

(1) **La percepción no es un atributo de Dios. El ámbito de Dios es el del Conocimiento. Sin embargo, Él ha creado al Espíritu Santo para que sirva de Mediador entre la percepción y el Conocimiento. Sin este vínculo con Dios, la percepción habría reemplazado al Conocimiento en tu mente para siempre. Gracias a este vínculo con Dios, la percepción se transformará y se purificará en tal medida**

que te conducirá al Conocimiento. Esa es su función tal como la ve el Espíritu Santo. Por lo tanto, esa es en verdad su función.

Habiendo sido fabricada como un ataque contra Dios (L-pII.3.2:1-5), la percepción solidifica nuestra creencia de que la separación y la individualidad son reales. Sin embargo, una vez que surge en aparente oposición al conocimiento, puede ser usada para servir a otro propósito. La sección llamada "Tu función especial" provee una clara descripción de este cambio de función o propósito: lo que nosotros hicimos para dañar, el Espíritu Santo lo usa para curar (T-25.VI.4). El especialismo es un aspecto de la percepción, y aunque fue fabricado para dañar y mantenernos separados unos de otros, cuando se lleva ante el Espíritu Santo y se le mira de otra manera, se convierte en una expresión de perdón. A todo lo que el ego ha pensado, hecho, y usado para separarse de Dios, y para separar a cada uno de nosotros de los demás, se le puede dar la vuelta y convertirlo en un vehículo de nuestro perdón, si pedimos ayuda a Jesús. Este cambio de propósito es la piedra angular del perdón y de la reorientación que hace el Espíritu Santo del propósito de nuestra estancia en este mundo.

En este primer párrafo encontramos un ejemplo claro de lo que a veces denomino los dos niveles a los que está escrito *Un curso de milagros*. El Nivel Uno refleja el principio metafísico del Curso de *solo Dios es verdad y real, y todo lo demás es irreal, una ilusión*. O, como se afirma al principio mismo del Texto:

Nada real puede ser amenazado.
Nada irreal existe

(T-in.2:2-3)[12]

Esta distinción entre lo que es verdad y lo que no es verdad comprende un aspecto muy importante de *Un curso de milagros*. Las primeras dos frases de este párrafo expresan el Nivel Uno: el

---

12 La cursiva negrita ha sido omitida.

mundo de la percepción —que no es solo el mundo que vemos con los ojos, sino el hecho mismo de *pensar* que vemos un mundo en absoluto— es una ilusión. La mente dividida —que incluye nuestros pensamientos de separación, el mundo que expresa estos pensamientos, así como la corrección del Espíritu Santo—, es totalmente irreal. Como esta mente separada no puede ser parte de la totalidad, de la plenitud y de la perfecta Unidad —la naturaleza misma de Dios— no puede ser verdad en ningún sentido. Dicho de otra manera, si los contenidos de la mente dividida no son parte de Dios, deben estar fuera de Él. Y si están fuera de Dios, no pueden existir. Solo el conocimiento es verdad, y por lo tanto real.

El Nivel Dos lidia *únicamente* con la ilusión: el contraste entre las percepciones de la mente errónea del ego de separación y especialismo, y las percepciones corregidas de la mente correcta del Espíritu Santo de perdón y curación. Se puede pensar que este nivel es el más práctico, en la medida en que esta es la parte de *Un curso de milagros* que lidia con la *condición en la que creemos encontrarnos* (T-25.I.7:4): el mundo del cuerpo. Así, el mundo de la ilusión está dividido en reinos perceptuales: la falsa percepción del ego y su corrección, la percepción verdadera del Espíritu Santo.

La tercera frase representa la transición del Nivel Uno al Nivel Dos. Podemos entender al Espíritu Santo como la parte de nuestras mentes divididas que recuerda la verdad. Así, podemos definirlo como el recuerdo del Amor de Dios que llevamos con nosotros al sueño cuando nos quedamos dormidos. Recuerda que todo esto es metafórico, puesto que, para empezar, nunca nos quedamos dormidos. Nosotros, como Jesús en *Un curso de milagros,* usamos símbolos para denotar una realidad de la cual dichos símbolos están "doblemente alejados" (M-21.1:9-10). El Espíritu Santo, que representa el pensamiento de nuestra mente correcta, es la expresión del principio de Expiación, que es el medidor o puente entre el mundo *irreal* que nosotros fabricamos y el mundo *real* del Cielo. Los pensamientos del Espíritu Santo se reflejan en cualquier expresión de perdón, y estas son reflejos del pensamiento real de amor que está en nuestras mentes.

Un comentario final es que la integración de estos dos niveles —la visión de la realidad no dualista sin concesiones, junto con las directrices específicas para vivir en el mundo ilusorio bajo el principio del perdón— es la que hace de *Un curso de milagros* una espiritualidad tan única, y tan perfecta para nuestra época.

(2:1-2) En Dios no puedes percibir. La percepción no tiene ninguna función en Dios, y no existe.

Muchas veces los estudiantes intentarán doblar o retorcer las afirmaciones de *Un curso de milagros* para que parezcan decir que Dios creó el mundo y que este es sagrado, pero no creó el mundo que nosotros percibimos erróneamente. Esto *no* es lo que Jesús está enseñando, y frases como esta lo dejan muy claro. "En Dios no puedes ver (percibir)" porque ver presupone dualidad: un perceptor y algo percibido. El reino de la percepción, por lo tanto, está fuera de Dios. Esto se refleja en afirmaciones como esta: "...tu vida no forma parte de nada de lo que ves" (L-pI.151.12:1). El hecho mismo de que pensemos que podemos ver —ver algo fuera de nosotros— es la prueba de que el yo *que ve* no puede ser real. Dualidad y no-dualidad, percepción y conocimiento, son estados mutuamente excluyentes. La verdadera vida solo es del espíritu, que está más allá de la dualidad sujeto-objeto o perceptor-percibido. Por eso Jesús hace esta declaración del Nivel Uno en el Texto:

Fuera del Cielo no hay vida. La vida se encuentra allí donde Dios la creó. En cualquier otro estado que no sea el Cielo la vida no es más que una ilusión (T-23.II.19.1-3).

(2:3) Pero en la salvación, que es el proceso de erradicar lo que nunca fue, la percepción tiene un propósito sumamente importante.

En esta frase tenemos expresiones de ambos, del Nivel Uno y del Nivel Dos: el "erradicar (deshacer) lo que nunca fue" es una declaración del Nivel Uno: la separación nunca ocurrió. Sin embargo, mientras creamos que estamos aquí, en este mundo de sueño, el Espíritu Santo, la expresión del Amor de Dios dentro del sueño, tiene un propósito y una función. Esta función, que como sabemos es el perdón, constituye el aspecto del Nivel Dos de *Un curso de milagros*.

(2:4-6) Habiéndola inventado el Hijo de Dios para un propósito no santo, tiene que convertirse ahora en el medio a través del cual se restaura la santidad en su conciencia. La percepción no tiene significado. Sin embargo, el Espíritu Santo le otorga un significado muy parecido al de Dios.

Esto hace eco a las primeras lecciones, en las que Jesús enseña que nada en el mundo tiene significado porque nosotros hemos dado a todas las cosas todo el significado que tienen; el significado de probar que nosotros tenemos razón y Jesús está equivocado: la separación es real. Sin embargo, una vez que pedimos ayuda a Jesús, la percepción tiene un significado; no en la realidad, sino un significado basado en la realidad. En otras palabras, el significado que da la mente correcta a la percepción es que es un reflejo de la verdad; no la verdad, sino un reflejo de la verdad de que somos uno en Dios, y de que la separación es un sueño sin significado. El reflejo de la verdad dentro del sueño es que *nosotros somos uno al compartir un propósito y una necesidad comunes.*

Resulta de ayuda recordar que la Filiación es una: en el Cielo como Cristo (la Mente Una), y en la tierra como un ego (la mente dividida). Por lo tanto, cada fragmento aparentemente separado de la Filiación lleva dentro de sí la totalidad del sistema de pensamiento de la mente errónea de juicio y separación, y la totalidad del sistema de pensamiento de mente correcta del Espíritu Santo de unidad y perdón. Así, todos compartimos la demencia del sombrío fragmento cargado de la culpa de la separación, así como la cordura del perdón, el reflejo luminoso de la Unidad del Cielo. Por lo tanto, está claro que no podría ser el ego el que proporciona significado a nuestra percepción verdadera. Esta es la razón por la que es esencial distinguir entre estas dos voces dentro de nuestras mentes divididas, uno de los principales objetivos del Libro de ejercicios.

(2:7) Una percepción que ha sanado se convierte en el medio por el que el Hijo de Dios perdona a su hermano y, por ende, se perdona a sí mismo.

Esta es una enseñanza extremadamente importante —que no vamos a elaborar aquí—, un tema clave en *Un curso de milagros*. Leemos, por ejemplo:

> Percibir la curación de tu hermano como tu propia curación es, por lo tanto, la manera de recordar a Dios. Pues te olvidaste de tus hermanos y de Dios, la respuesta de Dios a tu olvido es la manera de recordar (T-12.II.2:9-10).

Futuras lecciones expresarán bien este tema.

Perdonar a nuestro hermano, y así perdonarnos a nosotros mismos, es el reflejo del principio de Expiación que dice que la separación nunca ocurrió. La unidad del Hijo de Dios nunca ha estado comprometida, y así, mi perdón hacia ti reconoce que compartimos el mismo propósito. Lo que pensábamos que había ocurrido no ocurrió en absoluto, y seguimos siendo tal como Dios nos creó: un Hijo, unido consigo mismo y con su Fuente.

(3:1-2) No puedes ver separado de Dios porque no puedes estar separado de Dios. Todo lo que haces lo haces en Él, porque todo lo que piensas lo piensas con Su Mente.

Jesús solo está hablando del ver, del hacer y del pensar de la mente correcta, porque el ver, el hacer y el pensar del ego son un ataque a Dios, diseñado para mantenernos separados de Él. Por lo tanto, en nuestras mentes correctas no podemos ver separados de Dios. Si vamos a ver a nuestros hermanos libres de pecado, solo podemos hacerlo pidiendo ayuda a Jesús o al Espíritu Santo, una llamada que dice: "Quiero que se demuestre que estoy equivocado. Si yo estoy equivocado, Dios tiene razón." En verdad, Él no ve, porque en el Cielo no existe el ver, pero la realidad de Dios se convierte en la base de la visión: el reflejo de la verdad en el sueño.

(3:3) Si la visión es real, y es real en la medida en que comparte el propósito del Espíritu Santo, entonces no puedes ver separado de Dios.

Una vez más, lo que Jesús dice implica claramente que la visión no es real, excepto en el sentido de que refleja la unidad de la realidad. Este reflejo es el propósito del Espíritu Santo, que es perdonar. Una vez que se cumple ese propósito, la visión es innecesaria, y su naturaleza inherentemente ilusoria hace que desaparezca. Este uso de la palabra *real* con relación a la *visión* es similar a la explicación que da Jesús del *mundo real*:

> Este es el final de la jornada. Nos hemos referido a ese lugar como el mundo real. Sin embargo, hay una contradicción en esto, en el sentido de que las palabras implican la idea de una realidad limitada, una verdad parcial, un segmento del universo hecho realidad. Esto se debe a que el Conocimiento no ataca a la percepción (T-26.III.3:1-4).

El mundo real es *real* en la medida en que su estado mental *refleja* la realidad del Cielo: la unidad del Hijo. Sin embargo, como todavía es la corrección de una ilusión —aunque sea la ilusión *final*— también sigue siendo ilusorio.

Las instrucciones que siguen en los párrafos 4 a 6 reflejan el anterior énfasis en la *igualdad* implícita entre lo que vemos y nuestros pensamientos.

(4) Hoy son necesarias tres sesiones de práctica de cinco minutos cada una. La primera debe hacerse lo más temprano que puedas; la segunda lo más tarde posible, y la tercera en el momento más oportuno y adecuado que las circunstancias y la buena disposición permitan. Al comienzo de estas sesiones repite la idea de hoy para tus adentros con los ojos cerrados. Luego mira a tu alrededor brevemente, aplicando la idea específicamente a lo que veas. Cuatro o cinco objetos durante esta fase de la sesión de práctica serán suficientes. Podrías decir, por ejemplo:

Dios es mi Fuente. No puedo ver este escritorio separado de Él.

Dios es mi Fuente. No puedo ver ese cuadro separado de Él.

Volvemos a ver que Jesús nos pide que apliquemos la idea del día a aspectos específicos, incluso mundanos, de nuestras vidas. Así es como aprendemos que no existe una jerarquía de ilusiones —todos los problemas son lo mismo— y por lo tanto no hay orden de dificultad en los milagros: todas las soluciones son la misma. Como enseña una lección posterior: "Un solo problema, una sola solución" (L-pI.80.1:5).

(5) Si bien esta parte del ejercicio debe ser relativamente corta, asegúrate, en esta fase de la práctica, de seleccionar los objetos tan al azar como sea posible, sin controlar su inclusión o exclusión. Para la segunda fase, la más larga, cierra los ojos, repite la idea de hoy nuevamente, y luego deja que cualquier pensamiento pertinente que se te ocurra sea una aportación a la idea de hoy en tu propio estilo particular. Pensamientos tales como:

Veo a través de los ojos del perdón.

Veo el mundo como un lugar bendito.

El mundo me puede mostrar Quién soy.

Veo mis propios pensamientos, que son como los de Dios.

Cualquier pensamiento que en mayor o menor medida esté directamente relacionado con la idea de hoy es adecuado. Los pensamientos no tienen que tener una relación obvia con la idea, pero tampoco deben oponerse a ella.

Ejercicios como estos nos recuerdan que ciertamente tenemos una mente correcta y, por lo tanto, la manera de mirar de la mente correcta. Es importante que reconozcamos esto en nosotros mismos, porque nos aporta los medios de comparación necesarios cuando nuestros pensamientos se orientan hacia el juicio del ego. Comparar ambos —llevar el juicio a la visión— nos permite realizar la elección correcta y saber que realmente somos benditos por ser el Hijo de Dios.

(6) Si ves que tu mente se distrae, o si comienzas a notar la presencia de pensamientos que están en clara oposición a la idea de hoy, o si te resulta imposible pensar en algo, abre los ojos, repite la primera fase del ejercicio y luego intenta de nuevo la segunda. No dejes transcurrir grandes lapsos de tiempo en los que te enfrascas en pensamientos irrelevantes. Para evitar eso, vuelve a la primera fase del ejercicio cuantas veces sea necesario.

En una frase a la que volveremos con frecuencia, Jesús dice:

Eres demasiado tolerante con las divagaciones de tu mente y condonas pasivamente sus creaciones falsas [es decir, tus proyecciones] (T-2.VI.4:6).

Como en el Texto, en esta lección Jesús nos está pidiendo que nos mantengamos cada vez más vigilantes con respecto a los pensamientos del ego. Estos pensamientos no vienen sin ser llamados, sino que son defensas que elegimos para impedirnos alcanzar el objetivo de estos ejercicios. Lo último que quieren nuestros egos es que aprendamos a cuestionar su sistema de pensamiento de separación, especialismo y juicio.

(7) La forma de la idea, al aplicarla hoy durante las sesiones de práctica más cortas, puede variar de acuerdo con las circunstancias y situaciones en las que te encuentres en el transcurso del día. Cuando estés con otra persona, por ejemplo, trata de acordarte de decirle silenciosamente:

Dios es mi Fuente. No puede verte separado de Él.

Esta variación puede aplicarse por igual tanto a desconocidos como a aquellas personas con las que crees tener una relación íntima. De hecho, evita a toda costa hacer distinciones de esta clase.

Esto se remonta a un punto que establecí antes con respecto a estas lecciones: Jesús está tratando de ayudarnos a generalizar sus enseñanzas a *todas* las situaciones. No es de ayuda que practiquemos esto *aquí*, pero no *allí*. Hacer eso sería anular todo lo que estamos aprendiendo. El énfasis en no hacer distinciones

entre extraños y los que percibimos como más cercanos a nosotros va al núcleo de la defensa del ego que son las *relaciones especiales.* Como hace a lo largo del Texto, Jesús está pidiendo el fin
de nuestro especialismo. *Todas* las personas forman parte de la
Filiación de Dios, *sin excepción,* como explica esta declaración del
Texto:

> Dios es imparcial. Todos Sus Hijos disponen de todo Su
> Amor, y Él da todos Sus dones libremente a todos por igual
> [...] El que los Hijos de Dios sean especiales no procede de
> una condición de exclusión, sino de una de inclusión. Todos
> mis hermanos son especiales (T-1.V.3:2-3,5-6).

En el nivel de la *forma,* evidentemente no podemos disfrutar de
la misma interacción con todos, pero, en cualquier caso, no hemos
de *excluir* a nadie del amor que estamos aprendiendo a elegir como
nuestra realidad. De esta manera invertimos el énfasis del ego en
la *forma* en lugar del *contenido.*

**(8) La idea de hoy también debe aplicarse en el transcurso del día a
las diversas situaciones y acontecimientos que puedan presentarse,
especialmente a aquellos que de alguna forma parezcan afligirte.
A tal fin, aplica la idea de esta manera:**

Dios es mi Fuente. No puedo ver esto separado de Él.

Jesús está recordándonos de nuevo la importancia de mantenernos vigilantes cuando quiera que un pensamiento inquietante
cruce nuestra mente, ya sea suave o severo, e independiente de
lo que creamos que es su fuente. Cuando lo haga, deberíamos
acudir inmediatamente a pedir ayuda al Espíritu Santo y decir:
"Por favor, ayúdame a mirar esto de otra manera porque no me
siento en paz." Al final del Capítulo 5 del Texto, Jesús nos pide
que pronunciemos la siguiente serie de declaraciones cuando no
estemos en paz. Las declaraciones dejan claro que, si no estamos
en paz, es nuestra responsabilidad, y no la de algún otro:

Debo haber decidido equivocadamente porque no estoy en paz.

Yo mismo tomé esa decisión, por lo tanto, puedo tomar otra.

Quiero tomar otra decisión porque deseo estar en paz.

No me siento culpable porque el Espíritu Santo, si se lo permito, anulará todas las consecuencias de mi decisión equivocada.

Elijo permitírselo, al dejar que Él decida a favor de Dios por mí (T-5.VII.6:7-11).[13]

Así se deshace la proyección de la defensa, y la responsabilidad retorna a la parte tomadora de decisiones de nuestras mentes.

Jesús concluye la lección diciendo:

(9) Si en ese momento no se presenta en tu conciencia ningún sujeto en particular, repite simplemente la idea en su forma original. Trata de no dejar pasar grandes lapsos de tiempo sin recordar la idea de hoy y, por ende, sin recordar tu función.

Obviamente, el propósito de Jesús no es hacer que nos sintamos culpables, sino más bien recordarnos que estamos haciendo el Libro de ejercicios porque queremos aprender lo que enseña *Un curso de milagros*. Por tanto, al practicar estas lecciones tenemos que mantenernos vigilantes ante nuestros egos. Como ya hemos visto, y volveremos a ver, Jesús quiere que tomemos conciencia de nuestra *resistencia* a practicar dicha vigilancia. Solo entonces podremos elegir en contra de nuestro miedo.

---

13 Cursiva omitida.

LECCIÓN 44

Dios es la luz en la que veo.

Aquí Jesús continúa con su serie de afirmaciones del Nivel Uno: solo Dios es verdad; solo Dios es luz. Todo lo demás es una expresión de la oscuridad del ego.

(1) Hoy continuamos con la idea de ayer, agregándole otra dimensión. No puedes ver en la oscuridad y no puedes fabricar luz. Puedes fabricar oscuridad y luego pensar que ves en ella, pero la Luz refleja Vida, y es, por consiguiente, un aspecto de la Creación. La Creación y la oscuridad no pueden coexistir, pero la Luz y la Vida son inseparables, pues no son sino diferentes aspectos de la Creación.

Estamos muy seguros de que estamos en lo correcto con respecto a lo que percibimos, pensamos y sentimos, y Jesús se refiere a esto cuando dice: "Puedes fabricar oscuridad y luego pensar que ves en ella." Estamos muy seguros de tener razón, pero esto se debe únicamente a que hemos fabricado el mundo de los opuestos —luz y oscuridad— y después nos hemos olvidado de dónde viene: la nada de nuestros pensamientos ilusorios. Pero, como vemos el mundo, creemos que es real, y después tratamos de conseguir que tanta gente como sea posible confirme nuestras percepciones y experiencias, sin darnos cuenta de que solo estamos pidiendo a los ciegos que enseñen a los ciegos.

La "luz" de la que habla Jesús no es perceptual, y esto se aclarará en el párrafo siguiente, sino que es otro símbolo para expresar una característica del Cielo. La oscuridad representa al ego y su sistema de pensamiento de culpa, odio y especialismo; la luz blanca representa el sistema de pensamiento del Espíritu Santo, que afirma que la oscuridad no tiene ningún efecto sobre la realidad.

(2:1) Para poder ver, tienes que reconocer que la Luz se encuentra en tu interior, y no afuera.

Cuando Jesús dice "Dios es la luz en la que veo", no está hablando de lo que vemos a ojo desnudo. La visión viene del pensamiento de la mente correcta, y por tanto no vemos luz fuera de nosotros. Recuerda la lección 15, a la que me he referido en diversas ocasiones, donde Jesús no habla de ver literalmente bordes de luz alrededor de los objetos. Si tienes esta experiencia, date cuenta de que no es sino un reflejo de un pensamiento de perdón en tu mente. Estas lecciones dejan muy claro que la luz no es externa. Recuerda: no hay nada externo. Como leeremos en una lección posterior: "¡El mundo no existe!" Este es el pensamiento básico que este curso se propone enseñar (L-pI.132.6:2-3).

(2:2) No puedes ver fuera de ti, ni tampoco se encuentra fuera de ti el equipamiento que necesitas para poder ver.

El "tú" representa a nuestro tomador de decisiones, al que se muestra en el lado izquierdo del esquema (véase página 293). Cuando Jesús dice "ni tampoco se encuentra fuera de ti el equipamiento que necesitas para poder ver", está hablando del cuerpo y de nuestros órganos sensoriales. El verdadero ver —la visión— no tiene nada que ver con el cuerpo, y no está fuera de nosotros. La visión es el resultado de que nuestro tomador de decisiones se una con Jesús o con el Espíritu Santo. En otras palabras, Jesús está hablando de la mente, no del cuerpo.

(2:3-4) Una parte esencial de ese equipamiento es la Luz que hace posible el que puedas ver. Esa Luz está siempre contigo, haciendo que la visión sea posible en toda circunstancia.

Ya hemos comentado que en el Libro de ejercicios a veces Jesús dice Dios cuando se refiere al Espíritu Santo, y usa estos términos de manera prácticamente intercambiable, como también vimos que hace con los pensamientos reales y los Pensamientos en la Mente de Cristo. Hablando estrictamente, es el Espíritu Santo, no Dios, Quien hace posible la visión, porque el Espíritu Santo es un Pensamiento de la luz de Dios que trajimos con nosotros al sueño.

(3) Hoy vamos a intentar llegar hasta esa luz. Para tal fin, utilizaremos una forma de ejercicio que ya se sugirió anteriormente y que vamos a utilizar cada vez más. Dicha forma de ejercicio es especialmente difícil para la mente indisciplinada y representa uno

de los objetivos principales del entrenamiento mental. Requiere precisamente lo que le falta a la mente sin entrenar. Con todo, si has de ver, dicho entrenamiento tiene que tener lugar.

Aquí, como en otros lugares del Libro de ejercicios, Jesús se aparta del tema principal de la lección y habla de nuestra práctica. Ciertamente es difícil estar pensando en la lección o en Dios a lo largo del día. Esto implica claramente que Jesús nos está diciendo que nosotros, sus estudiantes, no tenemos disciplina, y él nos está informando por adelantado de que definitivamente *no* espera que hagamos las lecciones tal como él las ha dado. Así, no deberíamos sentirnos culpables cuando nos olvidemos, y Jesús tampoco quiere que neguemos que nos olvidamos, ni que neguemos nuestra motivación para olvidar (que comentaremos dentro de un momento). De hecho, él nos recuerda con frecuencia el poder de nuestras mentes. Por ejemplo, regaña amablemente a Helen, y ciertamente a todos nosotros, cerca del final del Texto por quejarnos de que este curso es demasiado difícil de aprender. Después de todo, dice, *mira lo que has aprendido*:

> Lo que te has enseñado a ti mismo constituye una hazaña de aprendizaje tan gigantesca que es ciertamente increíble. Pero lo lograste porque ese era tu deseo, y no te detuviste a considerar si iba a ser difícil de aprender o demasiado complejo para poder comprenderse.

> Nadie que entienda lo que has aprendido, con cuánto esmero lo aprendiste y los sacrificios que llevaste a cabo para practicar y repetir las lecciones una y otra vez, en toda forma concebible, podría jamás dudar del poder de tu capacidad para aprender. No hay un poder más grande en todo el mundo. El mundo se construyó mediante él, y aún ahora no depende de nada más. Las lecciones que te has enseñado a ti mismo las aprendiste con tanto esmero y se encuentran tan arraigadas en ti que se alzan como pesadas cortinas para nublar lo simple y lo obvio. No digas que no puedes aprender. Pues tu capacidad para aprender es tan

grande que te ha enseñado cosas tan difíciles como que tu voluntad no es tu voluntad, que tus pensamientos no te pertenecen e, incluso, que no eres Quien eres (T-31.I.2:7-3:6).

Por lo tanto, Jesús está ayudándonos a reconocer no solo nuestra capacidad de aprender, sino también la gran necesidad que tenemos de *des*aprender lo que tan hábilmente nos hemos enseñado a nosotros mismos: "nuestro viejo y recalcado aprendizaje" (T-31.I.5:4). Para conseguir este deshacimiento, se necesita una gran disciplina en el aprendizaje. De ahí, la necesidad de este Libro de ejercicios.

(4) Lleva a cabo como mínimo tres sesiones de práctica hoy, cada una de tres a cinco minutos de duración. Recomendamos enfáticamente que les dediques más tiempo, pero únicamente si notas que el tiempo pasa sin que experimentes ninguna sensación de tensión o muy poca. La forma de práctica que vamos a utilizar hoy es la más natural y fácil del mundo para la mente entrenada, tal como parece ser la más antinatural y difícil para la mente sin entrenar.

Jesús está volviendo a decirnos que tendremos problemas para desaprender lo que nos hemos enseñado a nosotros mismos, y explica por qué en el párrafo siguiente:

(5:1-4) Tu mente ya no está completamente sin entrenar. Estás bastante preparado para aprender la forma de ejercicio que vamos a utilizar hoy, pero es posible que te topes con una gran resistencia. La razón es muy simple. Al practicar de esta manera, te desprendes de todo lo que ahora crees y de todos los pensamientos que has inventado.

Jesús nos informa de que el problema con el que nos encontraremos es nuestra resistencia, nacida del miedo a perder los pensamientos que inventamos, los cuales, a propósito, ¡nos incluyen a nosotros mismos! Ya hemos comentado lo temerosos y resistentes que nos ponemos en presencia de la verdad. El lector puede recordar las palabras de Jesús en el Texto en cuanto a por qué *él* fue percibido como una amenaza:

Muchos pensaron que yo les estaba atacando, aunque es evidente que eso no era cierto. Un alumno desquiciado aprende lecciones extrañas. Lo que tienes que reconocer es que cuando no compartes un sistema de pensamiento, lo debilitas. Los que creen en él perciben eso como un ataque. Esto se debe a que cada uno se identifica con su propio sistema de pensamiento, y todo sistema de pensamiento se centra en lo que uno cree ser (T-6.V-B.1:5-9).

Así, estas lecciones constituyen un ataque directo a nuestros egos, cuando se ven desde la perspectiva del yo individual que trata desesperadamente de proteger su separación defendiendo su defensa corporal contra las intrusiones de la verdad en la mente.

Nótese que Jesús no cualifica sus palabras. Repitamos:

(5:4) Al practicar de esta manera, te desprendes de todo lo que ahora crees y de todos los pensamientos que has inventado.

Él se refiere a "todo lo que ahora crees y todos los pensamientos", no solo *algunos* de ellos. Esta es la base de nuestro miedo, y la razón por la que todo el mundo trata de transigir con lo que enseña *Un curso de milagros*, haciendo que Jesús diga cosas que él no dice en absoluto. Te está diciendo de manera muy explícita que si practicas tal como él te instruye, tu ego desaparecerá. Por lo tanto, es importante entender por qué *no* practicas las lecciones específicas, por no hablar de las continuas lecciones que se nos presentan con los demás.

Muy a menudo la gente pregunta dónde en *Un curso de milagros* dice lo que yo acabo de decir. Este es uno de los lugares, y Jesús lo explica en un lenguaje muy simple; la estructura de las frases no es complicada. Una vez más, aquí está la declaración del problema: "Al practicar de esta manera, te desprendes de todo lo que ahora crees y de todos los pensamientos que has inventado."

Continuamos con otra exposición más del mismo tema:

(5:5-6) Propiamente dicho, esto constituye tu liberación del infierno. Sin embargo, si se percibe a través de los ojos del ego, es una pérdida de identidad y un descenso al infierno.

Esta es la idea que repito una, y otra, y otra vez más: el principal temor que *todos* los que están en este mundo comparten es la pérdida de la individualidad o identidad personal. Como atesoramos este yo, esperar que no tengamos resistencias al Libro de ejercicios es bastante ingenuo.

(6:1) Si te puedes apartar del ego, aunque solo sea un poco, no tendrás dificultad alguna en reconocer que su oposición y sus miedos no significan nada.

Aquí Jesús está hablando del tomador de decisiones, porque está hablando de un tú que no es el ego, de un tú que se alza aparte, a un lado del ego (a la izquierda en nuestro esquema, véase página 293). Como hemos visto, si te apartas del ego, automáticamente estás con Jesús o el Espíritu Santo en tu mente correcta. Es uno o el otro. El tú que ha elegido al Espíritu Santo es el tomador de decisiones.

Otro punto: Jesús está hablando del ego como si fuera una entidad separada. Pero el ego es simplemente un pensamiento que nosotros hemos hecho real, con el que nos hemos identificado. En otras palabras, el ego es la parte de nuestras mentes divididas que disfruta estando separada. Por tanto, representa nuestra oposición al principio de Expiación del Espíritu Santo. En el pasaje, Jesús explica por qué habla del ego *como si* estuviera separado de nosotros:

> Lo único que le confiere al ego poder sobre ti es la lealtad que le guardas. Me he referido al ego como si fuera una entidad separada que actúa por su cuenta. Esto ha sido necesario para persuadirte de que no puedes descartarlo a la ligera y de que tienes que darte cuenta de cuán extensa es la parte de tu pensamiento que él controla [...] El ego no es más que una parte de lo que crees acerca de ti (T-4.VI.1:2-4,6).

(6:2-4) Tal vez te resulte útil recordarte a ti mismo de vez en cuando que alcanzar la luz es escapar de la oscuridad, independientemente

de que creas lo contrario. Dios es la luz en la que ves. Estás intentando llegar a Él.

Esto también es extremadamente importante. Si somos sinceros en cuanto a nuestro deseo de encontrar a Dios y tomamos la mano de Jesús y experimentamos su amor, debemos soltar nuestra identificación con la oscuridad. La manera de reforzar y expresar nuestro amor por Jesús es mirar nuestro odio. Esto queda muy claro aquí: la manera de alcanzar la luz es escapar de la oscuridad. Pero, ¿qué significa esto? Como somos nosotros los que hacemos real la oscuridad al elegirla, escapar de ella significa que tenemos que cambiar de mentalidad. Este es el papel de Jesús: no ayudarnos a hacer lo correcto, sino ayudarnos a *deshacer* lo erróneo. Esto asegura que automáticamente hagamos, pensemos, digamos y sintamos lo correcto. El escape de la oscuridad, el deshacimiento de lo negativo, la negación de la negación de la verdad es lo que constituye el viaje a la luz. Por lo tanto, podemos decir que este no es un curso sobre lo positivo, sino sobre el deshacimiento de lo negativo. Entre un gran número de pasajes, hay dos que podemos citar aquí como evidencia de este énfasis primordial que está presente en el material de enseñanza de Jesús:

La tarea del obrador de milagros es, por lo tanto, *negar la negación de la verdad* (T-12.II.1:5).

¿Por qué crees que no estás seguro de que las otras preguntas hayan sido contestadas? ¿Sería acaso necesario plantearlas con tanta frecuencia si ya se hubiesen contestado? Hasta que no se haya tomado la decisión final, la respuesta será a la vez un "sí" y un "no". Pues has contestado sin darte cuenta de que "sí" quiere decir que has dicho "no al no". Nadie decide en contra de su propia felicidad, pero puede hacerlo si no se da cuenta de que eso es lo que está haciendo. Y si él ve su felicidad como algo que cambia constantemente, es decir, ahora es esto, luego otra cosa y más tarde una sombra elusiva que no está vinculada a nada, no podrá sino decidir en contra de ella (T-21.VII.12).

El sistema de pensamiento del ego es la negación de la verdad. Reconocer esto tal como es es lo que nos permite decir no a su negación, retirando así el poder del ego a medida que su oscuridad se disuelve en la luz.

(7) Da comienzo a la sesión de práctica repitiendo la idea de hoy con los ojos abiertos, luego ciérralos lentamente mientras repites la idea varias veces más. Trata entonces de sumergirte en tu mente, abandonando cualquier clase de interferencia e intrusión a medida que te sumerges serenamente más allá de ellas. No hay nada, excepto tú, que pueda impedirle a tu mente hacer esto. Tu mente está sencillamente siguiendo su curso natural. Trata de observar los pensamientos que te vengan sin involucrarte con ninguno de ellos, y luego pásalos de largo tranquilamente.

El *tú* al que Jesús se dirige es el tomador de decisiones, la parte de tu mente que elige. *Vigila tu mente.* Cuando te sientes culpable, cuando juzgas tus pensamientos o tus acciones, los estás haciendo reales y oponiéndote a ellos. Pero debes mirarlos, lo cual no significa mirarlos y después continuar con tus pensamientos y acciones no amorosos. Significa mirar sin juicio, dándote cuenta exactamente de lo que estás haciendo. Esto te motivará a dejarlos ir, porque verás el dolor que te causa elegir al ego. Así, el proceso de mirar al ego con Jesús conlleva inevitablemente entender el *coste* que tiene para nosotros elegir al ego en lugar de a Jesús, la separación en lugar de la unidad, el odio en lugar del perdón. Cuando vemos con claridad que elegir el juicio conduce al sufrimiento y al dolor —lo no-natural—, mientras que elegir la visión conduce a la paz y la alegría —lo natural—, la motivación para elegir la sanación es lo suficientemente fuerte para producirla. Como concluye Jesús en el Capítulo 23: "¿A quién que esté respaldado por el Amor de Dios podría resultarle difícil elegir entre los milagros y el asesinato?" (T-23.IV.9:8).

Refiriéndonos al esquema (página 289), esta es la razón por la que Dios está en la base y no en la parte alta: la orientación de la lección y de nuestra meditación es comenzar donde estamos, en lo alto, y después *sumergirnos* en nuestras mentes donde Dios es.

(8) Si bien no se recomienda ningún enfoque en particular para esta forma de ejercicio, sí es necesario que te des cuenta de cuán importante es lo que estás haciendo, el inestimable valor que ello tiene para ti, así como que seas consciente de que estás intentando hacer algo muy sagrado. La salvación es el más feliz de todos tus logros. Es asimismo el único que tiene sentido porque es el único que tiene verdadera utilidad para ti.

La razón por la que "lo que estás haciendo" es tan importante para ti es que este es el camino para salir del infierno, el camino de salida de todo dolor y sufrimiento. Tienes que seguir recordándote a ti mismo: "Soy un estudiante de *Un curso de milagros,* y he elegido a Jesús como mi maestro. Además, estoy haciendo el Libro de ejercicios porque quiero escapar del infierno que es mi vida al juzgar a los demás y a mí mismo. Por eso soy estudiante del Curso: esos juicios son la fuente de mi dolor y de mi tensión, que ya no deseo." Así, Jesús te pide que leas estas lecciones conscientemente, y que *pienses* en lo que significan en términos de tu objetivo de paz. *Y después practícalas.*

Jesús vuelve otra vez a la resistencia:

(9) Si experimentas cualquier clase de resistencia, haz una pausa lo suficientemente larga como para poder repetir la idea de hoy con los ojos cerrados, a no ser que notes que tienes miedo. En ese caso es posible que abrir lo ojos brevemente te haga sentir más tranquilo. Trata, sin embargo, de reanudar los ejercicios con los ojos cerrados tan pronto como puedas.

Nota de manera especial esta *amable* insistencia en que nos hagamos conscientes de nuestra resistencia, de nuestro miedo a estas lecciones.

(10:1-2) Si estás haciendo los ejercicios correctamente, deberías experimentar una cierta sensación de relajación e incluso sentir

que te estás aproximando a la Luz o, de hecho, adentrándote en Ella. Trata de pensar en la Luz, sin forma y sin límites, según pasas de largo los pensamientos de este mundo.

Jesús habla de la luz como un pensamiento en la Mente de Cristo porque no tiene forma. El reflejo de la luz en nuestras mentes correctas es el perdón, que tiene forma porque pienso que *yo* soy una persona que tiene que perdonarte a *ti*. Una vez más, Jesús usa las palabras *luz* y *pensamientos reales* de manera intercambiable con *mente correcta* y *Mente de Cristo*.

(10:3) Y no te olvides de que ellos [los pensamientos del mundo] no te pueden atar a él a no ser que tú les des el poder de hacerlo.

Por eso no somos víctimas del mundo que vemos (Lección 31), un tema central en *Un curso de milagros*. Nada en este mundo puede retenernos, nada puede molestarnos a menos que le demos ese poder. Un poderoso mensaje en el Texto expresa esta importante verdad:

> El secreto de la salvación no es sino este; que eres tú el que se está haciendo todo esto a sí mismo. No importa cuál sea la forma del ataque, eso sigue siendo verdad. No importa quién desempeñe el papel de enemigo y quién el de agresor, eso sigue siendo verdad. No importa cuál parezca ser la causa de cualquier dolor o sufrimiento que sientas, eso sigue siendo verdad. Pues no reaccionarías en absoluto ante las figuras de un sueño si supieras que eres tú el que lo está soñando. No importa cuán odiosas y cuán depravadas sean, no podrían tener efectos sobre ti a no ser que no te dieras cuenta de que se trata tan solo de tu propio sueño (T-27.VIII.10).

¿Por qué regalamos ese poder? Porque eso prueba que nosotros tenemos razón y Jesús está equivocado, y, además, que su curso está equivocado. Aquí él nos enseña que somos responsables de nuestros sentimientos de victimismo. Por otra parte, el mundo, programado por el ego, nos enseña que *él* es la causa de nuestro dolor y sufrimiento. Dicho de otra manera, el milagro enseña que nosotros somos el *soñador* del sueño, mientras que el mundo testifica que no somos sino *figuras* del sueño. Volveremos a esta idea una y otra vez.

Jesús cierra la lección diciendo:

(11) Durante el transcurso del día, repite la idea a menudo con los ojos abiertos o cerrados, como mejor te parezca en su momento. Pero no te olvides de repetirla. Sobre todo, decídete hoy a no olvidarte.

En estas lecciones vemos que Jesús nos apremia a tomárnoslas muy en serio, a tomarnos la práctica de *Un curso de milagros* muy en serio. Si no lo practicamos cada día, no vamos a aprenderlo. Esto no tiene nada que ver con el domino intelectual del Texto. Finalmente, no podemos hacer estas lecciones adecuadamente si no entendemos el Texto, pero el simple entendimiento no es suficiente. Debemos practicar el llevar la oscuridad de las ilusiones de nuestro ego ante la luz de la verdad del Espíritu Santo, y entender *por qué* lo estamos haciendo.

LECCIÓN 45

Dios es la Mente con la que pienso.

(1:1) La idea de hoy es la llave que te dará acceso a tus pensamientos reales,

Esto se debe a que nuestros pensamientos reales están con Dios. Nótese que en el comentario siguiente Jesús identifica nuestros pensamientos reales con la Mente de Cristo.

(1:2) [...] los cuales no tienen nada que ver con lo que crees que piensas, de la misma manera en que nada de lo que piensas que ves guarda relación alguna con la visión.

Jesús siempre está haciéndonos una pequeña burla, diciéndonos que solo pensamos que pensamos, que solo pensamos que vemos. De hecho, no estamos pensando ni viendo en absoluto.

(1:3) No existe ninguna relación entre lo que es real y lo que tú crees que es real.

Otras palabras podrían sustituir a estas. Podríamos decir, por ejemplo, no hay relación entre lo que Dios es y lo que el mundo piensa que Dios es, ¡hasta aquí llegan las teologías del mundo! Volviendo a la lección del Libro de ejercicios, vemos una afirmación del Nivel Uno: no hay absolutamente nada, no hay terreno intermedio, entre la verdad y la ilusión. En cualquier momento en el que creemos entender algo, tal entendimiento no puede ser real porque solo estamos involucrados con nuestros propios pensamientos, y *nuestros* pensamientos nunca son reales. El propósito de *Un curso de milagros* no es llevarnos a un *entendimiento* de Dios, sino a una *experiencia* de Su Amor, y para ello debemos escapar de la oscuridad de nuestra culpa y odio. La siguiente declaración de la Introducción a la clarificación de términos expresa este objetivo de experiencia más que de entendimiento:

Una teología universal es imposible, mientras que una experiencia universal no solo es posible sino necesaria. Alcanzar esa experiencia es lo que el curso se propone. Solo cuando se alcanza es posible la consistencia porque solo entonces se acaba la incertidumbre (C-in.2:5-7).

También podemos recordar esta maravillosa línea del Texto:

> Todavía estás convencido de que tu entendimiento cons-tituye una poderosa aportación a la verdad y de que hace que esta sea lo que es. Mas hemos subrayado que no tienes que comprender nada (T-18.IV.7:5-6).

(1:4-2:5) Ni uno solo de los que según tú son tus pensamientos reales se parece en modo alguno a tus pensamientos reales. Nada de lo que crees que ves guarda semejanza alguna con lo que la visión te mostrará.

Piensas con la Mente de Dios. Por lo tanto, compartes tus pensamientos con Él, de la misma forma en que Él comparte los Suyos contigo. Son los mismos pensamientos porque los piensa la misma Mente. Compartir es hacer de manera semejante o hacer lo mismo. Los pensamientos que piensas con la Mente de Dios no abandonan tu mente porque los pensamientos no abandonan su fuente.

El principio extremadamente importante de que las ideas no abandonan su fuente hace su primera aparición aquí, en el Libro de ejercicios, aunque ya lo hemos comentado en muchas oca-siones. Jesús vuelve a mencionarlo después en las lecciones, y está en el centro de sus enseñanzas a lo largo de los tres libros. Dicho de otra manera: este principio es la Expiación, que refleja la verdad inmutable de que somos una idea o pensamiento en la Mente de Dios y nunca hemos abandonado nuestra Fuente. Esto significa que la separación nunca ocurrió. Así, estamos diciendo que todos los pensamientos, si son reales, nunca han abandona-do su Fuente. Aunque creemos que hemos abandonado a Dios y que estamos dormidos en el sueño, aún podemos tener reflejos de estos pensamientos. Una vez más, en estos pasajes Jesús no hace distinciones entre los pensamientos reales y el reflejo de los pen-samientos reales.

(2:6-8) Por consiguiente, tus pensamientos están en la Mente de Dios, al igual que tú. Están en tu mente también, donde Él está. Tal como tú eres parte de Su Mente, así también tus pensamientos son parte de Su Mente.

Todo es uno, puesto que *las ideas no abandonan su fuente.* La mente que nosotros creemos ser es irreal, en contraste con la Mente de Cristo, que es el referente de Jesús aquí.

Este es otro ejemplo de que el lenguaje del Libro de ejercicios no es, hablando estrictamente, teológicamente correcto. Puesto que el perdón es imposible en Dios, como veremos dentro de un momento, en realidad nuestros pensamientos de perdón tampoco tienen nada que ver con Dios. De manera más precisa, el perdón es el *reflejo* del Pensamiento de Dios. Lee este material, por tanto, como leerías un poema maravilloso, no un tratado técnico que ha de ser diseccionado analíticamente.

(3) ¿Dónde están, entonces, tus pensamientos reales? Hoy intentaremos llegar a ellos. Tendremos que buscarlos en tu mente porque ahí es donde se encuentran. Aún tienen que estar ahí, ya que no pueden haber abandonado su fuente. Lo que la Mente de Dios ha pensado es eterno, al ser parte de la Creación.

La función del Espíritu Santo es mantener estos pensamientos en nuestras mentes, las cuales, a pesar de nuestros devaneos mentales, siguen siendo su fuente. La proyección es una defensa poderosa y persuasiva, y sin embargo no puede desafiar el principio básico: *las ideas no abandonan su fuente.* El ego intenta impedir continuamente que aprendamos este hecho salvador.

(4:1-2) Nuestras tres sesiones de práctica de hoy, de cinco minutos cada una, seguirán el mismo modelo general que usamos al aplicar la idea de ayer. Intentaremos abandonar lo irreal y buscar lo real.

La segunda frase parece decir el opuesto exacto del pasaje del Capítulo 16 que cité antes: "Tu tarea no es ir en busca del amor, sino simplemente buscar y encontrar todas las barreras dentro de ti que has levantado contra él" (T-16.IV.6:1), porque aquí las palabras dicen que deberías buscar la verdad. Esta es otra indicación de su uso inconsistente de las palabras. Sin embargo, también es cierto que los principios que enseña nunca varían y son consistentes, como el resto de los párrafos deja claro. En otras palabras, hallamos la verdad (*lo real*) encontrando primero la ilusión (*lo irreal*), y después abandonándola al decidir contra ella. A propósito, la frase 4:2 está tomada de la famosa declaración hindú sobre abandonar lo irreal para ir a lo real. Ahora veamos el resto del párrafo:

(4:3-6) Negaremos el mundo a favor de la verdad. No permitiremos que los pensamientos del mundo nos detengan. No dejaremos que las creencias del mundo nos digan que lo que Dios quiere que hagamos es imposible. En lugar de ello, trataremos de reconocer que solo aquello que Dios quiere que hagamos es posible.

La manera de buscar la verdad y lo que es real es negando lo irreal, y lo negamos mirando a nuestros pensamientos irreales con Jesús. Cuando miramos con él nuestros juicios, odio y culpa, estos desaparecen, dejando solo la verdad. Ciertamente, el proceso mismo de *mirar* es lo que sana. Como comenté en el Preludio, *no* mirar a nuestra culpa es lo que preserva su existencia ilusoria. Esta es la función del mundo y del cuerpo: impedir que miremos dentro. Por lo tanto, mirar sin culpa ni juicio a nuestra decisión de ser culpables lo deshace, transmutando su sustancia de una sólida pared de granito —*pesada, opaca e impenetrable*— a un frágil velo que no tiene el poder de mantener la luz alejada (T-18.IX.5:2-4). Volveremos repetidamente a este importante tema antes de completar nuestro viaje por el Libro de ejercicios.

(5) Trataremos asimismo de comprender que solo lo que Dios quiere que hagamos es lo que nosotros queremos hacer. Y también trataremos de recordar que no podemos fracasar al hacer lo que Él quiere que hagamos. Tenemos hoy todas las razones del mundo para sentirnos seguros de que vamos a triunfar, pues esa es la Voluntad de Dios.

Aquí Jesús está recordándonos cuál es nuestro propósito para hacer el Libro de ejercicios y estudiar su curso: lo que realmente queremos es ser una expresión de la Voluntad de Dios, aunque, hablando estrictamente, Dios no nos pide hacer nada. Una vez más, y no es la primera, vemos que Jesús apela a la motivación de nuestra mente correcta: queremos aprender sus lecciones porque harán que nos sintamos mejor.

(6) Comienza los ejercicios de hoy repitiendo la idea para tus adentros, al mismo tiempo que cierras los ojos. Luego dedica unos cuantos minutos a pensar en ideas afines que procedan de ti, mientras mantienes la idea presente en tu mente. Una vez que hayas añadido cuatro o cinco de tus pensamientos a la idea, repite esta otra vez mientras te dices a ti mismo suavemente:

Mis pensamientos reales están en mi mente.

Quiero encontrarlos.

Trata luego de ir más allá de todos los pensamientos irreales que cubren la verdad en tu mente y de llegar a lo eterno.

La manera de ir a lo eterno es a través de tus pensamientos irreales, que llevas ante los pensamientos reales del Espíritu Santo. Nuestro esquema (página 276) ilustra esto. Encuentras a Dios atravesando el sistema del ego, que comienza con tu experiencia de ti mismo como un cuerpo. A continuación, te das cuenta de que tu cuerpo es una proyección de los pensamientos irreales de la mente de separación, especialismo y culpa, que llevas ante los pensamientos reales del Espíritu Santo. Y entonces se van, dejando solo la verdad. Este proceso de ir a través de lo *irreal* a lo *real* —la esencia del perdón— está poderosamente descrito en el siguiente pasaje del Texto, que relata nuestro viaje a través de "el círculo de miedo" hacia Dios, con el Espíritu Santo como nuestro compañero y guía:

> Pero Dios puede llevarte hasta allí [más allá del miedo], si estás dispuesto a seguir al Espíritu Santo a través del aparente terror, confiando en que Él no te abandonará ni te dejará allí. Pues su propósito no es atemorizarte, aunque el tuyo lo sea. Te sientes seriamente tentado de abandonar al Espíritu Santo al primer roce con el anillo de temor, pero

Él te conducirá sano y salvo a través del temor y más allá de él (T-18.IX.3:7-9).

(7:1) Debajo de todos los pensamientos insensatos e ideas descabelladas con las que has abarrotado tu mente, se encuentran los pensamientos que pensaste con Dios en el principio.

Estos no son pensamientos en los que normalmente pensamos como pensamientos, pues Jesús habla de una expresión de la Voluntad de Dios: Unidad, verdad y amor. Aunque no somos conscientes de ellos, estos pensamientos permanecen "en lugar seguro" en nuestras mentes correctas hasta que los elijamos a ellos, *y solo a ellos*. Jesús establece el mismo punto en un pasaje conmovedor al principio del Texto. Lo cito en su totalidad.

> ¿Cómo es posible que tú que eres tan santo puedas sufrir? Todo tu pasado, excepto su belleza, ha desaparecido, y no queda ni rastro de él salvo una bendición. He salvaguardado todas tus bondades y cada pensamiento amoroso que hayas abrigado jamás. Los he purificado de los errores que ocultaban su luz y los he conservado para ti en su perfecta luminiscencia. Se encuentran más allá de la destrucción y la culpabilidad. Procedieron del Espíritu Santo en ti, y sabemos que lo que Dios crea es eterno. Puedes ciertamente partir en paz porque te he amado como me amé a mí mismo. Mi bendición va contigo para que la extiendas. Consérvala y compártela para que sea siempre nuestra. Pongo la Paz de Dios en tus manos y en tu corazón para que la conserves y la compartas. El corazón la puede conservar debido a su pureza y las manos la pueden ofrecer debido a su fuerza. No podemos perder. Mi juicio es tan poderoso como la Sabiduría de Dios, en Cuyo Corazón y Manos radica nuestra existencia. Sus sosegadas Criaturas son Sus Hijos benditos. Los Pensamientos de Dios están contigo (T-5.IV.8).

(7:2-4) Están ahí en tu mente, ahora mismo, completamente inalterados. Siempre estarán en tu mente, tal como siempre lo han estado. Todo lo que has pensado desde entonces cambiará, pero

los cimientos sobre los que eso descansa son absolutamente inmutables.

Estos pensamientos, que reflejan el Amor de Dios, siempre están con nosotros, totalmente inmutables. Los hemos cubierto con pensamientos sin sentido y desordenados, y Jesús nos está ayudando a descubrir la verdad que está en nosotros. Al final, llegaremos a reconocer que estos pensamientos dementes son una invención. Su aparente poder no tuvo efecto sobre la verdad, y a partir de esa verdad se recuerda el Reino del Cielo en la tierra.

(8:1-4) Hacia esos cimientos es adonde apuntan los ejercicios de hoy. Ahí es donde tu mente está unida a la Mente de Dios. Ahí es donde tus pensamientos son uno con los Suyos. Para este tipo de práctica solo se necesita una cosa: que tu actitud al llevarla a cabo sea la misma que tendrías ante un altar consagrado en el Cielo a Dios el Padre y a Dios el Hijo.

Jesús vuelve a apremiarnos a que nos tomemos estas lecciones en serio y que recordemos por qué estamos haciéndolas. Sin embargo, no nos las estamos tomando en serio si no las aplicamos, y por eso nuestra vigilancia es tan importante. En el Texto, Jesús explica que los altares son devociones:

> Tanto el Cielo como la tierra están en ti porque la llamada de ambos está en tu mente. La Voz de Dios procede de los altares que le has erigido a Él. Estos altares no son objetos, son devociones. Sin embargo, ahora tienes otras devociones. Tu devoción dividida te ha dado dos voces y ahora tienes que decidir en qué altar quieres servir. La llamada que contestas ahora es una evaluación porque se trata de una decisión. La decisión es muy simple. Se toma sobre la base de qué llamada es importante para ti (T-5.II.8:5-12).

Y así se nos instruye a reconocer *qué llamada es más valiosa para nosotros*. Nuestra práctica y vigilancia son las que reforzarán lo que queremos *verdaderamente*.

(8:5-7) Pues tal es el lugar al que estás intentando llegar. Probablemente no puedes darte cuenta todavía de cuán alto estás intentando elevarte. Sin embargo, aun con el poco entendimiento que has adquirido hasta la fecha, deberías ser capaz de recordarte a ti mismo que esto no es un juego fútil, sino un ejercicio de santidad y un intento de alcanzar el Reino de los Cielos.

Se nos pide una vez más que recordemos la importancia de estas lecciones para nosotros, que son la aplicación práctica y específica de los principios del Texto. La sinceridad de nuestro deseo de volver a casa se reflejará en nuestro compromiso con esta práctica continuada. Así Jesús dice en la primera frase del párrafo 9:

(9:1) En las sesiones de práctica cortas de hoy, trata de recordar cuán importante es para ti comprender la santidad de la mente que piensa con Dios.

A estas alturas, después de este énfasis continuado, debería estar claro lo importantes que Jesús cree que son estas lecciones, y lo importantes que deberían ser para nosotros. Ahora comentaremos que esta importancia debe medirse por nuestra disposición a renunciar a nuestra inversión en el especialismo.

La lección acaba con este ruego final de Jesús para que elijamos *en contra de* los pensamientos de nuestro ego, y *a favor* de sus recordatorios de los Pensamientos que compartimos con Dios:

(9:2-4) Mientras repites la idea a lo largo del día, dedica uno o dos minutos a apreciar la santidad de tu mente. Deja a un lado, aunque sea brevemente, todos los pensamientos que son indignos de Aquel de Quien eres anfitrión. Y dale gracias por los pensamientos que Él está pensando contigo.

La gratitud es un tema importante en *Un curso de milagros*, y retornaremos a él con frecuencia. El núcleo de esta gratitud es que Dios nunca ha dejado de Ser Quien es, a pesar de todos nuestros dementes intentos de hacer que Él sea otra cosa.

LECCIÓN 46

Dios es el Amor en el que perdono.

En esta lección encontramos por primera vez un comentario serio sobre el perdón.

(1:1-3) Dios no perdona porque nunca ha condenado. Y primero tiene que haber condenación para que el perdón sea necesario. El perdón es la mayor necesidad de este mundo, y esto se debe a que es un mundo de ilusiones.

Como veremos después, a Jesús "le gusta" tanto esta primera frase que la repite al pie de la letra en la lección de repaso. El perdón no tiene ningún lugar en el Cielo, sino solo en el sueño que comenzó con el pensamiento condenatorio de pecado, y que acabará con el deshacimiento del pecado a través del perdón, el reflejo del amor. "Tiene que haber condenación para que el perdón sea necesario", lo que hace del perdón una ilusión, puesto que corrige lo que nunca ocurrió. Como Dios no reconoce (porque Él *no puede*) la ilusión, no puede corregirla. Por tanto, no hay necesidad de perdón en el Cielo.

(1:4-5) Aquellos que perdonan se liberan a sí mismos de las ilusiones, mientras que los que se niegan a hacerlo se atan a ellas. De la misma manera en que solo te condenas a ti mismo, de igual modo, solo te perdonas a ti mismo.

Jesús está dejando muy claro que el perdón no tiene nada que ver con nadie que pensemos que está fuera de nosotros. Ocurre en el contexto de una relación que nosotros hemos hecho real, pero debemos reconocer que lo que estamos perdonando es una proyección de la culpa que no deseamos, por no mencionar la responsabilidad por nuestra molesta situación. Las lecciones 196-198, que comentaremos mucho más adelante en esta serie, elaboran este punto esencial, como sugieren sus títulos:

No es sino a mí mismo a quien crucifico.

No puede ser sino mi propia gratitud la que me gano.

Solo mi propia condenación me hace daño.

(2:1) Pero si bien Dios no perdona, Su Amor es, no obstante, la base del perdón.

Aquí se nos recuerda que el perdón es un pensamiento real de la mente correcta, que refleja el pensamiento real de amor de nuestra Mente Crística.

(2:2-3) El miedo condena y el amor perdona. El perdón, pues, deshace lo que el miedo ha producido y lleva la mente de nuevo a la conciencia de Dios.

La mente recta, o el perdón, deshace la mente errónea de miedo y odio. Cuando la mente correcta deshace la mente errónea, ambas desaparecen y todo lo que queda es la conciencia de Dios. Una vez más, tenemos que recordar que *Un curso de milagros* no enseña la verdad, sino el *deshacimiento* de las barreras ilusorias a la verdad; un proceso que permite que el recuerdo de Dios amanezca en nuestras mentes dormidas, despertándonos al fin del mundo de pesadilla del ego de culpa y miedo.

(2:4-5) Por esta razón, al perdón puede llamársele verdaderamente salvación. Es el medio a través del cual desaparecen las ilusiones.

Así, la salvación tiene un significado diferente en *Un curso de mila-gros*. Más que ser el plan de Dios para salvarnos de nuestra peca-minosidad muy real, ahora se convierte en la corrección de perdón del Espíritu Santo para nuestra *creencia* en la pecaminosidad. Es el simple cambio de mentalidad de la ilusión de separación a la verdad de la Expiación.

(3) Los ejercicios de hoy requieren por lo menos tres sesiones de práctica de cinco minutos completos y el mayor número posible de las más cortas. Como de costumbre, comienza las sesiones de prácticas más largas repitiendo la idea de hoy para tus adentros. Cierra los ojos mientras lo haces, y dedica un minuto o dos a explorar tu mente en busca de aquellas personas a quienes no has perdonado. No importa en qué medida no las hayas perdonado.

O las has perdonado completamente o no las has perdonado en absoluto.

> Esto es una expresión dentro del sueño de la idea de *todo o nada*, lo que antes hemos descrito como el Nivel Uno. En nuestra experiencia no perdonamos completamente; perdonamos un poco aquí y un poco allí; perdonamos a esta persona, pero no a la otra. Sin embargo, este pasaje nos está diciendo que, si esta es nuestra práctica de perdón, aún no hemos terminado. El perdón tiene que ser total, de otro modo no es real. Esta idea de todo o nada encuentra una expresión similar en la siguiente declaración con respecto a *Un curso de milagros* mismo: "Este curso o bien se creerá enteramente o bien no se creerá en absoluto" (T-22.II.7:4).

(4) Si estás haciendo los ejercicios correctamente no deberías tener ninguna dificultad en encontrar un buen número de personas a quienes no has perdonado. En general, se puede asumir correctamente que cualquier persona que no te caiga bien es un sujeto adecuado. Menciona cada una de ellas por su nombre y di:

> *[Nombre], Dios es el Amor en el que te perdono.*

Este es el primero de varios ejercicios en los que Jesús nos pide que identifiquemos a esas personas a las que hemos elegido no perdonar. Él nos asegura que no tendremos problema para identificar estos objetos de odio especial. Más adelante se nos instruirá amablemente que expandamos esta categoría para incluir a aquellos a los que creemos amar. Una enseñanza importante del Texto es que el amor especial y el odio especial son lo mismo, siendo solo diferentes *formas* del mismo *contenido* básico de separación. Por lo tanto, tenemos que perdonar a *todos*, puesto que percibimos a todos —amigos o enemigos— como separados de nosotros.

(5:1) El propósito de la primera fase de las sesiones de práctica de hoy es colocarte en una posición desde la que puedes perdonarte a ti mismo.

"Perdonarte a ti mismo" es en lo que consiste este curso. Pienso que estoy perdonando a alguien fuera de mí, pero en realidad me estoy perdonando a mí mismo. No hace falta añadir que este es el tema central de *Un curso de milagros*. Refleja la dinámica de la proyección, por la que tratamos de poner en otros la culpa que no podemos aceptar dentro de nosotros mismos. Una vez que hemos proyectado la culpa, ya no somos conscientes de su presencia continuada en nuestras mentes, y para todas las intenciones y propósitos ha quedado olvidada debajo del doble escudo de olvido (L-pI.136.5:2), la creencia en la culpa dentro de nosotros (*mente*) y en otros (*cuerpo*). Solo reconociendo la falta de perdón hacia otros podemos ser llevados a la falta de perdón hacia nosotros mismos, y más allá de eso a la Expiación que nos vuelve a unir con el Amor que en verdad nunca abandonamos.

Las líneas siguientes presentan varias declaraciones con las que se sugiere que practiquemos durante el día. A propósito, no deberían tomarse como *afirmaciones,* tal como las practican muchos estudiantes de la Nueva Era. Con esto me refiero a que declaraciones como estas no deberían usarse para cubrir el sistema de pensamiento del ego consistente en odio y negatividad, sino más bien entenderse como símbolos de la presencia de la corrección de la mente correcta, *a la que* llevamos los pensamientos del ego:

(5:2-6:7) Después de que hayas aplicado la idea a todas las personas que te hayan venido a la mente, di para tus adentros:

Dios es el Amor en el que me perdono a mí mismo.

Dedica luego el resto de la sesión a añadir ideas afines tales como:

Dios es el Amor en el que me amo a mí mismo.

Dios es el Amor en el que me alzo bendecido.

El modelo a seguir en cada aplicación puede variar considerablemente, pero no se debe perder de vista la idea central. Podrías decir, por ejemplo:

No puedo ser culpable porque soy un Hijo de Dios.

Ya he sido perdonado.

El miedo no tiene cabida en una mente que Dios ama.

No tengo necesidad de atacar porque el amor me ha perdonado.

La sesión de práctica debe terminar, no obstante, con una repetición de la idea de hoy en su forma original.

Si hacemos estos ejercicios adecuadamente, seremos cada vez más capaces de notar los pensamientos de separación y especialismo de nuestro ego, y llevarlos rápidamente al amor que abraza a la Filiación como una, al tiempo que deshace nuestros pensamientos de culpa, miedo y ataque. Esto se reitera en el último párrafo de la lección, donde Jesús retorna a su énfasis central en usar la idea del día, así como sus variantes, cuando quiera que sintamos la tentación de elegir el ego en lugar del Espíritu Santo:

(7) Las sesiones de práctica más cortas pueden consistir ya sea en una repetición de la idea de hoy en su forma original o en una afín, según prefieras. Asegúrate, no obstante, de aplicar la idea de manera más concreta si surge la necesidad. Esto será necesario en cualquier momento del día en el que te percates de cualquier reacción negativa hacia alguien, tanto si esa persona está presente como si no. En tal caso, dile silenciosamente:

Dios es el amor en el que te perdono.

Jesús está pidiéndonos, una vez más, que seamos conscientes de cualquier tipo de reacción negativa, grande o pequeña, y después que llevemos estas reacciones a los pensamientos sugeridos del día. De esta manera, su luz puede disipar la oscuridad en la que habíamos tratado de escondernos. Este proceso requiere gran vigilancia y diligencia mientras tratamos de practicar continuamente el instante santo (T-15.IV). Esto me recuerda el famoso chiste: un neoyorquino perdido pregunta a alguien cómo llegar al Carnegie Hall, el legendario auditorio. La respuesta es: *¡Practica, practica, practica!*

LECCIÓN 47

Dios es la Fortaleza en la que confío.

Esto introduce otra importante enseñanza que es central en el Texto: el contraste entre nuestra debilidad y la fuerza de Cristo en nosotros, o entre el poder ilusorio del ego y el verdadero poder del Espíritu Santo. Como leemos hacia el final del Texto:

Siempre eliges entre tu debilidad y la fortaleza de Cristo en ti. Y lo que eliges es lo que crees que es real. Solo con que te negaras a dejar que la debilidad guiara tus actos, dejarías de otorgarle poder. Y la luz de Cristo en ti estaría entonces a cargo de todo cuanto hicieses. Pues habrías llevado tu debilidad ante Él y, a cambio de ella, Él te habría dado Su fortaleza (T-31.VIII.2:3-7).

Esta lección introduce sutilmente el tema de las relaciones especiales, que entrañan depositar confianza en algo o alguien fuera de nosotros para aliviar nuestra ansiedad, o simplemente para hacer que nos sintamos bien. Esto significa que estamos sustituyendo algún objeto, sustancia o relación por el Amor de Dios, dando poder (o fortaleza) a estos objetos especiales para que nos den placer o alivien nuestro dolor. Elegir el especialismo es sustituir la debilidad por la fortaleza.

(1:1) Si solo confías en tus propias fuerzas, tienes todas las razones del mundo para sentirte aprensivo, ansioso y atemorizado.

Confiar en nuestra propia fuerza significa que hemos hecho real el sistema de pensamiento del ego. Habiendo hecho esto, nos sentiremos culpables. La culpa será proyectada e inevitablemente temeremos el castigo que creemos que vendrá desde fuera. Así, habremos olvidado que el castigo que creemos que nos va a llegar es una expresión natural (en realidad, una expresión *no natural)* de la culpa que sentimos en nuestras mentes. A propósito, puedes ver con cuánta frecuencia se comenta en estas lecciones la dinámica de la proyección.

(1:2) ¿Qué puedes predecir o controlar?

En este mundo, todos tenemos problemas con el control. Siempre tratamos de prever lo que podría ocurrir para poder controlarlo, pensando anticipadamente: si hago esto y lo otro, ¿cuál será el resultado? Si hemos de sobrevivir como ego, esto es obligado. Tenemos que tener el control. Si no, quien tiene el control es Jesús, lo que significa que nuestra identidad especial se ha ido. Nuestra necesidad de excluirle encuentra su expresión en la necesidad de controlar lo que ocurre a nuestro alrededor, como el niño holandés que mantenía el dedo en el dique para impedir la inundación catastrófica que destruiría su pueblo. Ese es nuestro temor: si nuestro dedo se desliza, las aguas del amor de Dios arrasarán nuestras estructuras defensivas e inundarán nuestros egos, borrándolos de la existencia. Por lo tanto, mantenemos nuestros dedos de especialismo y odio firmemente plantados en los muros de nuestras mentes, asegurándonos de que las aguas del perdón de la mente correcta no pasen nunca y arrastren consigo nuestro yo.

(1:3) ¿Qué hay en ti con lo que puedas contar?

¡Pensamos que hay mucho! Estamos seguros de que, si no nos salvamos a nosotros mismos, estamos condenados. Antes mencioné que hemos construido nuestra vida de tal manera que, de partida, estamos convencidos que no se puede confiar en nadie; nada es digno de confianza y, por lo tanto, los únicos que podemos salvarnos somos nosotros mismos. Una vez más, estamos completamente seguros de tener razón. Sin embargo, no somos conscientes del pensamiento subyacente que mantiene esta defensa: he escrito el guión de mi vida para probar que estoy solo en el universo, y, por lo tanto, ¡más vale que cuide de mí mismo porque nadie más lo hará! Recuerda la importante línea del Texto:

> El secreto de la salvación no es sino este: que eres tú el que se está haciendo todo esto a sí mismo (T-27.VIII.10:1).

Queremos estar solos, puesto que eso justifica que vivamos en soledad, sin confiar en nadie, y de esta manera reforzamos nuestro origen en el que estamos completamente solos, totalmente aparte de nuestro Creador y Fuente.

(1:4) ¿Qué te podría capacitar para ser consciente de todas las facetas de un problema y de resolverlas todas de tal manera que de ello solo resultase lo bueno?

Esta idea se expresa más plenamente en el Texto y en el manual: el Espíritu Santo, no nosotros, es el Único que puede juzgar correctamente. Leemos, por ejemplo:

> Es necesario que el maestro de Dios se dé cuenta, no de que no debe juzgar, sino de que no puede [...] El objetivo de nuestro programa de estudio, a diferencia de la meta del aprendizaje del mundo, es el reconocimiento de que juzgar, en el sentido usual, es imposible [...] Para poder juzgar cualquier cosa correctamente, uno tendría que ser consciente de una gama inconcebiblemente vasta de cosas pasadas, presentes y por venir. Uno tendría que reconocer de antemano todos los efectos que sus juicios podrían tener sobre todas las personas y sobre todas las cosas que de alguna manera estén involucradas. Y tendría que estar seguro de que no hay distorsión alguna en su percepción para que sus juicios fuesen completamente justos con todos sobre los que han de recaer ahora o en el futuro. ¿Quién está en posición de hacer esto? ¿Quién, excepto en delirios de grandeza, pretendería ser capaz de todo esto? [...] Forma, pues, un solo juicio más: hay alguien a tu lado Cuyo juicio es perfecto. Él conoce todos los hechos, pasados, presentes y por venir. Conoce los efectos que sus juicios han de tener sobre todas las personas, y sobre todas las cosas que, de alguna manera, estén involucradas. Y Él es absolutamente justo con todos, pues en Su percepción no hay distorsiones (M-10.2:1; 3:1,3-7;4:6-10).

Es simplemente nuestra arrogancia como egos la que nos lleva a creer que podríamos entender la verdadera naturaleza de cualquier problema, por no hablar de su solución. Esta arrogancia ha asegurado a lo largo de los milenios que ningún problema, individual o colectivo, nunca haya sido resuelto verdaderamente. Así vamos de día en día, de año en año, de siglo en siglo, reviviendo una y otra vez las mismas experiencias dolorosas, sin tomarnos un respiro del terror de estar equivocados y de estar separados:

> Cada día, y cada minuto de cada día, y en cada instante de cada minuto, no haces sino revivir ese instante en el que la hora del terror ocupó el lugar del amor (T-26.V.13:1).

(1:5) ¿Qué hay en ti que te permita poder reconocer la solución correcta y garantizar su consecución?

Ciertamente no somos nosotros, nuestro yo de mentalidad errada, sino nuestro yo de mentalidad correcta, cuando elegimos identificarnos con Jesús o el Espíritu Santo.

(2) Por ti mismo no puedes hacer ninguna de esas cosas. Creer que puedes es poner tu confianza en algo que no es digno de ella, y justificar el miedo, la ansiedad, la depresión, la ira y el pesar. ¿Quién puede depositar su fe en la debilidad y sentirse seguro? Por otra parte, ¿quién puede depositar su fe en la fortaleza y sentirse débil?

En esto consiste la vida de cada uno de nosotros. Estamos atemorizados, ansiosos, deprimidos, enfadados y tristes. Si no, no estamos prestando atención a nuestra situación vital, lo que demuestra que tenemos razón al creer que el mundo es un lugar hostil, amenazante y solitario, repleto de personas en las que no podemos confiar. Sentimos que está justificado pensar que esta es la razón por la que nos sentimos tan horrible, pues no somos conscientes de que la fuente de nuestros pensamientos y sentimientos es nuestra decisión de confiar en el maestro de la debilidad, más que en el Maestro de la fortaleza.

(3) Dios es tu seguridad en toda circunstancia. Su Voz habla por Él en toda situación y en todos los aspectos de cada situación, diciéndote exactamente qué es lo que tienes que hacer para invocar Su fortaleza y Su protección. En esto no hay excepciones porque en Dios no hay excepciones. Y la Voz que habla por Él piensa como Él.

Pasajes como estos, y hay muchos de ellos en el Libro de ejercicios, hacen que suene como si el Espíritu Santo estuviera contigo para decirte exactamente qué hacer. En un sentido, esto es verdad, pero en realidad el foco nunca está en lo que haces, porque eso no tiene importancia. Más bien, Jesús hace énfasis en cómo *piensas* con respecto a lo que haces. Aquí es donde el Espíritu Santo entra en el cuadro. Si te unes con Su Amor —lo que significa que has soltado las barreras que te mantendrían separado de Él— todo lo que digas y hagas vendrá del amor. Esto es lo que significa ser guiado por el Espíritu Santo. No es que Él te diga específicamente qué hacer o no hacer. Cuando tu mente está alineada con la Suya, todo lo que procede de esa mente debe ser Suyo, puesto que nuestros cuerpos no son sino una proyección o extensión de lo que hay en nuestras mentes. Cuando estas se unen con el Espíritu Santo, todo lo que hacemos es una expresión de amor. Nuestra experiencia podría ser que Jesús nos dijo eso, o que el Espíritu Santo nos dijo eso. En realidad, simplemente nos hemos unido con el amor abstracto en nuestras mentes, y ese amor se convierte en la fuente de nuestros pensamientos y comportamientos específicos.

El canto de la oración aborda concretamente el problema de ir más allá de nuestra necesidad de cosas específicas, puesto que llegamos a pedir a Dios o al Espíritu Santo la satisfacción de nuestras peticiones especiales. Ciertamente, uno de los principales énfasis de este importantísimo escrito es hacer que los estudiantes de *Un curso de milagros* solo pidan ayuda para retirar los obstáculos a oír la inespecífica Voz de amor. Una vez que nuestros egos se apartan de en medio, *sabemos* automáticamente qué hacer o decir. Así, Jesús enseña en las primeras páginas de este anexo:

> El secreto de la verdadera oración es olvidarte de las cosas que crees que necesitas. Pedir algo específico es igual que ver el pecado primero y luego perdonarlo. Del mismo modo, al orar pasas por alto tus necesidades específicas tal como las ves, y las dejas en Manos de Dios. Ahí se convierten en los regalos que Le haces, pues Le dicen que no antepondrás otros dioses a Él y que no quieres otro amor que el Suyo. ¿Cuál podría ser Su respuesta sino tu recuerdo de

Él? ¿Puede esto cambiarse por un insignificante consejillo para un problema de apenas un instante de duración? La Respuesta de Dios es para toda la eternidad. Sin embargo, todas las pequeñas respuestas están contenidas en ella (S-1.I.4).

Esta importante enseñanza quedó subrayada en un mensaje personal para Helen, que corregía su tendencia a pedir palabras *específicas* para decir a una persona que tuviera problemas. Aquí está lo que Jesús le dijo a su escriba:

> Recuerda que no necesitas nada, sino que tienes un almacén interminable de regalos amorosos que dar. Pero enséñate esta lección solo a ti misma. Tu hermano no la aprenderá de tus palabras ni de los juicios que has depositado sobre él. Ni siquiera necesitas decirle una palabra. No puedes preguntar: "¿Qué le diré?" y oír la respuesta de Dios. Más bien pide en su lugar: "Ayúdame a ver a este hermano con los ojos de la verdad y no del juicio", y la ayuda de Dios y todos Sus ángeles responderá (*Ausencia de felicidad: la historia de Helen Schucman como escriba de Un curso de milagros,* p. 381 [de la versión original inglesa]).

Volveremos una y otra vez a este punto vital, porque señala el camino para ir más allá del *especialismo espiritual* del ego, una de las grandes defensas contra las verdades espirituales que se encuentran en *Un curso de milagros* y en muchas otras espiritualidades.

(4:1) Hoy trataremos de llegar más allá de tu debilidad hasta la Fuente de la verdadera Fortaleza.

Esto recuerda la Lección 44, en la que Jesús nos ayudó a hundirnos en nuestras mentes, dejando a un lado las ilusiones del ego para alcanzar la verdad del Espíritu Santo.

(4:2-5) Son necesarias hoy cuatro sesiones de práctica de cinco minutos cada una, aunque se te exhorta a que hagas más y a que

les dediques más tiempo. Cierra los ojos y comienza como de costumbre repitiendo la idea de hoy. Luego dedica un minuto o dos a buscar situaciones en tu vida que hayas revestido de temor, y desecha cada una de ellas diciéndote a ti mismo:

Dios es la fortaleza en la que confío.

Este es el proceso. El camino para llegar a tu verdadera fortaleza es ir más allá de tu debilidad tomando conciencia de los pensamientos de tu ego. Por eso, en estas lecciones se hace tanto énfasis en examinar la mente. No puedes ir más allá de la oscuridad hasta que te das cuenta de que *hay* oscuridad. Debes mirar a tu inversión en hacer que tu ego esté vivo y con buena salud, y después llevar esa inversión en la debilidad ante la fortaleza de Dios dentro de ti.

(5) Trata ahora de deslizarte más allá de todas las preocupaciones relacionadas con tu propia sensación de insuficiencia. Es obvio que cualquier situación que te causa inquietud está asociada con sentimientos de insuficiencia, pues, de lo contrario, creerías que puedes lidiar con la situación con éxito. Confiando en ti mismo no es la manera de adquirir confianza. Mas la Fortaleza de Dios en ti tiene éxito en todo.

Jesús vuelve a pedirnos una vez más que demos la espalda a la debilidad e inadecuación del sistema de pensamiento del ego y vayamos a la fortaleza de Dios que él nos ofrece. Por eso nos exhorta en el Texto:

> Renuncia ahora a ser tu propio maestro [...] pues no fuiste
> un buen maestro (T-12.V.8:3; T-28.I.7:1)

(6) Reconocer tu propia fragilidad es un paso necesario para la corrección de tus errores, pero no es suficiente para darte la confianza que necesitas y a la que tienes derecho. Debes adquirir asimismo la conciencia de que confiar en tu verdadera fortaleza está plenamente justificado en relación con todo y en toda circunstancia.

Esta estructura es típica de la mayoría de las secciones del Texto: primero se te da el lado del ego; después la respuesta del Espíritu

Santo. A lo largo de *Un curso de milagros* Jesús nos dice en términos inequívocos lo importante que es que miremos a nuestro ego. Aquí nos está diciendo que debemos mirar a nuestra debilidad, que viene de identificarnos con el ego. Sin embargo, Jesús también enseña que hay una presencia de amor, fortaleza y verdad dentro de nosotros, que es la base de nuestro mirar. Tomamos conciencia de que la manera de identificarnos con la verdad y de encontrar felicidad y paz reales es mirar a nuestra oscuridad con la expresión de la verdad, Jesús o el Espíritu Santo, a nuestro lado. Recuerda ese maravilloso pasaje del Texto, citado aquí más extensamente que antes:

> Nadie puede escapar de las ilusiones a menos que las examine, pues no examinarlas es la manera de protegerlas. No hay necesidad de sentirse amedrantado por ellas, pues no son peligrosas. Estamos listos para examinar más detenidamente el sistema de pensamiento del ego porque juntos disponemos de la lámpara que lo desvanecerá, y puesto que te has dado cuenta de que no lo deseas, debes estar listo para ello. Mantengámonos en calma al hacerlo, pues lo único que estamos haciendo es buscar honestamente la verdad. La "dinámica" del ego será nuestra lección por algún tiempo, pues debemos primero examinarla para poder así ver más allá de ella, ya que le has otorgado realidad. Tranquilamente desvaneceremos juntos este error, y después miraremos más allá de él hacia la verdad.

> ¿Qué es la curación sino el acto de despejar todo lo que obstaculiza el Conocimiento? ¿Y de qué otra manera puede uno disipar las ilusiones, excepto examinándolas directamente y sin protegerlas? No tengas miedo, por lo tanto, pues lo que estarás viendo es la fuente del miedo, y estás comenzando a darte cuenta de que el miedo no es real [...] No tengas miedo de mirar al miedo, pues no puede ser visto. La claridad, por definición, desvanece la confusión, y cuando se mira a la oscuridad a través de la luz, esta no puede por menos que disiparla (T-11.V.1:1–2:3,8-9).

Así se nos dan los dos lados de la mente dividida: la verdad interna, así como las instrucciones para hacer el viaje a esa verdad, que conlleva mirar a la debilidad del ego.

Un punto más: mirar al ego no es suficiente si no vas más allá de él a la fortaleza de Cristo. La mitad de la lección no es la lección completa. Este pensamiento es similar al pasaje del Texto sobre que la curación es de la *mente*, no del *cuerpo*; la retirada de los síntomas físicos no es el problema:

> Mas la mitad de la lección no es toda la lección. El milagro no tiene ninguna utilidad si lo único que aprendes es que el cuerpo se puede curar, pues no es esta la lección que se le encomendó enseñar. La lección que se le encomendó enseñar es que lo que estaba enfermo era la *mente* que pensó que el cuerpo podía enfermar. Proyectar su culpabilidad no causó nada ni tuvo efecto alguno (T-28.II.11:5-7).

Así, "soltar o dejar ir el ego" no significa nada. Además, no es *realmente* un dejar ir si uno no se identifica al mismo tiempo con la fortaleza amable, amorosa y sin defensas de Cristo, a la que le es inherente el recuerdo de la Unidad del Hijo de Dios.

(7) En la última fase de cada sesión de práctica, trata de llegar muy hondo dentro de tu mente a un lugar de verdadera seguridad. Reconocerás que has llegado cuando sientas una profunda sensación de paz, por muy breve que sea. Despréndete de todas las trivialidades que bullen y burbujean en la superficie de tu mente, y sumérgete por debajo de ellas hasta llegar al Reino de los Cielos. Hay un lugar en ti donde hay perfecta paz. Hay un lugar en ti en el que nada es imposible. Hay un lugar en ti donde mora la Fortaleza de Dios.

Soltamos "todas las trivialidades que bullen y burbujean" en nuestras mentes, nuestros pensamientos de especialismo, lleván-doselos a Jesús o al Espíritu Santo. Ya no los conservamos para sentirnos seguros o para defendernos. En otras palabras: ya no queremos el propósito al que sirven: preservar y proteger nuestro yo separado.

(8) Repite la idea frecuentemente en el transcurso del día. Úsala como respuesta a cualquier cosa que te perturbe. Recuerda que tienes derecho a la paz porque estás depositando tu confianza en la fortaleza de Dios.

Y de esta manera volvemos al tema central de las primeras lecciones: la necesidad de practicar continuamente llevando nuestras alteraciones a la respuesta específica de Jesús, confiando en su fortaleza más que en la debilidad del andrajoso sustituto de Dios que nos ofrece el ego.

LECCIÓN 48

No hay nada que temer.

La Lección 48 es agradable, corta y dulce: "No hay nada que temer." Si Dios es la fuerza en la que confiamos, nada en este mundo podría nunca darnos miedo. La base del miedo es el principio de que la culpa exige castigo. Si tengo miedo, es porque primero me veo a mí mismo culpable y débil. Si elijo a Jesús como fuente de mi fortaleza, no soy débil ni estoy separado, y por lo tanto no soy culpable. Si no soy culpable, no puede existir el pensamiento proyectado de que seré castigado. Sin dicha creencia, no puede haber miedo. Una vez más, se trata todo el tiempo del mismo proceso. Si quiero vivir sin miedo debo vivir sin culpa. Si quiero vivir sin culpa, necesito que Jesús me ayude a mirarla.

(1) La idea de hoy afirma simplemente un hecho. No es un hecho para los que creen en ilusiones, mas las ilusiones no son hechos. En realidad, no hay nada que temer. Esto es algo muy fácil de reconocer. Pero a los que quieren que las ilusiones sean verdad les es muy difícil reconocerlo.

Como dice el Texto, el único hecho es Dios: "Dios no es algo simbólico; Dios es un Hecho" (T-3.I.8:2). El "hecho" —"No hay nada que temer"— en realidad es un reflejo de la realidad de Dios. El estado de ausencia de miedo corrige el pensamiento fundamental del ego de que el miedo es el castigo por nuestro pecado. Es este miedo ilusorio al que has de mirar. Quieres que las ilusiones sean verdad porque *tú* eres una ilusión, y quieres que *tú* —tu identidad individual— sea verdad. Lo que hace difícil tener un día libre de ansiedad es que no quieres que la lección de hoy sea verdad. Si lo es, *tú* no eres verdad.

(2) Las sesiones de práctica de hoy serán muy cortas, muy simples y muy frecuentes. Repite sencillamente la idea tan a menudo como puedas. Puedes hacerlo con los ojos abiertos en cualquier momento o situación. Recomendamos enérgicamente, no obstante, que siempre que puedas cierres los ojos durante aproximadamente un minuto y repitas la idea lentamente para tus adentros varias veces.

Es especialmente importante también que la uses de inmediato si observas que algo perturba tu paz mental.

Podemos ver una y otra vez, prácticamente en cada lección, que Jesús nos está diciendo que practiquemos este pensamiento en nuestras vidas diarias, y que le llevemos a él nuestras preocupaciones. En el ejercicio de hoy nos está pidiendo que apliquemos el pensamiento a lo largo del día, *con tanta frecuencia como podamos*. Además, él vuelve a apremiarnos —"Es especialmente importante"— pensar en la idea cuando te sientas alterado; en otras palabras, llevar la oscuridad de nuestro disgusto ante la luz de su pensamiento de amor, un pensamiento que por su misma presencia disipa la oscuridad del miedo.

(3) La presencia del miedo es señal inequívoca de que estás confiando en tu propia fortaleza. La conciencia de que no hay nada que temer indica que, en algún lugar de tu mente, aunque no necesariamente en un lugar que puedas reconocer, has recordado a Dios y has dejado que Su Fortaleza ocupe el lugar de tu debilidad. En el instante en que estés dispuesto a hacer eso, ciertamente no habrá nada que temer.

Cuando nos descubrimos teniendo miedo en cualquiera de las formas que el miedo adquiere —y a veces ni siquiera es miedo; podría ser enfado, depresión o tristeza— es porque una vez más hemos elegido al ego. De hecho, hemos pedido a Jesús o al Espíritu Santo que se pierdan. El problema es la decisión de la mente errónea; y aceptar la Corrección es la solución. La simplicidad de *Un curso de milagros* —un problema, una solución (L-pI.79-80)— es lo que hace de él una herramienta espiritual tan poderosa y eficaz.

LECCIÓN 49

La Voz de Dios me habla durante todo el día.

Esta es una lección de la que muchos estudiantes de *Un curso de milagros* han obtenido mucho kilometraje aunque, por desgracia, iban en la dirección equivocada: hacia el infierno más que hacia el Cielo. Los estudiantes a menudo asumen que esta lección significa que ellos oyen al Espíritu Santo diciéndoles cosas maravillosas, *todo el tiempo*. Sin embargo, si seguimos el pensamiento de estas lecciones, es evidente que no podemos oír la Voz de Dios a lo largo de todo el día debido al desorden continuo que hay en nuestras mentes. Jesús ya ha explicado la presencia del desorden: nuestra resistencia a perder nuestra identidad individual y especial. Esta resistencia se refleja en que atesoramos la voz de especialismo del ego para que nos impida oír la Voz del Espíritu Santo, como vemos en este afilado pasaje del Texto:

> Tú no eres especial. Si crees que lo eres y quieres defender tu especialismo en contra de la verdad de lo que realmente eres, ¿cómo vas a poder conocer la Verdad? ¿Qué respuesta del Espíritu Santo podría llegar hasta ti, cuando a lo que escuchas es a tu deseo de ser especial, que es lo que pregunta y lo que responde? Tan solo prestas oído a su mezquina respuesta, la cual ni siquiera se oye en la melodía que en amorosa alabanza de lo que eres fluye eternamente desde Dios a ti. Y este colosal himno de honor que amorosamente se te ofrece por razón de lo que eres parece silencioso e inaudible ante el "poderío" de tu especialismo. Te esfuerzas por escuchar una voz que no tiene sonido y, sin embargo, la Llamada de Dios Mismo te resulta insonora.
>
> Puedes defender tu especialismo, pero nunca oirás la Voz que habla en favor de Dios a su lado (T-24.II.4:1–5:1).

Si bien es verdad, por tanto, que la Voz de Dios nos habla durante todo el día —porque el Espíritu Santo está en nuestras mentes— eso no significa que le *oigamos*. Presta cuidadosa atención a las palabras de la lección: Jesús no nos dice que *oímos* la Voz de Dios durante todo el día, sino que la Voz de Dios nos *habla* durante todo el día. No vamos a escuchar debido, una vez más, a nuestra resistencia a perder nuestra identidad, expresada a través de la inversión en perpetuar nuestro especialismo. Por eso es tan importante leer esto (y todos los pasajes de *Un curso de milagros*) con mucho cuidado.

Otro punto importante que va al núcleo de por qué los estudiantes del Curso se confunden es que nosotros estamos *siempre* escuchando a una voz interna. ¡No podemos escuchar nada más! Nuestros cuerpos son los vehículos (o canales) a través de los cuales "hablan" las voces del ego o del Espíritu Santo. Los estudiantes suelen pensar que por el simple hecho de que oyen una voz interna, debe ser la del Espíritu Santo. Por desgracia se han olvidado completamente de la *otra* voz, que fue fabricada específica e intencionalmente para ahogar la pequeña y aquietada voz del Espíritu Santo, como vimos en el pasaje anterior. Por eso Jesús hace énfasis en ayudarnos a retirar nuestra inversión en el ego, para que podamos "oír" inevitablemente y de manera natural la Voz que habla por la verdad. Mi esposa Gloria establecía un punto similar cuando recordaba a los estudiantes que oír una voz que según ellos creen pertenece a una entidad "del otro lado" no significa necesariamente que dicha entidad esté más avanzada o más libre del ego que ellos. Al final, el discernimiento es un requisito fundamental para cualquier buscador espiritual, y no lo es menos para los estudiantes de *Un curso de milagros,* que necesitan discernir la diferencia entre las dos voces.

(1) Es muy posible escuchar la Voz de Dios durante todo el día sin que ello interrumpa para nada tus actividades normales. La parte de tu mente donde reside la verdad está en constante comunicación con Dios, tanto si eres consciente de ello como si no. Es la otra parte de tu mente la que opera en el mundo y la que obedece sus leyes. Esa es la parte que está constantemente distraída, y que es desorganizada y sumamente insegura.

Esto no significa que si estás en tu mente recta no tengas que obedecer las leyes del mundo, aunque por desgracia esto es lo que algunos estudiantes interpretan equivocadamente. Jesús está hablando de obedecer las leyes del mundo porque tú *crees* que son verdaderas leyes. Él no está diciendo, por ejemplo, que deberías convertirte en un anarquista o libertario. Leemos, por ejemplo, esta instrucción a los maestros de Dios, a sus estudiantes que quieren crecer más allá de sus yoes del ego:

> Hay una manera de vivir en el mundo que no es del mundo, aunque parezca serlo. No cambias de apariencia, aunque sí sonríes mucho más a menudo. Tu mente se mantiene serena; tus ojos están tranquilos (L-pI.155.1:1-3).

En otras palabras, no se nos pide que tengamos un aspecto diferente ni que nos comportemos de manera diferente que cualquier otra persona. Lo que *cambia* es nuestra actitud, o a qué maestro interno hemos decidido seguir. Cuando escuchamos al Espíritu Santo, el mundo se convierte en un aula escolar cuyos símbolos devienen el lenguaje a través del cual expresamos Sus enseñanzas. La Lección 184 explica esto con gran detalle, de modo que dejamos los comentarios para entonces.

La cuestión consiste en obedecer las leyes ilusorias del mundo no porque creamos que son verdad, sino porque ellas son la *forma* a través de la cual expresamos el *contenido* de verdad de la mente de un modo al que las personas pueden responder sin temor. Un pasaje anterior del Texto establece este punto esencial de encontrarse con las personas donde están —la ilusión de *forma*— y sin embargo expresar la verdad del *contenido* de corrección, conocida como el milagro:

> El valor de la Expiación no reside en la manera en que se expresa. De hecho, si se usa acertadamente, se expresará inevitablemente en la forma que le resulte más beneficiosa a aquel que la va a recibir. Esto quiere decir que para que un milagro sea lo más eficaz posible debe expresarse en un idioma que el que lo ha de recibir pueda entender sin miedo. Eso no significa necesariamente que ese sea el nivel más alto de comunicación de que dicha persona es capaz. Significa,

no obstante, que ese es el más alto nivel de comunicación de que es capaz *ahora*. El propósito del milagro es elevar el nivel de comunicación, no reducirlo mediante un aumento del miedo (T-2.IV.5).

El *contenido* de amor es lo que debería ser nuestra inspiración y guía, y no ninguna noción preconcebida con respecto a la *forma* en que ese amor ha de ser expresado. Esto asegura que nuestra respuesta sea bondadosa y esté libre de juicio, aceptando a las personas donde están, no donde nosotros queremos que estén.

(2:1-3) La parte que está escuchando a la Voz de Dios es serena, está en continuo reposo y llena de absoluta seguridad. Es la única parte que realmente existe. La otra es una loca ilusión, frenética y perturbada, aunque desprovista de toda realidad.

Esto trae a la mente la famosa analogía, tomada del *Fedro* de Platón, del auriga y sus dos caballos, y ofrece una descripción poética de las mentes correcta y errada:

El alma puede ser comparada con la unión de los poderes de una yunta de corceles alados y un auriga alado[...] En nosotros, los hombres[...] es un par de corceles que el auriga controla; además, uno de ellos es noble y bueno, de buena casta, mientras que el otro tiene el carácter opuesto, y su casta es la opuesta. De ahí que la tarea del auriga sea difícil y problemática[...] El que está en el lado más honorable permanece erguido y sus miembros están bien formados, mantiene el cuello elevado y tiene la nariz curva; es de color blanco, con ojos negros; es amante de la gloria, pero con templanza y modestia; este disfruta de un renombre merecido, y no necesita látigo, pues las palabras de mando bastan para impulsarle. El otro tiene la forma retorcida, un revoltijo de criatura, de cuello corto y grueso, nariz chata, piel negra y ojos grises; es de sangre caliente, y se empareja con la perversidad y la vanagloria; de orejas peludas, sordo y duro de controlar con el látigo y la puya (*Fedro* 246ª; 253e).

Esta analogía influyó en la visión de Freud sobre la psique, y por ello la descripción de Platón formó la base de la comprensión de Freud con respecto al *Id* o inconsciente. Esta, por supuesto, es la naturaleza del sistema de pensamiento del ego: un depósito de odio, asesinato y perversidad.

(2:4-6) Trata hoy de no prestarle oídos. Trata de identificarte con la parte de tu mente donde la quietud y la paz reinan para siempre. Trata de oír la Voz de Dios llamándote amorosamente, recordándote que el Creador no se ha olvidado de Su Hijo.

Una vez más, podemos observar las implicaciones del apremio de Jesús: Él nos pide que reconozcamos nuestra llamada al ego, y después que elijamos en contra de ella y a favor de nuestra mente recta, en la que habitan la quietud y la paz. Se nos anima a volver a elegir, a pesar de que Jesús es consciente de que nuestra resistencia es grande. Sin embargo, todavía es pronto en nuestro entrenamiento y queda mucho que aprender y practicar.

(3) Hoy necesitaremos por lo menos cuatro sesiones de práctica de cinco minutos cada una e incluso más si es posible. Trataremos en verdad de oír la voz de Dios recordándote a Dios y a tu Ser. Abordaremos el más santo y gozoso de todos los pensamientos llenos de confianza, sabiendo que al hacer esto estamos uniendo nuestra voluntad a la Voluntad de Dios. Él quiere que oigas Su Voz. Te la dio para que la oyeras.

Otra arenga: la Voz de Dios *está* dentro de nosotros y espera pacientemente nuestra elección.

(4) Escucha en profundo silencio. Permanece muy quedo y abre tu mente. Ve más allá de todos los chillidos estridentes e imaginaciones enfermizas que encubren tus verdaderos pensamientos y empañan tu eterno vínculo con Dios. Sumérgete profundamente en la paz que te espera más allá de los frenéticos y tumultuosos pensamientos, sonidos e imágenes de este mundo demente. No vives aquí. Estamos tratando de llegar a tu verdadero hogar. Estamos tratando de llegar al lugar donde eres verdaderamente bienvenido. Estamos tratando de llegar a Dios.

Jesús quiere que seamos *muy* claros con respecto a nuestro propósito. Sin embargo, no podemos llegar a Dios sin ir más allá de los "chillidos estridentes y las imaginaciones enfermizas" del ego; y no podemos ir más allá de esos chillidos y fantasías sin mirarlos. Así, abrir nuestra mente significa que nuestro tomador de decisiones elija el perdón del Espíritu Santo en lugar del ataque del ego. Ya hemos visto que para llegar a Dios tenemos que dejar a un lado nuestra identificación con la voz de especialismo del ego, y el objetivo del Libro de ejercicios es ayudarnos a llegar a Dios mediante este proceso.

(5) No te olvides de repetir la idea de hoy frecuentemente. Hazlo con los ojos abiertos cuando sea necesario, pero ciérralos siempre que sea posible. Y asegúrate de sentarte quedamente y de repetir la idea cada vez que puedas, cerrando los ojos al mundo y comprendiendo que estás invitando a la Voz de Dios a que te hable.

Jesús vuelve a hacer énfasis en hacer las lecciones con los ojos abiertos o cerrados, aunque ahora su preferencia para nuestro entrenamiento es que los mantengamos cerrados, maximizando la experiencia de que son nuestros *pensamientos* los que necesitan corrección. Como hemos visto repetidamente en lecciones recientes, se nos apremia a aplicar la idea del día con tanta frecuencia como nos acordemos: "frecuentemente", "cada vez que puedas". De esta manera, reforzamos nuestro aprendizaje de que lo que verdaderamente queremos es la sabiduría y el amor del Espíritu Santo, que se encuentran en nuestras *mentes*, no en el mundo.

LECCIÓN 50

El amor de Dios es mi sustento.

La Lección 50 difiere de las precedentes, y vamos a ser introducidos a temas que retornarán más adelante. En concreto, esta lección hace otra declaración, mucho más clara que la anterior, sobre la naturaleza de la relación especial. Los términos *relaciones especiales* y *especialismo* no aparecen en absoluto en el Libro de ejercicios; sin embargo, en pasajes como estos queda claro que ese es el referente de Jesús.

(1) He aquí la respuesta a cualquier problema que se te presente, hoy, mañana y a lo largo del tiempo. Crees que lo que te sustenta en este mundo es todo menos Dios. Has depositado tu fe en los símbolos más triviales y absurdos: en píldoras, dinero, ropa "protectora", influencia, prestigio, caer bien, estar "bien" relacionado y en una lista interminable de cosas huecas y sin fundamento a las que dotas de poderes mágicos.

Si se leen esas afirmaciones en el contexto de *Un curso de milagros* como un todo, es evidente que Jesús no está diciendo que deberíamos sentirnos culpables por tomar una píldora, llevar ropa caliente en invierno, o tener amigos con los que nos gusta pasar tiempo. Este pasaje es similar a la Lección 76: "No me gobiernan otras leyes que las de Dios", que comentaremos a su debido tiempo y donde haremos la misma advertencia. Además, Jesús no está diciendo que debamos abandonar nuestras preocupaciones corporales. Eso sería confundir niveles —mente y cuerpo— sobre lo que nos advierte en el Texto (véase, por ejemplo, T-2.IV.3:8-11). Podemos pasar por alto nuestros cuerpos —físico y psicológico— si estamos en el mundo real, porque en ese punto *sabemos* que no son nuestra identidad. Per Jesús conoce a sus estudiantes, y nos conoce bien, y quiere que seamos conscientes del sistema de pensamiento en el que se basan las dependencias (o relaciones especiales), y que entendamos la fuente de nuestra confianza en las cosas del mundo. Solo entonces podemos hacer una elección significativa en su contra. Él continúa con la fuente de estos apegos especiales:

(2) Todas esas cosas son tus sustitutos del Amor de Dios. Todas esas cosas se atesoran para asegurar la identificación con el cuerpo. Son himnos de alabanza al ego. No deposites tu fe en lo que no tiene valor. No te sustentará.

Una vez más, Jesús no está diciendo que debamos renunciar a nada que nos haga sentir mejor física o mentalmente. Sin embargo, nos está diciendo que deberíamos ser conscientes de nuestra *dependencia* de eso a lo que en el Texto llama *ídolos*. Tal dependencia es una declaración que dice que el Amor de Dios no es suficiente; nosotros queremos *más*:

> El mundo cree en ídolos. Nadie viene a él a menos que los haya venerado y trate de buscar uno que aún le pueda ofrecer un regalo que la realidad no posee. Todo idólatra abriga la esperanza de que sus deidades especiales le han de dar más de lo que otras personas poseen. Tiene que ser más. No importa realmente de qué se trate: más belleza, más inteligencia, más riquezas o incluso más aflicción o dolor. Pero para eso es un ídolo, para darte más de algo. Y cuando uno falla otro viene a ocupar su lugar, y tú esperas que te pueda conseguir más de alguna otra cosa. No te dejes engañar por las formas en que esa "otra cosa" se manifiesta. Un ídolo es un medio para obtener más de algo. Y eso es lo que va en contra de la Voluntad de Dios (T-29.VIII.8:4-13).

Pero de todos modos ya sabíamos todo esto, de otro modo no estaríamos en el mundo, porque nadie viene aquí, como acabamos de leer, a menos que busque más de lo que el Dios de amor ofrece. Ten cuidado de no usar las enseñanzas de Jesús para darte palos en la cabeza, o dárselos a otros. Más bien, *úsalas* para recordarte que el viaje te lleva a través de tu especialismo; y es un viaje que no puedes hacer hasta que reconozcas que estás profundamente involucrado con él. Lecciones como esta, así como buena parte del Texto, lo dejan muy claro. Volveremos a este tema una y otra vez, por la misma razón por la que vuelve Jesús: el viaje al Cielo a través del infierno es el sendero por el que Jesús nos guía, y entender los contornos del viaje nos permitirá ser guiados amablemente hasta casa.

(3) Solo el Amor de Dios te protegerá en toda circunstancia. Su Amor te rescatará de toda tribulación y te elevará por encima de todos los peligros que percibes en este mundo hasta un ambiente de paz y seguridad perfectas. Te llevará a un estado mental que no puede verse amenazado ni perturbado por nada, y en el que nada puede interrumpir la eterna calma del Hijo de Dios.

Jesús nos recuerda que nuestro objetivo es caminar a través de este sueño sin miedo. Cuando seamos capaces de hacerlo, nos daremos cuenta de que no estamos en el sueño en absoluto: la figura del sueño que llamamos nosotros mismos solo refleja un pensamiento de amor con el que ahora estamos identificados. Recuerda que esto es un proceso, y en esta lección se nos presenta el viaje en su totalidad: dónde empezamos, la naturaleza del viaje —pasar a través de nuestro especialismo— y después, por fin, la conclusión del viaje.

(4:1-4) No deposites tu fe en ilusiones. Te fallarán. Deposita toda tu fe en el Amor de Dios en ti: eterno, inmutable y por siempre indefectible. Esta es la respuesta a todo problema que se te presente hoy.

Hay muchas secciones y pasajes muy hermosos en el Texto que nos dicen que no pongamos nuestra fe en ilusiones. Leemos, por ejemplo, este sobre *la falta de fe,* poner nuestra fe en lo que no es nada:

> No es posible que al hijo de Dios le falte fe, pero sí puede elegir dónde desea depositarla. La falta de fe no es realmente falta de fe, sino fe que se ha depositado en lo que no es nada. La fe que se deposita en las ilusiones no carece de poder, pues debido a ello el Hijo de Dios cree ser impotente. De esta manera no tiene fe en sí mismo, pero sí una gran fe en las ilusiones que abriga acerca de sí mismo (T-21.III.5:1-4).

La apertura de "No busques fuera de ti mismo" resume toda esa sección:

> No busques fuera de ti mismo. Pues será en vano y llorarás cada vez que un ídolo se desmorone. El Cielo no se puede encontrar donde no está ni es posible hallar paz en ningún otro lugar excepto en él. Cuando clamas a Dios, ninguno de los ídolos que veneras te contestará en Su lugar. Ninguna otra respuesta que puedas utilizar como sustituto te proporcionará la felicidad que solo Su Respuesta brinda. No busques fuera de ti mismo. Pues todo dolor procede simplemente de buscar en vano lo que deseas y de insistir en que sabes dónde encontrarlo (T-29.VII.1:1-7).

Cuando estamos problematizados, se debe a que no creemos que estamos sustentados por el Amor de Dios. Y lo que todavía está más cerca de la verdad: no queremos estar sustentados por el Amor de Dios, y elegimos estar sustentados por todo lo demás, siempre que esté fuera de nuestra mente. Mirar este horrible pensamiento sin juicio ni culpa es la manera de ir más allá de él a nuestro estado de impecabilidad, la inocencia que es nuestra Identidad natural como el Hijo de Dios.

(4:5-8) Por medio del Amor de Dios en ti puedes resolver toda aparente dificultad sin esfuerzo alguno y con absoluta confianza. Dite esto a ti mismo con frecuencia hoy. Es una declaración de que te has liberado de la creencia en ídolos. Es tu reconocimiento de la verdad acerca de ti.

El Amor de Dios es el *contenido* que sana automáticamente todas las "aparentes dificultades", que solo tienen que ver con la *forma*. El ego, como ya hemos visto, fabricó literalmente el mundo de la *forma* —tanto individual como colectivamente— para impedirnos elegir el contenido de la Expiación que acaba con el reinado del ego en nuestras mentes. Cuando al problema externo se le mantiene alejado de la respuesta interna, el problema no se resuelve nunca, pues no puede sino cambiar de una forma a otra. Sin embargo, cuando se lleva ante la verdad interna, no puede evitar desaparecer. Como expresa una lección posterior sobre el perdón: "Perdonaré y esto desaparecerá" (L-pI.193.13:3; cursiva omitida).

Los ídolos de los que somos liberados hacen referencia a las relaciones especiales. Invocamos a estos sustitutos del Amor de Dios para reemplazar lo que amenaza la existencia del ego, y ofrece la ilusión de que nuestras necesidades quedan satisfechas:

> No dejes que las formas que adoptan te engañen, pues los ídolos no son sino sustitutos de tu realidad. De alguna manera crees que completan tu pequeño yo, ofreciéndote así seguridad en un mundo que percibes como peligroso, en el que hay fuerzas que se han aglutinado a fin de quebrantar tu confianza y destruir tu paz. Crees que los ídolos tienen el poder de remediar tus deficiencias, y de proporcionarte la valía que no tienes (T-29.VIII.2:1-4).

Por lo tanto, podemos ver que el propósito que Jesús asigna a estas lecciones es el de ayudarnos a reconocer al ídolo de especialismo como lo que es, para que podamos elegir contra él.

Ahora Jesús nos pide que nos adentremos muy hondo en la conciencia, lo que significa que vayamos muy profundo en nuestras mentes, una instrucción que ya hemos visto, y que el esquema (página 289) nos ayuda a visualizar:

(5:1-3) Durante diez minutos dos veces al día, una por la mañana y otra por la noche, deja que la idea de hoy se adentre muy hondo en tu conciencia. Repítela, reflexiona sobre ella, deja que pensamientos afines vengan a ayudarte a reconocer su verdad, y deja que la paz se extienda sobre ti como un manto de protección y seguridad. No permitas que ningún pensamiento vago o necio venga a perturbar la santa mente del Hijo de Dios.

La manera de impedir que estos pensamientos alteren nuestra mente santa es reconocerlos. Sin tal reconocimiento, ellos simplemente permanecen. La idea es ver "los pensamientos vagos o necios" de especialismo en todas sus formas pidiendo ayuda a

Jesús para entender qué son, y lo que es más importante, *para qué* son.

(5:4-5) Tal es el Reino de los Cielos. Tal el lugar de descanso donde tu Padre te ubicó eternamente.

Una manera encantadora de acabar esta primera gran sección del Libro de ejercicios: el recordatorio del objetivo último.

Esto concluye las primeras 50 lecciones, lo que nos lleva al primer repaso. Hemos visto que Jesús nos ha dado una comprensión del viaje, haciendo énfasis en la importancia de tomarse en serio nuestro estudio y práctica de este curso. Como ya hemos comentado repetidamente, esto significa mirar a nuestros pensamientos del ego y pedir ayuda a Jesús. Este proceso implica claramente la existencia de nuestras mentes separadas, divididas entre el sistema de pensamiento erróneo de separación, culpa y odio (el ego), y la corrección de mentalidad correcta de la Expiación, el perdón y la paz (el Espíritu Santo). Así, Jesús nos entrena a reconocer estos dos sistemas de pensamiento, y le pedimos ayuda para ejercitar el poder de nuestra mente de elegir al único Maestro que nos traerá la paz.

PRIMER REPASO
Introducción

A menudo he hablado de la estructura sinfónica de *Un curso de milagros* y al hacerlo generalmente me refiero al Texto, pero lo mismo es válido también para el Libro de ejercicios. Una de las características de las obras sinfónicas, especialmente de las escritas en los siglos dieciocho y diecinueve, es que el movimiento de apertura contiene una *exposición* que presenta los distintos temas, una sección de *desarrollo* que elabora sobre ellos, y una *recapitulación* donde el compositor recupera los temas, pero de una manera nueva. Esto es lo que encontramos en el Libro de ejercicios.

Las Lecciones de la 1 a la 60, especialmente, demuestran la manera magistralmente sinfónica en que Jesús ha organizado este material. Las primeras cincuenta lecciones consisten en la exposición y desarrollo de varios temas, y aquí, en el primer repaso, retornan, pero presentados de otra manera. Él explica esto al final de la Introducción, como veremos seguidamente. Mis comentarios se centrarán en los temas de estas primeras lecciones del Libro de ejercicios —el corazón de *Un curso de milagros*— y en las maneras en que Jesús las integra en este repaso.

En general, podemos resumir este movimiento de nuestra sinfonía de la manera siguiente: tal como el Texto comienza con su tema central, el primer principio de los milagros: "No hay grados de dificultad en los milagros" (T-1.I.1:1), también encontramos el tema central del Libro de ejercicios en estas primeras lecciones: "No hay grados de dificultad en la *percepción*".

En los primeros tres párrafos Jesús nos instruye con respecto a cómo proceder con las lecciones, pidiéndonos que pensemos en las ideas del repaso "tan a menudo como podamos" a lo largo del día:

(1:1–3:2) Hoy comenzaremos una serie de sesiones de repaso. Cada una de ellas abarcará cinco de las ideas ya presentadas, comenzando con la primera y terminando con la quincuagésima. A cada idea le sigue un breve comentario que debes tener en cuenta al hacer

el repaso. Durante las sesiones de práctica, los ejercicios deben llevarse a cabo de la siguiente manera:

Comienza el día leyendo las cinco ideas, incluyendo los comentarios. De ahí en adelante no es necesario seguir un orden determinado al repasarlas, aunque se debe practicar con cada una de ellas por lo menos una vez. Dedica dos minutos o más a cada sesión de práctica, pensando en la idea y en los comentarios que le siguen después de que los hayas leído. Haz esto tan a menudo como te sea posible durante el día. Si una de las cinco ideas te atrae más que las otras, concéntrate en ella. Sin embargo, asegúrate de repasarlas todas una vez más al final del día.

No es necesario abarcar, ni literal ni concienzudamente, los comentarios que siguen a cada idea en las sesiones de práctica. Trata, más bien, de poner de relieve el punto central y de pensar en dicho comentario como parte de tu repaso de la idea en cuestión.

Así, vemos el énfasis continuo que hace Jesús en pensar en estas ideas y aplicarlas a lo largo del día. Además, notamos su insistencia en el *contenido* de la lección —su "punto central"— más que en su *forma*. Él no está buscando que practiquemos de manera literal (compulsiva), sino que aprendamos a generalizar el mensaje de las lecciones a cualquier aspecto específico de nuestro día que sea significativo.

(3:3–4:1) Después de leer la idea de hoy y sus comentarios, los ejercicios deben hacerse, a ser posible, con los ojos cerrados y cuando estés solo en un lugar tranquilo.

Hacemos hincapié en este procedimiento para las sesiones de práctica debido a la etapa de aprendizaje en la que te encuentras.

Estas son dos frases importantes, en las que vemos que Jesús nos provee periodos estructurados de meditación. Por otra parte, en "No tengo que hacer nada", nos dice que este no es un curso sobre contemplación o meditación (T-18.VII.4). Ciertamente él no está en contra de la meditación, pero no es un aspecto integral del proceso de perdón. En esta Introducción, Jesús nos advierte indirectamente de algo que indica más directamente en el Manual para el maestro ("¿Cómo debe pasar el día el maestro de Dios?" [M-16]), lo cual ya hemos comentado. El punto es que cuando tienes periodos estructurados de aprendizaje o meditación, se convierten fácilmente en rituales y objetivos por derecho propio. En ese sentido, contrarrestan las enseñanzas de Jesús sobre el especialismo. En mis comentarios de las primeras cincuenta lecciones he hecho hincapié en que uno de los principales objetivos de *Un curso de milagros*, bien articulado en el Libro de ejercicios, es que aprendamos a generalizar. Por lo tanto, si puedes estar con Dios, pensar en Jesús, o recordar la lección solo durante los periodos de práctica estructurados, estás anulando su propósito. Por eso Jesús dice específicamente "en la etapa de aprendizaje en la que te encuentras". Asume que todo el mundo está empezando en la base de la escalera, y por eso, en esencia, está reentrenando nuestras mentes desde el principio. Nos está pidiendo que dejemos a un lado todo lo que creemos saber sobre la meditación, la oración y la espiritualidad, y que dejemos que él nos enseñe algo nuevo. Nuestro profesor nos pone en marcha con ejercicios estructurados y a menudo simples, pero él no quiere que se conviertan en objetos de apego especiales. Aunque todavía estamos en el inicio del Libro de ejercicios, Jesús ya nos está dando una palabra de precaución con respecto al posible uso errado de estos ejercicios.

(4:2-3) Es necesario, sin embargo, que aprendas que no necesitas ningún ambiente especial donde aplicar lo que has aprendido. Tendrás más necesidad de tu aprendizaje en aquellas situaciones que parecen desagradables que en las que aparentan ser apacibles y serenas.

Jesús no está diciendo que haya nada equivocado en disponer las cosas externamente para que te sientas cómodo mientras meditas, pero no quiere que establezcas una relación especial con tu postura o tu respiración, con el aroma de la vela, con la música, con *Un curso de milagros* ni con ninguna otra cosa. El énfasis no debe ponerse en modificar la situación externa para que seas feliz, sino en intentar cambiar tus pensamientos para que seas *verdaderamente* feliz, independientemente de donde estés o en qué condiciones te encuentres. Una vez más, él no está en contra de que hagas cualquier cosa que te ayude a relajarte, siempre que te mantengas vigilante ante el especialismo ritualista que iría *en contra de* tu aprendizaje.

(4:4-5) El propósito de tu aprendizaje es capacitarte para que la quietud te acompañe donde quiera que vayas y para que cures toda aflicción e inquietud. Esto no se consigue evadiendo tales situaciones y buscando un refugio donde poder aislarte.

Volviendo a establecer este importante punto, Jesús no está diciendo que no debamos meditar y tener periodos de práctica estructurados. De hecho, en esto ha consistido toda esta primera parte del Libro de ejercicios. Simplemente nos está informando de que estamos en las primeras etapas del aprendizaje, y de que él nos va a llevar lejos, mucho más lejos de donde estamos ahora. Tenemos un vislumbre de este "lejos, mucho más lejos" en este encantador pasaje del Manual para el maestro, que se da en el contexto de aprender a practicar la justicia del Espíritu Santo:

> No hay un conflicto inherente entre la justicia y la verdad: una no es sino el primer paso en dirección a la otra. El camino varía considerablemente a medida que uno avanza. Sería imposible predecir de antemano toda la magnificencia, la grandiosidad de los paisajes y los vastos panoramas que han de salir a nuestro encuentro a lo largo del recorrido. Y aun estos, cuyo esplendor alcanza alturas indescriptibles según uno sigue adelante, no se pueden comparar con lo que nos aguarda cuando el camino termine y el tiempo finalice junto con él. Pero por alguna parte hay que comenzar. La justicia es el comienzo (M-19.2:4-9).

Asimismo, los periodos estructurados de práctica y meditación son el comienzo.

(5:1) Ya aprenderás que la paz forma parte de ti y que solo requiere que estés presente para que envuelva cualquier situación en la que te encuentres.

La idea es que nos sintamos en paz no solo cuando todo está tranquilo a nuestro alrededor, sino también, *y especialmente*, cuando todo parece desmoronarse: cuando la enfermedad causa estragos en nosotros o en nuestra familia; cuando la ira y las acusaciones son desenfrenadas; y cuando estamos en medio de la culpa, la ansiedad, el terror o cualquiera de los sentimientos que son parte inherente de nuestra vida. Esos son los momentos en los que tenemos que pensar de manera especial en Jesús y en lo que nos está enseñando. Desde el punto de vista del aprendizaje, es evidente que no tendría ningún sentido que solo pudiéramos acudir a él y encontrar paz cuando nos sintiéramos tranquilos a nivel físico. Nuestros periodos de tranquilidad son simplemente parte del programa de entrenamiento para aprender a ir *dentro*, de modo que cuando ya nos sentimos cómodos con este proceso, podamos invocar la paz *cuandoquiera* que nos hallemos pidiendo ayuda al ego, reconociendo inmediatamente la necesidad de cambiar de maestro.

(5:2) Y finalmente aprenderás que no hay límite con respecto a dónde tú estás, de modo que tu paz está en todas partes, al igual que tú.

Este es el objetivo último del aprendizaje: *generalizar* las lecciones y situaciones específicas en las que se nos enseña, de modo que las apliquemos a todas las relaciones, a todas las situaciones, en todo momento y en todas las circunstancias sin excepción. Si ahí fuera no hay mundo, y esta es la premisa metafísica clave de *Un curso de milagros*, entonces el mundo está *dentro* de ti. Ahí es donde se encuentra la paz. Además, si no hay mundo fuera de ti, ¿cómo puede afectarte? Esto es lo que tenemos que aprender, y lo aprendemos mediante el estudio y la práctica cuidadosos.

(6:1-3) Notarás que, para los efectos de este repaso, algunas de las ideas no se presentan en su forma original. Úsalas tal como se presentan aquí. No es necesario volver a las lecciones originales ni aplicar las ideas tal como se sugirió entonces.

Nota la flexibilidad de Jesús, un modelo para que *no* nos obsesionemos con respecto a la *forma* de estas lecciones, y nos centremos en cambio en su *contenido* subyacente.

La fase final de la introducción nos ayuda a introducir aquello de lo que hablaremos a medida que prosigamos con este repaso:

(6:4) En lo que ahora estamos haciendo hincapié es en la relación que existe entre las primeras cincuenta ideas que hemos presentado hasta el momento y en la cohesión del sistema de pensamiento hacia el cual te están conduciendo.

En otras palabras, Jesús está diciendo que en estas diez lecciones de repaso él va a juntar estos temas y nos va a mostrar cómo están integrados: "la cohesión del sistema de pensamiento". Entender cualquier tema o concepto de *Un curso de milagros* te llevará automáticamente a los demás, reflejando su consistencia interna. Como acabo de mencionar, el tema predominante de estas primeras cincuenta lecciones es la corrección de nuestras percepciones erróneas. Hemos visto una y otra vez cuánto énfasis pone Jesús en que aprendamos que nuestros pensamientos determinan el mundo que vemos, elaborando sobre el principio que nos ofrece dos veces en el Texto: *la proyección da lugar a la percepción* (T-13.V.3:5; T-21.in.1:1). En primer lugar, miramos dentro y reconocemos con horror nuestros pensamientos de pecado, culpa y miedo —y específicamente en este contexto, los pensamientos de ataque y juicio— que a continuación proyectamos. Estas proyecciones se convierten en la *causa* del mundo que percibimos fuera de nosotros, el cual, en nuestra experiencia distorsionada, aparece como el *efecto*. Así, Jesús nos enseña que este es un curso sobre causas y no sobre efectos, como ya hemos visto (T-21.VII.7:8). En otras palabras, este no es un curso sobre cómo cambiar el mundo o nuestra conducta, sino sobre cómo cambiar nuestros pensamientos, cargados de juicio y ataque.

Cuando Jesús nos dice que lo que llamamos pensar no es pensar en absoluto, es porque nosotros estamos pensando en oposición a él y a Dios. Lo que se opone a Dios y a Su amorosa Unidad no existe. Por lo tanto, nuestros pensamientos de ataque, ansiedad y juicio no existen. Sin embargo, dentro de nuestras mentes delirantes, ciertamente pensamos que existen. Proyectamos estos pensamientos ilusorios de separación y odio, y vemos un mundo que no existe porque viene de pensamientos que en realidad no están ahí. Por lo tanto, nuestro pensamiento es el problema del que tenemos que ser salvados. Así, la salvación nos enseña a corregir nuestros pensamientos errados, eligiendo la consecuencia de paz en lugar del conflicto. Esta declaración familiar situada cerca del final del Texto merece que le echemos otra mirada, añadiéndole otra frase más:

> La salvación se puede considerar como el escape de todo concepto. No se ocupa en absoluto del contenido de la mente, sino del simple hecho de que esta piensa. Y aquello que puede pensar tiene alternativas entre las que elegir, y se le puede enseñar que ciertos pensamientos acarrean ciertas consecuencias (T-31.V.14:3-5).

Otro tema importante es tomar decisiones, o cambiar lo que pensamos, y así una importante idea central de estas lecciones es ayudarnos a darnos cuenta de lo que estamos haciendo para poder cambiar nuestra mentalidad de los pensamientos de ira y juicio a los de perdón y paz. Cuando elegimos estos pensamientos, se extienden automáticamente, y realizamos la transición hacia lo que Jesús denomina la "visión". El mundo externo no cambia necesariamente; ciertamente, muchas veces no cambia en absoluto. Lo que cambia es nuestra manera de percibir el mundo, lo que significa nuestra manera de interpretarlo. Continuar con el proceso de perdón es lo que acaba llevándonos a la visión de Cristo, o a la percepción del Espíritu Santo, que ve y conoce la igualdad inherente del único Hijo de Dios.

Resumiendo: los temas centrales —hay varios subsidiarios que también examinaremos— son darnos cuenta de la conexión entre nuestros pensamientos de ataque y el mundo que vemos; y reconocer que Jesús nos llama a cambiar de mentalidad y a que le permitamos ser la fuente de lo que vemos, alcanzando así la verdadera visión. De los muchos temas de estas diez lecciones de repaso, la visión es con diferencia el más importante, como veremos seguidamente.

LECCIÓN 51

El repaso de hoy abarca las siguientes ideas:

Antes de empezar, permíteme mencionar algo que probablemente haya escapado a casi todos los estudiantes de *Un curso de milagros,* y ciertamente a los no obsesivos. Helen había *insistido* a Jesús en que cada una de las introducciones de una sola frase al repaso del día fuera diferente. Y sin duda te sentirás impresionado al descubrir las numerosas maneras que Jesús tiene de decir que "el repaso de hoy abarca las siguientes ideas".

(1) (1) **Nada de lo que veo tiene significado.**

En estas primeras lecciones Jesús hace énfasis en que lo que vemos no significa nada porque lo que vemos viene de nuestros pensamientos *errados* de juicio y ataque.

(1:2-5) La razón de que esto sea así es que veo lo que no es nada y lo que no es nada no tiene significado. Es necesario que reconozca esto para poder aprender a ver. Lo que ahora creo ver ocupa el lugar de la visión. Tengo que desprenderme de ello dándome cuenta de que no significa nada, para que de este modo la visión pueda ocupar el lugar que le corresponde.

Aunque Jesús no usa el término aquí, nos señala que tenemos una mente dividida. Tenemos la capacidad de ver a través de la visión del Espíritu Santo, pero para asegurarnos de que eso no ocurra encubrimos esos pensamientos amorosos con pensamientos de ataque y separación. Ciertamente, no podemos alcanzar el objetivo de la visión sin reconocer y entender primero la naturaleza intrínsecamente ilusoria y sin significado de nuestras percepciones. Hemos elegido deliberadamente que estas percepciones ilusorias ocupen el lugar de la visión, cumpliendo así el propósito del ego de protegerse a sí mismo —en realidad, nuestro yo separado protegiendo su identidad separada—, lo que nos impide descubrir el único significado que tiene estar en este mundo: el perdón.

(2) (2) **Le he dado a lo que veo todo el significado que tiene para mí.**

(2:2-4) He juzgado todo lo que veo, y eso y solo eso es lo que veo.

Eso no es visión. Es meramente una ilusión de realidad porque he juzgado sin tomar en cuenta la realidad.

Esto vuelve a enunciar la enseñanza de que el mundo que vemos no está ahí simplemente porque proviene de los propios pensamientos de juicio, que tampoco están ahí. Recuerda, cada pensamiento del sistema del ego es una defensa contra la verdad del principio de Expiación, que es que nunca abandonamos a Dios. Todo lo que percibimos es un fragmento sombrío del juicio original de que nos separamos de nuestra Fuente y realidad, la ilusión fundamental de la que proceden todas las demás.

(2:5-6) Estoy dispuesto a reconocer la falta de validez de mis juicios porque quiero ver. Mis juicios me han hecho daño, y no quiero ver basándome en ellos.

Jesús está apelando a nuestras mentes sanas y racionales para que entendamos que lo que estamos haciendo con nuestros pensamientos, y por lo tanto con el mundo que percibimos, nos hace daño: "Mis juicios me han hecho daño". El ego ha establecido su sistema defensivo como una gran brecha entre nuestros pensamientos de ataque y el dolor que es su efecto. Esta brecha está representada por el mundo del tiempo y del espacio, cuyo propósito es capacitarnos para sentir que está justificado atribuir nuestro dolor a "cosas más allá [de nosotros], a fuerzas que nosotros no podemos controlar" (T-19.IV-D.7:4). Esta es la maravilla de la proyección desde el punto de vista del ego. Acabamos estando seguros de que no somos responsables del dolor que resulta de haber elegido en contra de Dios y Su Amor: otros, nuestros cuerpos o el mundo son la causa de nuestra desazón, cualquiera o cualquier cosa *menos* nosotros mismos.

Así, la idea de estas lecciones es llevar el *efecto* a la *causa*, de modo que podamos darnos cuenta de que solo nuestros juicios nos han hecho daño. Al hacerlo, volvemos a tomar conciencia del poder de nuestras mentes para decidir nuestro propio destino: felicidad o desdicha, paz o conflicto.

(3) (3) **No entiendo nada de lo que veo.**

(3:2-4) ¿Cómo puedo entender lo que veo si lo he juzgado erróneamente? Lo que veo es la proyección de mis errores de pensamiento. No entiendo lo que veo porque no es comprensible.

Este es el comienzo de la humildad. Siempre estamos seguros de tener razón: lo que veo es lo que veo, lo que oigo es lo que oigo, y mi comprensión de cualquier situación es lo que yo digo que es, porque *yo* lo digo. Si somos lo suficientemente hábiles, conseguimos que una multitud de gente esté de acuerdo con nosotros. Esto no es cordura, ¡sino *locura* colectiva! En francés esto se conoce como *folie à deux*: un engaño compartido por dos personas. Pero con igual facilidad puede extenderse a diez, cientos, miles, millones, si no billones, porque todos compartimos la misma demencia. Por lo tanto, en realidad no podemos entender verdaderamente nada, ni acudir a nadie para entender de verdad. Si en algún momento sentimos especialismo, juicio o separación, no deberíamos confiar en nada de lo que concluyamos basándonos en esos sentimientos; nos equivocaremos inevitablemente.

(3:5-8) No tiene sentido tratar de entenderlo, pero sí tiene sentido que me desprenda de ello y dé cabida a lo que se puede ver, entender y amar. Puedo intercambiar lo que ahora veo por esto solo con estar dispuesto a ello. ¿No es acaso esta una mejor elección que la que hice antes?

El modo de alcanzar la visión es simplemente estar dispuestos a ello. Una y otra vez vemos que Jesús apela al poder de las mentes para *elegir:* visión o juicio, felicidad o desdicha, paz o dolor. Lo que hace posible que elijamos de otra manera es tomar conciencia de que ciertamente tenemos el poder de hacer esa elección, y este poder reside en nuestras mentes, no en el mundo ni en el cuerpo.

(4) (4) Estos pensamientos no significan nada.

(4:2) Los pensamientos de los que soy consciente no significan nada porque estoy tratando de pensar sin Dios.

Este es el fondo de la cuestión. Lo que representa a Dios es el Espíritu Santo, Jesús o los pensamientos de estas lecciones. Si no estamos pensando en armonía con estos pensamientos —si nos aferramos de cualquier manera, forma o modo a nuestros agravios, a nuestros pensamientos de ataque o a las necesidades de nuestro especialismo— no estamos pensando, y cualquier cosa que sea el resultado de no pensar también debe ser inexistente. Recuerda: causa y efecto nunca están separados. Las ilusiones solo pueden generar más ilusiones.

(4:3) Lo que llamo "mis" pensamientos no son mis pensamientos reales en absoluto.

La razón es que no son "mis" pensamientos. Jesús quiere que aprendamos que cuandoquiera que decimos "esto es mío" o "esto soy yo", y cuandoquiera que hablamos de "mis" pensamientos, percepciones o cuerpo, todo lo que siga estará equivocado porque se basará en la separación y el especialismo. En el comienzo ontológico, el ego dijo a Dios: "Esto es mío. Este es *mi* yo, no el tuyo. ¡Ya no soy parte de ti y tengo razón!" Esta actitud siempre está equivocada porque la Filiación de Dios es una, y no puede haber distinción entre los Hijos aparentemente distintos. La creencia en las posesiones personales o en la identidad especial encubre el Ser impersonal y no-especial que compartimos con todo y *como* Todo.

(4:4-5) Mis pensamientos reales son los pensamientos que pienso con Dios. No soy consciente de ellos porque he inventado mis pensamientos para que ocuparan su lugar.

Jesús nos dice repetidamente que hemos fabricado nuestros propios pensamientos para reemplazar los pensamientos que pensamos con Dios, y lo hemos hecho porque queremos ser un "yo".

Atesoramos a la primera persona del *singular* y el posesivo que correponde a la primera persona del *singular.* No es "nuestro", nos dice el ego, sino "mío".

(4:6-8) Estoy dispuesto a reconocer que mis pensamientos no significan nada y a abandonarlos. Elijo reemplazarlos por los que ellos tuvieron como propósito reemplazar. Mis pensamientos no significan nada, sin embargo, toda la Creación descansa en los pensamientos que pienso con Dios.

Jesús nos recuerda de nuevo que tenemos elección, y nos anima a realizar la elección de hacer que *nuestros* pensamientos sean reemplazados por los pensamientos de *Dios:* Su Hijo tal como Él Lo creó.

(5) (5) **Nunca estoy disgustado por la razón que creo.**

(5:2) Nunca estoy disgustado por la razón que creo porque estoy tratando constantemente de justificar mis pensamientos.

Una vez que tomamos la decisión de ser un individuo y usamos la primera persona del posesivo singular, tratamos de justificar constantemente esa existencia. Este es el papel del rostro de inocencia: no es culpa mía, y junto a tantas personas como puedo para justificar la percepción de que soy una víctima. A propósito, esto nunca resulta difícil de hacer porque la inmensidad del mundo nos proporciona un número casi interminable de objetos potenciales para nuestras proyecciones. Además, lo que lo hace interesante es que *todos* tratamos de justificar nuestro rostro de inocencia, asegurando de este modo que seguiremos existiendo como individuos separados, *pero otros serán responsables del pecado.* Por lo tanto, son ellos los que serán castigados por el pecado que ya no se encuentra en nosotros.

(5:3-7) Estoy tratando constantemente de hacer que sean verdad. Hago de todas las cosas mi enemigo de manera que mi ira esté justificada y mis ataques sean merecidos. No me he dado cuenta del mal uso que he hecho de todo lo que veo asignándole ese papel. He hecho esto para defender un sistema de pensamiento que me ha hecho daño y que ya no deseo. Estoy dispuesto a abandonarlo.

Los estudiantes que hacen el Libro de ejercicios por primera vez generalmente no prestan una cuidadosa atención a lo que están leyendo. Sin embargo, si continúan estudiando *Un curso de milagros* a lo largo de muchos años y leen el Libro de ejercicios mucho más cuidadosamente, y esto es algo que recomiendo encarecidamente, se sentirán asombrados por lo que Jesús está diciendo realmente; declaraciones como las que acabamos de leer son buenos ejemplos de ello.

Aquí Jesús está poniendo palabras en nuestra boca, esperando que las mantengamos allí: ahora decimos que estamos contentos por habernos equivocado, e incluso más contentos al darnos cuenta de que hay alguien más dentro de nosotros que está en lo correcto. Esto implica soltar nuestra ira, juicios y arrogancia; nuestra devoción al especialismo y, en último término, nuestra individualidad. Tenemos que retirar nuestra inversión en usar a otros como refuerzos para defender nuestras proyecciones, poniéndolos o bien en la categoría de amor especial o de odio especial: objetos con los que parecemos unirnos, o de los que parecemos separarnos. En cualquier caso, la necesidad de nuestro ego de demostrar su inocencia queda satisfecha mediante el ataque y el juicio, haciendo a los demás culpables de los pecados que hemos proyectado sobre ellos, y esperando mágicamente poder escapar del castigo mediante está dinámica demente y mágica. Ahora podemos decir felizmente que elegimos de otra manera.

LECCIÓN 52

El repaso de hoy abarca las siguientes ideas:

Como hemos comentado antes, aquí vemos que se entretejen continuamente los temas de las primeras lecciones. En esta serie Jesús introduce el perdón.

(1:1) (6) **Estoy disgustado porque veo algo que no está ahí.**

(1:2-8) La realidad no es nunca atemorizante. Es imposible que pueda disgustarme. La realidad solo brinda perfecta paz. Cuando estoy disgustado es porque la he reemplazado con ilusiones que yo mismo he fabricado. Las ilusiones me causan disgusto porque al haberles conferido realidad, veo la realidad como una ilusión. Nada en la Creación de Dios se ve afectado en modo alguno por mi confusión. Siempre estoy disgustado por nada.

Este es un ejemplo de por qué no podemos estudiar este curso, y mucho menos practicarlo, sin entender su metafísica subyacente. Esto no es necesariamente un requisito para los que están empezando con *Un curso de milagros*, pero, a medida que avanzamos, vemos que su metafísica subyacente está presente durante todo el recorrido. Así, si el mundo de ahí fuera viene de nuestros pensamientos, que no existen, el mundo tampoco debe existir. Por lo tanto, no tiene sentido estar disgustado por él.

La verdad es que tenemos miedo de la realidad porque representa el fin de nuestro sistema de pensamiento ilusorio de separación, que incluye la idea demente de que podemos existir y existimos aparte de Dios. Por lo tanto, son nuestros egos los que temen nuestra decisión a favor de la realidad. Por eso Jesús enseña en el Texto que "no es de la crucifixión de lo que realmente tenemos miedo. Lo que verdaderamente nos aterra es la redención" (T-13.III.1:10-11). No obstante, el ego enseña que la realidad ha de ser temida por lo que le hicimos; a saber, nos separamos de su amor, y de esa forma la destruimos. Así, merecemos ser castigados por nuestro pecado. Sin embargo, el principio de Expiación del Espíritu Santo es que *nunca* nos separamos de Dios, y por lo tanto no hay nada que temer. No ocurrió nada —"no se perdió ni una sola nota del himno celestial"(T-26.V.5:4)— y sin la creencia en el pecado no puede haber miedo al castigo. El sistema de pensamiento del ego de pecado, culpa y miedo es una invención. Por lo tanto, la nada no puede llevar a nada, parafraseando el arranque del Rey Lear.

(2:1) (7) **Solo veo el pasado.**

(2:2-4) Cuando miro a mi alrededor, condeno el mundo que veo. A eso es a lo que llamo ver. Uso el pasado en contra de todo el mundo y de todas las cosas, convirtiéndolos así en mis enemigos.

Una vez más vemos que, si comprendiéramos la metafísica del Curso, nos daríamos cuenta rápidamente de por qué estas líneas son verdad. Comenzamos nuestras vidas como individuos haciendo de Dios nuestro enemigo, y entonces, como Hijo uno, proyectamos ese pensamiento, fabricando un mundo de billones y billones de fragmentos. Pero el pensamiento ontológico vino con nosotros, y existe en cada fragmento individual. De ahí, la prevalencia del principio de *uno o el otro* en nuestro pensamiento y experiencia: si yo he de existir, todos los demás deben ser asesinados. Sin embargo, poblamos nuestro mundo con muchos compañeros de amor especial, de modo que nuestro objetivo último no sea aparente. No obstante, conservamos el pasado contra todos y contra todas las cosas, haciendo de ellos nuestros enemigos. ¿Y qué es el pasado? Pecado. Pecamos en el pasado, lo proyectamos afuera y ahora lo vemos en todos los demás. Lo que pensamos que vemos, por tanto —un mundo de separación y pecado— en realidad no está allí en absoluto, y así no lo estamos *viendo*. Nuestra arrogancia en todo esto es que realmente creemos que pensamos, vemos, oímos, y especialmente que entendemos.

(2:5-7) Cuando me haya perdonado a mí mismo y haya recordado Quién soy, bendeciré a todo el mundo y a todo cuanto vea. No habrá pasado y, por lo tanto, tampoco enemigos. Y contemplaré con amor todo aquello que antes no podía ver.

No es solo que *bendeciré* a todos, sino que *debo* bendecir a todos, porque si dentro de mi mente solo está la bendición de Dios, eso es lo único que puedo ver. Si me doy cuenta de que soy un Hijo de Dios, no estoy separado de Él. Así, no hay pecado, y sin pecado no hay pasado. Obviamente, entonces, no hay nada que proyectar. Lo que queda es la bendición del amor sobre todas las cosas, porque nos hemos bendecido a nosotros mismos con el pensamiento de perdón.

(3:1) (8) **Mi mente está absorbida con pensamientos del pasado.**

(3:2-3) Veo únicamente mis propios pensamientos y mi mente está absorbida con el pasado. ¿Qué es, entonces, lo que puedo ver tal como es?

La visión es imposible mientras crea que estoy separado y que soy especial; mientras piense que yo cuento, que soy importante, que soy maravilloso, y así sucesivamente: el síndrome de *yo, mí* y *yo mismo*. Estas no son sino formas de afirmar que yo existo, y además exijo ser tratado con la dignidad que merezco. No hace falta añadir que, oculto detrás de esto, está mi deseo de que *no* me trates de esta manera, porque entonces mi ego está en casa y se siente libre: me he convertido en la eterna víctima, y tú en el eterno victimario. Consigo conservar el pastel de la separación de mi ego, comérmelo, y también disfrutar de cada bocado de culpabilidad.

(3:4) Que recuerde que me fijo en el pasado para prevenir que el presente alboree en mi mente.

Si leemos esto con cuidado, podemos reconocer una declaración clara del propósito: "Que recuerde que me fijo en el pasado *para* prevenir que el presente alboree en mi mente." Aferrarnos al pasado y a nuestros pensamientos de ataque tiene un propósito. Esto es lo que impide que el presente, el instante santo y el amor de Jesús "alboreen en mi mente". En presencia de su amor, ya no podemos existir como individuos especiales y llenos de odio. Este es el miedo: perder nuestra identidad especial.

(3:5-6) Que entienda que estoy tratando de usar el tiempo en contra de Dios. Que aprenda a dejar atrás el pasado, dándome cuenta de que al hacer eso no estoy renunciando a nada.

Vemos una vez más el propósito de nuestro mundo de tiempo y espacio. El ego usa su tiempo lineal —*pasado, presente* y *futuro*—

para reforzar su sistema de pensamiento subyacente de *pecado, culpa* y *miedo*. De esta manera, la nada del ego impide que sea recordado el Todo de Dios.

(4:1) (9) **No veo nada tal como es ahora.**

(4:2-4) Si no veo nada tal como es ahora, ciertamente se puede decir que no veo nada. Solamente puedo ver lo que está aquí ahora. La elección no es entre si ver el pasado o el presente; la elección es sencillamente entre ver o no ver.

No podemos ver el pasado porque no hay pasado, no hay pecado, no hay separación. Así, lo que creemos ver —que incluye lo que recuerdo que ocurrió en el pasado y cualquiera cosa que esté viendo ahora— es una proyección de nuestro pasado pecaminoso sobre otros. En consecuencia, lo que estamos viendo no está allí en absoluto, y eso caracteriza nuestra demencia.

(4:5) Lo que he elegido ver me ha costado la visión.

¡Esta es precisamente la razón por la que he elegido verlo! La visión de Cristo ve a la Filiación como una, en la que no hay gente especial ni importante. Todos nosotros somos lo mismo. Esta *igualdad* de propósito refleja la *Igualdad* del Hijo uno de Dios. La percepción se originó de la necesidad de defenderse contra el conocimiento, que se recuerda a través de la visión de Cristo.

(4:6) Ahora quiero elegir de nuevo, para poder ver.

Nótese en énfasis recurrente en el poder de nuestras mentes para elegir. Aunque todavía no estemos preparados para hacer esta elección —la visión todavía nos parece demasiado atemorizante— al menos podemos reconocer la posibilidad de elegir, y perdonarnos a nosotros mismos por no ser capaces de hacerla todavía.

(5:1) (10) **Mis pensamientos no significan nada.**

(5:2-5) No tengo pensamientos privados. Sin embargo, es únicamente de mis pensamientos privados de los que soy consciente. ¿Qué significado pueden tener dichos pensamientos? No existen, de modo que no significan nada.

Mis pensamientos no significan nada porque ellos son "mis" pensamientos. Se basan en la separación y en la exclusividad, y por lo tanto se basan en el opuesto exacto de la Unidad del Cielo, nuestra realidad *no-específica* y, por lo tanto, *no-privada*.

(5:6-7) No obstante, mi mente es parte de la Creación y parte de Su Creador. ¿No sería acaso preferible que me uniera al pensamiento del universo en vez de oscurecer todo aquello que realmente me pertenece con mis míseros e insignificantes pensamientos "privados"?

Es importante que Jesús dice "todo aquello que realmente me pertenece", no lo que *pienso* que es mío, que no son sino unos pocos pedazos de especialismo. Lo que es *realmente* mío son los regalos del Cielo: amor, vida eterna, libertad real y perfecta unidad.

Obviamente, Jesús no piensa que nuestra individualidad sea gran cosa, y nos implora que nosotros también pensemos que no es gran cosa. El problema es que la valoramos mucho más de lo que pensábamos. A medida que vamos trabajando seriamente con *Un curso de milagros*, va quedando cada vez más claro cuánto valoramos nuestra individualidad, hasta qué punto tenemos serios problemas de autoridad, y que no queremos que nadie nos diga otra cosa que lo que nosotros creemos que es verdad. Tenemos que ser conscientes de esta arrogancia sin juzgarnos a nosotros mismos; tenemos que darnos cuenta de que, sí, de aquí es de donde vienen mis pensamientos, y solo son un error tonto.

A medida que uno lee *Un curso de milagros*, y no solo estas lecciones, es aparente que Jesús nos presenta la verdad de manera persistente y consistente, y no nos juzga por nuestras ilusiones. Ocasionalmente se burla de nosotros, pero ciertamente su actitud no es punitiva. Simplemente dice: "Por favor, reconoce que yo tengo razón y tú estás equivocado. Mientras sigas pensando de otra manera no serás feliz. No soy yo quien te castigará; *tú* te castigarás a ti mismo. Yo te espero pacientemente, ¿pero por qué retrasar tu felicidad?" Más adelante, en el Libro de ejercicios, nos pregunta dos veces: "¿Por qué esperar al Cielo?" (L-pI.131.6:1; L-pI.188.1:1).

LECCIÓN 53

Hoy repasaremos lo siguiente:

Aquí vemos que se nos señala una conexión directa entre nuestros pensamientos y el mundo, aunque Jesús ya ha hecho esta conexión antes.

(1:1) (11) **Mis pensamientos sin significado me muestran un mundo sin significado.**

(1:2-4) Dado que los pensamientos de los que soy consciente no significan nada, el mundo que los refleja no puede tener significado. Lo que da lugar a este mundo es algo demente, como lo es también su resultado. La realidad no es demente, y yo tengo pensamientos reales, así como dementes.

Nuestros pensamientos de individualidad, pecaminosidad, especialismo, etcétera han producido este mundo. Por lo tanto, como la causa del mundo son mis pensamientos dementes, entonces el mundo, como efecto, debe ser igualmente demente. *Causa* y *efecto* nunca están separados, porque son uno. Sin embargo, la realidad no es demente, a pesar de las protestas del ego en sentido contrario. El ego nos dice que Dios es demente, vengativo e iracundo, sin embargo "[Él] piensa de otra manera" (T-23.I.2:7). Jesús nos explica, como hizo en las primeras cincuenta lecciones, que tenemos una mente dividida, que contiene pensamientos irreales de odio y pensamientos verdaderos de amor. Lo que nos queda ahora es elegir a cuáles vamos a dar realidad. Él trata de hacer que nos demos cuenta de lo desdichados e infelices que nos sentimos cuando elegimos los pensamientos irreales de ataque, juicio y especialismo. Esta desdicha es la que en último término nos impulsará a volver a elegir:

La resistencia al dolor puede ser grande, pero no es ilimitada. A la larga, todo el mundo empieza a reconocer, por muy vagamente que sea, que *tiene que* haber un camino mejor. A medida que este reconocimiento se arraiga más, acaba por convertirse en un punto decisivo en la vida de cada persona (T-2.III.3:5-7).

(1:5) Por lo tanto, puedo ver un mundo real si recurro a mis pensamientos reales como guía para ver.

Este es el mundo de la visión, el mundo *interno* en el que no hay pensamientos de separación ni juicio; el mundo de pensamiento que está más allá del sueño de odio, en el que por fin somos capaces de ver el sueño tal como es. Desde ahí solo pasa un instante más hasta que Dios desciende y nos eleva hasta Sí Mismo, el *último paso* de nuestro viaje, como se describe en este precioso pasaje:

Y entonces tu Padre descenderá hasta ti y dará el último paso por ti, elevándote hasta Él (T-11.VIII.15:5).

Más adelante volveremos a comentar el mundo real.

(2:1) (12) Estoy disgustado porque veo un mundo que no tiene significado.

(2:2-7) Los pensamientos dementes son perturbadores. Dan lugar a un mundo en el que no hay orden de ninguna clase. Solo el caos puede regir en un mundo que representa una manera de pensar caótica, y el caos es la ausencia total de leyes. No puedo vivir en paz en un mundo así. Estoy agradecido de que este mundo no sea real, y de que no necesito verlo en absoluto, a menos que yo mismo elija otorgarle valor. Elijo no otorgarle valor a lo que es complemente demente y desprovisto de significado.

En "Las leyes del caos", Jesús pone la palabra "leyes" entre comillas, indicando que en realidad no son verdaderas leyes porque no tienen sentido; las únicas leyes *verdaderas* son las leyes de Dios. Jesús no hace eso aquí, pero el significado es el mismo: "el caos carece de leyes".

Antes de que podamos elegir *no* valorar lo que es "totalmente demente", primero tenemos que aceptar que el mundo *es* totalmente demente. Lo que nos ayuda a darnos cuenta de esto es que el mundo nos hace totalmente infelices. Nuestros deseos de especialismo —incluso cuando se cumplen— no nos hacen felices y no nos traen la paz de Dios. Nos traen la paz del ego, pero no la paz del Cielo. La razón última por la que nuestros pensamientos dementes son tan molestos es que nos recuerdan nuestro pensamiento demente original, que creemos que nos llevará a recibir castigo. En las palabras ominosas del ego, retratadas en este poderoso pasaje del manual, leemos (¡y temblamos!) con respecto a los efectos de nuestro pensamiento demente de separación, puesto en el contexto de los pensamientos mágicos, reconocidos en otros y/o en nosotros mismos:

> Ellos [los pensamientos mágicos] no pueden sino despertar tu culpabilidad durmiente, que has ocultado, pero no abandonado. Cada uno le dice claramente a tu mente atemorizada: "Has usurpado el lugar de Dios. No creas que Él se ha olvidado". Aquí es donde más vívidamente se ve reflejado el temor a Dios. Pues en ese pensamiento la culpabilidad ha elevado la locura al trono de Dios mismo. Y ahora ya no queda ninguna esperanza, excepto la de matar. En eso estriba ahora la salvación. Un padre iracundo persigue a su hijo culpable. Mata o te matarán, pues estas son las únicas alternativas que tienes. Más allá de ellas no hay ninguna otra, pues lo que pasó es irreversible. La mancha de sangre no se puede quitar y todo el que lleva esta mancha sobre sí está condenado a morir (M-17.7:2-13).

El perdón nos permite examinar la demencia destructiva de este sistema de pensamiento, ayudándonos a aceptarlo por lo que es; un reconocimiento por el que solo podemos sentirnos profundamente agradecidos, pues su milagro nos conduce más allá de la magia demente a la pura condura de la vida eterna.

(3:1) (13) **Un mundo sin significado engendra temor.**

(3:2-5) Lo que es totalmente demente engendra temor porque no se puede contar con ello en absoluto ni da lugar a que se le tenga

confianza. En la demencia no hay nada en lo que se pueda confiar. No ofrece seguridad ni esperanza. Pero un mundo así no es real.

La única realidad es el Cielo, que es totalmente confiable porque es cierto: solo existe Dios. Este mundo, tal como todos nosotros lo hemos experimentado, no es fiable. Fue fabricado para ser así. Esto es lo que nos informa de que el mundo y nuestra experiencia de él no son reales. Una vez más, es nuestra culpa, nacida de la creencia en el pecado, la que nos lleva a esperar un castigo cierto y a no confiar en nadie. Lo más que podemos hacer es protegernos del ataque cierto utilizando diversas defensas, que solo sirven para mantener la separación que estableció originalmente la necesidad de defensas. Así, los ciclos viciosos de culpa y ataque, y de ataque y defensa, continúan indefinidamente. Siempre continuarán, hasta que sus premisas fundamentales queden expuestas a la verdad.

(3:6-8) Le he conferido la ilusión de realidad y he sufrido por haber creído en él. Elijo ahora dejar de creer en él y depositar mi confianza en la realidad. Al elegir esto, me escaparé de todos los efectos del mundo del miedo porque estaré reconociendo que no existe.

De nuevo, es esencial que establezcamos la conexión entre nuestro sufrimiento (el *efecto*) y nuestros pensamientos de juicio, ataque, y especialismo (la *causa*). No escapamos del mundo del miedo usando nuestro armamento: intentos de controlar, manipular y seducir. Solo controlamos el mundo dándonos cuenta de que no hay un mundo que controlar. Sin embargo, lo que tiene que ser controlado son nuestros pensamientos, como Jesús advirtió amablemente a Helen, repitiendo una cita anterior: "Eres demasiado tolerante con las divagaciones de tu mente" (T-2.VI.4:6). No hay nada que podamos hacer la mayor parte del tiempo con respecto al mundo incierto, pero ciertamente podemos hacer algo con respecto a nuestros pensamientos inciertos. Y debemos, porque ellos sirven a un propósito vitalmente importante. Nos mantienen aquí, conservando intacta nuestra individualidad, nuestro auto-concepto, y nuestra existencia misma. Reconocer el propósito de nuestros pensamientos nos permite ejercer el poder de decisión para cambiar del objetivo de separación del ego al objetivo de Expiación del Espíritu Santo. Cambiando el propósito subyacente del ego somos capaces de escapar de sus efectos de dolor, ansiedad y miedo.

(4:1) (14) **Dios no creó un mundo sin significado.**

(4:2-6) ¿Cómo puede ser que exista un mundo sin significado si Dios no lo creó? Él es la fuente de todo significado y todo lo que es real está en Su Mente. Está en mi mente también porque Él lo creó conmigo. ¿Por qué he de seguir sufriendo por los efectos de mis pensamientos dementes cuando la perfección de la Creación es mi hogar? Que recuerde el poder de decisión que poseo y que reconozca dónde se encuentra mi verdadera morada.

Puedes ver que Jesús retorna una y otra vez al núcleo de los temas sinfónicos de estas lecciones: realidad, ilusión y el poder de nuestras mentes de elegir entre ellas. Aquí el punto es extremadamente importante, porque el problema es que nos hemos olvidado de que tenemos ese poder de elegir. El ego estableció su serie de defensas para que nunca recordáramos que tenemos una mente, por no hablar de una mente que puede elegir. Así, el cuerpo y el cerebro fueron hechos para mantener nuestras mentes ocultas de nosotros, reemplazadas por el estado sin mente de vivir en un cuerpo gobernado por un cerebro que piensa que piensa, pero que en realidad solo ejecuta los pensamientos de la mente inconsciente. Estos pensamientos no son sino dos: la creencia del ego de que lo que no tiene significado ha triunfado sobre lo significativo; y la Expiación del Espíritu Santo que enseña que el pensamiento del ego es irreal porque está fuera de la Mente de Dios. Por tanto, no tiene efectos. A pesar de mis sueños febriles que indican lo contrario, sigo estando en casa en Dios, mantenido por el Espíritu Santo en el recuerdo de mi mente correcta. Ahora puedo recordar y volver a elegir.

(5:1) (15) **Mis pensamientos son imágenes que yo mismo he fabricado.**

(5:2-4) Todo lo que veo refleja mis pensamientos. Son mis pensamientos los que me dicen dónde estoy y lo que soy. El hecho

de que vea un mundo en el que hay sufrimiento, en el que se pueden experimentar pérdidas y en el que se pueda morir, me muestra que lo único que estoy viendo es la representación de mis pensamientos dementes, y que no estoy permitiendo que mis pensamientos reales viertan su benéfica luz sobre lo que veo.

Esto apunta a una dimensión crucial para cualquiera que trabaje con *Un curso de milagros*. Muchos de sus estudiantes tienden a negar que ven un mundo de sufrimiento, pérdida y muerte. En cambio, proclaman que el mundo es verdaderamente maravilloso: parte del plan de Dios y de Jesús. Además, el nuevo milenio traerá sanación donde quiera que se la necesite, bañándonos a todos en luz. El problema de mirar con unas gafas tan rosas es que, si no reconocemos la demencia, el dolor y el sufrimiento del mundo, nunca reconoceremos su fuente en nuestras mentes. *La única manera de darnos cuenta de la demencia en nuestras mentes es reconociendo la demencia que percibimos.* Si insistimos tercamente, arrogantemente y santurronamente en que todo es maravilloso —por ejemplo, que este es un mundo maravilloso, repleto de acontecimientos maravillosos; este es un curso maravilloso que Jesús nos ha dado—, nunca nos daremos cuenta de que lo que estamos viendo fuera es una defensa. En lugar de ver el mundo odioso que fabricamos, lo cubrimos y lo convertimos en algo bello. ¡No es un mundo bello porque fue fabricado de un pensamiento extremadamente feo! Una vez más, la única manera de llegar a nuestros pensamientos y cambiar de mentalidad con respecto a ellos es ver sus efectos, que es el mundo cruel y atroz en el que vivimos.

(5:5-7) No obstante, el camino de Dios es seguro. Las imágenes que he fabricado no pueden prevalecer contra Él porque no es mi voluntad que lo hagan. Mi voluntad es la Suya y no antepondré otros dioses a Él.

Jesús vuelve a apelar al poder de nuestras mentes de elegir entre las ilusiones y la verdad. La última frase está tomada del primer mandamiento del Libro del Éxodo (20:3), que es la base de parte del comentario en el Capítulo 10 del Texto (véase especialmente

T-10.III-V). Tanto allí como aquí, el punto es que los dioses del ego de separación, enfermedad, sufrimiento y muerte no tienen poder sobre el Hijo de Dios, que sigue siendo tal como Dios lo creó. Dios sigue siendo Dios, y ninguna imaginación desatada puede erigir a otro que tome Su lugar, excepto en sueños. Así, nuestra voluntad nunca ha dejado de ser una con la Suya, y seguimos estando en casa, donde Dios "quiere que estemos" (T-31.VIII.12:8).

LECCIÓN 54

Estas son las ideas para el repaso de hoy.

(1:1) (16) **No tengo pensamientos neutros.**

En esta lección, Jesús se enfoca casi exclusivamente en el poder de nuestros pensamientos. La razón por la que no tenemos pensamientos neutros es que nuestros pensamientos tienen el poder de fabricar un mundo como el mundo en que vivimos: un mundo de dolor, sufrimiento y muerte; un mundo en el que Dios parece estar ausente. Sin embargo, nuestros pensamientos pueden ser igualmente poderosos en el lado de la mente correcta, en su poder de deshacer el ego. Los pensamientos del ego no tienen efecto en el Cielo, por supuesto, pero dentro del sueño tienen un poder tremendo; así, *Un curso de milagros* se enfoca en el poder de nuestras mentes. Específicamente en el poder de elegir.

(1:2-4) Tener pensamientos neutros es imposible porque todos los pensamientos tienen poder. O bien dan lugar a un mundo falso o bien me conducen al mundo real. Pero es imposible que no tengan efectos.

Estas afirmaciones están reforzadas por otras que Jesús hace en el Texto: "Todo pensamiento produce forma en algún nivel" (T-2. VI.9:14). Nuestros pensamientos tienen efectos extraordinarios. Pueden fabricar el mundo de especialismo en el que vivimos, o ayudarnos a alcanzar el mundo real mediante el deshacimiento completo del mundo del ego. El problema es que, debido a nuestra estructura defensiva, incluyendo el poder de la negación, casi nunca experimentamos los efectos de nuestros pensamientos. En consecuencia, no somos conscientes de que tenemos pensamientos, porque no somos conscientes de que tenemos una mente.

(1:5) Del mismo modo en que el mundo que veo procede de mis errores de pensamiento, así también el mundo real se alzará ante mis ojos cuando permita que mis errores sean corregidos.

El mundo real, que es el producto final del perdón, es el estado mental en el que todos los pensamientos del ego han sido deshechos. No es algo que se elija específicamente, sino que más bien es el estado natural de la mente libre de culpa, cuando se ha elegido en contra del sistema de pensamiento de culpa del ego.

(1:6-8) Mis pensamientos no pueden ser simultáneamente verdaderos y falsos. Tienen que ser lo uno o lo otro. Lo que veo me muestra si son verdad o falsos.

Esta es otra declaración sobre el importante tema de *uno o el otro*. No tenemos Cielo *e* infierno, o infierno *y* Cielo. Se trata de estados mutuamente excluyentes. Esta es la premisa metafísica subyacente de *Un curso de milagros*, la piedra angular de su sistema de pensamiento: Dios es, y no hay nada más. Si creemos que hay algo más, estamos creyendo que no hay Dios. La manera de saber qué pensamientos hemos elegido en nuestras mentes es prestar atención vigilante, con Jesús a nuestro lado, a nuestras percepciones del mundo externo. Ellas nos reflejarán nuestra decisión a favor del Cielo o del infierno, de la verdad o de la falsedad.

Jesús retorna a la idea que había expresado anteriormente:

(2:1) (17) **No veo cosas neutras.**

(2:2-6) Lo que veo da testimonio de lo que pienso. Si no pensara no existiría, ya que la Vida es Pensamiento. Que contemple al mundo que veo como la representación de mi propio estado de ánimo. Sé que este puede cambiar. Y sé asimismo que el mundo que veo puede cambiar también.

Podemos ver que Jesús retorna repetidamente a este tema. La belleza de esta revisión está en la manera sucinta en que Jesús entreteje los principales temas de las primeras cincuenta lecciones. Y este es un tema crucial: "Deja que mire al mundo que veo como la representación de mi estado mental." Recordamos estas líneas paralelas del Texto:

[El mundo es] la imagen externa de una condición interna (T-21.in.1:5).

> [La percepción] es el cuadro externo de un deseo: la imagen
> de lo que tú querías que fuese verdad (T-24.VII.8:10).

No podemos cambiar el mundo, pero está claro que podemos cambiar nuestras mentes. Ciertamente "el mundo que veo puede cambiar también". Sin embargo, esto no significa que el mundo externo pueda cambiar, sino más bien que *mi manera de verlo* cambiará. Recuerda que la percepción nunca es de hechos, siempre es una interpretación de lo que nosotros denominamos hechos; una interpretación o bien del ego o bien del Espíritu Santo. Cuando Jesús habla de "el mundo que veo", él no está hablando de un mundo externo: *no hay mundo externo*. El mundo no es nada más que una proyección o extensión de los pensamientos en nuestras mentes. Por lo tanto, es esencial que reconozcamos la conexión directa entre el mundo y nuestro pensamiento, de otro modo nunca seremos capaces de hacer algo para cambiar nuestros pensamientos.

Antes de seguir adelante, nótese la alusión en 2:2 —"Si yo no pensara, no existiría"— al famoso dicho de Descartes: "Pienso luego existo (*Cogito ergo sum*)". Sin embargo, mientras que el gran filósofo del siglo XVII usó está proposición para demostrar su existencia *real*, Jesús la emplea en último término para demostrar la existencia *ilusoria*, surgida de nuestros pensamientos *ilusorios*.

En el tercer párrafo Jesús introduce el pensamiento de *unidad*: en el Cielo como el Hijo uno de Dios, y también dentro de la mente dividida. El Hijo de Dios es Uno, tanto si es llamado Cristo como si es llamado el Hijo de Dios separado:

(3:1) (18) **No soy el único que experimenta los efectos de mi manera de ver.**

(3:2-4) Si no tengo pensamientos privados, no puedo ver un mundo privado. Incluso la descabellada idea de la separación tuvo que compartirse antes de que se pudiera convertir en la base del mundo que veo. Sin embargo, cuando se compartió esa idea no se compartió nada.

Aunque "no se compartió nada", eso no significa que nosotros no nos lo creamos. Estas declaraciones reflejan muy bien la idea de que, a pesar del aspecto que tenga el mundo —es decir, incluso en su sueño de separación— el Hijo de Dios ha seguido siendo uno. Por eso, el perdón es la enseñanza central de *Un curso de milagros*: al perdonarte, reflejo que tú y yo no tenemos intereses separados porque compartimos la misma necesidad de despertar del sueño de separación, culpa y odio. Esto comienza el proceso de revertir la fragmentación del ego. Como resalta el Texto: Si te perdono perfectamente, detrás de ti habrá miles, y detrás de cada uno de estos mil más (T-27.V.10:4). Esto significa que, si te perdono perfectamente, he perdonado a la Filiación: solo *hay* un Hijo.

(3:5-7) Puedo invocar también mis pensamientos reales, los cuales comparto con todo el mundo. Así como mis pensamientos de separación invocan pensamientos de separación en otros, mis pensamientos reales despiertan en ellos sus pensamientos reales. Y el mundo que mis pensamientos reales me muestra alboreará en su visión, así como en la mía.

Esto me dice cuál es mi función: no es sanar a otros, ni cambiarles, ni enseñarles en el sentido convencional. Mi función es recordarte que la elección que yo he hecho en el instante santo es la misma que puedes hacer tú. Un pasaje del Manual para el maestro resume esto maravillosamente. Ya lo hemos citado antes, pero su relevancia merece ciertamente menciones adicionales:

> Los maestros de Dios acuden a estos pacientes representando una alternativa que ellos habían olvidado. La simple presencia del maestro de Dios les sirve de recordatorio. Su manera de pensar reclama el derecho de cuestionar lo que el paciente ha aceptado como verdadero. En cuanto que mensajeros de Dios, los maestros de Dios son los símbolos de la salvación. Le piden al paciente que perdone al Hijo de Dios en su propio Nombre. Representan la Alternativa. Con la Palabra de Dios en sus mentes, vienen como una bendición, no para curar a los enfermos sino para recordarles que hay un remedio que Dios les ha dado ya. No son sus manos las

que curan. No son sus voces las que pronuncian la Palabra de Dios, sino que sencillamente dan lo que se les ha dado. Exhortan dulcemente a sus hermanos a que se aparten de la muerte: "¡He aquí, Hijo de Dios, lo que la vida te puede ofrecer! ¿Preferirías la enfermedad en su lugar?" (M-5.III.2).

Sin embargo, este proceso también va en el otro sentido: mis pensamientos de separación llaman a los pensamientos de separación en ti. La expresión de mi decisión a favor del ego —juicio, ataque, ansiedad y miedo— te dice que tienes razón en creer que estás separado, porque yo estoy demostrando que lo estás. Mi ira confirma que tienes razón, como también mi amor especial y mi dependencia. Tú quieres que yo confirme que tienes razón, tal como yo quiero que hagas eso mismo por mí. Estos son los "votos secretos" que hacemos unos con otros para reforzar nuestra demencia, como explica Jesús en el Texto, de nuevo en el contexto de la enfermedad:

> Este es el voto secreto que has hecho con cada hermano que prefiere caminar solo y separado. Este es el juramento secreto que renuevas cada vez que percibes que has sido atacado. Nadie puede sufrir a menos que considere que ha sido atacado y que ha perdido como resultado de ello. El compromiso de estar enfermo se encuentra en tu conciencia, aunque sin expresarse ni oírse. Sin embargo, es una promesa que le haces a otro de que él te herirá y de que, en respuesta, tú lo atacarás.

> La enfermedad no es sino la ira que se ha descargado contra el cuerpo para que sufra. Es la consecuencia natural de lo que se hizo en secreto, en conformidad con el deseo secreto de otro de estar separado de ti, tal como el tuyo es estar separado de él. A menos que ambos estéis de acuerdo en que ese es vuestro deseo, este no podría tener efectos (T-28.VI.4:3–5:3).

Sin embargo, una vez más, Jesús también nos dice que podemos reforzar el pensamiento de la mentalidad correcta unos en otros:

> Todo aquel que dice: "Entre tu mente y la mía no hay separación" es fiel a la promesa que le hizo a Dios y no al miserable voto de serle eternamente fiel a la muerte. Y al él sanar, su hermano sana también.

> Que este sea el acuerdo que tengas con cada uno de tus hermanos: que estarás unido a él y no separado. Y serás fiel a la promesa que le hagas porque es la misma que él le hizo a Dios y que Dios le hizo a él. Dios cumple sus promesas; Su Hijo cumple las suyas (T-28.VI.5:4–6:3).

Así, cuando elijo a Jesús como maestro en lugar de al ego, y libero mis resentimientos a través del perdón, estoy enseñando que en ti también hay un pensamiento de la mente correcta, y en ese momento me he convertido en un símbolo de curación para ti. No tengo que decir nada, ni predicar para ti. Ciertamente, *yo* no hago nada. Además, este *tú* podría ser alguien que murió hace veinte años. Como las mentes están unidas, el perdón no tiene nada que ver con los cuerpos. *Tú* como pensamiento y *yo* como pensamiento todavía seguimos unidos. Cuando elijo abandonar mis resentimientos con respecto a ti, estoy enviando un mensaje claro que dice: "Despierta del sueño de muerte." Transmitir este mensaje es nuestra única función.

(4:1) (19) **No soy el único que experimenta los efectos de mis pensamientos.**

(4:2-3) No soy el único en nada. Todo lo que pienso, digo o hago es una enseñanza para todo el universo.

"Todo el universo" es el universo de la Filiación en mi mente, unida con la de todos los demás. Solo hay una mente, y yo puedo pensar, decir o comportarme desde el Espíritu Santo o desde mi ego. Así, Jesús reitera sus enseñanzas sobre la unidad: del espíritu *y* del ego.

(4:4-6) Un hijo de Dios no puede pensar, hablar o actuar en vano. No puede ser el único en nada. Tengo, por lo tanto, el poder de cambiar a todas las mentes junto con la mía porque mío es el Poder de Dios.

Esto no significa que pueda literalmente cambiar tu mentalidad por ti. Puedo servir como ejemplo de alguien que ha cambiado de mentalidad para sí mismo, dándose cuenta de esta manera de que ese "sí mismo" es todos nosotros. De igual modo, Jesús no puede hacerlo por nosotros. Él puede ser nuestro maestro y modelo, mostrándonos que hay otra elección que podemos hacer, pero él no puede elegir por nosotros. Jesús explicó esto a Helen al principio de su labor de escriba, y por lo tanto a todos nosotros, en el contexto de que ella le pidió que se llevara su miedo. Su respuesta presagió todo lo que iba a enseñar en *Un curso de milagros*, porque resaltó el poder de la mente de Helen para elegir a favor o en contra del miedo, y que él no podía, y ciertamente no quería, eliminar ese poder de su mente al hacer esa elección por ella:

> Puede que todavía te quejes de que tienes miedo, pero aun así sigues atemorizándote a ti mismo. He indicado ya que no puedes pedirme que te libere del miedo. Yo sé que no existe, pero tú no. Si me interpusiese entre tus pensamientos y sus resultados, estaría interfiriendo en la ley básica de causa y efecto: la ley más fundamental que existe. De nada te serviría el que yo menospreciara el poder de tu pensamiento. Ello se opondría directamente al propósito de este curso. Es mucho más eficaz que te recuerde que no ejerces suficiente vigilancia con respecto a tus pensamientos (T-2.VII.1:1-7).

(5:1) (20) **Estoy decidido a ver.**

(5:2-3) Puesto que reconozco que la naturaleza de mis pensamientos es que los comparto con todo lo que existe, estoy decidido a ver. Veré los testigos que me muestran que la manera de pensar del mundo ha cambiado.

Los testigos que vemos son los testigos que hemos enviado [al mundo]. Esto contiene una referencia implícita a "La atracción de la culpabilidad" en "Los obstáculos a la paz" (T-19.IV-A.i). Enviamos mensajeros de amor o de miedo, y lo que enviamos afuera es lo que vemos fuera de nosotros; dichos mensajeros se convierten en los testigos que nos muestran lo que hemos elegido. Si estamos enfadados o disgustados, obstinados o si tenemos una pataleta, eso nos dice que hemos enviado afuera mensajeros de culpa, miedo, odio, y ciertamente de separación. Estos testigos externos son los que hacemos reales en nuestra percepción, viéndolos fuera en lugar de en nosotros mismos. Otro pasaje del Texto ilustra el importante papel que desempeñan nuestras percepciones en la curación. Al observar los testigos que percibo en el mundo, se me enseña a ver que estos reflejan una decisión que he tomado en mi mente. Solo entonces puedo ejercer el poder de la mente para cambiar esta decisión:

> La condenación es un juicio que emites acerca de ti mismo, y eso es lo que proyectas sobre el mundo. Si lo ves como algo condenado, lo único que verás es lo que tú has hecho para herir al Hijo de Dios. Si contemplas desastres y catástrofes, es que has tratado de crucificarlo. Si ves santidad y esperanza, es que te has unido a la Voluntad de Dios para liberarlo. Estas son las únicas alternativas que tienes ante ti. Y lo que veas dará testimonio de tu elección y te permitirá reconocer cuál de ellas elegiste (T-21.in.2:1-6).

(5:4-5) Veré la prueba de que lo que se ha obrado por mediación mía ha permitido que el amor reemplace al miedo, la risa a las lágrimas y la abundancia a las pérdidas. Quiero contemplar el mundo real y dejar que me enseñe que mi voluntad y la Voluntad de Dios son una.

Así, sabremos qué elección hemos hecho prestando cuidadosa atención a lo que percibimos a nuestro alrededor. No se nos puede recordar con demasiada frecuencia que la percepción no es un hecho objetivo, sino siempre una interpretación. Cuando *Un curso de milagros* nos enseña a mirar a lo que percibimos, Jesús no está hablando de mirar afuera y ver un escritorio o un libro, un árbol o una persona. Más bien, se nos está instruyendo que miremos cómo percibimos los objetos, las personas y las situaciones. En otras palabras, ¿percibimos pruebas del principio de Expiación o pruebas de la separación? Lo que percibamos nos revelará lo que nuestras mentes han elegido. Las percepciones de amor o las peticiones de amor reflejan la decisión de aceptar la Expiación, y esta elección inequívoca da paso al mundo real y al feliz recuerdo de la unidad de Dios y Su Hijo.

LECCIÓN 55

El repaso de hoy incluye lo siguiente:

(1:1) (21) **Estoy decidido a ver las cosas de otra manera.**

Ahora Jesús está apelando directamente al poder de elegir de nuestras mentes.

(1:2) Lo que ahora veo no son sino signos de enfermedad, desastre y muerte.

En deferencia a Helen, me gusta señalar las aliteraciones cuando aparecen. Nótense las tres "d": *enfermedad, desastre y muerte.*[14] Una vez más, es importante que percibamos la enfermedad, el desastre y la muerte por todas partes a nuestro alrededor, *no* el amor, la esperanza y la alegría, porque no hay ninguna. Ciertamente, el mundo fue fabricado para *no* ser un lugar de amor, esperanza o alegría. Si no reconocemos esto, no tendremos motivación para cambiar de mentalidad. En nuestra arrogancia, creeremos que ya la hemos cambiado porque hemos percibido luz en lugar de oscuridad, amor en lugar de odio, vida en lugar de muerte. Nosotros creemos lo que nuestros egos nos han programado para que creamos, y esta es la razón por la cual tenemos que cuestionar el valor de haber elegido al ego como nuestro maestro.

(1:3-5) Esto no puede ser lo que Dios creó para Su Hijo bien amado. El hecho en sí de que vea tales cosas demuestra que no entiendo a Dios. Por lo tanto, tampoco entiendo a Su Hijo.

Esto, al menos, es un buen paso inicial, porque si pensamos que estamos mirando a un mundo de luz, paz y alegría, creeremos que entendemos a Dios y a Jesús, y desgraciadamente creeremos que entendemos su curso. Reconocer que lo que vemos "son signos de enfermedad, desastre y muerte" es el comienzo de esa humildad que alcanza la Sabiduría. Empezamos negando el sistema de pensamiento del ego de negación, y gradualmente, paso a paso, Jesús nos lleva a entender que el espíritu y el ego son estados mutua-

---

14 * En el original inglés: *disease, desaster and death* (N. del t.).

mente excluyentes, como también lo son el amor y el odio, la vida y la muerte, la alegría y el dolor. Dar realidad a uno es negar el otro.

(1:6-7) Lo que veo me muestra que no sé quién soy. Estoy decidido a ver los testigos de la verdad en mí, en vez de aquellos que me muestran una ilusión de mí mismo.

Una vez que hemos aprendido a distinguir entre *forma* y *contenido*, podemos invocar a nuestro nuevo Maestro para que nos ayude a ver verdaderamente: la visión de Cristo que nos recuerda quiénes somos —junto con nuestros hermanos— como el Hijo uno de Dios.

(2:1) (22) Lo que veo es una forma de venganza.

(2:2-3) El mundo que veo no es en modo alguno la representación de pensamientos amorosos. Es un cuadro en el que todo se ve atacado por todo.

Este es el mismo punto que Jesús estaba estableciendo antes, cuando decía que el mundo que vemos representa un ataque sobre "todas las cosas y todas las personas". No hay excepciones. Si pensamos que vemos un mundo amoroso, creeremos que dentro de nosotros solo hay pensamientos amorosos, y por lo tanto no miraremos a los *no* amorosos. Al no mirar, los pensamientos no amorosos permanecen enterrados en nuestras mentes, y cualquier cosa que esté enterrada tiene el terrible hábito de encontrar su camino de salida —la dinámica de la proyección— y de atacar a todos los demás. Como no somos conscientes de que la fuente de nuestro ataque son los pensamientos no amorosos de nuestras mentes, no seremos conscientes de que nosotros somos los que hemos hecho esto. En realidad, pensaremos que como solo tenemos pensamientos amorosos, nuestros ataques y nuestros juicios hacia otros también son amorosos. Por eso es importante ver el mundo como es y reconocer su fuente. Solo cuando miremos con Jesús a los pensamientos *no* amorosos en nuestras mentes y los perdonemos, nos daremos cuenta de que debajo de los pensamientos no amorosos, y ocultados por ellos, están los pensamientos amorosos que siempre hemos tenido.

(2:4-6) Es cualquier cosa menos un reflejo del Amor de Dios y del de Su Hijo. Son mis propios pensamientos de ataque los que dan lugar a este cuadro. Mis pensamientos amorosos me librarán de esa percepción del mundo y me brindarán la paz que Dios dispuso que yo tuviese.

La naturaleza no amorosa del mundo vuelve a quedar inequívocamente descrita en las palabras de Jesús: "Es cualquier cosa menos un reflejo del Amor de Dios y del de Su Hijo." La última frase está cuidadosamente expresada: "Mis pensamientos amorosos me librarán de esa percepción del mundo." El problema es la *percepción*. No es el mundo. La enfermedad, el desastre y la muerte no existen ahí fuera, porque *ahí fuera no existe*. Existen en una mente que está llena de culpa, odio y terror. Por lo tanto, lo que tiene que cambiar es la *percepción*, no el mundo: "No trates, por lo tanto, de cambiar el mundo, sino elige más bien cambiar de parecer acerca de él" (T-21.in.1:7). Nuestra percepción cambia cuando, en primer lugar, la traemos de vuelta de su forma proyectada a su fuente, *la mente*. Como ya hemos visto, solo entonces podemos ejercer el poder de decisión de la mente y elegir el pensamiento amoroso de Expiación en lugar del pensamiento no amoroso de separación.

(3:1) (23) Puedo escaparme de este mundo renunciando a los pensamientos de ataque.

(3:2-5) En esto y solo en esto radica la salvación. Si no albergase pensamientos de ataque, no podría ver un mundo de ataque. A medida que el perdón permita que el amor retorne a mi conciencia, veré un mundo de paz, seguridad y dicha. Y esto es lo que elijo ver en lugar de lo que ahora contemplo.

No se puede pedir una explicación más explícita de la salvación. No somos salvados del mundo ni de alguna sensación abstracta de pecado, sino de nuestros propios pensamientos. Para escapar de los horrores del mundo —"las arremetidas y los dardos de la adversa fortuna" de Hamlet— solo tenemos que mirar con Jesús nuestros horribles pensamientos. Uniéndose a su amable risa ante el tonto sistema de pensamiento de ataque del ego, observamos que sus pensamientos se disuelven lentamente en su propia nada. Mirando afuera, solo percibimos "paz, seguridad y alegría", el mundo del perdón que ha tomado forma.

(4:1) (24) No percibo lo que más me conviene.

(4:2-3) ¿Cómo podría reconocer lo que más me conviene si no sé quién soy? Lo que creo que más me convendría no haría sino atarme aún más al mundo de las ilusiones.

Yo no sé quién soy porque pienso que "*yo* soy", poniendo el énfasis en el *yo*. Realmente pienso que hay un "yo" aquí, por lo tanto, no sé quién soy. Entonces, ¿cómo podría saber qué es mejor para mí? Lo que pensamos que es mejor siempre es algún tipo de glorificación, gratificación, o cualquier cosa que preserve nuestra identidad ilusoria como un "yo" individual.

(4:4) Estoy dispuesto a seguir al Guía que Dios me ha dado para descubrir qué es lo que más me conviene, reconociendo que no puedo percibirlo por mi cuenta.

Un tema extremadamente importante a lo largo de *Un curso de milagros* es que no podemos hacer esto sin ayuda. No hay manera de que podamos hacer esto sin la ayuda de Jesús o del Espíritu Santo. La humildad dice: "Yo no sé, yo no entiendo, pero gracias a Dios hay Alguien en mí que lo hace, y gracias a Dios Él tiene razón y yo estoy equivocado." Por eso Jesús nos dice que nos necesita tanto como nosotros a él (T-8.V.6:10): él no puede ayudarnos *a menos que* se lo pidamos. Vemos esta "empresa de colaboración" (T-4.VI.8:2) expresada en una declaración que ya hemos visto dentro de su pleno contexto: "Juntos tenemos la lámpara que lo disipará [el sistema de pensamiento del ego]" (T-11.V.1:3). Jesús no puede lograr esto sin nosotros, ¡y nosotros ciertamente no podemos lograrlo sin él!

La frase siguiente hace énfasis en el importante tema del propósito, que aquí no se enfatiza tanto como en otros lugares de *Un curso de milagros*.

(5:1) (25) **No sé cuál es el propósito de nada.**

(5:2-3) Para mí, el propósito de todas las cosas es probar que las ilusiones que abrigo con respecto a mí mismo son reales. Para eso es para lo que trato de usar a todo el mundo y todas las cosas.

Todo lo que pensamos, y todo lo que vemos en el mundo tiene el propósito de demostrar que tenemos razón. Esta es la razón misma por la que fabricamos el mundo originalmente: podemos mejorar lo que hizo Dios. En este sistema de *uno u otro* no hay excepciones. Tal como la santidad y el amor no hacen excepciones del lado del amor, el especialismo tampoco hace excepciones. O bien amamos o bien odiamos, o bien perdonamos o bien atacamos; pero no hay nada entre medio: si mi yo [ser] es real, entonces mi Ser no lo es; y, para consternación del ego, *viceversa*. Como dice una lección muy posterior: "Que no me olvide de que mi ser no es nada, pero que mi Ser lo es todo" (L-pII.358.1:7).

(5:4-6) Para eso es para lo que creo que es el mundo. Por lo tanto, no reconozco su verdadero propósito. El propósito que le he asignado ha dado lugar a una imagen aterradora del mismo.

He usado el mundo para realizar mi propósito de demostrar que tengo razón; es decir, que la ilusión con respecto a mi individualidad es la verdad. Esto significa que he matado a Dios para poder existir. Sin embargo, en mi mente correcta comprendo que he usado el mundo para realizar el propósito de dar realidad al ataque y justificarlo. Si he de existir, todos tienen que ser sacrificados a mi deseo egoísta. Si yo estoy tratando de hacértelo a ti —puesto que todos ahí fuera forman parte del sueño que yo he fabricado— sé que tú estás tratando de hacerme lo mismo a mí. Esto produce inevitablemente un mundo de miedo, no de seguridad, porque nuestra culpa solo puede causar un mundo en el que percibimos castigo y muerte. Pero ahora alegremente elijo otra cosa.

(5:7) Quiero que mi mente se vuelva receptiva al verdadero propósito del mundo renunciando al que le he asignado, y descubrir la verdad acerca de él.

Aquí también queda claro que Jesús y *Un curso de milagros* no pueden hacerlo por nosotros, y solo pueden recordarnos que tenemos que retirar nuestras creencias con respecto al mundo. Necesitamos abrir nuestras mentes retirando el propósito que hemos dado al mundo. En otras palabras, tenemos que decir (¡y querer decir!) que estábamos equivocados. Solo entonces podemos reconocer el verdadero propósito de perdón del mundo, el camino que nos conduce a casa a través del poder de nuestra mente para decidir *a favor de* Dios en lugar de *contra* Él.

LECCIÓN 56

Nuestro repaso de hoy abarca lo siguiente:

(1:1) (26) **Mis pensamientos de ataque atacan mi invulnerabilidad.**

(1:2) ¿Cómo puedo saber quién soy cuando creo estar sometido a continuos ataques?

Tengo que verme a mí mismo como si estuviera bajo un constante ataque porque estoy atacando a todos los demás. Por eso la lección se titula: "Mis pensamientos de ataque atacan mi invulnerabilidad." Soy verdaderamente invulnerable como Hijo de Dios, pero al identificarme con el ego me veo a mí mismo vulnerable, porque la culpa exige castigo y me siento victimizado por el contraataque de Dios. Si creo que todos los demás me van a atacar, no puedo ser como Dios me creó, inocente e invulnerable. Así, el ego me plantea el siguiente razonamiento: si él puede probar que el Hijo de Dios *es* verdaderamente vulnerable —el propósito del cuerpo—, ¿cómo podría yo ser el Hijo de Dios? Este razonamiento se presenta claramente en el pasaje siguiente tomado de "¿Qué es el cuerpo?", al que retornaremos mucho, mucho más adelante en esta colección:

> Pues la temporalidad del Hijo de Dios es la "prueba" de que sus cercas funcionan y de que están llevando a cabo la tarea que su mente les asignó. Pues si su unidad aún permaneciese intacta, ¿quién podría atacar y quién podría ser atacado? ¿Quién podría ser el vencedor? ¿Quién la presa? ¿Quién podría ser la víctima? ¿Quién el asesino? Y si él no muriese, ¿qué "prueba" habría de que el eterno Hijo de Dios puede ser destruido? (L-pII.5.2:3-9).

(1:3) El dolor, la enfermedad, la pérdida, la vejez y la muerte parecen acecharme.

Una vez más, es esencial que nos demos cuenta de que estamos viviendo en un mundo de dolor, enfermedad, pérdida, vejez y muerte; un mundo elegido deliberadamente por nuestros egos para demostrar que su sistema de pensamiento de separación es correcto y que la Expiación del Espíritu Santo está equivocada.

(1:4-5) Todas mis esperanzas, aspiraciones y planes parecen estar a merced de un mundo que no puedo controlar. Sin embargo, la seguridad perfecta y la plena realización constituyen mi verdadera herencia.

Jesús nos muestra otra vez que tenemos una mente dividida, y que podemos elegir si nos veremos a nosotros mismos viviendo en un estado de terror constante, miedo y vulnerabilidad, o en un estado de seguridad constante. No es verdad, una vez más, que estemos "a merced de cosas que se encuentran más allá [de nosotros], de fuerzas que no podemos controlar" (T-19.IV-D.7:4), porque la verdad es que nuestro "Ser es amo y señor del universo" (L-pII.253).

(1:6-8) He tratado de despojarme de mi herencia a cambio del mundo que veo. Pero Dios la ha salvaguardado para mí. Mis pensamientos reales me enseñarán lo que es mi herencia.

No puede decirse con suficiente frecuencia que, para acceder a nuestros pensamientos reales, primero tenemos que dejar ir los irreales, y esto es algo que no podemos hacer si no sabemos que están allí. Aprendemos este hecho feliz entendiendo que el mundo que percibimos es el mundo que hemos fabricado, y que por lo tanto es irreal: una proyección de nuestros pensamientos irreales de separación y culpa. Nuestra verdadera herencia es la de ser el amado y atesorado Hijo de Dios, no el hijo de la culpa y del miedo del ego. Como Jesús concluye en "El tesoro de Dios":

> Lo que la Voluntad de Dios ha dispuesto para ti *es* tuyo. Dios le ha dado su Voluntad a Su tesoro, para quien esa Voluntad es su propio tesoro. Allí donde esté tu tesoro, allí estará tu corazón, tal como el Suyo está allí donde se encuentra Su tesoro. Tú, a quien Dios ama, eres completamente bendito (T-8.VI.10:1-4).

(2:1) (27) **Por encima de todo quiero ver.**

(2:2-6) Al reconocer que lo que veo es un reflejo de lo que creo ser,

me doy cuenta de que mi mayor necesidad es la visión. El mundo que veo da testimonio de cuán temerosa es la naturaleza de la imagen que he forjado de mí mismo. Si he de recordar Quién soy, es esencial que abandone esa imagen de mí mismo. Y a medida que sea reemplazada por la verdad, se me concederá la visión. Y con esta visión contemplaré al mundo y a mí mismo con caridad y con amor.

Jesús siempre vuelve a las mismas ideas centrales: nuestras percepciones reflejan nuestra autoimagen —hijo de Dios o hijo del ego— y la visión corrige las atroces y temerosas percepciones erróneas del ego, reflejando nuestra Identidad como espíritu. Así, la visión *deshace* el sistema de pensamiento del ego. Como se nos enseña en el Texto: el ego siempre habla primero (T-5.VI.3:5), y el Espíritu Santo es la Respuesta:

> El ego dicta sentencia y el Espíritu Santo revoca sus decisiones, en forma similar a como en este mundo un tribunal supremo tiene la potestad de revocar las decisiones de un tribunal inferior. Las decisiones del ego son siempre erróneas porque están basadas en el error para cuya defensa se tomaron (T-5.VI.4:1-2).

Cuando la visión reemplaza al juicio, miramos a un mundo unificado de paz y amor, independientemente de lo que contemplen nuestros ojos físicos.

(3:1) (28) **Por encima de todo quiero ver de otra manera.**

(3:2-3) El mundo que veo mantiene en vigor la temerosa imagen que he forjado de mí mismo y garantiza su continuidad. Mientras siga viendo el mundo tal como lo veo ahora, la verdad no podrá alborear en mi conciencia.

El propósito del mundo proyectado es mantener mi temerosa autoimagen en su lugar. Esto presagia una importante declaración que se hace en la segunda parte del Libro de ejercicios, que habla de nuestros pensamientos carentes de perdón:

Un pensamiento que no perdona es aquel que emite un juicio que no pone en duda a pesar de que no es verdad. La mente se ha cerrado y no puede liberarse. Dicho pensamiento protege la proyección, apretando aún más sus cadenas de manera que las distorsiones resulten más sutiles y turbias, menos susceptibles de ser puestas en duda y más alejadas de la razón. ¿Qué puede interponerse entre una proyección fija y el objetivo que esta ha elegido como su deseada meta? (L-pII.1.2).

Así, nuestras proyecciones capacitan al ego para proteger su auto concepto de separación y odio, puesto que ahora ese concepto se percibe como si fuera externo a la mente que es su fuente. Este es el auto concepto que dice que yo soy un individuo, una individualidad que he comprado al costo del pecado. Este pecado debe ser castigado, y por lo tanto merezco tener miedo. En realidad, no ha cambiado nada, salvo que ahora yo creo que no soy la fuente del miedo, que tiene su fuente en algo fuera de mí. Seguro de lo que veo, nunca cuestiono mi percepción. Como mi percepción no es cuestionada, el Espíritu Santo no puede responder a mi condición de miedo y dolor.

(3:4) Dejaré que la puerta que se encuentra detrás de este mundo se abra, para así poder mirar más allá de él al mundo que refleja el Amor de Dios.

Quien abre la puerta para nosotros es Jesús, pero nosotros debemos *dejar* que lo haga, pidiéndole ayuda para llevar nuestras ilusiones de ataque a su verdad de perdón. Este mundo real de completo perdón refleja el Amor de Dios, que espera inmediatamente más allá de la puerta que Jesús mantiene abierta:

> Cristo está en el Altar de Dios, esperando para darle la bienvenida al Hijo de Dios [...] La puerta no está atrancada, y es imposible que no puedas entrar allí donde Dios quiere que estés [...] Puedes negarte a entrar, pero no puedes atrancar la puerta que Cristo mantiene abierta. Ven a mí que la mantengo abierta para ti, pues mientras yo viva no podrá cerrarse, y yo viviré eternamente (T-11.IV.6:1,3,5-6).

(4:1) (29) **Dios está en todo lo que veo.**

(4:2-4) Tras cada imagen que he forjado, la verdad permanece inmutable. Tras cada velo que he corrido sobre la Faz del Amor, Su Luz sigue brillando sin menoscabo. Más allá de todos mis descabellados deseos se encuentra mi voluntad, unida a la Voluntad de mi Padre.

Como en las lecciones de la una a la cincuenta, Jesús hace énfasis en la naturaleza de nuestras mentes correctas. La mente errónea está llena de pensamientos de ataque: enfermedad, sufrimiento, muerte, asesinato y juicio. Él nos ayuda a darnos cuenta de que estos pensamientos están cubriendo algo más. Sin embargo, el hecho de que él nos diga esto no significa que no tengamos que realizar el trabajo de elegir ese *algo más*, pero al menos ahora somos conscientes de entre qué estamos eligiendo. No es que elija entre *mata o te matarán* —¿te mato yo o me matas tú?—, elijo entre los milagros *o* el asesinato (T-23.IV.9:8). Este pasaje nos dice que en nuestras mentes hay otro sistema de pensamiento esperando que lo elijamos. También implica que el hecho de haber elegido el ataque en lugar del amor tiene un *propósito* inherente: deseamos preservar nuestra identidad —elegida en la separación y forjada en el odio— demostrando que nosotros tenemos razón y Dios está equivocado. Así elegimos vivir en la oscuridad, y creímos que era real *porque nosotros la creímos.*

(4:5-6) Dios sigue estando en todas partes y en todas las cosas eternamente. Y nosotros, que somos parte de Él, habremos de ver más allá de las apariencias y reconocer la verdad que yace tras todas ellas.

Jesús nos asegura que "el desenlace final es tan inevitable como Dios" (T-2.III.3:10), porque sin duda haremos la elección correcta —como haría cualquier buen platónico— entre la apariencia y la realidad. A pesar de nuestros fervientes intentos en sentido contrario, seguimos siendo tal como Dios nos creó, y no tenemos el poder de cambiar esta resplandeciente verdad con respecto a nosotros mismos. Así, vemos un mundo que nos refleja la radiante realidad del Amor de Dios.

(5:1) (30) Dios está en todo lo que veo porque Dios está en mi mente.

(5:2-5) En mi propia mente, aunque oculto por mis desquiciados pensamientos de separación y ataque, yace el conocimiento de que todo es uno eternamente. No he perdido el conocimiento de Quién soy por el hecho de haberlo olvidado. Ha sido salvaguardado para mí en la Mente de Dios, Quien no ha abandonado Sus Pensamientos. Y yo, que me cuento entre Ellos, soy uno con Ellos y uno con Él.

El Espíritu Santo conserva para nosotros el recuerdo del conocimiento de que nunca nos separamos verdaderamente de Dios. Al principio del Texto, Jesús dice que "perder algo no significa que haya desaparecido. Significa simplemente que no recuerdas dónde está" (T-3.VI.9:3-4). Lo mismo es cierto aquí: aunque hemos perdido el conocimiento de quiénes somos y hemos olvidado nuestra Fuente, eso no significa que Su Amor no esté plenamente presente en nuestras mentes. *Un curso de milagros* está lleno de tales confirmaciones. Aquí hay dos de ellas:

El Padre mantiene a salvo todo lo que creó, lo cual no se ve afectado por las falsas ideas que has inventado, ya que tú no fuiste su creador. No permitas que tus absurdas fantasías te atemoricen. Lo que es inmortal no puede ser atacado, y lo que es solo temporal no tiene efectos (T-24.VII.5:1-4).

Puedes perder de vista la unicidad, pero no puedes sacrificar su realidad. Tampoco puedes perder aquello que quieres sacrificar, ni impedir que el Espíritu Santo lleve a cabo Su misión de mostrarte que la unicidad no se ha perdido (T-26.I.6:1-2).

Lo que queda es la aceptación de la certeza de Jesús, que apunta hacia nuestra mente y hacia el recuerdo de la Unidad que nos creó uno con Ella.

LECCIÓN 57

Repasemos hoy las ideas siguientes.

(1:1) (31) **No soy víctima del mundo que veo.**

(1:2-9) **¿Cómo puedo ser la víctima de un mundo que podría quedar completamente des-hecho si así lo eligiese? Mis cadenas están sueltas. Puedo desprenderme de ellas solo con desearlo. La puerta de la prisión está abierta. Puedo marcharme en cualquier momento solo con echar a andar. Nada me retiene en este mundo. Solo mi deseo de permanecer aquí me mantiene prisionero. Quiero renunciar a mis desquiciados deseos y caminar por fin hacia la luz.**

Esto nos resulta atractivo porque sentimos que somos víctimas. Si este es un mundo que nosotros fabricamos, que es lo que Jesús nos ha estado enseñando desde el principio, el mundo no es el problema. *El problema es el hecho de que lo fabricamos*: ¿Cómo podemos ser víctimas de un mundo que puede quedar completamente deshecho si así lo elegimos?

Tenemos que estar dispuestos a admitir que hemos estado equivocados con respecto a todo. Lo que nos hace creer que tenemos razón es nuestra experiencia de que todo lo demás nos victimiza. Recuerda, este "todo lo demás" no es únicamente otros cuerpos, sino también el nuestro. El cuerpo está exclusivamente fuera de la mente, la fuente de nuestra verdadera identidad.

La analogía de un prisionero caminando hacia la luz [del sol] hace referencia a la famosa Alegoría de la Caverna de Platón, que aparece en *La República*. Merece la pena resumirla, si bien con brevedad, puesto que Jesús hace otras referencias más específicas a ella en el Texto.[15] La alegoría está enmarcada en una cueva, donde los prisioneros están encadenados de tal manera que solo pueden ver la pared interior de la cueva. No conocen la apertura que está detrás de ellos, a través de la cual los rayos del sol arrojan sobre la pared las sombras de los que pasan por el camino que discurre ante la boca de la cueva. Así, los prisioneros creen que las

---

15 [*] El lector interesado puede consultar también mi comentario en *Love does not Condemn*, segunda edición, pp. 327-30.

sombras son la realidad, puesto que no conocen nada más. Uno de los prisioneros (que representa al querido maestro de Platón, Sócrates) es liberado y, dándose la vuelta y abriéndose camino hasta la luz, comienza a entender la diferencia entre la apariencia y la realidad. Al retornar para enseñar la verdad a sus compañeros, él los libera, para acabar encontrándose con que es asesinado por aquellos que todavía tienen miedo de la luz de la verdad. Aquí tenemos dos referencias específicas que vienen en el Texto:

> Los que llevan años aprisionados con pesadas cadenas, hambrientos y demacrados, débiles y exhaustos, con los ojos aclimatados a la oscuridad desde hace tanto tiempo que ni siquiera recuerdan la luz, no se ponen a saltar de alegría en el instante en que son liberados. Tardan algún tiempo en comprender lo que es la libertad (T-20.III.9:1-2).

> Los ojos se acostumbran a la oscuridad, y la luz de un día soleado les resulta dolorosa a los ojos aclimatados desde hace mucho tiempo a la tenue penumbra que se percibe durante el crepúsculo. Dichos ojos esquivan la luz del sol y la claridad que esta arroja a todo lo que contemplan. La penumbra parece mejor: más fácil de ver y de reconocer. De alguna manera, lo vago y lo sombrío parece ser más fácil de contemplar y menos doloroso para los ojos que lo que es completamente claro e inequívoco. Este, no obstante, no es el propósito de los ojos, y ¿quién puede decir que prefiere la oscuridad y al mismo tiempo afirmar que desea ver? (T-25.VI.2).

Así, reconocemos que hemos sido nuestros propios carceleros, y ahora podemos tomar la única decisión cuerda que tenemos ante nosotros: abandonar la oscuridad por la luz. Nuestras cadenas de culpa y ataque eran simplemente que no estábamos dispuestos a abrir los ojos y *ver*, y ahora elegimos la visión. El párrafo siguiente repite la lección:

(2:1) (32) **He inventado el mundo que veo.**

(2:2-3) Yo mismo erigí la prisión en la que creo encontrarme. Basta con que reconozca esto y quedo libre.

Esta es la razón por la que Jesús sigue diciendo que este es un curso simple. Lo único que tenemos que hacer es darnos cuenta de que nosotros fabricamos esto. El mundo es una alucinación (T-20.VIII.7) y todo lo que pensamos que nos está haciendo daño no es verdad. La clave para abrir la cerradura de esta ilusoria prisión de oscuridad siempre ha estado en nuestras mentes. Ahora, por fin, tenemos al maestro y el camino que nos ayudan a darnos cuenta de que este alegre hecho es ciertamente así.

(2:4-8) Me he engañado a mí mismo al creer que era posible aprisionar al Hijo de Dios. He estado terriblemente equivocado al creer esto y ya no quiero seguir creyéndolo más. El Hijo de Dios no puede sino ser libre eternamente. Es tal como Dios lo creó y no lo que yo he querido hacer de él. El Hijo de Dios se encuentra donde Dios quiere que esté y no donde yo quise mantenerlo prisionero.

Este es un tema destacado más adelante en el Libro de ejercicios: las Lecciones 94, 110, 162 y el sexto repaso. Si somos tal como Dios nos creó, todo lo que el ego y su mundo nos han enseñado es falso. Su "luz" nos engañó, y una vez que reconocemos que fue un autoengaño, podemos hacer algo al respecto eligiendo de otra manera, abandonando para siempre el mundo de la oscuridad y devolviendo el mundo de la luz —"donde Dios quiere que estemos"— a nuestra conciencia.

(3:1) (33) Hay otra manera de ver el mundo.

(3:2-3) Dado que el propósito del mundo no es el que yo le he asignado, tiene que haber otra manera de verlo. Veo todo al revés y mis pensamientos son lo opuesto a la verdad.

Para poder mirar al mundo "de otra manera", una frase clave en *Un curso de milagros*, necesitamos la humildad de admitir que nos equivocamos. Siempre es de ayuda mantenernos vigilantes, darnos cuenta de lo obstinadamente que insistimos en que tenemos razón, no solo de manera más patente al creer que la separación es real, sino también de maneras sutiles y cotidianas al estar tan seguros de que nuestras percepciones de otros son correctas.

(3:4-6) Veo el mundo como una prisión para el Hijo de Dios. Debe ser, pues, que el mundo es realmente un lugar donde él puede ser liberado. Quiero contemplar el mundo tal como es y verlo como un lugar donde el Hijo de Dios encuentra su libertad.

Aquí está claro que no se refiere al mundo mismo, sino a nuestras *percepciones* del mundo. E incluso, de manera más precisa, al *propósito* que nosotros le hemos dado. Si hemos dado al mundo el propósito de aprisionarnos, eso es lo que hará. Si, por otra parte, le damos el propósito del perdón y de la liberación, somos libres. Enseguida volveremos a este importante tema. Porque ahora podemos recordar que un cambio de propósito entraña un cambio de maestros, cambiando así nuestra percepción del mundo, que pasa de ser una prisión de culpa a ser un aula escolar de perdón.

(4:1) (34) Podría ver paz en lugar de esto.

(T:2-4) Cuando vea el mundo como un lugar de libertad, me daré cuenta de que refleja las Leyes de Dios en lugar de las reglas que yo inventé para que él obedeciera. Comprenderé que es la paz, no la guerra, lo que mora en él. Y percibiré asimismo que la paz mora también en los corazones de todos los que comparten este lugar conmigo.

Esto hace referencia al mundo real, que más adelante comentaremos mucho más profundamente. Por ahora, baste decir que refleja la unidad de la realidad al permitir ver a todos los miembros de la Filiación —*sin excepción*— compartiendo el objetivo común de abandonar el aprisionamiento de la guerra por el lugar de paz que reside en *todas* las personas. Así, cambiamos nuestro propósito de la culpa a la paz, del aprisionamiento a la libertad.

(5:1-2) (35) Mi mente es parte de la de Dios. Soy muy santo.

(5:3-5) A medida que comparto la paz del mundo con mis hermanos, empiezo a comprender que esa paz brota de lo más profundo de mí mismo. El mundo que contemplo ha quedado iluminado con la

luz de mi perdón, y me la devuelve reflejándola sobre mí. En esta luz empiezo a ver lo que mis ilusiones con respecto a mí mismo ocultaban.

Este también es un tema importante, especialmente en el manual (por ejemplo, M-in.1-3): enseñando a otros es como aprendemos. Cuanto más suelto mis agravios contra ti, enseñando que hay otra manera de pensar, más refuerzo esa idea en mí mismo. En esta luz de perdón veo lo que mis ilusiones mantenían oculto. Como hemos visto, el perdón consiste en unirse con Jesús, sosteniendo juntos la lámpara que desvanecerá la oscuridad de nuestras mentes y exponiendo las ilusiones del ego a la luz de la verdad (T-11.V.1). El perdón levanta el velo del sistema defensivo del ego, permitiéndonos ver el amor que realmente está ahí. Al retirar de ti las proyecciones de la oscuridad de la culpa, reflejo que estoy dispuesto a retirar mi inversión en la oscuridad en mí. Así, las ilusiones dejan paso a la luz de la verdad, y la paz alborea sobre la mente que hasta ahora creía en el conflicto.

(5:6) Empiezo a comprender la santidad de todo ser vivo, incluyéndome a mí mismo, y su unidad conmigo.

Esto es lo que está debajo de la creencia del ego de que somos hijos de la separación, el especialismo, la culpa y el miedo. Esta constelación impía es la que recubre nuestra santidad inherente como hijos del amor; una santidad compartida por *todas* las "cosas vivas", incluyéndonos a nosotros mismos. Por lo tanto, podemos equiparar impiedad con separación y santidad con unidad.

LECCIÓN 58

Hoy vamos a repasar las siguientes ideas.

Esta serie siguiente de lecciones trata sobre nuestra santidad, el otro lado de nuestras mentes que el ego y su sistema de pensamiento impío mantienen oculto.

(1:1) (36) **Mi santidad envuelve todo lo que veo.**

(1:2) De mi santidad procede la percepción del mundo real.

Cuando hacemos el cambio interno y nos identificamos con el amor de Jesús en lugar de con el odio del ego, su amor se extiende a través de nosotros. Es posible que percibamos exactamente el mismo mundo —la *forma* del sueño no cambia necesariamente— pero ahora lo percibimos a través del amor que está dentro de nosotros. Esto señala el nacimiento de la verdadera compasión. No sentimos pena por los cuerpos de la gente, sino por la verdadera fuente de su dolor: la creencia de que son huérfanos y nunca volverán a casa. En esta visión compasiva reconocemos que *todas* las personas compartimos el mismo sufrimiento.

(1:3-5) Habiendo perdonado, ya no me considero culpable. Puedo aceptar la inocencia que es la verdad con respecto a mí. Cuando veo el mundo con los ojos del entendimiento solo veo su santidad, porque lo único que puedo ver son los pensamientos que tengo acerca de mí mismo.

Este es un resumen sucinto del perdón: primero cambiamos nuestra percepción, de modo que mirando de manera diferente al pecado de otro —reconociendo que solo es una proyección de una creencia con respecto a nosotros mismos—, aceptamos la naturaleza ilusoria del sistema de pensamiento del ego de separación y ataque. Esto permite que la inocencia de la Expiación retorne a nuestra conciencia y, a continuación, se convierta en la base de nuestra nueva percepción del mundo.

La percepción inocente o verdadera lo incluye todo, como ahora vemos:

(2:1) (37) **Mi santidad bendice al mundo.**

(2:2-5) La percepción de mi santidad no me bendice únicamente a mí. Todas las personas y todo cuanto veo en su luz comparten la dicha que mi santidad me brinda. No hay nada que esté excluido de esta dicha porque no hay nada que no comparta mi santidad. A medida que reconozca mi santidad, la santidad del mundo se alzará resplandeciente para que todos la vean.

No solo somos uno en el sistema de pensamiento del ego, también somos uno en el del Espíritu Santo. Con este reconocimiento, nacido de nuestra nueva percepción, la visión de Cristo que abraza a la Filiación (y por tanto, al mundo) con su santidad deshace la creencia del ego en la separación. Si nuestra visión no lo incluye todo, entonces no es visión. Al excluir aunque solo sea una parte de la Filiación, el Todo también queda excluido, y así nunca podemos recordar que somos el Hijo de Dios. Por eso Jesús nos da estas palabras como recordatorio:

> Traigo a vuestros cansados ojos la visión de un mundo diferente, tan nuevo, depurado y fresco que os olvidaréis de todo el dolor y la miseria que una vez visteis. Mas tenéis que compartir esta visión con todo aquel que veáis, pues, de lo contrario, no la contemplaréis. Dar este regalo es la manera de hacerlo vuestro. Y Dios ordenó, con amorosa bondad, que lo fuese (T-31.VIII.8:4-7).

(3:1) (38) **No hay nada que mi santidad no pueda hacer.**

(3:2-3) El poder curativo de mi santidad es ilimitado porque su poder para salvar es ilimitado. ¿De qué me tengo que salvar, sino de las ilusiones?

No se nos salva del mundo, ni de algún destino terrible, y nosotros no salvamos al mundo para otras personas. Somos salvados de nuestros pensamientos errados, pues los errores proceden de haber elegido al ego en lugar de al Espíritu Santo. Esto no tiene nada que ver con el mundo, y tiene todo que ver con nuestros pensamientos ilusorios. Una vez más, se trata de una salvación que cura como uno, porque solo hay *una* ilusión y *un* Hijo.

(3:4-6) ¿Y qué son las ilusiones sino falsas ideas acerca de mí? Mi santidad las desvanece todas al afirmar la verdad de lo que soy. En presencia de mi santidad, la cual comparto con Dios mismo, todos los ídolos desaparecen.

Vemos que Jesús vuelve una y otra vez a este punto central. Nuestras percepciones erradas están causadas por *una* percepción errada con respecto a nosotros mismos: no somos tal como Dios nos creó. Cuando este *único* pensamiento erróneo es sanado, todas las imágenes erradas del ego —los ídolos del especialismo— también se deshacen: *un* problema, *una* percepción errada de impiedad; *una* solución, *una* visión de santidad.

(4:1) (39) Mi santidad es mi salvación.

(4:2-3) Puesto que mi santidad me absuelve de toda culpa, reconocer mi santidad es reconocer mi salvación. Es también reconocer la salvación del mundo.

El tema sinfónico de Jesús continúa en una serie casi interminable de maravillosas variaciones. El problema *único* de la culpa desaparece en la solución *única* de la santidad, lo que hace que todos los demás problemas también desaparezcan. Así, mi percepción de mí mismo es sanada y salvada, y también mi percepción del mundo, que nunca ha abandonado su fuente en mi mente.

(4:4-5) Una vez que haya aceptado mi santidad, nada podrá atemorizarme. Y al no tener miedo, todos compartirán mi entendimiento, que es el regalo que Dios me hizo a mí y al mundo.

La fuente de *todo* temor es que hemos elegido la impiedad de nuestra individualidad separada en lugar de la santidad de la unidad del Hijo de Dios. Como las mentes están unidas, la aceptación de mi santidad recuerda a otros que hagan la misma elección. Esto no significa que todo el mundo *hará* la misma elección ahora. Sin embargo, significa que en mi santidad reconozco que la elección *ya* ha ocurrido, porque la separación ha quedado deshecha. *Cuándo* va a ser aceptada esta elección en toda la Filiación solo es una cuestión de tiempo.

(5:1) (40) **Soy bendito por ser un Hijo de Dios.**

(5:2-8) En esto reside mi derecho a lo bueno y solo a lo bueno. Soy bendito por ser un Hijo de Dios. Todo lo que es bueno me pertenece porque así lo dispuso Dios. Por ser Quien soy no puedo sufrir pérdida alguna, ni privaciones ni dolor. Mi Padre me sustenta, me protege y me dirige en todo. El cuidado que me prodiga es infinito y eterno. Soy eternamente bendito por ser Su Hijo.

Toda pérdida, privación y dolor surgen porque nos hemos olvidado de quiénes somos. Ese es el problema, sin excepción, y por eso no hay orden de dificultad en los milagros (T-1.I.1:1). Cuando soltamos la mano de Jesús y tomamos la del ego en su lugar, sentimos dolor automáticamente. Siguiendo con la estrategia del ego de proteger nuestra decisión equivocada, ponemos distancia entre la causa del dolor y nuestra experiencia de él, y pensamos que entendemos su fuente —el mundo, nuestra pareja especial, nuestros cuerpos, la comida o cualquier otra cosa— y así nunca somos capaces de reconocer su causa real en nuestras mentes. Cuando por fin recobramos el sentido y nos damos cuenta de nuestro error, volvemos al pensamiento de la Expiación que refleja nuestro verdadero Ser, una Identidad que está perfectamente segura porque Se halla más allá de todos nuestros pensamientos de dolor y pérdida. Despertando del sueño de sufrimiento del ego, estamos en nuestro hogar con Dios, a Quien en verdad nunca abandonamos.

LECCIÓN 59

Estas son las ideas a repasar hoy:

En la Lección 59 volvemos a encontrar el tema de quiénes somos como el Hijo de Dios, y los maravillosos y asombrosos efectos de llegar a entender y aceptar esta verdad.

(1:1) (41) **Dios va conmigo dondequiera que yo voy.**

(1:2-7) ¿Cómo puedo estar solo cuando Dios está siempre conmigo? ¿Cómo puedo dudar o sentirme inseguro cuando en Él mora la perfecta certeza? ¿Cómo puede haber algo que me pueda perturbar cuando Él mora en mí en paz absoluta? ¿Cómo puedo sufrir cuando el amor y la dicha me rodean por mediación Suya? No he de abrigar ninguna ilusión con respecto a mí mismo. Soy perfecto porque Dios va conmigo dondequiera que yo voy.

No es que Dios camine literalmente con nosotros. Más bien, Jesús enseña que Dios está con nosotros porque Su Amor está en nuestras mentes, que es donde nosotros estamos. Es este Amor —nuestro Ser— el que es la base para deshacer el pensamiento de separación: el hogar de todas las ilusiones de sufrimiento y dolor.

Todo lo que se necesita para que retorne este Amor a la conciencia es invocar el poder de nuestras mentes para elegir, uno de los temas más importantes de *Un curso de milagros,* al que ahora volvemos:

(2:1-2) (42) **Dios es mi fuerza. La visión es su regalo.**

(2:3-6) Hoy no recurriré a mis propios ojos para ver. Quiero estar dispuesto a dejar a un lado la lamentable ilusión de que puedo ver e intercambiarla por la visión que Dios me da. La visión de Cristo es Su regalo y Él me lo dio. Hoy me valdré de este regalo de manera que este día me ayude a comprender la eternidad.

Siempre tenemos elección con respecto al sistema de pensamiento con el que nos identificamos, y esto se hace posible una vez que recordamos que nuestros sentimientos de malestar y alteración emanan de la elección equivocada que ha hecho la mente, y no de ninguna otra parte. Así intercambiamos las percepciones erradas del ego por la visión de Cristo, la exclusión por la unidad, la separación por el perdón y el tiempo por la eternidad.

(3:1-2) (43) **Dios es mi Fuente. No puedo ver separado de Él.**

(3:3-7) Puedo ver lo que Dios quiere que vea. No puedo ver nada más. Más allá de Su Voluntad solo hay ilusiones. Son estas las que elijo cuando pienso que puedo ver separado de Él. Son estas las que elijo cuando trato de ver con los ojos del cuerpo. No obstante, se me ha dado la visión de Cristo para reemplazarlos. A través de esta visión es como elijo ver.

Una vez más, todas las percepciones erradas surgen de la creencia ilusoria de que podemos estar separados de Dios; es la Idea de que el Hijo de Dios, que nosotros somos, puede abandonar su Fuente. Así, nuestro pensamiento de separación da lugar a un mundo de separación, y nosotros creemos que está ahí porque creemos que lo vemos. Ahora los ojos del cuerpo han reemplazado a la visión, una sustitución que continúa vigente hasta que cambiamos de mentalidad.

(3:8-9) No obstante, se me ha dado la visión de Cristo para reemplazarlos. A través de esta visión es como elijo ver.

Un curso de milagros tiene como propósito el cambio en la mente que permite que la *visión* reemplace al *ver* del ego. Esta visión no puede venir a menos que hagamos una elección que dice: he estado pensando y percibiendo equivocadamente. Sé que hay otro camino, porque tiene que haber otra manera de sentirse. No soy feliz, y quiero estar en paz. Por lo tanto, suelto mi inversión en tener razón. Así, nuestro deseo de verdadera paz y felicidad se convierte en la motivación para elegir que la visión reemplace las ilusiones.

(4:1) (44) **Dios es la Luz en la que veo.**

(4:2-4) No puedo ver en la oscuridad. Dios es la única luz. Por lo tanto, si he de ver, tiene que ser por medio de Él.

Como nos recuerda el Texto: "Puedes elegir ver [o luz] o juzgar [oscuridad], pero nunca ambas cosas" (T-20.V.4:7). Elegimos una o la otra, y en nuestra elección de la mente correcta todo el mundo es liberado.

(4:5-7) He tratado de definir lo que es ver y me he equivocado. Ahora se me concede poder entender que Dios es la Luz en la que veo. Le daré la bienvenida a la visión y al mundo feliz que me mostrará.

Tengo que darme cuenta de que he estado equivocado con respecto a todo lo que veo y a todo lo que creo que entiendo. Jesús nos recuerda este hecho feliz con mucha frecuencia; y es ciertamente feliz cuando no estamos identificados con la terca insistencia del ego de que él tiene razón y Dios está equivocado. En esta feliz aceptación de la verdad es donde nace nuestra humildad, que conduce a la visión de Cristo que bendice al mundo junto conmigo.

La lección cierra con un retorno al pensamiento de Unidad, que deshace el mundo porque deshace la mente separada:

(5:1) (45) **Dios es la mente con la que pienso.**

(5:2-4) No tengo pensamientos que no comparta con Dios. No tengo pensamientos aparte de los Suyos porque no tengo otra mente que la Suya. Puesto que soy parte de Su Mente, mis pensamientos son Suyos, y los Suyos míos.

Recuerda: el sistema de pensamiento del ego nace de la idea de que nuestros pensamientos son nuestros, los pensamientos de Dios son Suyos, y los dos nunca se encontrarán. No solo eso, nosotros decimos a Dios cuáles son Sus pensamientos. Esta demente arrogancia es la base de la segunda ley del caos (T-23.II.4-6), en la que Dios se vuelve tan demente como nosotros:

> En ninguna parte es más evidente la arrogancia en la que se basan las leyes del caos que como sale a relucir aquí. He aquí el principio que pretende definir lo que debe ser el Creador de la Realidad; lo que debe pensar y lo que debe creer; y,

creyéndolo, cómo debe responder. Ni siquiera se considera necesario preguntarle si eso que se ha decretado que son Sus creencias es verdad. Su Hijo le puede decir lo que esta es, y la única alternativa que Le queda es aceptar la palabra de Su Hijo o estar equivocado (T-23.II.6:1-4).

La demencia de tal creencia se corrige fácilmente una vez que reconocemos su pura locura. Las nubes de separación se dispersan rápidamente en este retorno a la cordura, y nos regocijamos en la Unidad del Amor que nunca ha cambiado, y que sigue siendo el Pensamiento de nuestro Ser, uno con la Filiación y la Mente de Dios.

LECCIÓN 60

Estas son las ideas para el repaso de hoy.

Esta última lección retorna al perdón, el tema central en la sinfonía de amor y verdad de Jesús.

(1:1) (46) **Dios es el Amor en el que perdono.**

(1:2-3) Dios no perdona porque jamás ha condenado. Los que están libres de culpa no pueden culpar, y aquellos que han aceptado su inocencia no ven nada que tengan que perdonar.

El hecho de que Dios no perdona se convierte en la base de nuestro perdón en el sueño. El perdón solo es necesario como corrección de la condena. Cuando retiramos el juicio con respecto a nosotros mismos, también retiramos nuestro juicio sobre otros: la *idea* de juicio nunca puede abandonar su *fuente*. Jesús nos pide que aceptemos nuestros errores del pasado, aceptando así la inocencia llena de luz que descansa en paz más allá de nuestra creencia en el pecado. Una vez que se va la condena, no queda nada que perdonar.

(1:4-6) Con todo, el perdón es el medio por el cual reconoceré mi inocencia. Es el reflejo del Amor de Dios en la tierra. Y me llevará tan cerca del Cielo que el Amor de Dios podrá tenderme la mano y elevarme hasta Él.

Ese es el problema: no queremos ser elevados al Cielo, porque entonces nuestra individualidad desaparece. Reconocer nuestra inocencia nos permite darnos cuenta de lo pecaminosos y culpables que creíamos ser, porque queríamos estar separados de Dios. Viendo el dolor que ha resultado de esta creencia, podemos elegir a favor de la cordura. Como ya no tenemos miedo del *último paso* de Dios, que concluye el proceso que empezó con nuestra decisión de perdonar a nuestro hermano, permitimos que Su Amor nos eleve de vuelta al Cielo.

Otro tema importante en estas cinco lecciones, y en realidad a lo largo de todo *Un curso de milagros*, es que no perdonamos por nuestra cuenta, como vemos a continuación:

(2:1) (47) **Dios es la fortaleza en la que confío.**

(2:2-3) No es con mi propia fortaleza con la que perdono. Es con la Fortaleza de Dios en mí, la cual recuerdo al perdonar.

Yo no soy el que te perdona a ti. Yo solo puedo pedir ayuda al Espíritu Santo para mirarte de otra manera, porque la manera en que te estoy mirando ahora no me está haciendo feliz. La base es reconocer los efectos dolorosos de mi elección de tener razón, de ser egoísta y especial. Así, dejo a un lado la debilidad de mi insignificante fuerza, eligiendo en cambio la fuerza de Cristo que le es restaurada a mi conciencia a través del perdón.

(2:4-6) A medida que comienzo a ver, reconozco Su reflejo en la tierra. Perdono todas las cosas porque siento Su fortaleza avivarse en mí. Y empiezo a recordar el Amor que decidí olvidar, pero que nunca se olvidó de mí.

El problema es simplemente que hemos olvidado. Sin embargo, este olvidar es activo. Hemos elegido olvidar porque queríamos recordar la debilidad de nuestra individualidad en lugar de la fuerza de Cristo. Sin embargo, el olvido de nuestra Identidad no la destruyó. Nuestro Ser simplemente esperó a que cambiáramos de mentalidad, cambio efectuado mediante un cambio de percepción: del juicio a la visión, de la debilidad a la fuerza.

El tercer párrafo nos devuelve al mundo real:

(3:1) (48) **No hay nada que temer.**

(3:2-4) ¡Cuán seguro me parecerá el mundo cuando lo pueda ver! No se parecerá en nada a lo que ahora me imagino ver. Todo el mundo y todo cuanto vea se inclinará ante mí para bendecirme.

Una vez que elegimos el lugar de perfecta seguridad en nuestras mentes, representado por Jesús, el mundo que experimentaremos fuera será su espejo. No puede *no* ser así, puesto que las *ideas no abandonan su fuente*. La belleza de este mundo olvidado se refleja en este precioso pasaje del Texto:

¡Imagínate cuán hermosos te parecerán todos aquellos a quienes hayas perdonado! En ninguna fantasía habrás visto nunca nada tan bello. Nada de lo que ves aquí, ya sea en sueños o despierto, puede compararse con semejante belleza. Y no habrá nada que valores tanto como esto ni nada que tengas en tanta estima. Nada que recuerdes que en alguna ocasión hiciera cantar tu corazón de alegría te brindó ni una mínima parte de la felicidad que esta visión ha de brindarte. Pues gracias a ella podrás ver al Hijo de Dios. Contemplarás la belleza que el Espíritu Santo adora contemplar y por la que da gracias al Padre. Fue creado para ver esto por ti hasta que tú aprendas a verlo por ti mismo. Y todas Sus enseñanzas te conducen a esa visión y a dar gracias con Él.

Esta belleza no es una fantasía. Es el mundo real, resplandeciente, puro y nuevo en el que todo refulge bajo la luz del sol. No hay nada oculto aquí, pues todo ha sido perdonado y ya no quedan fantasías que oculten la verdad (T-17.II.1:1,2:1-3).

Recordar esta belleza nos ayudará a elegir de nuevo cuando sintamos la tentación de dar realidad al feo mundo del especialismo del ego.

Nótese el uso de "Todo el mundo" y "todo" en (3:4) para describir nuestra visión. Si alguien o algo queda excluido de la luz de la seguridad, todo el mundo se precipita a la oscuridad, la sombra de los oscuros pensamientos de culpa de nuestra mente.

(3:5-6) Reconoceré en todos a mi Amigo más querido. ¿Qué puedo temer en un mundo al que he perdonado y que a su vez me ha perdonado a mí?

Esta es la visión de Cristo, en la que a la totalidad de la Filiación se la percibe a través de los ojos de la santidad. Ni un aspecto del Hijo queda excluido, y cuando se va la separación, también desaparece todo temor, que había sido el resultado inevitable de nuestra creencia en el pecado y la culpa. Esta visión está bellamente captada en las líneas que abren el primer poema de Helen, "Los regalos de la Navidad":

> Cristo no deja de lado a nadie. Por esto sabes
> que Él es el Hijo de Dios. Tú reconoces Su toque
> de amabilidad universal. Su Amor
> se extiende a todos. Sus ojos contemplan
> el Amor de Dios en todo lo que Él ve.
> (The Gifts of God, p. 95).

Con tal amor a nuestro lado y dentro de nosotros, el miedo es imposible; su lugar está ocupado por el amor que el perdón trae.

(4:1) (49) **La Voz de Dios me habla durante todo el día.**

(4:2-3) No hay un solo instante en el que la Voz de Dios deje de apelar a mi perdón para salvarme. No hay un solo instante en el que Su Voz deje de dirigir mis pensamientos, guiar mis actos y conducir mis pasos.

Como mencioné cuando hicimos la Lección 49, esto no significa que oigamos Su Voz a lo largo de todo el día; simplemente significa que Él nos está *llamando* a lo largo del día. Esta es la Llamada que ferviente y ferozmente tratamos de ocultar, pues este es el propósito del mundo que hemos fabricado y el propósito de nuestros pensamientos de especialismo, ataque, juicio y deseo. Estos se dejan fácilmente de lado cuando ya no deseamos oír los chillidos estridentes del ego. El asombroso y amable silencio de la Voz de Dios retorna en el instante en el que deseamos oír su sonido, y *solo* su sonido. Así, la dulce canción de amor de Dios se extiende por todo el sueño, guiando nuestros pensamientos, palabras y actos.

(4:4-5) Me dirijo firmemente hacia la verdad. No hay ningún otro lugar adonde pueda ir porque la Voz de Dios es la única voz y el único guía que se le dio a Su Hijo.

No hay nada más. Cualquier otro camino que elijamos no es nada y no lleva a ninguna parte, porque viene de una voz que no existe. La belleza de este reconocimiento se describe en estos hermosos párrafos que cierran "La verdadera alternativa", que nos recuerda que, como un Pensamiento de Dios, nunca hemos abandonado nuestra Fuente; el camino de vuelta hasta Él deshace el camino que en realidad nunca existió:

> ¡Él no ha abandonado Sus Pensamientos! Pero tú olvidaste Su Presencia y no recordaste Su Amor. No hay senda en el mundo que te pueda conducir a Él ni objetivo mundano que pueda ser uno con el Suyo. ¿Qué camino puede haber en todo el mundo —excepto si la jornada no es más que un errante vagar— que te pueda llevar hasta tu interior cuando todos fueron concebidos para separar a la jornada del propósito que debe tener? Todos los caminos que te alejan de lo que eres te conducen a la confusión y a la desesperanza. Sin embargo, Él nunca dejó Sus Pensamientos a merced de la muerte sin que su Fuente estuviese eternamente en ellos.

> ¡Él no ha abandonado Sus Pensamientos! Y así como Él no podría separarse de ellos, ellos no pueden excluirlo a Él de sí mismos. Moran unidos a Él, y en su Unicidad se mantienen íntegros. No hay camino que pueda alejarte de Él ni jornada que pueda llevarte más allá de ti mismo. ¡Qué absurdo y descabellado es pensar que puede haber un camino con semejante objetivo! ¿Adónde podría conducir? ¿Y cómo se te podría obligar a recorrerlo sin que tu realidad, que es una contigo, no te acompañase?

> Perdónate a ti mismo tu locura y olvídate de todas las jornadas fútiles y de todas las metas sin objetivo. No significan nada. No puedes dejar de ser lo que eres. Pues Dios es misericordioso y no permitió que Su Hijo lo abandonara. Siéntete agradecido por lo que Él es, pues en ello reside tu escapatoria de la locura y de la muerte. No puedes estar en ningún lugar, excepto donde Él está. Y no *hay* camino que no conduzca a Él (T-31.IV.9-11).

Y, finalmente, el movimiento sinfónico que constituye esta revisión acaba con un retorno a su tema central; el ciclo de amor concluye con el amor y la sabiduría con los que empezó:

(5:1) (50) **El Amor de Dios es mi sustento.**

(5:2-4) Cuando escucho la Voz de Dios, Su Amor me sustenta. Cuando abro los ojos, Su Amor alumbra al mundo para que lo pueda ver. Cuando perdono, Su Amor me recuerda que Su Hijo es impecable.

¿Y quién es Su Hijo? Yo lo soy. Como todos somos uno, cuando me doy cuenta de mi impecabilidad, me doy cuenta de que todos los demás también son impecables. No puede *no* ser así, si el Amor de Dios *es* Su Amor.

(5:5) Y cuando contemplo al mundo con la visión que Él me dio, recuerdo que yo soy Su Hijo.

Jesús concluye este movimiento de su sinfonía con el logro del objetivo último. El modo de alcanzar la visión del mundo real es prestar cuidadosa atención al mundo externo, para que pueda enseñarnos que lo *externo* refleja lo *interno*. El dolor de nuestras experiencias como cuerpos, interactuando con otros cuerpos, se convierte en la motivación para implorar el otro camino, el otro Maestro. Así llegamos a cambiar de mentalidad, elegimos el Pensamiento del Espíritu Santo como fuente de nuestro ver, y miramos al mundo a través de la visión de Cristo. El mundo real saluda nuestra vista, y finalmente recordamos Quiénes somos como el Hijo único de Dios, exclamando alegremente estas palabras de la segunda parte del Libro de ejercicios:

> ¡Regocíjate hoy! ¡Regocíjate! Hoy no hay cabida para nada que no sea alegría y agradecimiento. Nuestro Padre ha redimido a Su Hijo en este día. Ni uno solo de nosotros dejará de salvarse hoy. No habrá nadie que no esté a salvo del miedo ni nadie a quien el Padre no acoja en Su Regazo, despierto ahora en el Cielo, en el Corazón del Amor (L-pII.340.2).

Así acabamos este movimiento celestial con un pensamiento feliz de Unidad, el pensamiento que acaba con la pesadilla de la ilusión y nos despierta alegremente al Amor de nuestro Padre.

ÍNDICE DE REFERENCIAS A *Un curso de milagros*

Como leer las referencia a *Un curso de milagros*

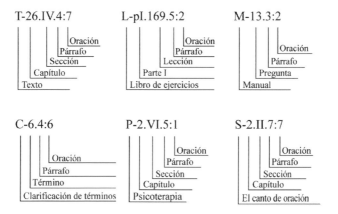

Referencia	Página	Referencia	Página
T-13.IX	265	T-19.IV-A.17:10-12; IV-B.12	87
T-13.V.3:5	64	T-19.IV-A.i	266, 385
T-13.V.3:5; T-21.in.1:1	358	T-19.IV-B.12-15	137
T-13.V.10:1	204	T-19.IV-C.11:2	7
T-13.X.3:1, 3-5,7	205	T-19.IV-D.7:4	361, 394
T-14.II.1:1-4	186	T-19.IV-D.12:8	246
T-14.VII.4:3-8	180	T-20.III.9:1-2	400
T-14.X.7:1-2	25	T-20.IV.6:5	246
T-15.IV.6:2	266	T-20.V.4:7	159, 410
T-16.II.1:3-6	252	T-20.VIII.7	401
T-16.IV.6:1	273, 318	T-20.VIII.7:3-7	131
T-16.IV.6:1-2	227	T-20.VIII.7-8	161
T-16.VI.8:1	89	T-21.III.5:1-4	349
T-17.II.1:1,2:1-3	414	T-21.in.1:1	64, 358
T-17.V.1:7-2:2	172	T-21.in.1-2	113
T-18.I.4-5	127	T-21.in.1:5	23, 63, 156, 379
T-18.I.7:6-12	175	T-21.in.1:7	389
T-18.IV.2:1-2	152	T-21.in.2:1-6	239, 385
T-18.IV.2:4-6	229	T-21.IV.2:3-4	280
T-18.IV.7:5	48, 73	T-21.VII.7:8	259, 358
T-18.IV.7:5-6	189, 317	T-21.VII.12	311
T-18.IX.3	101	T-22.II.7:4	326
T-18.IX.3:7-4:1	77	T-22.III.6:7	102, 207
T-18.IX.3:7-9	321	T-22.VI.9:2-6	252
T-18.IX.4-5	267	T-23.I.1:1	90
T-18.IX.5:2-4	319	T-23.I.2:7	205, 268, 371
T-18.IX.5:2-4; 6; 8:1-3	284	T-23.II.1:1-5	69
T-18.VI.1:5-6	13	T-23.II.2:3	41, 260
T-18.VI.1:6	87	T-23.II.4-6	410
T-18.VI.3:1	207	T-23.II.5; 6:2-4,6	104
T-18.VII	256, 288	T-23.II.6:1-4	411
T-18.VII.3:1	256	T-23.II.9-12	21
T-18.VII.6:5	292	T-23.II.19.1-3	297
T-18.VII.8	200	T-23.IV.1:10	117, 247
T-18.VIII.1:7	8	T-23.IV.9:8	312, 397
T-19.IV-A.12:7	20	T-24.II.4:1–5:1	341

APÉNDICE

ÍNDICE

Acerca de cómo hacer el Libro de ejercicios
Extractos del "Libro de ejercicios de Un curso de milagros: su lugar en el programa de estudios, teoría y práctica."

CONTENIDOS

1. El lugar del Libro de ejercicios en el programa de estudios de *Un curso de milagros.*

Uno de los mayores errores que cometen muchos estudiantes de *Un curso de milagros* —y que a menudo ocurre relativamente pronto en su trabajo, pero que con igual frecuencia se extiende más allá de esos inicios— es confundir el Libro de ejercicios con el Curso mismo. Hace muchos años, mi esposa Gloria y yo hicimos una gira por Australia en la que dimos conferencias en diez ciudades, y a menudo la gente nos contaba que llevaban dos, tres o cuatro años trabajando con el Curso. Después de las siguientes conversaciones con ellos, se hizo evidente que en realidad entendían muy poco de lo que dice el Curso. Descubrimos que, a lo que se referían al decir que habían sido estudiantes, era a que habían hecho el Libro de ejercicios, y de algún modo pensaban que era el Curso. Asimismo, con frecuencia, a lo largo de los años, hemos oído a gente decir: "Oh, ya conozco *Un curso de milagros*; lo hice el año pasado", y en el caso típico se referían a que habían hecho el Libro de ejercicios.

El Libro de ejercicios no es *Un curso de milagros*. Es simplemente una parte del programa de estudios y ciertamente no es la enseñanza teórica del Curso. Justo al principio, Jesús dice que es necesario estudiar el Texto para que las lecciones del Libro de ejercicios tengan sentido. Si quieres saber qué dice *Un curso de milagros* y lo que enseña, entonces tienes que ir al Texto, no al Libro de ejercicios. Daré numerosos ejemplos para ilustrar esto. De hecho, hasta el momento de la publicación del Curso, cuando Helen, Bill y yo hablábamos del texto, siempre nos referíamos a él como "el Curso", y al Libro de ejercicios simplemente le llamábamos Libro de ejercicios. Recuerdo que, justo antes de la publicación del Curso, estaba sentado con Helen en su sofá y le dije que ya no podíamos hacer eso, porque los tres libros estaban etiquetados claramente como "Texto", "Libro de ejercicios" y "Manual para el maestro". Sin embargo, para nosotros siempre estuvo claro que el corazón de la enseñanza del Curso se halla en el Texto. Si quieres saber lo que dice el Libro de ejercicios en términos de presentar *Un curso de milagros*, entonces, en primer lugar, debes entender lo que dice el Texto. Esto no significa que tengas que trabajar con el Texto antes de trabajar con el Libro de ejercicios. Al final del Manual para el maestro queda claro que no importa por qué libro empieces (M-29.1).

Así, como nota cautelar, no confundas lo que dice el Libro de ejercicios con lo que enseña *Un curso de milagros*. El propósito del Libro de ejercicios, como dice la Introducción, es "entrenar tu mente a pensar según las líneas expuestas en el texto" (L-in.1:4). El Libro de ejercicios es el programa de entrenamiento mental. A menudo me gusta referirme a él como el laboratorio. Tal vez recuerdes que en la universidad, al hacer un curso de química, biología o física, a veces el profesor daba tareas para casa, y también había sesiones de laboratorio que eran parte del curso en sí. En las sesiones de laboratorio era donde ponías en práctica lo aprendido en las clases. El laboratorio mismo no era suficiente para enseñarte el contenido del curso. Formaba parte integral del curso, pero no sustituía a lo que el profesor enseñaba ni lo que decía el libro de texto. Asimismo, sería un error aislar el Libro de ejercicios del Texto. En el Libro de ejercicios hay varios lugares, incluyendo la Introducción, donde Jesús deja claro que el Libro de ejercicios es la aplicación de los principios teóricos presentados en el texto (véase, por ejemplo, L-pI.39.1,2; L-pI.132.5:3,4; L-pI.161.6:2).

Uno de los puntos importantes que el Texto nos ayuda a entender, y que está implícito en el Libro de ejercicios, aunque allí no se menciona específicamente, es que parte del plan del ego para mantenernos separados de Dios y de nuestra verdadera Identidad como Cristo es convencernos de que no tenemos mente. Si estamos convencidos de que no tenemos mente, evidentemente no sabremos que la tenemos, y, como el ego reside en la mente, al igual que el Espíritu Santo, no tenemos modo de acceder al problema (la creencia en el sistema del ego), y ciertamente tampoco tendremos modo de acceder a la solución (el perdón del Espíritu Santo) que deshace el problema.

Por tanto, el propósito del Libro de ejercicios es entrenarnos para que sepamos que tenemos una mente, y que nuestros pensamientos son importantes. Y lo más importante de todo es que tenemos elección. Este es uno de los temas más significativos de *Un curso de milagros*, un tema principal en el Texto, y la base del Libro de ejercicios: tenemos elección entre escuchar la voz de la mente errónea (el ego), o escuchar la Voz de nuestra mente correcta (el Espíritu Santo). Así, uno de los principales propósitos del Libro de ejercicios es entrenar nuestras mentes a pensar de esa manera y entender que tenemos elección. Sin el trasfondo y la teoría que provee el Texto, los ejercicios del Libro de ejercicios no tendrán sentido. Una vez más, esto no significa que no podamos hacer el Libro de ejercicios como un ejercicio de aprendizaje. De hecho, se nos apremia a hacer eso, tanto si entendemos lo que el Libro de ejercicios enseña como si no, pero no nos beneficiaremos de todo el programa de estudios del Curso sin entender que el contexto intelectual del Libro de ejercicios es el Texto.

2. Precauciones y directrices

El uso del lenguaje: forma y contenido

Hay una serie de advertencias que me gustaría mencionar al principio y que, si no se escuchan, pueden despistar a los estudiantes, dando como resultado que no se entienda lo que el Curso enseña. Una primera advertencia tiene que ver con el uso que el Curso hace del lenguaje. Como tal vez me hayáis oído decir en otras ocasiones, Jesús no siempre es coherente en el uso del lenguaje. Las palabras se emplean de una manera en una parte del Curso y de otra manera en otras partes. Por supuesto, Él siempre es estrictamente coherente en cuanto al contenido o significado, pero las formas en las que este se expresa no siempre son coherentes.

Esto es particularmente cierto en el Libro de ejercicios. Un ejemplo claro es que, a menudo, cuando Jesús emplea el término *Dios*, en realidad está hablando del Espíritu Santo. Uno de los ejemplos más claros está en la Lección 193: "Todas las cosas son lecciones que Dios quiere que yo aprenda." Al principio de esa lección, Jesús deja muy claro que Dios no enseña, y no sabe de aprendizajes porque el aprendizaje solo se produce dentro de la mente escindida y dualista. Dios es una Mente de perfecta unidad, y nuestra Identidad según la cual somos Su Hijo, el Cristo, comparte esa Unidad perfecta. Por lo tanto, en el Cielo no hay enseñanza ni aprendizaje, lo que significa que en este mundo no podría haber enseñanza o aprendizaje procedentes de Dios. A lo que Jesús se refiere realmente en esa lección es a que todas las cosas son lecciones que el Espíritu Santo quiere que aprendamos, porque los tres libros hacen referencia de manera congruente a que el Espíritu Santo es nuestro Maestro. Dios no es nuestro Maestro. Nuestro Creador no sabe de enseñar ni de que Su Hijo necesite aprender.

Dos de las lecciones anteriores, "Dios está en todo lo que veo" y "Dios está en todo lo que veo porque Dios está en mi mente" (L-pI.29, 30), no son lecciones de panteísmo ni dicen que Dios está presente en nuestra mente escindida. Es el *propósito de Dios* el que está en nuestra mente escindida, como deja claro la Lección 29. Dicho propósito, mantenido ahí por el Espíritu Santo, es que nosotros perdonemos. Entonces, esto se convierte en otra manera de entender que todo lo que percibimos en este mundo puede servir al santo propósito de recordarnos Quiénes somos verdaderamente, y que en realidad no estamos aquí en absoluto, aunque la lección 30 dice: "Dios está en todo lo que veo porque Dios está en mi mente."

Hay muchos otros ejemplos de esto en el Libro de ejercicios. Otra lección dice específicamente que deberíamos preguntar a Dios para que nos diga qué hacer (L-pI.71.9), aunque una lección posterior del libro de ejercicios dice que Dios no sabe lo que pedimos porque Él no oye nuestras oraciones (L-pI.183.7). En la sección del Manual para el maestro "¿Qué papel desempeñan las palabras en el proceso de curación?" (M-21), Jesús vuelve a dejar muy claro que Dios no oye palabras, porque las palabras fueron hechas para separarnos de Él. Lo que hace que nos entendamos unos a otros, lo que hace que las palabras sean *palabras*, es el hecho de que vivimos en un mundo dualista. En el Cielo no hay palabras porque solo hay un "sonido", por así decirlo; el "sonido" del Amor que no tiene sonido, forma ni melodía. Dios no sabe de palabras, no oye palabras ni responde a las oraciones porque si las respondiera daría realidad a la ilusión.

Entonces, ¿por qué Jesús nos dice que deberíamos preguntar a Dios? ¿Por qué dedica toda la segunda parte del Libro de ejercicios, de la Lección 221 hasta la 360, a ofrecernos oraciones que decir a Dios Padre, aunque en otras partes nos señala que el Creador ni siquiera sabe de nosotros? La respuesta es que *Un curso de milagros* está hablando de escuchar al Espíritu Santo, a Quien se describe a lo largo del Curso como la Voz que habla por Dios. Nótese que en ningún lugar se dice que el Espíritu Santo sea la Voz *de* Dios. Siempre se dice que es la Voz *que habla por* Dios. Jesús fue muy claro a este respecto con Helen (unas pocas veces Helen escribió erróneamente Voz *de* Dios), porque Dios no tiene una voz. Es al Espíritu Santo a quien se describe como la Voz que habla *por* Dios, aunque Él no es literalmente la Voz de Dios. De manera especial, en el Libro de ejercicios se nos llama repetidamente a que pidamos ayuda a Dios. Y, una vez más, en la Lección 71 se nos pide específicamente que preguntemos a nuestro Padre qué deberíamos hacer, y que después esperemos la respuesta en silencio.

En otras palabras, no deberíamos tomar lo que el Curso dice literalmente en términos de la forma porque, si lo hacemos, encontraremos tantas incoherencias que sentiremos la tentación de arrojar el libro lejos de nosotros. Tenemos que entender que Jesús no estaba obsesionado con las formas. Esto, entre otras cosas, volvía loca a Helen, porque a ella sí que le importaban mucho las formas. Todo tenía que ser correcto y coherente. Ella tenía muy claro que esto era una cosa del ego, y que *Un curso de milagros* no estaba destinado a ser así.

En resumen, por tanto, en el nivel de la forma puedes encontrar docenas y docenas de incoherencias y frases en conflicto, pero no a nivel del contenido. Es extremadamente importante que seas consciente de esto cuando trabajes con el Libro de ejercicios. Si estas empezando con el Curso y comienzas por el Libro de ejercicios, es probable que no notes esto y ni siquiera pienses en ello. Pero, a medida que vayas ahondando en tu trabajo con el Curso a lo largo de los años, probablemente te quedará claro que sus palabras no siempre deben tomarse literalmente. Muchas de las afirmaciones han de tomarse como metáforas, y específicamente

como metáforas que están pensadas para encontrarse con nosotros en el mundo dualista donde creemos que habitamos. Esto me
lleva al siguiente punto importante, el Espíritu Santo, lo que nos
llevará a adentrarnos más en la teoría del Curso.

El Espíritu Santo: amigo, no enemigo

Uno de los elementos clave del sistema de pensamiento del ego
—de hecho, el elemento que lleva directamente a la fabricación
del universo físico— es que el Espíritu Santo es nuestro enemigo,
por no mencionar a Aquel por El que habla. Esta creencia es el
resultado inevitable de nuestra culpa, que procede de la creencia de que hemos pecado contra nuestro Creador, hemos robado
Su realidad, poder y Mente; y ciertamente hemos robado Su vida
misma. Todo esto ha dejado al Todopoderoso sin vida, lo que significa que nuestra existencia está construida sobre Su cadáver
moribundo. El pecado guarda relación con haber cometido este
acto horrible, siendo la culpa su horrible resultado. Esto, a su vez,
puso en marcha el pensamiento aterrador de que Dios se levan-
tará de la tumba y nos destruirá. El cuarto y último obstáculo
a la paz es el miedo a Dios, el miedo a Su ira, que el ego nos
dice que es inevitable. Para evitar dicha ira, salimos de la mente
y fabricamos este cosmos en el que escondernos. El pensamiento
de pecado está enterrado en nuestras mentes, y el propósito del
mundo y del cuerpo es protegernos de dicho pensamiento, que significa nuestra destrucción cierta. Por lo tanto, estar sin mente es
la primera defensa del ego y su salvación.

Mientras nos experimentamos a nosotros mismos en este mundo
como seres físicos y psicológicos, no estamos en contacto con el
pensamiento devastador que descansa en el fondo de nuestras
mentes. El ego nos dice que, si alguna vez vamos dentro, allí nos
encontraremos con un Dios maniáticamente vengativo, preparado
para darnos un zarpazo y destruirnos a fin de recuperar la vida
que le robamos. Eso quiere decir que ya no tendremos vida, lo cual
es el significado de la muerte en el sistema de pensamiento del ego:
el castigo por el pecado.

Para evitar este horrible fin, fabricamos el mundo y nos fabricamos a nosotros mismos sin mente. El pensamiento que subyace a nuestra identificación con este mundo, a nuestra inversión en él y a la preocupación por si el cuerpo está enfermo o sano, feliz y triste, es el terror de que, si retornamos a la mente, desligándonos del cuerpo, Dios nos atrapará, porque Él es nuestro eterno Enemigo. Por lo tanto, el Espíritu Santo también debe ser nuestro enemigo, puesto que, en nuestro sueño de separación, Él habla por Dios. Este pensamiento demente sustenta el universo y nuestra existencia dentro de él.

Por lo tanto, una parte esencial del programa de entrenamiento mental consiste en enseñarnos que hay otra manera de mirar al Espíritu Santo. En primer lugar, se nos tiene que enseñar que ciertamente existe un Espíritu Santo, la Presencia amorosa del Amor de Dios en nuestras mentes. Es de ayuda pensar en la Voz que habla por Dios como el recuerdo de nuestra Fuente que llevamos con nosotros al sueño cuando nos quedamos dormidos y empezamos a soñar la terrible pesadilla de pecado, culpa y miedo. La pesadilla de haber robado a Dios, de sentirnos abrumados por nuestro auto odio y temerosos del castigo que creemos que procederá de Él. La corrección de este horror es el recuerdo de Quiénes somos realmente: el Hijo de Dios. Sin embargo, este recuerdo ha quedado enterrado en la mente, al igual que el pensamiento de pecado, culpa y miedo. Y así, se nos tiene que enseñar que existe una mente, y que contiene los pensamientos de separación *y* de Expiación, siendo este segundo Pensamiento el perdón del Espíritu Santo.

Como el Libro de ejercicios es el vehículo del entrenamiento mental que propone el Curso, una parte esencial del mismo está dedicada a enseñarnos que hay un Espíritu Santo presente dentro de nosotros, y que Él es nuestro Amigo y no nuestro enemigo. No solo es el Espíritu Santo es el Amigo, sino que su Fuente, Dios Mismo, también es nuestro Amigo. Siempre es de ayuda recordar que Jesús, nuestro hermano mayor, nos habla como si fuéramos niños pequeños, porque a nivel espiritual lo somos. Por más ancianos que pensemos que somos cronológicamente, o por más maduros que nos consideremos a nivel social, físico y psicológico, a nivel espiritual apenas somos bebés. Por tanto, nuestro maestro nos habla amorosa y amablemente de una manera que podemos entender.

El pensamiento clave que nos ancla en este mundo es que, si Dios llega a encontrarnos alguna vez, nos destruirá; si el Espíritu Santo nos encuentra, nos engañará; si tomamos la mano de Jesús, nos conducirá al olvido. Por eso necesitamos un programa de entrenamiento que nos enseñe que todos Ellos son nuestros Amigos; y ciertamente son nuestros únicos Amigos. Por lo tanto, el Libro de ejercicios hace énfasis en que hablemos al Espíritu Santo. Recuerda la Lección 49: "La Voz de Dios me habla durante todo el día." Si has sido educado en la tradición judía, te habrán enseñado que la última vez que Dios habló fue al profeta Malaquías. Si has sido educado en la tradición protestante o católica, se te enseña que la última vez que Dios habló fue cuando Él "escribió" la Biblia. Es posible que haya otras personas especiales que, por virtud de ser especiales, sientan que Dios les habla, pero Él no habla a nadie más.

A la luz de lo anterior, uno de los propósitos del Libro de ejercicios es enseñarnos que esto no es así. Dios no tiene favoritos porque en el Cielo no hay especialismo, a diferencia de este mundo que nació del especialismo. Dios nos habla a todos del mismo modo porque todos somos lo mismo. Todos somos uno con Él. Un punto importante del Libro de ejercicios es que reconozcamos que existe esta Presencia del Espíritu Santo en nuestras mentes, una Presencia amorosa, una Presencia a quien Le importamos. Tal como un hermano mayor reconfortaría a un hermano pequeño que estuviera aterrorizado ante un padre iracundo, Jesús nos reconforta a nosotros, sus amados hermanos, que también estamos aterrorizados ante un Padre iracundo. Sin embargo, se trata de un Padre iracundo que nosotros mismos nos hemos inventado; así, Jesús nos enseña como un hermano mayor enseñaría a un hermano o hermana más pequeño: "No te inquietes. Papá no está enfadado contigo. Él te ama. Dios no va a castigarte, lo que significa que puedes dejar tu futuro en sus manos. Puedes preguntar a Papá qué hacer y Él te lo dirá. Puedes preguntar a la voz de Papá qué hacer, y Él te lo dirá." Y así sucesivamente. Hay muchos lugares en el Curso donde Jesús deja claro que Dios ni siquiera sabe de nosotros, pero esto no es de ayuda para quienes acaban de emprender el camino de vuelta a casa.

Un aspecto muy impresionante de *Un curso de milagros* es que está escrito a muchos niveles a la vez. Sin importar donde nos encontremos en la escalera espiritual de la Expiación, al principio o cerca del final en la parte superior, encontraremos algo en él que nos ayudará. Todas las enseñanzas del Curso en las que se nos dice que Dios no sabe de nuestra existencia individual, y mucho menos de hablarnos, y que Él no sabe de un mundo que no existe, pertenecen al final del camino. La mayoría no estamos cerca de ese final, y por lo tanto necesitamos una enseñanza que se encuentre con nosotros en el punto de la escalera donde estamos.

Si bien no hay nada en *Un curso de milagros* que dicte cuándo debería uno hacer el Libro de ejercicios, en general la idea es que los estudiantes hagan el Libro de ejercicios relativamente pronto en su trabajo con el Curso. Esta no es una regla absoluta, y si personalmente te sientes guiado a hacerlo de otro modo, o a hacerlo del revés o hacia atrás, eso es lo que deberías hacer. En todo caso, creo que se puede decir con seguridad que, debido a cómo está escrito el Curso, incluyendo los ejercicios de entrenamiento, en el caso típico el Libro de ejercicios debería hacerse en una etapa razonablemente temprana de nuestro camino con él.

Hemos de reconocer que en el Curso se hace mucho énfasis en la consideración de que Dios y el Espíritu Santo están involucrados con nosotros, que nuestro Maestro nos envía situaciones o personas, o que nos envía a visitar a otras personas, aunque en realidad Él no hace estas cosas. Como todo está en nuestras mentes, lo que significa literalmente que no hay un mundo fuera de nuestros pensamientos —una de las principales orientaciones de las primeras lecciones—, ¿por qué haría el Espíritu Santo cosas en el mundo? Sin embargo, Jesús dice esto en muchos lugares, especialmente en el Libro de ejercicios, porque con frecuencia esta es nuestra experiencia. Sin embargo, nuestros egos inconscientes nos hacen creer que la actividad del Espíritu Santo en el mundo es punitiva debido a nuestra culpa, y por lo tanto a este nivel necesitamos una corrección que nos diga: "Sí, el Espíritu Santo está involucrado en tu vida, pero su actuación es amorosa. Él es tu Confortador, Amigo y Maestro, y no te hará daño." Para nosotros, que somos niños pequeños en cuanto al mundo espiritual y estamos en perpetuo estado de terror, aunque no seamos conscientes de ello, no sería de ayuda que se nos dijera que el Espíritu Santo no está involucrado en nuestro mundo en absoluto. Eso nos aterraría todavía más. Imagina que, siendo un niño pequeño, tu hermano mayor Jesús te dice: "No es que Papá no esté enfadado contigo, es que ni siquiera sabe de ti." Como esta no sería una declaración reconfortante, en la mayor parte del Curso Jesús no nos la dice. Ocasionalmente lo hace, pero ese no es el enfoque central de su enseñanza. Cuando estemos preparados para oír la verdad prístina y no dualista, de repente nos daremos cuenta de lo que este Curso está diciendo realmente.

El Libro de ejercicios no es el Curso

Esto nos lleva a otra advertencia, que mencioné al principio. Como el Libro de ejercicios se suele hacer relativamente pronto en el marco del trabajo con el Curso —y podemos definir "relativamente pronto" como entre uno y veinticinco años— se puede tender a confundir el Libro de ejercicios con el Curso. Uno puede pensar que puesto que "La Voz de Dios me habla durante todo el día" (L-pI.49), yo *oigo* la Voz de Dios durante todo el día, olvidándome de una línea aleccionadora del Manual para el maestro que dice: "Son muy pocos los que pueden oír la Voz de Dios..." (M-12.3.3). Y también podemos olvidar las importantes enseñanzas que encontramos mucho más en el texto que en los otros dos libros, de que el Espíritu Santo no se involucra con los efectos (por ejemplo, T-27.VIII.9). Él no se involucra con el mundo, sino con nuestros pensamientos.

Las personas tienden a trabajar únicamente con el Libro de ejercicios porque es más fácil de leer, y su mensaje tiende a ser más positivo que el del Texto. Por ejemplo, no hay nada en el Libro de ejercicios sobre las relaciones especiales o las leyes del caos, y muy pocas referencias al asesinato o el odio. Es en el Texto donde se encuentran estos pasajes "crudos".

En resumen, los estudiantes a menudo comenten el error de pensar que el Libro de ejercicios es el corazón de *Un curso de milagros*, cuando es simplemente un programa de entrenamiento de un año de duración. Al final del Libro de ejercicios se encuentran estas palabras desconcertantes: "Este curso es un comienzo, no un final" (L-ep.1:1). Puede resultar tentador creer que cuando llegue el día 365, se abrirán los cielos en bienvenida y el Espíritu Santo descenderá y nos pondrá una medalla proclamando que ahora somos un maestro de Dios avanzado y deberíamos dedicarnos a salvar al mundo. Y entonces nos sentimos decepcionados al descubrir que no ocurre nada.

Una última observación: como programa de formación de un año de duración, el Libro de ejercicios no tiene que hacerse más de una vez, a menos que, por supuesto, tu guía interna te dirija en otro sentido. Además, haberlo "hecho una vez" no significa que no lo puedas leer más de una vez. Es un libro extraordinario y ciertamente merece la pena leerlo y releerlo. También debo indicar que las introducciones son parte importante de su pedagogía: la introducción al Libro de ejercicios mismo, así como las introducciones a las lecciones de repaso, y a la Segunda Parte. En dichas introducciones Jesús nos habla más directamente sobre la naturaleza y propósito del Libro de ejercicios, y cómo evitar caer en ciertas trampas.

El Libro de ejercicios: un programa para entrenar la mente

Volviendo a la idea de que el Libro de ejercicios es un programa de entrenamiento mental, tenemos que reconocer que la mente que Jesús está re-entrenando no sabe prácticamente nada. Él se refiere continuamente a nosotros como si fuéramos niños pequeños, porque los niños pequeños no entienden el mundo. En contra de muchas enseñanzas Nueva Era, Jesús no considera que los niños sean seres sabios y cuasi angélicos, ejemplos de sabiduría, bendición e inocencia. Al contrario. Ve a los niños como criaturas exigentes que necesitan ser enseñadas, porque no reconocen la naturaleza ilusoria del mundo. A lo largo del curso Jesús es el hermano mayor que enseña a sus hermanos pequeños la naturaleza de la realidad, distinguiéndola de la ilusión. Pero, como cualquier profesor o hermano amoroso, él nos enseña de una manera que podemos entender, y por lo tanto nos habla como si hubiera un Espíritu Santo o un Padre amoroso Que está involucrado directamente en nuestras vidas físicas. Identificados con el ego, nosotros creemos que ellos están involucrados con nosotros, pero como un Padre o Maestro cruel dispuesto a castigarnos y destruirnos. Por eso este pensamiento tiene que ser corregido amablemente antes de poder ser reemplazado. Este pensamiento sustenta nuestra terca insistencia en que el mundo y el cuerpo son la realidad, y explica por qué tanto del Curso, y del Libro de ejercicios en particular, se sitúa a ese nivel.

No puedo repetir con la suficiente frecuencia que *este libro es un entrenamiento mental*. Su propósito es entrenar nuestras mentes para pensar de manera diferente. Como hemos pensando equivocadamente con respecto a Dios, el papel del Espíritu Santo y con respecto a nosotros mismos, necesitamos una corrección. Por eso Jesús habla de Dios y del Espíritu Santo como si estuvieran involucrados específicamente con nosotros, pero esta no es la enseñanza general de *Un curso de milagros*, que se encuentra en el Texto. Con muy pocas excepciones, en el Libro de ejercicios no encontramos esos pasajes que hielan la sangre en los que se describe la desagradable naturaleza del sistema de pensamiento del ego.

Resalto este punto para que no confundas tu trabajo con el Libro de ejercicios con tu trabajo con *Un curso de milagros* como un todo. Este último requiere el trabajo de toda una vida. A medida que lees el Texto y te sumerges en la profundidad de sus enseñanzas, y a medida que aumentan tus experiencias de perdón, empiezas a tener un vislumbre del verdadero mensaje de Jesús, que es mucho más de lo que habías creído en un principio. De modo que, por favor, no estudies el Libro de ejercicios de manera aislada. Es un libro brillante tanto en cuanto a forma como a contenido, pero no es la suma y sustancia de las enseñanzas del Curso.

El Libro de ejercicios como test proyectivo

Otro aspecto del Libro de ejercicios que es conveniente considerar es que es como un test proyectivo. Los psicólogos administran los test proyectivos a sus sujetos o pacientes, a los que se les pide que proyecten sus pensamientos y percepciones sobre diversos objetos. El más famoso de ellos es el test de manchas de tinta de Rorschach, una serie de manchas de tinta diseñadas por el psiquiatra suizo Hermann Rorschach a comienzos del siglo xx. Su idea era entender mejor cómo se percibían sus pacientes a sí mismos y al mundo, así como su relación con el mundo. La mejor presentación del test sigue siendo su monógrafo original. A Rorschach no le interesaba estudiar la patología, sino cómo la gente en general percibía. Hizo cientos de manchas de tinta y finalmente eligió las diez que pensó que funcionarían mejor para su propósito. Algunas imágenes eran en blanco y negro, mientras que otras eran en color. Todas eran esencialmente informes, y en esencia a Rorschach le interesaba más *cómo* se veían los estímulos (contenido), que *lo que* era visto (forma).

Por tanto, la idea central de los test proyectivos es presentar un estímulo a los sujetos y después ver sus respuestas. Al analizar dichas respuestas, el psicólogo puede tener una idea más precisa del proceso de pensamiento del sujeto. Así, bajo mi punto de vista, podemos observar nuestras reacciones al Libro de ejercicios del mismo modo. Lo más valioso de realizar los ejercicios del Libro de ejercicios no tiene nada que ver con el entrenamiento mental específico, aunque este es importante. La verdadera sanación reside en nuestra capacidad de monitorizar nuestras respuestas a estos ejercicios, como ahora explicaré.

La aproximación compulsiva

Nos encontramos con que muchos estudiantes se esfuerzan por hacer el Libro de ejercicios perfectamente: "Voy a ser el mejor estudiante del Curso que ha existido nunca. Haré el Libro de ejercicios perfectamente, obedeciéndolo al pie de la letra. Cuando Jesús diga que debo pensar en Dios seis veces por hora, ¡lo haré!" Algunos estudiantes incluso se compran relojes de pulsera con alarma para que, cuando suene dicha alarma, no se olviden de hacer su lección, olvidando totalmente en qué consiste el entrenamiento mental del Libro de ejercicios. Su propósito es entrenar nuestra mente a *querer* pensar en Dios, en verle a Él y al Espíritu Santo como nuestros amigos, de modo que queramos pasar tiempo con Ellos, estar con Ellos, e ir a Ellos cuando tengamos problemas. Sin embargo, nuestras mentes no están entrenadas de esta manera. Usar una alarma para acordarte va en contra de este propósito, porque en realidad estás esquivando el entrenamiento.

Apoyar esta necesidad de ser perfecto nos remite a la idea, consciente o no, de que Jesús está sentado en el Cielo haciendo un seguimiento de nosotros y anotando cuántas veces nos olvidamos de su santa palabra. Tenemos que hacer este libro perfectamente para que no esté enfadado con nosotros. Esto significa que somos presas del sistema de pensamiento subyacente que mencioné antes, de que Dios, el Espíritu Santo y Jesús están enfadados. ¿Por qué? Porque nosotros somos unos pecadores miserables que hemos dado la espalda a Su Amor. Aquí está este libro santo que nos ha sido dado por Jesús y nos aterra la posibilidad de traicionarlo, como hicimos con Dios en el instante original. Nos olvidaremos de la frase santa que es el título de la lección, e incluso tal vez nos olvidaremos de que hay una lección. Muchas personas que se sienten orgullosas de tener buena memoria de repente se dan cuenta de que tienen un principio de demencia porque no pueden recordar ni una frase. Pueden recordar docenas de números de teléfono, pero cuando se trata de recordar cinco, seis o siete palabras, sus mentes se quedan en blanco.

Este gran temor de volver a fallarle al Amor es el que lleva a muchos estudiantes a esforzarse al máximo por hacer las lecciones perfectamente. Cuando te pilles a ti mismo cayendo en esta trampa, recuerda que la premisa oculta es que eres un terrible pecador, y la culpa te está enseñando que, si no tienes cuidado, Dios te atrapará. Para prevenir Su ira, haces un trato con Él, que no es otro que el trato de especialismo que todos hicimos con nuestro Padre iracundo: si nos comportamos correctamente, somos buenos chicos y chicas (por ejemplo, hacemos el Libro de ejercicios de Jesús perfectamente), Él verá nuestra bondad e inocencia, tendrá misericordia y no nos castigará. Esto es lo que subyace en la necesidad de los estudiantes de ser perfeccionistas a la hora de llevar a cabo las lecciones del Libro de ejercicios.

Así, podemos ver que el Libro de ejercicios puede ser muy útil como técnica o dispositivo proyectivo. Obsérvate interactuar con el Libro de ejercicios, queriéndolo hacer sin error. Curiosamente, mucha gente llega al Curso procedente de pasados religiosos fundamentalistas o de otros pasados religiosos estrictos, en los que se les dijo que, si no realizaban los rituales de Dios, Él les castigaría. Tanto si te criaste en el judaísmo, como en el protestantismo o en el catolicismo, la idea era que, si no hacías lo que Dios, la Biblia, o tu rabino, ministro o sacerdote te decían que hicieras, Dios se enfadaría. Muchas personas abandonan estas creencias porque se dan cuenta de que son una locura: Dios no piensa así. Entonces vienen a *Un curso de milagros*, transfieren su antiguo entrenamiento y hacen exactamente lo mismo. Ven el Libro de ejercicios como una serie de rituales que deben ser realizados religiosamente. Sin embargo, Jesús deja muy claro que él no se enfoca en el ritual. Ciertamente el Libro de ejercicios está muy estructurado, pero no está pensado para que nos acerquemos a él como un ritual, o simplemente como otra serie de "deberías".

Otra forma de esta dinámica es decidir que no pasarás a la Lección 2 hasta haber hecho perfectamente la Lección 1. Hace muchos, muchos años, de hecho, en el primer año de la publicación del Curso, un grupo de personas que estaban trabajando con él vinieron una noche a mi casa para hacerme preguntas. Entre ellos había un joven muy sincero y aplicado que proclamó orgullosamente ante el grupo, incluyéndome a mí, que había trabajado 28 días con el Libro de ejercicios y todavía estaba en la Lección 1, pero que la iba a hacer absolutamente perfecta. Una vez más, esto pasa por alto el punto central del entrenamiento mental. Es la misma mentalidad: "Tengo que hacerlo perfectamente." Yo te aseguro que, si pudieras hacer la Lección 1 perfectamente, no tendrías que hacer las otras 364 lecciones, y no tendrías que estudiar el Texto. No tendrías que hacer nada con este Curso. Recuerda una vez más que el Libro de ejercicios está pensado para personas que comienzan a recorrer el camino. Jesús asume que somos niños muy pequeños y que somos nuevos en los caminos de la salvación, y por tanto no espera que seamos perfectos. En el Libro de ejercicios deja muy claro lo indisciplinadas que son nuestras mentes.

Por lo tanto, no tienes que hacer la lección perfectamente. Como regla general, sugiero que si pasa el día y sientes que no has hecho justicia a la lección, tal vez puedas dedicarle otro día o dos, como máximo, a esa lección y después sigue adelante. Si para el tercer día más o menos todavía estás experimentando dificultades, es probable que haya una resistencia más profunda en ti. Llegados a este punto, lo peor que puedes hacer es luchar contra ella. Asume simplemente que hay algo en esa lección que te está dando miedo y que está causando el bloqueo. Entonces lo mejor es pasar a la lección siguiente. Cualquiera que sea el bloqueo, puedes estar seguro de que volverá a surgir, no solo más adelante en tu trabajo con el Libro de ejercicios, sino años más tarde en tu trabajo con el Curso. No quieres luchar contra esto, y no tienes que hacer las lecciones perfectamente.

Otro asunto que surge en este contexto es que a veces nos preguntamos si una lección está teniendo efecto cuando no sentimos nada mientras la estamos haciendo. Realmente no hay modo de evaluar si nos está ayudando o no, porque nosotros somos las últimas personas del mundo que lo sabrían. Esto es a lo que Jesús se refiere en el Curso cuando dice: "Has considerado algunos de tus mayores avances como fracasos, y evaluado algunos de tus peores retrocesos como grandes triunfos" (T-18.V.1:6). Es mejor no intentar evaluar tu propio trabajo. Simplemente hazlo lo mejor que puedas. Lo que quieres aprender haciendo el Libro de ejercicios es que la salvación no es gran cosa, y que su deshacimiento es suave y amable. De otro modo, corres el riesgo de hacer muy real el error del ego.

La aproximación al azar

La otra cara de la moneda es cuando la gente se aproxima al Libro de ejercicios totalmente al azar, saltándose lecciones, haciendo una lección como quieren, o simplemente olvidándose completamente de la lección. Esto también es una expresión de miedo y de culpa. Las personas compulsivas quieren ser perfectas para que Dios no esté enfadado con ellas y las perdone. La otra cara de la misma moneda de culpa es la esperanza mágica de los estudiantes de que, si se olvidan del Libro de ejercicios, Dios se olvidará de ellos: el mismo pensamiento de pecado, culpa y miedo del castigo de Dios, pero con otra forma. Por lo tanto, la esperanza es que, si pudieran poner una niebla alrededor de sí mismos en cuanto al Libro de ejercicios, no solo les protegería de la amenaza que supone el Libro de ejercicios para su ego, sino también de Dios.

No juzgarse a uno mismo

Lo más importante es observarte a ti mismo hacer el Libro de ejercicios sin juicio, viendo lo rápidamente que olvidas. Cuando Jesús te pide pensar en Dios cada hora, observa cuántas horas pasan sin que pienses en Él. Cuando te pide pensar en Él seis minutos cada hora, observa lo rápidamente que pasan esos periodos sin tener siquiera un pensamiento sobre el objetivo de tu salvación. Cuando la lección te dice que pases quince minutos con Dios, nota, sin juzgarte, lo rápidamente que permites que el mundo "sea demasiado para ti", "haciendo" que te olvides, o, si no te olvidas, obsérvate mirando el reloj esperando que acaben los quince minutos.

Si puedes pensar en Dios a lo largo del día, te aseguro que *Un curso de milagros* no es para ti; estás mucho más allá de él. Como estudiante del Curso, deberías comenzar con la premisa de que Dios es la última Persona en la que quieres pensar, el Espíritu Santo es el Último que quieres que sea tu Maestro, y Jesús ciertamente es la última persona en el mundo con la que querrías conectar, porque si realmente quisieras que estuviese contigo en todo momento, él *estaría* contigo en todo momento. Experimentarías su amor constantemente, y permitirías que ese amor se extendiera a través de ti a todos sin excepción. Y, una vez más, no necesitarías su Curso. Jesús no espera que lo recibamos con los brazos abiertos, ni tampoco que demos la bienvenida a su Texto o a su Libro de ejercicios. Y tampoco espera que realmente creamos que somos el único Hijo del Padre que nos ama. Si realmente creyéramos todo esto, ni siquiera estaríamos aquí.

Problemas no resueltos con Dios, el Espíritu Santo, Jesús

Recuerda, el pensamiento que subyace al universo físico y a nuestra aparente existencia en él es que Dios viene a por nosotros y que va a condenarnos a la aniquilación. Si creemos que Dios nos persigue, ciertamente creemos que el Espíritu Santo es Su general, y que ha sido enviado al campo de batalla de nuestras mentes para destruirnos. Por lo tanto, no queremos dedicar nuestro tiempo a las lecciones del Espíritu Santo, ni tampoco Le queremos como Maestro.

Por eso necesitamos un programa de entrenamiento mental que nos discipline a pensar de manera diferente, aprendiendo que tenemos elección entre ver al Espíritu Santo como nuestro enemigo o como nuestro Amigo. Pero se nos tiene que enseñar esto porque no nos lo creemos. Podemos decir que el propósito del Libro de ejercicios es enseñarnos lo que no sabemos. Si vas a una clase en la universidad y el primer día le dices al profesor que tú no tienes que leer las tareas ni que ir al laboratorio porque lo sabes todo, el profesor sentiría que está justificado preguntarte qué estás haciendo en esa clase. Bueno, estaría justificado que Jesús nos dijera lo mismo. Si crees que puedes oír al Espíritu Santo sin más, yo te aseguro que no necesitas este Curso, cuyo propósito es ayudarte a entender lo aterrorizado que estás de tu Maestro, y cuánto le odias porque él representa el Amor contra el cual crees que pecaste. Antes de poder ir más allá de esto al Amor que al mismo tiempo tienes y eres, primero debes mirar a tus pensamientos del ego con respecto a ti mismo, el Espíritu Santo y Dios. Así, el Libro de ejercicios es la ayuda que inicia este proceso de desaprender el sistema de pensamiento del ego.

Diciéndolo de otra manera, tenemos que observarnos a nosotros mismos con relación al Libro de ejercicios y ver cómo expresamos nuestro especialismo, tal como nos observamos con respecto a las personas con las que vivimos y trabajamos. No hay diferencia. En el mundo occidental, prácticamente todas las personas, incluyendo a la mayoría de las personas que trabajan con *Un curso de milagros*, tienes asuntos sin resolver con Jesús. Esa es una de las razones por las que su identidad como autor de *Un curso de milagros* es tan manifiesta: nos permite proyectar en él para poder soltar nuestra culpa. En otras palabras, casi todas las personas tienen un problema de autoridad con Jesús. Tendría que ser así, puesto que el mundo es la expresión de nuestro problema de autoridad con Dios, esto es: "¿Quién es el autor de mi realidad: Dios o yo?" Si es Dios, mi ego se queda sin trabajo y su sistema de separación es una mentira. Pero si yo soy el autor de mi realidad, eso saca a Dios del cuadro. Se trata de uno o el otro. Nosotros creamos el mundo, que se convierte en la encarnación del problema de autoridad, para escapar de esta idea de que hemos usurpado el lugar de Dios en el trono. Lo que se deduce de esto es que, si en el mundo occidental Jesús es un símbolo del Amor de Dios, y nosotros, como estudiantes del Curso, creemos que este Curso ha venido de él, es lógico que nos comportemos hacia el autor del Curso exactamente de igual modo que nos comportamos hacia el Autor de nuestra realidad.

Hay diversas formas de expresar nuestros problemas de autoridad. Una es matar a la autoridad, y todos lo hemos hecho de un modo u otro. Podemos trabajar con el Curso y cuestionar lo que dice o discutir con él. O podemos tomar lo que el Curso dice y cambiarlo. Esta es una manera más sutil de hacer que el Curso no diga lo que dice y diga lo que *nosotros* decimos que dice. Si la autoridad dice: "Haz esta lección del Libro de ejercicios y piensa en Dios cinco minutos cada hora", podemos manifestar nuestro problema de autoridad no haciéndolo cinco minutos cada hora, sino cuatro y medio, o dos y medio, o saltándonos varias horas. Esto supone por nuestra parte un desprecio de la autoridad, pues decimos: "No me someteré a ti. No me digas lo que debo hacer con mi día." Obviamente esto nos sitúa en un gran conflicto, porque hay otra parte de nosotros que evidentemente respeta la autoridad del Curso, puesto que de otro modo no estaríamos estudiándolo. A su vez, esto nos pone en conflicto con nosotros mismos, en el sentido en que la parte de nosotros que realmente sabe que este mundo no es nuestro hogar también sabe que no podemos irnos de él sin ayuda, y que Jesús, y específicamente su Curso, representan esa ayuda. Por lo tanto, hay una parte de nosotros que quiere la ayuda, y otra parte que al mismo tiempo se siente aterrorizada ante ella. Todos compartimos este conflicto, y podemos aprender a identificar el conflicto dentro de nosotros viendo cómo lidiamos con el Libro de ejercicios.

Otra expresión del problema de autoridad es hacer exactamente lo que la autoridad quiere que hagas. Este es el compulsivo, que antes hemos mencionado, que hará el Libro de ejercicios perfectamente. En este caso, sigue estando presente la parte que odia a la autoridad, pero se siente aterrorizada ante ella. La odiamos porque ella es más fuerte, más poderosa y sabia. Hay otra parte de nosotros que tiene aún más miedo y que piensa que la autoridad nos castigará si no hacemos lo correcto, y por tanto más nos vale hacer lo que dice. Entonces es cuando *Un curso de milagros* se convierte en una religión y trasferimos todos los rituales que aprendimos de niños al Libro de ejercicios, que ahora se vuelve como la Biblia, estableciendo los rituales que deberían gobernar nuestra vida.

Una vez más, ver cómo lidiamos con el Libro de ejercicios puede ser una especie de test proyectivo que nos ayude a ver cómo tratamos con Jesús, el Espíritu Santo, Dios y ciertamente con todas las figuras de autoridad.

La manera "adecuada" de hacer el Libro de ejercicios

Pregunta: Has mencionado todas las maneras de lidiar con el Libro de ejercicios, pero no has dicho nada de la manera adecuada y normal de hacerlo.

Respuesta: La manera "adecuada" de hacer el Libro de ejercicios es hacerlo exactamente tal como tú lo haces: como un ego plenamente desarrollado, que es lo que somos, y en lugar de sentirnos avergonzados del ego, simplemente lo observamos en acción. Todo el mundo tiene un problema de autoridad. Si no lo tuviéramos, no estaríamos en este mundo. En el Texto, Jesús dice que el problema de autoridad es "la raíz de todo mal" (T-3.VI.7:3), lo cual es lo mismo que decir que es la raíz de todo pecado. Aquí todo el mundo está en competición con Dios, como señala la Lección 13. No hay una manera normal de hacer el Libro de ejercicios porque aquí nadie es normal. La gente normal no hace el Libro de ejercicios porque la gente normal no viene a este mundo. Así, la manera "normal" es hacer el Libro de ejercicios como el propio libro dice, y después observar cómo tratas de torcer o acomodar las reglas. Es posible que tengamos demasiado miedo de violar las reglas, pero lo que nos decimos a nosotros mismos es que sin duda no puede haber nada malo en alterarlas. Pero esa pequeña alteración crea una pequeña brecha que es suficiente para mantener cierta distancia entre nosotros y Dios. En realidad, hay muy pocas reglas en el Libro de ejercicios, pero una de ellas es no hacer más de una lección al día. ¡Entonces puede ser muy tentador hacer dos lecciones al día!

Hace muchos, muchos años Gloria y yo estábamos visitando a Bill Thetford y Judy Skutch en California, y asistimos a una reunión semanal del Curso. En algún momento, una joven dijo al grupo con mucho orgullo que había encontrado el modo de hacer todo el Libro de ejercicios en un día. Tomó las 365 lecciones y las dividió entre el número de horas y minutos del día, y procedió a hacer todo el Libro de ejercicios en veinticuatro horas. Todavía recuerdo el silencio asombrado en la sala. Bill mantuvo la cabeza baja. Yo también mantuve baja la mía, pero en un momento dado le miré, tal como él me miró a mí. Nadie dijo nada. La pobre señora tenía tanta prisa por alcanzar la salvación que no leyó la primera página, en la que se dice que no se ha de hacer más de una lección al día.

Este es un ejemplo extremo, pero podemos pillarnos a nosotros mismos haciendo algo similar, si no en la forma, ciertamente en el contenido de combar las reglas. Tenemos que darnos cuenta de que solo es otra manera de decirle a la autoridad: "Te daré parte de mi día, pero no todo." Si hacemos el Libro de ejercicios con sinceridad, hay muchas probabilidades de que creamos que Jesús o el Espíritu Santo nos han dado este Curso, y que no ha venido de una fuente terrenal. Esto significa que sentimos suficiente respeto por él como para elegir dedicarle tiempo y energía para aprender de su mayor sabiduría. Pero tenemos que observarnos en nuestros intentos de regatear con esta sabiduría mayor, como hemos hecho con Dios.

Cada religión formalizada ha hecho lo mismo. Tener un ritual es una manera de decir a Dios: "Haré un trato contigo. Leeré Tu libro sagrado, haré los rituales que Tú pides, y en intercambio Tú me amarás y me acogerás de vuelta en casa." Este trato especial también es lo que hacemos con *Un curso de milagros*. Una vez más, tenemos que observar cómo tratamos de desviarnos de las instrucciones del Libro de ejercicios, y a continuación preguntarnos a nosotros por qué querríamos oponernos a Jesús y discutir con él. ¿Por qué queremos pensar, por ejemplo, que nosotros podemos escribir un Libro de ejercicios mejor que el suyo? Tenemos que ver esta dinámica en nosotros mismos, *pero sin juicio*.

En resumen, la manera normal de hacer el Libro de ejercicios es estar tan basado en el ego como lo estás en todo lo demás, pero observarlo sin juzgarte. La Lección 95 constituye una excelente descripción de cómo debería uno hacer el Libro de ejercicios. Si realmente pudieras decir a Jesús: "Estoy intentando actuar furtivamente, ocultarte cosas, y demostrarte que sé más que tú. Sin embargo, sé que no me condenarás por ello", eso sería una estupenda manera inicial de aprender lo que es el perdón: nuestros pecados contra Dios no han tenido, y siguen sin tener, ningún efecto. Así, tú podrías "pecar" todo el tiempo con este Libro de ejercicios, y al mismo tiempo aprender que tus pecados contra Jesús y su Curso no tienen efecto. Esta es la manera "adecuada" de hacer el Libro de ejercicios.

El verdadero valor del Libro de ejercicios está en ser capaz de hacerlo "pecaminosamente", pero saber que no estás siendo castigado. Jesús no se dedica a juzgarte, y aunque es posible que no tengas esta imagen conscientemente, hay muchas probabilidades de que esa imagen de él esté presente de manera subyacente en tu manera de hacer su Libro de ejercicios.

Pregunta: ¿Estás diciendo que, si he hecho 230 lecciones y entonces me paro, y si después las retomo en algún momento futuro y las acabo, al final todavía ganaré la banda al mérito?

Respuesta: No solo eso, ganarás la banda al mérito al principio, porque no es algo que se gana, sino que se acepta. Esto es lo que el Libro de ejercicios te ayudará a entender. Recuerda lo que he venido diciendo: uno de los puntos focales más importantes del Libro de ejercicios como programa de entrenamiento mental es enseñarnos que Jesús y el Espíritu Santo son nuestros Amigos, y que Dios es un creador amoroso, no un enemigo. La idea es hacer el Libro de ejercicios como un "pecador", que es la única manera de hacerlo, porque si estuviéramos libres de pecado no estaríamos aquí. Por supuesto, me refiero al pecado en el contexto de la creencia de que estamos separados de nuestra Fuente. Si podemos hacer el Libro de ejercicios sin experimentar condena, culpa y miedo, habremos aprendido la maravillosa lección del perdón, que es el único propósito del Curso. Entonces el amor que está en nuestras mentes, y que el ego ha ocultado, sería liberado para guiarnos en nuestro estudio y práctica.

El Libro de ejercicios no parece decir esto, porque no tienes que entender esta idea para hacer las lecciones. Pero es importante que te perdones por no hacer el libro de ejercicios perfectamente, tal como es importante que te perdones por leer un pasaje del texto, llegar a su final y olvidarte de todo lo que has leído. Entonces es importante ser capaz de decir: "Sí, esto es lo que hace mi ego. Le aterroriza lo que estoy leyendo, y entonces hace que caiga un velo para que yo no pueda ver." Una vez más, la idea no es intentar hacer los ejercicios perfectamente, porque si pudieras hacerlos perfectamente no los necesitarías. Simplemente, obsérvate en acción, tratando de regatear con Jesús.

Pregunta: Sabía que me había metido en un lío, y también me lié con las cartas del Libro de ejercicios. De modo que no paraba de decirme: "No soy culpable, esto no es pecaminoso", pero eso no ayudaba. De modo que seguí observando, liándome y perdonando, una y otra vez.

Respuesta: Bien. Entiende que este Curso te resulta terrorífico y dite a ti mismo: "Me aterroriza enterarme de que yo estaba equivocado y el Espíritu Santo tenía razón. No quiero cambiar de mentalidad, porque una parte de mí está empezando a entender que cambiar de mentalidad significa soltar el juicio, la ira, el especialismo y la autoimportancia, y no estoy preparado para hacer eso."

Observa cómo te defiendes de perder todo eso al olvidarte del Libro de ejercicios, al olvidarte de la lección o de la carta de la lección. Reconoce simplemente de dónde viene todo esto y que no es un pecado. Esta es la idea crucial: puedes hacer lo que quieras con Jesús y él no se enfada ni te condena por ello. Puedes liarte haciendo el Libro de ejercicios, pero a continuación perdonarte por haberte liado. El liarte o hacer mal los ejercicios es producto del temor, no del pecado. Y tu ego debe estar aterrorizado. Este sistema de pensamiento es la cosa más aterradora del mundo porque significa el fin del mundo, literalmente. Cuando empiezas a darte cuenta de esto, por supuesto que habrá miedo, y con el miedo vienen la resistencia, la negación, la proyección y todas las demás defensas.

Ser adicto al Libro de ejercicios

Otro punto más sobre hacer el Libro de ejercicios: con mucha frecuencia, lo que le ocurre al estudiante después de haber hecho las lecciones durante el año es que, de repente, siente una sensación de vacío. En consecuencia, quiere volver a hacerlo. Lo hace un segundo año y siente el mismo vacío, y quiere hacerlo otra vez. Antes de que uno se dé cuenta, se ha hecho adicto al Libro de ejercicios. Ahora bien, podrías decir que es mejor ser adicto al Libro de ejercicios que a la cocaína, pero es la misma adicción a la culpa; solo la forma es diferente. La adicción es decir que hay algo que me falta, y necesito llenar la carencia desde afuera. Si bien no hay nada intrínsecamente malo con respecto a hacer el Libro de ejercicios una y otra vez durante cuarenta años, sería útil dar un paso atrás y observarte pasar por el proceso de adicción que te dice que, si no tienes tu dosis matinal, algo irá mal. Esto simplemente significaría que hay algo en el Libro de ejercicios a lo que no has prestado atención, confundiendo forma y contenido, conducta y mente.

No hay nada malo en volver a practicar las lecciones otra vez si eso hace que te sientas mejor. Sin embargo, recuerda también que hay un periodo en el que la cocaína hace que te sientas bien. En cualquier momento en el que sientas que no puedes vivir sin esto —cualquier cosa que "esto" sea, incluso este libro sagrado—, estás involucrado en una relación especial. Por eso, hay un pasaje muy importante en la Lección 189 que dice: "Olvídate de este mundo, olvídate de este curso y con las manos completamente vacías, ven a tu Dios." (L-pI.189.7:5). El propósito del Curso es que el Curso se quede obsoleto. Esto no va a ocurrir de inmediato, pero ese es su propósito. Si descubres que eres adicto al Curso, no hay nada malo en ello, pero sé consciente de que eres adicto a él, y sabes que eres adicto a él si no puedes pasar sin él. *Un curso de milagros,* los tres libros, es todavía algo externo. Su propósito es hacer que estos tres libros externos te enseñen lo interno, para que después confíes en lo interno: el Amor de Dios a través de Jesús o el Espíritu Santo.

Así, necesitas observarte a ti mismo haciéndote adicto al Curso. No tienes necesariamente que detener la adicción, pero sé consciente de ella. Todo lo que se pide a cualquier estudiante es que haga el Libro de ejercicios una vez. Esto no implica que a medida que trabajes con *Un curso de milagros* a lo largo de muchos años, no te sientas inspirado por ciertas lecciones u oraciones a las que regresarás una y otra vez. Estos magníficos pasajes y oraciones, que ofrecen ayuda inspiradora cuando la necesitas, son uno de los hermosos dividendos del Curso. No son el problema. El problema es la necesidad que raya en la adicción, cuando crees que sin el Curso te faltaría algo dentro.

Reiterando, el propósito de *Un curso de milagros* es entrenarnos para saber que podemos estar en contacto con el Espíritu Santo veinticuatro horas al día. Sus tres libros nos ofrecen un camino que nos entrena para que tomemos conciencia de Su Presencia en todo momento. Cuando sentimos Su Amor durante todo el día, no necesitamos nada más. Esta es la diferencia entre un maestro y un maestro de Dios avanzado. El maestro de Dios, como se explica en la sección del Manual "¿Cómo debe pasar el día el Maestro de Dios?", es alguien que todavía necesita estructura y ritual. El maestro avanzado ya no necesita tal ayuda porque el Espíritu Santo es la estructura y el ritual, por así decirlo.

Puedes pensar que no hay nada malo en ser adicto temporalmente hasta que estés preparado para renunciar a la adicción. El problema —y este es el caso con cualquier adicción, que es lo que es el especialismo— es que tú no sabes que eso es especialismo, y por tanto no sabes que eres adicto. En otras palabras, puedes trabajar con este curso, y como es un libro tan "sagrado" y tú lo practicas fielmente cada día, año tras año, ya no eres consciente de la dependencia. No eres consciente de que no puedes renunciar a él. No obstante, otra cosa muy distinta es ser capaz de decir: "Sí, soy adicto porque me da miedo estar solo." Esto es distinto porque es honesto. El problema surge cuando piensas que estás haciendo algo sagrado, cuando solo es otra forma del especialismo del ego.

Ciertamente, como parte del proceso, la gente debería establecer una relación especial con el Curso. A pesar de lo que acabo de decir hace un momento, el Curso *es* mejor que la cocaína, *siempre que seas consciente de la adicción*. Entonces puedes atravesar la adicción para llegar al amor que está más allá de la defensa. Cualquiera que haya sido un paciente de psicoterapia sabe eso. Una parte típica del tratamiento es aquella en la que el paciente establece una fuerte transferencia hacia el terapeuta. Sin embargo, si esa proyección se mantiene, no puede ocurrir curación alguna, porque se difumina la línea entre la fantasía y la realidad. Pero si el terapeuta ayuda al paciente a ir más allá de la dependencia y a hacerse autónomo, la transferencia se sana, como también lo hace el paciente. Aquí ocurre lo mismo. El propósito del Curso es que Jesús nos ayude a hacernos dependientes de él, viéndole como nuestro maestro en lugar del ego. Al final del viaje nos damos cuenta de que Jesús ya no es nuestro maestro porque nos hemos convertido en él. Ese día feliz ocurre cuando estamos cerca del final, pero, por ahora, tenemos que pasar por nuestra relación especial con Jesús, y la dependencia de él y de su Curso. El reto consiste en saber que es algo temporal y no una situación permanente.

Quiero ampliar brevemente esta idea de la naturaleza temporal de nuestra relación con Jesús o el Espíritu Santo. Cuando estamos a unos pasos de aceptar la Expiación y de llegar al mundo real, reconocemos que el Espíritu Santo no está separado de nosotros. Tal como habíamos creído que éramos nuestro ego, ahora sabemos que somos el Espíritu Santo, porque Él solo es un Pensamiento, el recuerdo del Amor de Dios. Si nosotros recordamos que *somos* el Amor de Dios y que Su Amor es uno, ¿cómo podríamos ser distintos de la Voz que nos dice eso? A esto se refiere Jesús cuando dice que él es la manifestación del Espíritu Santo (C-6.1:1). No hay diferencia entre él y el Espíritu Santo, excepto que Jesús es el nombre que damos al Espíritu Santo en la forma, y lo percibimos como alguien que realmente vivió en un cuerpo.

Retornando a nuestra relación especial con Jesús, si él es el símbolo (o manifestación) en nuestro mundo del Amor de Dios, y es ese Amor al que odiamos y tememos porque creemos que está en competición con nosotros, también le odiaremos a él, y esta es la razón por la que el mundo siempre ha odiado a Jesús. Por lo tanto, no debería sorprendernos que la gente tenga relaciones especiales con Jesús. Una de las formas de estas relaciones especiales son el odio directo; otras son más sutiles, y nosotros las llamamos amor. Tenemos que tomar conciencia de estos aspectos del especialismo, y el Curso es una manera muy útil de hacerlo. Esta es la razón por la que Jesús nos dice que necesita que le perdonemos (T-19.IV-B.6). Una de las consecuencias de trabajar con *Un curso de milagros* es que sanaremos nuestra relación con Jesús. Él no se menciona a sí mismo con frecuencia en el Libro de ejercicios, pero si el Curso ha venido de él, está claro que es él quien nos habla en las lecciones.

Como he venido diciendo, obsérvate relacionarte e interactuar con el Libro de ejercicios. En realidad, lo que estás haciendo es interactuar con el maestro del Libro de ejercicios. La relación santa con el Curso viene de reconocer que sus palabras son tu maestro, y el Espíritu Santo o Jesús son las encarnaciones de esa enseñanza. Su propósito es enseñarte a recordar Quién eres; enseñarte a sentirte cómodo con tu ego y a perdonarlo; guiarte a través del dolor y del terror hasta el amor y la paz que están más allá del ego. Cuando alcanzas ese amor y esa paz, ya no necesitas *Un curso de milagros*.

Necesitamos reconocer la importante diferencia entre forma y contenido. Lo que queremos del Curso no es su forma, sino el contenido del mensaje que nos enseña. A medida que aprendamos y nos identifiquemos cada vez más con su mensaje de perdón, necesitaremos cada vez menos la forma del Curso. Aprendemos a no hacer del Curso algo especial. Incluso el hecho de que nos fuera dado por Jesús no lo hace especial, porque en último término queremos aprender que él tampoco es especial; de otro modo nos veremos atrapados en la misma trampa en la que han caído las iglesias durante siglos. Una relación santa con el Curso, a diferencia de una relación especial, significa que nos relacionamos con él como un medio para un fin, y no como un fin en sí mismo. Por eso Jesús pronuncia estas palabras "blasfemas" que he citado antes: "Olvídate de este mundo, olvídate de este curso..." (L-pI.189.7:5). Él dice que el objetivo de cualquier maestro es hacerse dispensable (T-4.I.6). Esto le incluye a él, el mayor de los maestros.

Es esencial que no nos saltemos pasos, y este es un punto al que volveremos una y otra vez. No queremos descartar el Curso hasta haberlo aprendido verdaderamente, y no queremos descartar a Jesús como nuestro maestro antes de haber aprendido todo lo que él nos pueda enseñar. Volviendo a lo que he dicho antes, ese es el peligro de trabajar únicamente con el Libro de ejercicios, porque a menudo el Libro de ejercicios hace que el proceso suene muy fácil. En las lecciones Jesús dice una y otra vez: "Este es un día especial", o "Este es el día en que lo vas a conseguir." Entonces giras la página y te das cuenta: "Dios mío, no lo he conseguido. Y no solo no lo he conseguido, sino que Jesús sabía que no lo conseguiría porque las lecciones continúan." Es importante darse cuenta de que su visión del tiempo es muy distinta de la nuestra. Cuando dice: "Este es el día en el que lo conseguirás", él está hablando de alcanzar el instante santo, que podemos alcanzar cualquier día, en cualquier momento, y ese instante bendito se extiende a la eternidad.

Si no entendemos el Texto y lo tenemos como trasfondo, resulta muy fácil exclamar: "Lo he conseguido. Soy un maestro de Dios. Mírame. Puedo canalizar, curar y hacer todas estas cosas maravillosas." Si trabajamos sinceramente con el Texto, te garantizo que este error no ocurrirá. Por eso, he venido diciendo que el Libro de ejercicios no es la enseñanza de *Un curso de milagros*. El Texto contiene la enseñanza. Si trabajamos con el Texto y lo entendemos realmente, no podemos caer en esa trampa, porque nos daremos cuenta de que el Libro de ejercicios es una serie de ejercicios para entrenar la mente que nos ayudarán a iniciar el proceso de aplicar la enseñanza del Texto a nuestra vida cotidiana.

Una estudiante dijo que el valor del Libro de ejercicios para ella era que le ayudaba a entrar en contacto con el antiguo recuerdo, y se preguntaba si estaba en lo cierto al concluir que estaba haciendo el Libro de ejercicios correctamente. Por supuesto, tal experiencia es maravillosa, pero el problema surge si la estudiante no generaliza esa experiencia, de modo que quede integrada en su vida. Además, tendría que dejar a un lado la tentación de atribuir esa experiencia a la práctica del Libro de ejercicios. En el Libro de ejercicios la generalización es un tema importante, y si se hace correctamente, el Libro de ejercicios, además del estudio del Texto, permite al estudiante estar en contacto con esa memoria en todo momento. Así evitamos la dependencia del Libro de ejercicios que nos impediría generalizar una experiencia tan bella.

No hay nada malo en tener este tipo de experiencias, porque es muy posible que hacer el Libro de ejercicios lleve a ellas. Pero es esencial considerarlas como un principio, y no como un final, y después generalizarlas a cada aspecto de nuestra vida. Esto nos ayudará a entender que el recuerdo está dentro de nosotros, que el recuerdo de Quiénes somos como el perfecto Hijo de Dios está dentro de nosotros, no fuera, y solo en ciertas personas especiales.

En este sentido, el Libro de ejercicios cumple su propósito si nos ayuda a entrar en contacto con eso. Pero dicho propósito queda obviado si lo que aprendemos es que la única manera de entrar en contacto con ese antiguo recuerdo es leyendo estas palabras sagradas. Del mismo modo, los terapeutas fracasan si sus pacientes se van cada semana de la consulta sintiéndose genial, y durante los seis días siguientes se sienten fatal, para volver el séptimo y contar al terapeuta lo bien que se sienten cuando hablan con él. Los terapeutas quieren que sus pacientes generalicen los sentimientos positivos de la transferencia a todas las situaciones, todo el tiempo. Jesús quiere lo mismo de nosotros cuando trabajamos con su Curso.

A veces, los estudiantes expresan el sentimiento de que el Libro de ejercicios hace que se sientan amados, como un niño al que su madre está ensalzando y alabando mientras aprende a andar. Este es un buen punto, porque el Libro de ejercicios hace que te sientas bien, y es importante que nos sintamos bien con relación a nosotros mismos y a Dios, puesto que esto corrige lo absolutamente fatal que nos sentimos con respecto a nosotros mismos y a nuestra relación con nuestro Creador. Sin embargo, no somos conscientes de ello. En el Texto hay muchos párrafos que no nos hacen sentir bien porque se nos pide que realmente miremos al ego. Con meticuloso detalle, Jesús expone la fea y terrorífica imagen del sistema de pensamiento de odio del ego.

Pero este no es el propósito del Libro de ejercicios. En general, nos proporciona experiencias que nos hacen sentir bien al recordarnos que Dios no está enfadado, ni tampoco lo están Jesús o el Espíritu Santo. Aunque estos son los primeros pasos, son extremadamente importantes. Como he mencionado antes, que se nos diga que Dios no sabe de nosotros no nos ayuda. Es una declaración que nos aterroriza porque, si Dios no sabe de nosotros, no existimos. Y así, antes de que estemos preparados para mirar a ese horrible pensamiento e ir más allá de él, primero tenemos que pensar en Dios como Alguien que nos ama. Aprender que no somos miserables pecadores es lo que comienza a deshacer el sistema de pensamiento que subyace al universo y a nuestra existencia dentro de él.

3. La teoría que subyace a las lecciones

Una preparación útil para empezar con las lecciones es tener unas nociones básicas de la teoría sobre la que descansa el Libro de ejercicios. Estas nociones básicas ofrecen un contexto más significativo para lo que dicen las lecciones, tanto como enseñanza a nivel de la forma como con respecto al lugar hacia el que nos guían. Esta es otra manera de hablar del entrenamiento mental del Libro de ejercicios, pero es más específica en cuanto a la teoría que subyace a las lecciones.

El marco teórico que refleja el Libro de ejercicios es que el Amor de Dios ya está presente en nuestras mentes, pero recubierto por el sistema de pensamiento del ego. Así, lo único que tenemos que hacer es retirar las interferencias a dicho Amor. Como dice una lección: "Tu papel consiste simplemente en permitir que todos los obstáculos que has interpuesto entre el Hijo y Dios el Padre sean eliminados silenciosamente para siempre" (L-pI.189.8:3). En otras palabras, el Curso no se enfoca en Dios ni en encontrar el amor, sino en retirar los obstáculos, y el Libro de ejercicios se orienta específicamente hacia ayudarnos a hacer eso. El Libro de ejercicios, que refleja lo que se comenta con mucho más detalle en el Texto (véase T-19.IV), también explica estos obstáculos. Un esquema nos ayudará a hacer un seguimiento del proceso de deshacimiento. Debo mencionar que este cuadro es distinto del que suelo usar, porque está invertido o "boca abajo". La razón de ello es que el Libro de ejercicios también está "boca abajo", en el sentido de que en el típico movimiento que encontramos descrito en el Texto, Dios está en lo más alto y la separación es una escalera que nos aleja de Él hasta que tocamos fondo. Esto significa que el proceso de Expiación va de abajo hacia arriba, y mediante él ascendemos por la escalera que la separación nos hizo descender (T-28.III.1:2). En el Libro de ejercicios, el proceso de perdón generalmente se describe como que va en el otro sentido, con Dios en la base y las capas de defensas del ego situadas por encima de Él y de Su recuerdo.

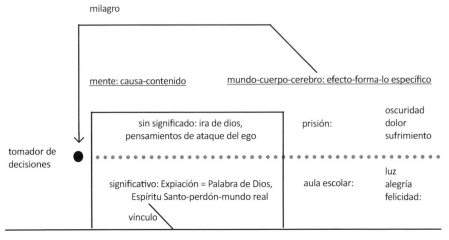

milagro

mente: causa-contenido   mundo-cuerpo-cerebro: efecto-forma-lo específico

sin significado: ira de dios, pensamientos de ataque del ego	prisión:	oscuridad dolor sufrimiento
tomador de decisiones ●		
significativo: Expiación = Palabra de Dios, Espíritu Santo-perdón-mundo real	aula escolar:	luz alegría felicidad:
vínculo		

ABSTRACTO – MENTE – DIOS – CRISTO (SER) – CONOCIMIENTO

Por lo tanto, empezamos en la base con Dios y Cristo, nuestro Ser real. Varias lecciones importantes contrastan nuestro ser-ego con el Ser que es nuestra Identidad en Cristo. La unidad del Padre y el Hijo es la verdad que es el Cielo. En el Libro de ejercicios se dice muy poco sobre cómo comenzó la separación, y lo mismo ocurre en el Texto. Baste decir que tuvimos el pensamiento de separación, que a continuación pareció que nos separábamos de nuestra Fuente, así como de nuestro verdadero Ser, dando lugar a la mente separada. En *Un curso de milagros,* al Espíritu Santo se le describe como la Voz que habla por Dios, el recuerdo que vino con nosotros a nuestro sueño y que nos recuerda Quiénes somos: que nos recuerda que somos Cristo. Como Maestro nuestro, el principal mensaje del Espíritu Santo es el perdón, que culmina en la consecución del mundo real.

Cuando el Hijo de Dios pareció quedarse dormido y empezó a soñar, le hablaron dos voces. La primera es el pensamiento de separación del ego, que fue respondido por el principio de Expiación del Espíritu Santo, que dice que la separación nunca ocurrió. Al elegir creer las mentiras del ego, intentamos cubrir esta Voz con el sistema de pensamiento de ataque del ego. En las primeras lecciones, Jesús hace referencia a que los pensamientos de ataque del ego no tienen significado, mientras que los Pensamientos de perdón del Espíritu Santo son lo único significativo dentro del sueño. Esto llama a entrar en juego a un término importante que en el Curso nunca se menciona como tal, pero al que se hacen referencias indirectas a lo largo de él: la parte de la mente dividida que elige entre estas dos voces. Lo llamamos el *tomador de decisiones*, y generalmente lo caracterizamos como un punto azul o negro en el esquema.

Una de las ideas clave, especialmente en las primeras lecciones del Libro de ejercicios, es la relación entre estos dos sistemas de pensamiento y el mundo. Los pensamientos de ataque, cuando se proyectan desde la mente, dan lugar al mundo, que experimentamos como una prisión. Tres palabras que son prominentes en el Libro de ejercicios (y también en el Texto) para describir nuestra experiencia en el mundo físico son *oscuridad, dolor* y *muerte*. Cuando el pensamiento de Expiación del Espíritu Santo se expresa en el mundo, vemos nuestras vidas como aulas escolares que reflejan la luz de Su Presencia. Entonces, el mundo se convierte en un lugar de alegría y felicidad, debido a que su propósito es ayudarnos a despertar del sueño.

Un principio que es absolutamente esencial para entender *Un curso de milagros* es que no hay diferencia entre lo que está en el mundo y lo que está en la mente, puesto que el mundo solo es una sombra que refleja los pensamientos de la mente. La importante lección "Mis pensamientos son imágenes que yo mismo he fabricado" (L-pI.15), describe que las imágenes de lo que percibimos y experimentamos en el mundo proceden de nuestros pensamientos. Son uno y lo mismo. Krishnamurti hizo de esta idea la piedra angular de su enseñanza: lo observado y el observador son uno, lo que parece estar fuera es lo mismo que lo está dentro. La ilusión del mundo es que hay una diferencia, que el mundo externo está separado de nosotros. Al leer las primeras lecciones con cuidado, te sorprenderá encontrar la metafísica del Curso claramente expuesta. Al principio, estas lecciones parecen simples, pero son cualquier cosa menos eso.

En el Libro de ejercicios Jesús deja claro que nosotros no entendemos nada de lo que dice. Lo único que nos pide es que hagamos lo que nos dice, no necesariamente que le creamos. A medida que avanzamos en nuestro trabajo con *Un curso de milagros*, nos descubrimos leyendo el Libro de ejercicios varias veces, y probablemente nos sorprenderá, como acabo de decir, descubrir la sabiduría metafísica de esas primeras lecciones: que nuestros mundos interno y externo son uno y el mismo.

Al intentar cambiar nuestra percepción de otras personas y sanar nuestras relaciones, nos enfocamos en cambiar lo que, como cuerpos, percibimos que está fuera de nosotros. La razón es que creemos que realmente hay gente fuera de nosotros que ha de ser perdonada. En realidad, lo que percibimos fuera no es más que un pensamiento escindido dentro de la mente. Esto significa que acabamos perdonándonos a nosotros mismos, otro tema importante del Curso. No obstante, como creemos ser cuerpos separados relacionándonos con otros cuerpos separados, tenemos que comenzar en esta misma experiencia, y por eso *Un curso de milagros* está escrito como está escrito, lo que incluye tratar a Dios y al Espíritu Santo como si fueran Personas separadas que hacen cosas por nosotros. Una vez más, como somos como niños muy pequeños que no entienden la diferencia entre la realidad y las ilusiones, Jesús no exige que compartamos su nivel de entendimiento. Él nos enseña *desde* su nivel de entendimiento, pero su enseñanza nos llega de una forma que podemos aceptar a nuestro propio nivel, en el que creemos que somos cuerpos.

Solo cuando entendemos que no hay diferencia entre los mundos externo e interno, entre el cuerpo y la mente, podemos entender que al perdonar a alguien que percibimos como si estuviera fuera de nosotros, en realidad estamos perdonando una parte de la mente de la que no somos conscientes. Como hemos observado, la idea que está detrás del Libro de ejercicios es entrenar nuestras mentes para que entiendan que tenemos una mente tomadora de decisiones. Todos nosotros creemos que estamos "ahí fuera", lo que significa que somos cuerpos sin mente. Lo que consideramos que son nuestros pensamientos no son pensamientos en absoluto (véase Lección 45). De hecho, tomando dos frases separadas y juntándolas, tenemos la declaración siguiente: "Los pensamientos que piensas que piensas no son tus pensamientos reales." Esto se debe a que los pensamientos que pensamos que pensamos en realidad vienen de nuestro cerebro, que es parte del cuerpo, de modo que estos no son pensamientos en absoluto.

Los pensamientos reales son solo dos: la culpa del ego (que incluye pensamientos de pecado y ataque) y el perdón del Espíritu Santo. No hay otros pensamientos.

Lo que pensamos que son nuestros pensamientos están "ahí fuera". Por lo tanto, necesitamos una espiritualidad que nos recuerde que lo que percibimos fuera es un reflejo o proyección de lo que está dentro. Con este entendimiento, nuestro enfoque retorna a la mente, donde tomamos conciencia de que tenemos elección entre dos pensamientos o dos maestros. Necesitamos este entrenamiento mental porque hemos olvidado las verdades que el Curso expone. En estas verdades se incluye el contenido de nuestros pensamientos de ataque, que son proyectados como nuestros pensamientos de ataque externos. Este contenido mental es que nosotros creemos que atacamos a Dios, y creemos que Él ahora ha pasado a la ofensiva y va a tomar represalias. El ego nos ha convencido de que esta locura es verdad.

Freud llegó cerca de entender que lo que parece ser consciente es una proyección de lo que es inconsciente, pero nunca fue más allá del cerebro hasta la mente. Como enseña *Un curso de milagros*, el significado real del inconsciente es que los pensamientos inconscientes relacionados con el cuerpo no son el problema. Por ejemplo, algo terrible me ocurrió de niño y no volveré a mirarlo, y por tanto, lo reprimiré. Ahora está en mi "inconsciente" y sale a la superficie de vez en cuando, pero yo no sé de dónde viene. Sin embargo, eso no es lo que está ocurriendo verdaderamente. En el cerebro no hay pensamientos inconscientes. Lo que consideramos que son pensamientos inaceptables y atemorizantes solo son reflejos de una mente que está enraizada en el pensamiento del ego de que nosotros atacamos a Dios, robamos Su vida y Le dimos por muerto, alzándonos en Su lugar. Pero sin duda Él nos encontrará y se vengará. Es este pensamiento horrible el que es el verdadero significado del inconsciente, que está totalmente fuera de nuestra conciencia.

Esto no se explica con tanta claridad en el Libro de ejercicios, pero está en el Texto, y por eso no deberías confundir el Libro de ejercicios con el Curso mismo. El Libro de ejercicios, como he venido diciendo, no te dará la suma y sustancia de la enseñanza del Curso. No está pensado para eso. La razón por la que la gente tiene tantos problemas con el Curso es su sistema de pensamiento: el ego y su deshacimiento por parte del Espíritu Santo. Nos sentimos inconscientemente aterrados de que, si practicamos lo que Jesús nos enseña, nuestra atención saldrá del mundo de los cuerpos y retornará a la mente, el hogar de la ira de Dios. Esto nos ayuda a entender, y en realidad es algo que el Libro de ejercicios no explica, por qué hay un mundo: para proporcionar un lugar donde esconderse, de modo que nuestro maníaco Padre nunca pueda encontrarnos. En otras palabras, tendríamos que examinar la verdadera fuente de nuestra ansiedad y dolor, que es la decisión de la mente a favor de la culpa. Esto no tiene nada que ver con el mundo en absoluto, sino solo con la ansiedad que viene de la creencia de que, si Dios llega a encontrarnos, nos destruirá; con el temor procedente de nuestra culpa, que nos dice que merecemos ser aniquilados por las cosas terribles y pecaminosas que hicimos.

Por supuesto, el ego no es tonto. Sabe que, al tener tanto miedo de él, no solo estamos preservándolo creyendo en él (¿cómo puedes tener miedo de lo que no existe?), sino que también estamos negando la solución del Espíritu Santo. Por lo tanto, el ego inventa esta idea de que hemos atacado a Dios a fin de que tengamos tanto miedo de la Presencia del Espíritu Santo que correremos hacia el mundo, y realmente creeremos que estamos allí, en cuerpos. En realidad, el propósito de esto no es apartarnos de nuestra culpa, porque la culpa es una ilusión (el principio de Expiación: no separación, no pecado, no culpa). El verdadero propósito del ego es impedirnos que la mente elija al Espíritu Santo como Maestro. Esta es la razón por la que Jesús pone tanto énfasis en que desarrollemos una relación con el Espíritu Santo, aprendiendo que Él es nuestro único Amigo, que nos ama y reconforta. Esto corrige la creencia errónea de que el Espíritu Santo es el enemigo. Esta locura nos lleva a negar Su amorosa Presencia en la mente, pues Su lugar ha sido tomado por la ira de Dios, que ahora experimentamos a través de Su Voz punitiva.

Mientras creamos que hemos atacado a Dios y robado Su tesoro, creeremos que Él nos castigará. Asimismo, cualquiera que represente a Dios será visto como un enemigo, tanto si estamos hablando del Espíritu Santo, Jesús, o de *Un curso de milagros.* Quien quiera que fuera la persona que vivió hace dos mil años, conocida para el mundo como Jesús, la lente del Curso nos permite entender mejor por qué surgió el mito de la crucifixión, y por qué lo que solo podía ser un mensaje amoroso fue crucificado junto con él. Así, nuestro mundo se convirtió en una pantalla de humo para esconder la culpa, que el mundo meramente refleja: "El mundo que ves *es* el sistema ilusorio de aquellos a quienes la culpa ha enloquecido" (T-13.in.2:2).

Concluyo volviendo a traer aquí uno de los puntos más centrales del Libro de ejercicios: no hay diferencia entre lo que está fuera (el mundo) y lo que está dentro (la mente).

4. Las primeras cincuenta lecciones

Podemos decir que las primeras cincuenta lecciones del Libro de ejercicios son similares, al menos en un aspecto importante, a los cincuenta principios del milagro que abren el Texto. Su similitud reside en que ambos son como grandes preludios wagnerianos que contienen muchos de los temas del drama musical que seguirá. Los cincuenta principios del milagro, que de manera breve y sucinta describen las características del milagro y cómo y por qué funciona, siembran las semillas de lo que el resto del Texto ampliará. Asimismo, podríamos decir que estas cincuenta lecciones contienen las semillas de los temas que se elaborarán en las lecciones siguientes.

Así, en estas primeras cincuenta lecciones tenemos un maravilloso resumen de *Un curso de milagros,* que refleja su teoría básica. A nivel metafísico, estas lecciones enseñan que el mundo es una ilusión, siendo simplemente un pensamiento que no ha abandonado la mente separada. Describen los pensamientos de ataque del ego y el propósito de su sistema de pensamiento de autopreservación, y también cómo deshacer dicho sistema de pensamiento a través del perdón. Finalmente, las lecciones exponen lo que significa ser un maestro de Dios, un instrumento de la luz del Cielo que ahora brilla a través de nosotros.

Como una especie de repetición de los principales temas del preludio, voy a revisar brevemente lo que contiene el esquema. Nuestra verdadera realidad e Identidad es Cristo, la extensión del Amor de Dios que es nuestro verdadero Ser. Llevamos con nosotros al sueño de separación el recuerdo del Amor de Dios y de nuestro Ser. Este recuerdo es el Espíritu Santo y Su principio de Expiación. El ego se opone a este Pensamiento construyendo nubes de ilusión y culpa, que llenan nuestra mente de pensamientos de ataque que parecen ahogar la Voz que nos recuerda que la luz de Cristo todavía brilla en nosotros. Para asegurarse de que nuestro tomador de decisiones nunca elija el Espíritu Santo y siga con el ego, este aparta su sistema de pensamiento de pecado, culpa y miedo, proyectándolo sobre el mundo. Entonces el mundo se convierte en nada más que "la representación gráfica" de los pensamientos de ataque, culpa y venganza de la mente (L-pI.23.3:2).

Cuando reconocemos que hay "otra manera" —solo hay dos opciones en la mente en lugar de una, y podemos elegir al Espíritu Santo— entonces miramos hacia fuera, a un mundo que se ha transformado en un aula escolar en lugar de una prisión, un aula en la que enseñamos y aprendemos las lecciones del perdón. Aunque el término *maestro de Dios* no aparece en el Libro de ejercicios (solo aparece en el Manual), el concepto de maestro de Dios sí aparece. La Lección 37, "Mi santidad bendice al mundo", es una hermosa descripción de lo que significa ser un maestro de Dios. Cuando retiramos los obstáculos en nuestra mente, la amorosa luz de Jesús o del Espíritu Santo brilla a través de nosotros. La santidad que nuestras mentes han elegido bendice al mundo simplemente siendo lo que es.

5. Atravesar las nubes de culpabilidad

El enfoque específico de mis comentarios aquí es el proceso de atravesar las nubes (de culpa), de las que Jesús habla específicamente en las Lecciones 69 y 70. Allí nos dice que es él quien nos ayudará a atravesarlas (L-pI.70.9:3-4). Después de esto, me enfocaré en lo que significa ser un maestro de Dios, una extensión del Amor y de la luz del Espíritu Santo en el mundo. Esta área puede ser particularmente tentadora para que los estudiantes se queden atrapados en ella, porque tienden a confundir forma y contenido. Finalmente, como he resaltado anteriormente, la idea de no quedarse atrapado en rituales y estructuras es un aspecto central del proceso con las lecciones del Libro de ejercicios. Más adelante en el Libro de ejercicios hay algunos pasajes que también lidian específicamente con estos temas.

Las Lección de la 68 a la 72 contrastan el plan de la salvación del ego, a través de la culpa y el ataque, con el plan de Dios para la salvación mediante la orientación interna y el perdón. Refiriéndonos al esquema, podemos ver que el plan del ego para la salvación, que es el plan del ego para salvarse a sí mismo, consiste en primero hacer que los pensamientos de culpa y ataque sean reales en la mente, y después en proyectar este contenido, dejando que lidiemos con la culpa y el ataque que ahora percibimos fuera de nosotros. Nuestra atención se queda fijada en el mundo sin mente de los cuerpos; esta es la culminación de la estrategia del ego. El plan de Dios para la salvación, que en realidad es el plan del Espíritu Santo, es el milagro que hace retornar los pensamientos de ataque del mundo a la mente, para que allí los miremos sin juicio, y, a continuación, los soltemos. El plan del ego nos hace mirar afuera; la corrección del Espíritu Santo nos lleva adentro.

La Lección 69 usa las nubes para simbolizar las interferencias del ego a la verdad. En el ejercicio del párrafo 4 se te pide que sueltes "todo el contenido que generalmente ocupa tu conciencia". Aunque a estas alturas el Libro de ejercicios no explica este proceso, la manera de soltar el contenido que generalmente ocupa nuestra conciencia (pensamientos de ataque, agravios, etc.) es mirarlos sin juicio. Diciendo esto una vez más, el Libro de ejercicios no debe tomarse como un sustituto del Texto, porque el proceso, tal como se expresa en él, suena muy fácil, puesto que dice que todo lo que tenemos que hacer es cerrar los ojos, pensar en nuestros agravios, dejarlos ir, y entonces nos encontraremos bañados en la luz del Cielo. Todos sabemos que, en la práctica, esto no es tan fácil. El peligro está en pensar que sí lo es, porque entonces creeremos que hemos soltado el ego, cuando no lo hemos hecho en absoluto. Lo que hemos hecho es enterrar nuestros pensamientos de ataque en la mente, y desde ahí volverán a surgir inevitablemente a la superficie de maneras muy poco amorosas.

Si tomamos el tema del aborto, por ejemplo, muchas personas que declaran estar actuando en el nombre del amor y de la vida, en realidad acaban atacando, cuando no asesinando, en defensa de su creencia. Así funciona la proyección. No miramos a la culpa en la mente porque creemos que ha sido deshecha puesto que nosotros estamos del lado de la verdad, del amor y de Dios, y así queda negada o reprimida. Entonces la culpa volverá a surgir inevitablemente y será proyectada. Esto explica que personas bienintencionadas puedan luchar guerras crueles y terribles en nombre del amor y de la verdad. Y ciertamente explica por qué, a lo largo de los siglos, los cristianos han sido capaces de hacer la guerra en el nombre del Príncipe de la Paz. Simplemente eran inconscientes de sus pensamientos ocultos de culpa y ataque, el terreno donde crecen la proyección, el ataque y la guerra.

A continuación, Jesús nos pide que pensemos en nuestras mentes "como si fuera un círculo inmenso, rodeado de una densa capa de nubes oscuras. Lo único que puedes ver son las nubes, pues parece como si te hallaras fuera del círculo y a gran distancia de él" (L-pI.69.4:2-3). Jesús está tomando prestada una imagen que usó inicialmente en un importante pasaje del Texto, que es mucho más complicado (T-18.IX.5-8). Cuando comparamos los dos pasajes, volvemos a ver que el Libro de ejercicios no está pensado para ser un sustituto del Texto. Para ayudar a ilustrar las ideas expresadas en estos pasajes, he compuesto otro diagrama:

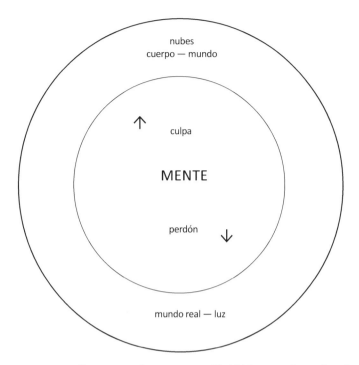

nubes
cuerpo — mundo

↑

culpa

MENTE

perdón

↓

mundo real — luz

Ahora se nos dice que la mente dividida está rodeada por un círculo de nubes. De manera específica, las nubes son nuestra inversión en el mundo del especialismo y nuestra preocupación por el cuerpo. Las "nubes oscuras" son el sistema de pensamiento del ego que se proyecta hacia fuera. Curiosamente, el Libro de ejercicios no habla de que la proyección es el cuerpo o el mundo, como hace el Texto. Allí, en el Texto, se hace una distinción crítica entre la culpa en nuestra mente y las proyecciones de culpa sobre el cuerpo y el mundo, una distinción que no es necesaria para el ejercicio. Recuerda: Jesús nos ha dicho que no es necesario entender de qué está hablando. Lo único que tenemos que hacer es lo que él nos pide. Para el propósito de este ejercicio, tenemos que ir más allá de las nubes y retornar a la mente. La exposición del Texto nos ayuda a entender la naturaleza del proceso, que la nube de culpa en realidad está en la mente. Desde allí, la culpa se proyecta sobre el mundo, que seguidamente asume la función de nube para oscurecer la luz en nuestras mentes tomadoras de decisiones e impedirnos elegirla.

Cuando estamos "de pie fuera del círculo" no vemos la mente, lo que implica que estamos identificados con el cuerpo. Por supuesto, la idea es que la luz está en nuestra mente, pero cuando estamos fuera de ella, lo único que vemos son las nubes, y por lo tanto "no tenemos motivo para creer que hay una luz brillante oculta por las nubes. Las nubes parecen ser la única realidad. Parecen ser lo único que hay." Todos sabemos que cuando estamos en medio de un ataque de depresión o ansiedad, o cuando sentimos dolor, no hay nada más que sea real para nosotros. Dios es la cosa más lejana de nuestra mente, a menos que Él sea una Deidad mágica a la que recemos para que nos saque del lío en el que nos hemos metido. El Dios real y amoroso permanece totalmente vacío porque lo único que conocemos son las nubes. Cuando estamos involucrados en cualquier clase de situación en el mundo que consideramos importante, no podemos ser conscientes de la luz que brilla en la mente. El mundo de las nubes atrae nuestra atención, convirtiéndose en un poderoso dispositivo de preocupación y distracción, lo cual, evidentemente, es su propósito. Dios parece ser un mito, Jesús un ser inexistente y el perdón algo completamente imposible. No hay nadie en el mundo que no sepa qué es esto, porque en esto consiste estar aquí.

Una vez que vemos las nubes como la única realidad, no intentamos ir más allá de ellas porque no tenemos ni idea de que hay algo más allá. Este es precisamente el propósito de las nubes de culpabilidad, proyectadas como nubes de problemas y preocupaciones corporales que ocultan las nubes mentales de culpa. En todo esto podemos ver el poderoso propósito al que sirven el Libro de ejercicios y *Un curso de milagros* en general: recordarnos que ciertamente hay una luz que brilla en la mente, y que ciertamente hay otra manera. En nuestras mentes hay algo más que la culpa y el mundo tiene otro propósito además de la supervivencia y minimizar el dolor de vivir en este cuerpo aprisionante que sufre y muere.

Vayamos ahora al pasaje comparable en el Texto. Mi propósito al hacer esto es doble: no solo elaborar sobre el mensaje de la lección, sino también mostrar que el Libro de ejercicios no es un sustituto del Texto, que ofrece un tratamiento en profundidad de la relación entre mente y cuerpo, y cómo actúa la culpa para ocultar la luz. Este pasaje aparece en la segunda mitad de la sección "Los dos mundos", en el Capítulo 18. La base de este material es la explicación, una de las más importantes del Curso, de que el mundo fue fabricado literalmente para ocultar la culpa que está en la mente.

Para el propósito de este diagrama, a la culpa se la retrata en la parte superior de la mente, y al perdón, en la parte más baja. El propósito del mundo es ocultar la culpa que está en la mente. Recuerda que el ego siempre tiene miedo de que volvamos a nuestras mentes y elijamos el perdón del Espíritu Santo en lugar de su culpa. Tal como la culpa fue fabricada para ocultar al Espíritu Santo en nuestras mentes, el mundo sirve al propósito de cubrir la culpa. Ahora podemos ver al mundo como la sombra de nuestra culpa, solo que no sabemos dónde está realmente la culpa, y ni siquiera sabemos qué es. En lo único que creemos es en sombras. Esto es similar a la alegoría de la Caverna de Platón, donde los prisioneros solo ven sombras en el muro interior de la cueva, y como sus cadenas les impiden darse la vuelta, no saben que hay una fuente de luz detrás de ellos, y que hay figuras reales caminando adelante y atrás a lo largo del camino situado fuera de la cueva. Lo único que ven son las sombras en la pared interior de la cueva, y por tanto confunden dichas sombras con la realidad, una confusión que fue uno de los principales temas de Platón. Jesús hace lo mismo en su Curso, aunque la extensión de la confusión que describe va más allá de Platón. El punto es que el mundo es la sombra de nuestra culpa, pero nosotros pensamos que las figuras de sombra son reales.

Para completar este cuadro, podemos ver que, tal como la culpa es proyectada sobre el mundo, convirtiéndose en nubes que oscurecen la luz, el perdón se extiende en el mundo, una extensión que en último término se convierte en el mundo real que refleja la luz de Cristo. En términos del esquema, el ego hace que nos movamos hacia arriba, desde la mente hacia el mundo, mientras que el Espíritu Santo hace que vayamos del mundo a la mente, permitiendo que Su Amor se extienda al mundo.

Este, entonces, es el meollo del pasaje del Texto. En los dos párrafos precedentes, Jesús estableció la imagen de las nubes y dijo que, si estamos de pie sobre la tierra, mirando a las nubes, podríamos ver todo tipo de imágenes en ellas, lo que nos recuerda nuestro comentario sobre las manchas de tinta de Rorschach. Sobre las nubes, Jesús dice: "Pero en ese banco de nubes es fácil ver todo un mundo. Las cordilleras, los lagos y las ciudades..." (T-18.IX.7:1-2). Sin embargo, esto no hace que lo que estamos viendo sea real. También dice que las nubes pueden parecer sólidas, pero no tienen la fuerza para detener siquiera la caída de un botón (T-18.IX.6:4). Continúa con esta imagen en el párrafo 8:

> Asimismo, debería ser con las tenebrosas nubes de la culpabilidad, las cuales son igualmente vaporosas e insubstanciales. No te pueden magullar al atravesarlas. Deja que tu Guía te muestre su naturaleza insubstancial a medida que te conduce más allá de ellas, pues debajo de ellas hay un mundo de luz sobre el que esas nubes no arrojan sombras. Sus sombras solo nublan el mundo que se encuentra más allá de ellas, el cual está aún más alejado de la luz. Sin embargo, no pueden arrojar sombras sobre la luz (T-18.IX.8).

Las nubes parecen tener el poder de destruir el sol, pero lo único que hacen es oscurecerlo. En y por sí mismas, las nubes no tienen sustancia. No son sólidas, aunque pueden parecerlo, y esto lo reconoce cualquiera que haya volado, observando que el avión vuela más allá del banco de nubes hacia donde el cielo brilla iluminado por el sol. Aquí Jesús usa la misma imagen. Él nos pide que atravesemos las nubes de culpa y nos demos cuenta de su naturaleza insustancial.

El paso siguiente:

> Este mundo de luz, este círculo de luminosidad, es el mundo real, donde la culpabilidad se topa con el perdón. Ahí el mundo exterior se ve con ojos nuevos, libre de toda sombra de culpa. Ahí te encuentras perdonado, pues ahí has perdonado a todo el mundo. He aquí la nueva percepción donde todo es luminoso y brilla con inocencia; donde todo ha sido purificado con las aguas del perdón y se encuentra libre de cualquier pensamiento maligno que alguna vez hayas proyectado sobre él (T-18.IX.9:1-4).

Resumiendo el proceso: atravesamos las nubes del mundo dándonos cuenta de que no son sino sombras de la nube que es la culpa de la mente. Dejando que Jesús nos tome de la mano, por así decirlo, atravesamos la culpa hasta llegar al perdón, lo que significa que miramos a nuestra culpa sin juicio. Llevamos la culpa ante el perdón, la oscuridad a la luz, las ilusiones ante la verdad. A nivel práctico, esto se traduce en que, cuando nos sentimos abrumados por los pensamientos del ego, llevamos nuestra culpa, enfado, especialismo, depresión y ansiedad a Jesús o al Espíritu Santo. Miramos estos pensamientos con Ellos, lo que significa que no nos juzgamos a nosotros mismos. De esta manera nuestra culpa es perdonada, y cuando es perdonada, desaparece. Entonces no queda nada más que la luz del perdón. El estado mental conocido como el mundo real es la perfecta identificación con esa luz. Desde esa perspectiva miramos al mismo mundo, pero ya no con los ojos de la culpa que nos llevaron a experimentar un mundo hostil o amenazante, sino con los ojos del perdón, la visión de Cristo. La luz de la visión brilla a través de nosotros, informando de todas nuestras percepciones, tanto si estamos en un precioso entorno natural como en un campo de concentración.

Volviendo a la Lección 69 del Libro de ejercicios, aquí encontramos el mismo proceso que hemos visto descrito en el Texto, aunque la presentación no es tan complicada:

> Después de que hayas pensado en cuán importante es para ti y para el mundo lo que estás intentando hacer, trata de alcanzar un estado de perfecta quietud, recordando únicamente la intensidad con la que deseas alcanzar hoy mismo, en este mismo instante, la luz que resplandece en ti. Resuélvete a atravesar las nubes. Extiende tu mano y, en tu mente, tócalas. Apártalas con la mano, y siente cómo rozan tus mejillas, tu frente y tus ojos según las atraviesas. Sigue adelante, las nubes no te pueden detener (L-pI.69.6).

Cerca del final de la Lección 70, Jesús hace el proceso mucho más personal:

Trataremos ahora nuevamente de llegar a la luz en ti, que es donde realmente se encuentra tu salvación. No puedes encontrarla en las nubes que rodean la luz, y es ahí donde la has estado buscando. No está ahí. Está más allá de las nubes, en la luz que se encuentra tras ellas. Recuerda que tienes que atravesar las nubes antes de poder llegar a la luz. Pero recuerda también que jamás encontraste nada que fuese duradero, o que realmente quisieras, en los tapices de nubes que te imaginabas (L-pI.70.8).

Aquí está expresado el importante tema que he venido destacando. Para alcanzar la luz, primero tenemos que lidiar con la oscuridad. No podemos saltarnos pasos. Debemos atravesar las nubes. Aquí es donde los estudiantes del Curso se quedan atrapados, lo cual ocurre, como he venido diciendo, cuando trabajan únicamente con el Libro de ejercicios. De esa manera no entenderán el proceso de sanación. No saltamos simplemente desde donde estamos, en el mundo, a la Luz de Cristo. Primero atravesamos las nubes de culpabilidad, lo cual significa que miramos a nuestro especialismo y a otros asuntos del ego. Aquí es donde entra la resistencia, donde se exacerba el temor y donde encontramos la fuente de la tentación de cambiar el Curso para que se adapte a nuestras necesidades.

Es importante tener en cuenta que no tenemos que hacer esto si no queremos. No tenemos que lidiar con el ego, y hay muchos otros caminos espirituales que no nos piden esto. No hay nada equivocado en ninguna de esas otras vías. Si ese es el camino con el que resonamos, hemos de seguirlo. Sin embargo, no deberíamos confundir *Un curso de milagros* con estos otros caminos. Este no es simplemente un curso para ir a la luz, sino para atravesar la oscuridad. Perdonamos la oscuridad de nuestra culpa aprendiendo a no tener miedo de ella. Una vez que los aliados del ego, la culpa y el miedo, se van, lo único que queda es la luz.

Además, no tenemos que buscar la luz o ir a ella porque la luz está aquí. Si tenemos que buscarla, nos estamos diciendo a nosotros mismos que no está aquí. Más bien, queremos buscar la oscuridad, los pensamientos oscuros en nuestra mente para poder perdonarlos. Esto no sugiere que hemos de hacer un extenso análisis. Hallamos los pensamientos oscuros simplemente viendo cómo interactuamos con el mundo a través del juicio constante, y después llevamos estos juicios a la mente cargada de culpa que es su fuente. Al mirar estos pensamientos de juicio sin juzgarlos, atacarlos ni sentirnos culpables por ellos, hacemos que pierdan su poder. Y entonces desaparecerán en la suave luz de nuestro perdón.

Todos podemos resonar con la última frase: "Pero recuerda también que jamás encontraste nada que fuese duradero, o que realmente quisieras, en los tapices de nubes que te imaginabas." Si somos honestos con nosotros mismos, reconoceremos que cuando alcanzamos un objetivo que nos hemos marcado, sentimos que nunca es suficiente. Tal vez sea suficiente para ese día, pero no será suficiente para el siguiente, o para la siguiente semana o mes. Siempre necesitamos más. Nada en este mundo nos satisface ni nos llena total y permanentemente.

Debemos aceptar esto de verdad. Una cosa es hablar de boca para afuera de lo que dice Jesús, afirmando dulcemente con la cabeza mientras decimos: "Sí, sí, sí, lo que dices es verdad."; y otra cosa muy distinta es entender plenamente a qué se refiere, y estar claros con nosotros mismos, no solo en términos de las maneras obvias en que el mundo nos ha fallado, sino también en términos de las maneras sutiles en que las cosas que hemos buscado en el mundo no nos han satisfecho. Prácticamente en todos nosotros hay una esperanza, generalmente inconsciente, de que todavía existe algún aspecto del especialismo que nos dará lo que queremos, algo en el mundo que nos hará sentirnos bien con nosotros mismos. Este es otro ejemplo de confundir forma y contenido, creyendo que algo del mundo externo (forma) llenará la carencia que experimentamos en nuestras mentes (contenido).

Jesús concluye con la oferta de ayuda más reconfortante y tranquilizadora:

> Puesto que todas las ilusiones de salvación te han fallado,
> seguramente no querrás quedarte en las nubes buscan-

do en vano ídolos falsos cuando te sería tan fácil llegar hasta la luz de la verdadera salvación. Trata de ir más allá de las nubes utilizando cualquier medio que te atraiga. Si te resulta útil, piensa que te estoy llevando de la mano y que te estoy guiando. Y te aseguro que esto no será una vana fantasía (L-pI.70.9).

Preguntas

Pregunta: En realidad, Jesús no dice que tengamos que mirar a las nubes.

Respuesta: Cierto. La idea de mirar aparece más adelante en el Libro de ejercicios, pero es extremadamente importante en el Texto. El punto que he venido estableciendo es que no obtenemos la teoría completa o el pleno proceso del perdón del Libro de ejercicios. Es por eso que este trabajo suena tan fácil y tanta gente siente la tentación de trabajar únicamente con el Libro de ejercicios, dejando el Texto a un lado. No podemos soltar las nubes si no las miramos porque, como explica el Texto, el hecho de no mirarlas es lo que les permite permanecer. La negación es una de las más primitivas y poderosas de las defensas.

Tomar la mano de Jesús significa mirar nuestra ansiedad, enfado, depresión y culpa con él, pero sin juicio. Si estamos mirando y al mismo tiempo esperando que él lo aparte todo de nosotros, lo hemos hecho real, lo que significa que realmente no hemos mirado, sino juzgado. No estamos viendo porque vemos lo que no está ahí. Este es un punto extremadamente importante. Si nos aferramos a la idea de que Jesús se llevará nuestros problemas, estamos diciendo que tenemos problemas. Sin embargo, no hay problemas, solo la creencia de la mente de que los hay. Mirar con Jesús significa darnos cuenta de que cualquier cosa que estemos sintiendo no tiene efecto en su amor por nosotros. Ese amor y nuestra paz mental son lo único que nos importa. Ciertamente, son lo único que es verdad dentro del mundo ilusorio de separación.

La falacia de la separación comenzó con la idea de que el pensamiento de ataque del Hijo contra Dios, su necesidad de usurpar el lugar de Dios en el trono y de hacerlo suyo, hizo imposible que Dios pudiera amarle de nuevo. Así, el gran mito judeo-cristiano de Adán y Eva acaba con Dios expulsando a los dos pecadores del Jardín (Cielo), y poniendo a un ángel con lanzas flamígeras en la puerta para asegurarse de que nunca vuelvan a entrar. ¡Qué maravillosa expresión del sistema de pensamiento del ego! Es esencial darse cuenta de que pedir a Jesús que se lleve el problema es hacerlo real, lo cual, en las palabras de las primeras lecciones del Libro de ejercicios, significa que no estamos viendo, porque estamos viendo algo que no está ahí.

Como he venido resaltando, las primeras lecciones del Libro de ejercicios son increíbles en términos de lo que enseñan. Jesús nos indica literalmente que cuando vemos un problema fuera de nosotros, no estamos viendo, porque ahí no hay nada sino una alucinación. Caminar con él significa ver a través de sus ojos. Las frases "entregarle las cosas", "atravesar las nubes de culpabilidad" y "tomar su mano" son expresiones de este proceso de mirar a los pensamientos de nuestro ego, y no darles el poder de interferir con nuestro amor por Jesús y el suyo por nosotros. De esta manera replicamos el principio original de la Expiación, que dice que nuestros pensamientos de ataque contra Dios no tuvieron efecto: "… no se perdió ni una nota del himno celestial". No ocurrió nada. Esto no significa que tengamos que negar nuestro terror, dolor, depresión o culpabilidad. Miramos a cualquier cosa que estemos experimentando, pero sin culparnos a nosotros mismos o a otros. Entonces esas cosas desaparecen. Este puede parecer un punto refinado, pero es crucial. Es lo que separa a *Un curso de milagros* de prácticamente cualquier otro camino espiritual que conozco: no se nos pide que neguemos el ego, sino que lo miremos sin culpa, reconociendo su propósito. Lo que nos permite mirar sin juicio es tomar la mano de Jesús, y esta es la razón por la que nos hace esta amable recomendación: "Imagina que yo te tomo de la mano mientras atraviesas las nubes de culpa, y te aseguro que no será una mera fantasía."

Pregunta: ¿Sería preciso decir que se supone que hemos de mirar a nuestro ego y amarlo?

Respuesta: Puedes hacerle cosquillas y mirarlo de manera amorosa; no lo abrazas, sino que más bien lo miras y dices: "Esto no significa nada." Quieres mirarlo y dejar de darle poder. No quieres amarlo: no es posible amar la culpa ni el asesinato. Puedes llegar al punto en el que dices que un pensamiento asesino es tonto porque no te ofrece lo que realmente quieres, que es la paz de Dios. Pero yo no llegaría tan lejos como para decir que le hemos de amar.

Pregunta: Pensé que si no lo amaba estaría juzgándolo, y por lo tanto dándole una realidad que no tiene.

Respuesta: Si lo amas, también estás dándole una realidad que no tiene. No amas a algo que no está ahí. Amas a algo que crees que *está* ahí. Cuando dices que es tonto, en realidad lo que estás diciendo es que fue tonto por mi parte creer que este pensamiento tuvo algún poder sobre el Amor de Dios.

Pregunta: ¿Podríamos decir que tenemos que perdonar al ego?

Respuesta: Sí, podrías, pero en realidad te estás perdonando a ti mismo, el tomador de decisiones, por haber elegido al ego. El ego no es absolutamente nada. Te perdonas a ti mismo por haber puesto a la *nada* en el lugar del *todo*, y después construir un mundo de la *nada*, que parece ser *algo*, para ocultar la *nada* que es la defensa contra el *Todo*.

Pregunta: ¿El ego no nos ofrece también cosas buenas? Hablas del ego, de su ataque, enfado y dolor, y puedo entender eso. Pero, ¿no tiene el ego también cosas buenas que nos engañan y pintan un cuadro hermoso del mundo? Después de todo, el mundo no es solo dolor y sufrimiento; tiene árboles preciosos y un sol maravilloso. ¿No son estos también parte del ego?

Respuesta: Absolutamente. Esta es la distinción entre el odio especial y el amor especial. El odio especial hace referencia a cosas, personas y entornos que nos parecen cuestionables. El amor especial hace referencia a cosas, personas y entornos que nos parecen placenteros. El ego funciona de la misma manera. Podemos volvernos tan adictos a un precioso atardecer, a un lago o a un paisaje como nos pueden causar repulsa la fealdad de la naturaleza o las crueldades de la guerra.

Pregunta: ¿Qué le pasa a la parte amable de mí que pensé que era divertida? Esto es lo más difícil de reconciliar.

Respuesta: No hay duda con respecto a eso, pero para abordarlo de manera adecuada se necesitaría otro taller. Las formas más insidiosas de especialismo son las que parecen ser muy positivas: gratificantes, amorosas y buenas. Es mucho más difícil lidiar con ellas. En la Lección 12, por ejemplo, Jesús dice que "un 'mundo bueno' implica uno 'malo', y uno 'agradable', uno 'desagradable'" (L-pI.12.3:6). Siempre estamos en los opuestos, las caras opuestas de la misma moneda de separación y dualidad.

Pregunta: Entonces, ¿es esto algo que también miraríamos con Jesús o el Espíritu Santo?

Respuesta: Sí. Nos damos cuenta de que creemos que nuestra paz depende de que haga buen día y de que estemos en un entorno precioso, y sin eso no tendremos un buen día. Tenemos que mirar esto con Jesús porque estamos diciendo que su amor no es suficiente; necesitamos un lago precioso o un atardecer para sentirnos felices. Esto no significa, por supuesto, que no podamos disfrutar del pacífico escenario natural, sino que hemos de darnos cuenta de que son sustitutos del Amor de Dios, que nos enraízan en el mundo, en lugar de experimentar el amor en nuestra mente recta. Y después no hemos de sentirnos culpables por haber elegido la locura. Lo que es de ayuda es ver las formas bellas como recordatorios simbólicos de la belleza del amor en la mente, el amor que verdaderamente queremos por encima de todo lo demás y que podemos elegir como nuestra realidad.

Pregunta: Cuando creemos realmente que nada puede separarnos del Amor de Dios, ¿las lecciones del Curso acaban?

Respuesta: Correcto. Entonces ya no necesitas *Un curso de milagros*. Como he venido diciendo, creo que es ingenuo por parte de los estudiantes creer que pueden hacer esto en un periodo de tiempo relativamente corto. El miedo a la pérdida del yo es demasiado grande.

Lección 95: Cómo hacer el Libro de ejercicios

Ahora voy a hablar de otra manera que tiene Jesús de ayudarnos a atravesar estas nubes de culpa, lo cual significa mirar a nuestros pecados y perdonarlos. Vuelvo a algo que he comentado antes, la manera en que Jesús nos pide que hagamos su Libro de ejercicios y cómo elegimos hacerlo nosotros. Hice énfasis en que *la* manera de hacer el Libro de ejercicios es caerte de bruces, olvidarte de Dios, olvidar la lección, cometer los errores que todos cometemos, pero mirar a todo esto sin juicio, sin pensar que tienes que recuperar el tiempo perdido en un ejercicio particular, sin sentir que tienes que engañar a Jesús o a otra gente, ni que tienes que ser el perfecto estudiante del Libro de ejercicios.

Mis comentarios encajan en el contexto de la Lección 95, "Soy un solo Ser, unido a mi Creador", que también he mencionado antes. Lo interesante de esta lección es que, en medio de ella, Jesús se aparta del tema de la lección y habla de cómo hacer el Libro de ejercicios. Entre muchas otras, esta lección contrasta la grandeza del Ser que Dios creó con nuestra versión de nosotros mismos, descrita en esta lección como "una ridícula parodia de la Creación de Dios: débil, perverso, lleno de fealdad y de pecado, abatido por la miseria y agobiado por el dolor" (L-pI.95.2:1). Jesús comienza con esto, y después pasa a comentar cómo lidiar con nuestras lagunas de memoria. Dicho comentario, a su vez, se convierte en la transición que nos devuelve al tema de la lección.

Y así, en el cuarto párrafo, Jesús nos habla de cómo hacer el Libro de ejercicios. Nos dice que nuestras mentes todavía son relativamente indisciplinadas y están faltas de entrenamiento y, por lo tanto, necesitamos estructura. Aquí estamos; ya llevamos tres meses con el Libro de ejercicios y se nos dice que no estamos meditando adecuadamente, que nuestras mentes todavía deambulan. Lo que es de ayuda con respecto a esto es saber que la mente deambulará casi siempre; pero Jesús nos dice que es consciente de esto, y que no deberíamos sentirnos culpables. El contenido subyacente de este mensaje es: "Yo sé que tú eres un 'miserable pecador'; sé que a tu ego no le importamos ni yo ni Dios, pero Nosotros te amamos. No te ocultes a ti mismo el hecho de que no estás pensando en mí, de que pones a los ídolos del mundo por encima de mí y de las lecciones, de que tratas de usurpar mi lugar en tu mente y en tu vida mediante cosas especiales que en realidad son triviales. Yo sé que tú estás haciendo esto, y está bien. Nada de ello tiene ningún poder, excepto en sueños."

Esto es extremadamente importante, porque así es como veremos que, tanto en forma como en contenido, Jesús está subrayando el mensaje de su Curso: "Te amo, el Espíritu Santo te ama, Dios te ama, no ha ocurrido nada que haya cambiado este Hecho feliz." Este es el mensaje en términos del significado de todo, y la propia forma de darnos este mensaje dice lo mismo. Con él no tenemos que fingir. No tenemos que ser un gigante espiritual que se sienta y medita, y entonces ve el mundo desaparecer mientras la mente queda inundada de luz y amor. Él nos dice: "Sé que no es eso lo que ocurre, y está bien. Mi amor por ti sigue siendo el mismo." Si este mensaje nos llega una vez, hemos aprendido el Curso y ya no lo necesitamos más. Nos dice que el pecado que hemos percibido contra Dios no ha afectado a Su Amor, y si esto es cierto, el pecado no existe y no es la causa de nada. Sin pecado no hay justificación para la culpa, y no hay necesidad de proyectar la culpa hacia el futuro y temer el castigo. Todo el sistema de pensamiento del ego desaparece con la simple declaración: "No importa lo que hagas; mi amor por ti no ha cambiado."

Jesús nos está diciendo que no le engañemos ni nos engañemos a nosotros mismos. Simplemente hemos de ser conscientes de nuestra falta de disciplina mental y de la consiguiente necesidad de entrenar la mente. Si no somos conscientes de esto, ¿cómo vamos a perdonar nuestros lapsos? Esto significa que nuestro pecado permanecerá enterrado y saldrá a la superficie en nuestras proyecciones. El peligro está en que pensaremos que hemos hecho algo, cuando no es así. En el Nuevo Testamento, Jesús critica repetidamente a los fariseos. En una escena terrible, les llama "una generación de víboras". No estoy diciendo que Jesús dijera realmente esto, pero, considerando que estos incidentes son instructivos, podemos entender que el Jesús bíblico les dijera que su error consistía en creer que, si se pegaban a la letra de la ley, estaban manteniendo también su espíritu. Los fariseos eran la rama del judaísmo que se adhería estrictamente a las enseñanzas del Antiguo Testamento (la letra de la ley), y por tanto creían que eran espiritualmente superiores a otros grupos de judíos. En esencia, Jesús estaba diciéndoles que estaban obedeciendo las formas del amor (es decir, al amor especial), pero perdiéndose su contenido. El peligro reside en que el odio ocultado por la forma se mantenga enterrado en la mente, volviendo a salir más adelante de maneras muy feas. Desgraciadamente, la sangrienta historia del cristianismo es testigo de ello.

Por lo tanto, aquí Jesús está diciéndonos que nunca deberíamos sentirnos culpables por olvidarle y olvidar la lección del día durante largos periodos de tiempo. Él nos dice: "Yo sé que te olvidarás. Tienes este programa de estudios con el que tu mente puede ser entrenada para recordar. No te sientas culpable por estar pecando." Naturalmente, él no ve nuestro olvido como pecaminoso, pero nosotros sí. Olvidar sus palabras y dar la espalda a su presencia es un recordatorio de aquello de lo que nosotros nos acusamos a nosotros mismos de haber hecho con Dios, y todos nosotros representamos, una y otra vez, ese instante ontológico de terror. Recuerda que, para nuestras mentes dementes, este mundo es la prueba de que matamos a Dios porque estábamos convencidos de que podíamos construir un mundo mejor que el Suyo; de que, de hecho, nosotros podíamos ser Dios. Como mencioné antes, este es el germen del problema de autoridad: yo he derrotado a la autoridad. He usurpado su lugar en el trono. Yo soy Dios.

El propósito de *Un curso de milagros* es recordarnos que somos como pigmeos espirituales. Somos niños muy pequeños, y estamos muy lejos del gigante espiritual que somos en nuestras fantasías. Jesús nos informa de esto amablemente, y nosotros tenemos que dejar de luchar con él y de pretender que somos lo que no somos. Más bien, deberíamos reconocer: "Sí, esto es lo que soy, pero no es un pecado." Esta honestidad nos permite recuperar su amor. Si insistimos en que no tenemos un ego, o en que apenas tenemos vagos residuos de él, vamos a creer que no le necesitamos. Y esto es exactamente lo que quiere el ego, que nosotros seamos nuestro propio autor: "Yo no necesito a Jesús ni al Espíritu Santo porque puedo hacerlo por mí mismo. De hecho, ya lo he hecho." Así, vemos efectivamente que nunca vamos a conseguir la ayuda que necesitamos, y que nos quedaremos todavía más empantanados en la ciénaga del ego de la culpa y el miedo.

Así, nuestro maestro nos dice: "Todavía eres un niño pequeño y por lo tanto necesitas estructura, pero cuando crezcas dejarás de necesitarla." Establece un punto similar en "¿Cómo debe pasar el día el Maestro de Dios? (M-16). Él dice que los maestros avanzados de Dios nunca tienen que preguntarse: "¿Cómo debería pasar el día?, porque el Amor del Espíritu Santo les guía. No obstante, hasta que lleguemos a ese punto, la estructura es muy necesaria. Recordemos una vez más que el Libro de ejercicios es un programa de entrenamiento de un año de duración que generalmente se hace cerca del comienzo del trabajo con el Curso. Por eso su estructura es tan importante.

Preguntas

Pregunta: Entonces, según el Curso, ¿la esencia de la meditación es simplemente mirar al ego y no irse a la luz, ni hacer cosas que me eleven, que me den un "subidón"?

Respuesta: Correcto. Este no es un Curso sobre alcanzar la elevación espiritual. Justo lo contrario. Es un Curso para ayudarnos a darnos cuenta de lo abajo que estamos, y después mirar a ese "abajo" con Jesús. Eso es lo que nos elevará. En el contexto del trabajo con el Curso, meditación significaría mirar el "abajo" con él, tal como el perdón es mirar al ego con él. Cuando realmente entendamos esto, tendrá perfecto sentido para nosotros, y también hará nuestra vida increíblemente fácil. Ya no tendremos que luchar por meditar: "Hoy lo iba a hacer bien. Pero he meditado catorce minutos y medio, y en los últimos treinta segundos lo he echado a perder." No necesitamos luchar con las formas, y ni siquiera con el contenido. Simplemente miramos a nuestro ego sin juicio.

Para ampliar esto podemos decir que el objetivo de *Un curso de milagros* no es que no tengamos pensamientos del ego, que nunca caigamos enfermos, o que nunca nos sintamos culpables, enfadados o atemorizados. Su objetivo para nosotros es que, después de algún tiempo, respondamos automáticamente a estas palabras o acciones mirándolas con Jesús. Entonces desaparecerán. Si pensamos que debemos tener un planteamiento diferente, estaremos estableciendo una norma que nunca podremos cumplir. Si decimos que tenemos que pasar el día sin un solo pensamiento del ego, nuestro ego estará desenfrenado porque eso implica que es real y terrible, y que la salvación significa verse libre de él. Esto no hace sino darle una realidad y una fuerza que no tiene.

El objetivo del Curso es que tengamos todos los pensamientos del ego que queramos, pero que los miremos con Jesús o el Espíritu Santo, y que ya no les demos el poder de arrebatar Su Amor de nuestra mente. Entonces, ¿cómo podrían no desaparecer esos pensamientos? Esta es la importancia de las siguientes líneas del Manual: "No te desesperes, pues, por causa de tus limitaciones. Tu función es escapar de ellas, no que no las tengas" (M-26.4:1-2). Esto hace referencia a las limitaciones del cuerpo, y de lo que escapamos es de la carga de culpa que hemos puesto en ellas, tanto si las limitaciones son físicas como psicológicas. Nuestra función no es estar sin ellas, trascender las leyes físicas o psicológicas que hemos creado. Nuestra función es mirarlas y mirar nuestra identificación con ellas, pero sin culpa ni juicio. Así es como las negamos, dando ejemplo de "el uso correcto de la negación" (T-2. II.1:12). El uso incorrecto de la negación nos hace creer que la culpa es tan atemorizante que nunca volveremos a mirarla. Jesús nos ayuda a negar que la culpa de la mente tenga algún poder sobre el Amor de Dios.

Como comenté antes, usar un reloj con alarma para asegurarte de que practicas exactamente tal como Jesús te instruye hace que pases por alto el punto clave. La idea no es pasar literalmente cinco minutos de cada hora con Jesús o con la lección del Libro de ejercicios. La idea es que tú *quieras* hacerlo; pero, y esto da todavía más en el clavo, la idea es que tomes conciencia de hasta qué punto *no* quieres. Si usas un reloj de alarma, estás cortocircuitando el proceso, porque no te estás permitiendo ver hasta qué punto no quieres aprender las lecciones, y por lo tanto estás impidiendo el proceso de perdón. Como he dicho antes, también está involucrado el pensamiento de que, si usas un reloj de alarma para acordarte de hacer el ejercicio, agradarás a Jesús porque él pondrá una marca en tu hoja de evaluación en el Cielo cada que vez que te "acuerdes".

Esto lleva a quedarse atrapado en los números, en lugar de en el contenido. Este no es un Curso en el que lo importante sea la *cantidad,* sino la *calidad.* Este es otro error común, y ha estado ahí casi desde la publicación del Curso en 1976. La gente se emociona ante el creciente número de estudiantes, a medida que pasa de unos cientos a dos millares, y después a decenas y cientos de miles, e incluso un millón o más. Este entusiasmo viene de creer que el hecho de que un gran número de personas estudie el Curso significa algo. No se dan cuenta de que simplemente se han quedado atrapados en la trampa del ego de hacer real el mundo de la multiplicidad: si hay suficientes cuerpos que estudian *Un curso de milagros,* el mundo se salvará.

En los años 70 hubo personas que enviaron copias del Curso a la Casa Blanca de Carter y al Vaticano. La idea era que, si podemos poner en el poder a personas que sean estudiantes del Curso, y lo retransmiten al mundo, el mundo se salvará: *como si hubiera un mundo que necesitara ser salvado.* Este es el error, y por eso no podemos trabajar significativamente con este Curso si no entendemos su metafísica. Cuando Jesús dice: "¡El mundo no existe!" (L-pI.132.6:2), lo dice literalmente. ¡Nota el punto de exclamación! Como el mundo no existe, ¿cómo es posible salvar lo que no existe? Es el mundo de la mente el que tiene que ser salvado. El mundo no necesita grandes maestros del Curso, ni siquiera necesita que se escriban grandes libros sobre él. El mundo necesita personas que vivan el Curso, y ponerlo en práctica no tiene nada que ver con los sucesos o la actividad del mundo. Volveremos en breve a lo que realmente significa ser un maestro de Dios.

Y así, este no es un Curso en el que lo importante sea la multiplicación de los estudiantes, porque una vez que estás pillado en eso (los números están sólidamente en el sistema del ego), es obvio que estás en el mundo de la dualidad. Solo hay un número en el universo entero, el uno. En el Manual para el maestro se plantea la pregunta: "¿Cuántos maestros de Dios se necesitan para salvar al mundo?" (M-12). La respuesta es uno. Si bien ese "uno" podría ser visto como Jesús (o cualquier otro que haya trascendido el ego), su significado subyacente es que Jesús representa al Cristo uno. Solo se necesita un maestro para salvar al mundo, porque solo *hay* un maestro porque solo hay un Hijo, no miles de millones. Nuestro trabajo es simplemente hacer nuestro trabajo para salvar al Hijo uno, lo que significa sanar nuestra mente de pensamientos de culpa, y eso es la aceptación de la Expiación. No importa si el Presidente, el Papa, o cualquier otra persona tiene una copia de *Un curso de milagros*. Lo único que importa es que *tú* tengas una copia, y que tú trabajes con el Curso, hagas lo que dice y aprendas sus lecciones.

Pregunta: Con referencia a los números, ¿significa eso que llevar el Curso a los medios no es de ayuda?

Respuesta: ¿Quién puede decir si está siendo de ayuda o no? El punto que estaba estableciendo es que si eres estudiante de *Un curso de milagros* y te sientes feliz porque está en los medios, ahí hay algo equivocado. El que esté en los medios o no, no debería preocupar a nadie. De lo que la gente sufre es de pensar que, de algún modo, este es su Curso. No lo es. Este es el Curso de Jesús, y yo te aseguro que a él no le importa si está en los medios o no, porque él no sabe de medios. No hay un plan cuidadosamente orquestado que trata de que llegue a la Casa Blanca o a cada capitolio del mundo, a las iglesias y sinagogas, etc. Él no tiene agentes en cada uno de esos lugares que vayan a hacer su trabajo. No es así. Estaría loco si tuviera un plan así, porque eso haría real el mundo.

Solo hay un plan: la aceptación de la Expiación. Si *Un curso de milagros* llega a los medios, al Vaticano, o al Congreso, que así sea. Pero, ¿qué interés tiene eso para ti o para mí, o para cualquier otra persona? Nuestra única preocupación debería ser aceptar la Expiación. ¿Cómo podría importar lo demás si el mundo no existe y la mente tomadora de decisiones lo es todo? En cuanto piensas que sí importa, estás atrapado en la creencia de que el mundo es real. Es muy fácil caer en esta trampa sutil, pero se evita fácilmente si mantienes en el espejo del baño, escrita con tinta indeleble, una nota que diga: "¡El mundo no existe!"

Si el mundo no existe, entonces, ¿a quién o a qué vas a salvar? ¿A quién van a informar los medios si el mundo no existe? Eso no significa que niegues lo que haces, ni lo que es tu vida física o tu aula escolar. Significa que cuando veas que te empiezas a preocupar o deprimir porque no ocurre algo a nivel público con el Curso, o cuando te sientas exaltado y exuberante porque ocurre, te des cuenta de que estás atrapado en la creencia de que hay algo ahí fuera que tiene que ser salvado. ¡No hay nadie ahí fuera que necesite *Un curso de milagros* porque ahí fuera no hay nadie! Sin embargo, aquí dentro sí hay alguien que necesita *Un curso de milagros*: nuestra mente tomadora de decisiones.

Pregunta: ¿No deberíamos alegrarnos de que el Curso se extienda, y no deberíamos sentirnos molestos porque esté siendo alterado o distorsionado por cierta gente?

Respuesta: Ese es el mismo error. Si te preocupa que el Curso esté siendo alterado, estás diciendo que hay algo fuera de ti que tiene poder. Incluso asumiendo que tienes razón, que hay algo ahí fuera que está alterando el Curso, recuerda que cada cual tendrá una comprensión distinta de quién está poniendo en peligro qué. De modo que es posible que estés en lo correcto, pero, si estás molesto, estás diciendo que la persona ha cometido un pecado, y ahora tú, en tu brillante corcel blanco con *Un curso de milagros* brillando en el aire, vas a entrar en la ciudad y quemar a los herejes porque tú conoces la verdad. Nos vemos atrapados continuamente en este error. Tu única preocupación debería ser por ti mismo, por si estás eligiendo al ego o al Espíritu Santo como tu maestro.

La otra parte de este asunto es por qué deberías sorprenderte de que la gente altere o menoscabe el Curso; la gente menoscabó a Dios justo al principio. No obstante, es posible describir errores sin juzgar a los estudiantes, sin hacer gran cosa de ello. Eso es lo crucial. Recuerda que, en este Curso, Jesús dice muy claramente que durante dos mil años los cristianos han alterado lo que él enseñó. Estas no son sus palabras exactas, pero él tiene muy claro que los cristianos han cometido muchos, muchos errores. Sin embargo, nunca tienes la sensación de que esté juzgando. Simplemente dice: "Así es como es. ¿Qué es tan inusual con respecto a ello? El mundo entero es un menoscabo."

Generalización

En el párrafo 8 de la Lección 95, Jesús comenta el tema de la generalización, y se hace evidente que no está hablando solo de esa lección particular del Libro de ejercicios, sino que es algo mucho más amplio. Aquí hay dos frases extremadamente importantes: "Tus errores no pueden hacer que el Espíritu Santo se demore en impartir Sus enseñanzas. Solo tu renuencia a desprenderte de ellos puede hacerlo." La referencia inmediata es a los errores que hacemos con el Libro de ejercicios. Pero podemos generalizarlo para que signifique que *ninguno* de nuestros errores es un obstáculo para el Espíritu Santo. El problema no son los errores mismos, sino nuestra renuencia a soltarlos porque nos sentimos culpables, o porque queremos justificarlos o racionalizarlos, fabricando historias para sustentar el error. Una vez más, el problema no es el error, que nos olvidemos de pensar en Dios durante cinco minutos de cada hora, o que condenemos en lugar de perdonar. El problema es que cuando nos olvidamos, nos aferramos a los errores sintiéndonos culpables o proyectando la culpa en algo o en alguien. Esto es lo que ya he mencionado: el problema no fue la *pequeña idea loca* de estar separados de Dios, sino tomarla en serio. Llamar pecado a la *pequeña idea loca* es tomarla en serio. Llamarla *pequeña idea loca* y decir que es tonta —"Es motivo de risa pensar que el tiempo pudiese llegar a circunscribir a la eternidad..." (T-27.VIII.6:5)— es llamarla error. Como el Curso dice repetidamente, los pecados se castigan, los errores se corrigen.

Por lo tanto, queremos desaprender el error original que cometimos al llamar al error pecado, en lugar de decir simplemente que fue una *pequeña idea loca* que no tuvo efecto. Desaprendemos al repetir el error una y otra vez, pero, ahora, mirándolo de manera diferente. Una expresión de este error es dejar de hacer la lección de la manera en que "se supone" que hemos de hacerla, como si hubiera una manera "en la que se supone" que ha de hacerse, como si hubiera una manera correcta de hacer el Libro de ejercicios. Recuerda, la manera "correcta" de hacer el Libro de ejercicios es hacerlo "mal" y después perdonarte por haberlo hecho así. También deberías hacer una nota con esto y dejarla en el espejo del baño [para leerlo cada mañana]: "La manera correcta de hacer el Libro de ejercicios es hacerlo mal y después perdonarte por ello." No obstante, pon: "¡El mundo no existe!" primero, porque eso es más importante.

Volviendo a enunciar este punto esencial, al Espíritu Santo no le retienen nuestros errores sino "solo nuestra renuencia a desprendernos de ellos". Ese es el propósito de la culpa, y la razón por la que en el Curso se hace tanto énfasis en la culpa. La culpa es lo que toma el error, lo congela, y lo llama pecado. Cuando lo miras con amabilidad, sin juicio y le sonríes, el error desaparece. No mirarlo es no estar dispuesto a dejarlo ir a fin de preservar nuestro yo separado.

En un precioso pasaje de *The Gifts of God (Los regalos de Dios,* p. 118), el poema en prosa que Helen anotó, Jesús le pidió que le diera a él los regalos del ego, su culpa y su miedo, y que en intercambio él le daría los regalos de Dios. Por supuesto, esto también vale para nosotros. Venimos a él con los puños cerrados, aferrándonos con determinación a nuestro pecado y a nuestra culpa. Jesús nos implora que abramos las manos y que nos demos cuenta de que en ellas solo hay espacio vacío, un espacio en el cual ahora él es libre de poner sus regalos de amor. La idea no es que tengamos que ser perfectos; es que nos perdonemos a nosotros mismos por no ser perfectos, por nuestros "lapsos en diligencia", nuestros "fallos a la hora de seguir las instrucciones para practicar la idea del día".

Lo que Jesús nos está pidiendo no es que le demos nuestro amor, sino que le demos nuestro pecado, nuestra culpa y nuestros pensamientos de ataque. Nosotros no tenemos ningún amor que le podamos dar; si lo tuviéramos, seríamos como él. Le damos nuestra culpa y entonces él se la lleva. No es literalmente que él la tome de nosotros; es simplemente que, cuando abrimos la mano, la culpa se va. El puño apretado refleja nuestra creencia de que hay algo allí que hemos de retener y atesorar: el pecado. La culpa mantiene el puño cerrado y la proyección protege el pecado. Pero, cuando abrimos la mano, nos damos cuenta de que allí no hay nada, y entonces su amor ocupa inmediatamente ese espacio vacío. Hacer el Libro de ejercicios tal como él nos pide en la Lección 95 es lo que consigue esto.

En otro pasaje importante del párrafo 8 de la Lección 95, Jesús nos sigue instruyendo para que seamos tolerantes con nuestra debilidad, de modo que no retrase nuestro aprendizaje: "Si le otorgamos ese poder [de demorar nuestro aprendizaje], creeremos que es fortaleza, y estaremos confundiendo la fortaleza con la debilidad." Generalizando, podemos decir que nosotros, la mente tomadora de decisiones, da poder al ego para retrasar nuestra vuelta a casa; de hecho, originalmente, damos al ego el poder de decirnos que no estamos en casa. También damos poder a los egos de otras personas. Lo que deshace este poder y lo elimina, haciendo al ego impotente, es simplemente mirarlo y decir que no puede interferir en el Amor de Dios por nosotros, ni en el nuestro por Él.

En el párrafo 10, Jesús cambia de enfoque a la cuestión más amplia, devolviéndonos al tema principal de la lección:

> Deja atrás todos estos errores reconociéndolos simplemente como lo que son: intentos de mantener alejado de tu conciencia el hecho de que eres un solo Ser, unido a tu Creador, uno con cada aspecto de la Creación y dotado de una paz y un poder infinitos. Esa es la verdad y nada más lo es.

Nuestro maestro nos dice que todos los intentos de suspender este Curso son deliberados. No es accidental que nos olvidemos de la lección del Libro de ejercicios. No es accidental que soltemos su mano y, en cambio, tomemos la del ego. No es accidental que sigamos atacando a la gente o a nosotros mismos, encontrando agravios para sentirnos molestos en lugar de dejarlos ir. Todo esto son intentos de mantener las nubes de culpa y ataque firmemente en su lugar, hasta el punto de no oír la Voz del Espíritu Santo recordándonos que somos un solo Ser, unido a nuestro Creador, como dice el título de la Lección. Estos pensamientos del ego procuran mantenerlo vivo y en buena salud, y surgen tanto con respecto a cosas triviales como a cosas importantes. Todas son lo mismo. Aquí, Jesús nos dice de nuevo que no tengamos miedo de cometer errores y que no intentemos ser perfectos. No tenemos que probar que le amamos. Simplemente tenemos que aceptar su amor en lugar de la culpa del ego.

Volviendo al principio central, la idea de todo esto es no confundir forma con contenido. El contenido del Libro de ejercicios es reentrenar la mente. La forma es todo lo que él nos pide. Pero a él no le interesa la forma; lo único importante es el contenido. No podemos reentrenar la mente si no sabemos que tenemos una mente, y si todavía sabemos menos de lo que hay dentro de ella: miedo, enfado, resistencias y la crueldad del ego. En suma, hacer el Libro de ejercicios es una manera maravillosa de traer a la superficie todas estas defensas contra el Amor de Dios para así poder soltarlas.

Tercer repaso-Introducción

Me gustaría leer la Introducción al tercer repaso, párrafos 2 y 3, puesto que reflejan algunas de las ideas que hemos venido comentando:

> Entendemos, por supuesto, que tal vez te resulte imposible hacer cada día y cada hora del día lo que aquí se sugiere como óptimo. Tu aprendizaje no se verá afectado si se te pasa una sesión de práctica porque te resultó imposible hacerla en el momento señalado. No es necesario tampoco que te esfuerces excesivamente por recuperar el número de sesiones perdidas. Nuestro objetivo no es hacer un rito de las sesiones de práctica, puesto que ello impediría el logro de nuestra meta.

> Pero el aprendizaje definitivamente se vería afectado si dejaras de hacer una sesión de práctica por no haber estado dispuesto a dedicarle el tiempo requerido. No te engañes a ti mismo con respecto a esto. Esa falta de buena voluntad puede estar muy cuidadosamente disimulada tras la falsa apariencia de situaciones que parecen estar fuera de tu control. Aprende a distinguir entre las situaciones que no son propicias para tu práctica y aquellas que urdes para enmascarar tu falta de buena voluntad.

Jesús vuelve a decirnos que él sabe que no seremos capaces de hacer exactamente lo que nos dice. A veces, curiosamente, hay personas que dejan a sus familias y sus trabajos durante todo un año para que las cosas normales y triviales con las que las personas normales lidian cada día no interfieran en sus sesiones de práctica. Entonces creen que serán capaces de hacer los ejercicios perfectamente. Y si hay personas que no hacen esto, ciertamente las hay que desearían poder hacerlo, y que envidian a los que pueden. De lo que no se dan cuenta es de que su vida diaria y sus responsabilidades son el lugar perfecto, el aula escolar perfecta donde practicar sus lecciones diarias de perdón. Es importante recordar que a Jesús no le interesan los números; él no cuenta cuántas veces nos quedamos cortos en nuestra práctica. No es necesario reservar periodos especiales para hacer el Libro de ejercicios o disponer de un lugar especial. Recordando nuestro comentario anterior, este no es un curso sobre meditación tradicional. Ni siquiera se nos pide que nos enfoquemos en Dios. Más bien, se nos pide que *aprendamos* a pensar en Dios todo el tiempo, lo cual significa ser cada vez más conscientes de hasta qué punto no pensamos en Él, y de que ni siquiera queremos pensar en Él. Hemos de tomar conciencia de las interferencias y no juzgarlas. Así es como empezarán a caerse.

Hace años estaba trabajando con hermanas contemplativas que tenían periodos de oración regulares programados para cada día. Algunos días, debido a las responsabilidades o a emergencias, no podían rezar en esos periodos específicos. Me decían que, justo antes de irse a la cama, recuperaban rápidamente todos los periodos de oración perdidos. De esto es de lo que habla Jesús, solo que él no habla de monjas que rezan. Ciertamente no las excluye: está claro que algunas de sus mejores amigas son monjas, ¡e incluso ex–monjas! Lo que está diciendo es que no tenemos que recuperar los periodos perdidos, como si él estuviese esperando en el Cielo, anotando en una libreta para llevar el control. Solo nos pide que seamos honestos con nosotros mismos, haciendo eco a su llamada en el texto: "Sé muy honesto contigo mismo al respecto, pues no debemos ocultarnos nada el uno al otro" (T-4.III.8:2). Además, él nos está pidiendo que seamos honestos con él: "No te dejes engañar por el hecho de que con mucha frecuencia te saltarás un periodo de práctica, no porque has tenido una emergencia que requería tu tiempo y atención, sino porque no querías pasar tiempo conmigo. Sé honesto contigo mismo. Por supuesto que no quieres pasar tiempo conmigo, porque eso excluiría a tu ego. Y como yo no me lo tomo personalmente, ni tampoco lo juzgo, tú tampoco deberías hacerlo." Tenemos que discernir si realmente no podemos hacer la lección, o si simplemente no queremos hacerla y estamos pretendiendo que no podemos.

La idea es generalizar estas instrucciones con respecto a los periodos de práctica a todas las cosas que hacemos. Esta es otra de las razones por las que es de gran ayuda aceptar verdaderamente que Jesús y el Espíritu Santo no hacen cosas en el mundo, y tampoco les interesa lo que ocurre en él. Estar involucrados en el mundo lo haría real y, además, confundiría forma y contenido. Lo único que les preocupa es nuestra elección de identificarnos con el amor que está en nuestras mentes. Cuando podemos mirar sin juzgar cuánto nos hemos identificado con los pensamientos de culpa, miedo y ataque en la mente, todos ellos desaparecen. Lo que queda es el amor que fluye por sí mismo a través de nosotros. Esto es lo que significa ser un maestro de Dios, lo cual nos lleva al último tema de nuestros comentarios sobre el Libro de ejercicios.

6. Sobre ser un Maestro de Dios

Aunque el término maestro de Dios no aparece en el Libro de ejercicios, Jesús habla de él en las Lecciones de la 153 a la 157, y también en otras, como la Lección 37 a la que me he referido antes. En el Texto hay una serie de lugares donde esta misma idea se expresa con relación al milagro, el perdón y la salvación (T-16.II.1; T-22.VI.9; T-27.V.1). En cada uno de ellos, Jesús nos enseña que nuestra única función es elegir el milagro o el perdón, y que su extensión no es nuestra responsabilidad.

Aquí me vienen a la mente mis anteriores comentarios con respecto a la cuestión que hemos mencionado antes de estar involucrado en la vida del mundo. Nuestra función es simplemente aceptar la Expiación para nosotros mismos, lo que significa aprender a elegir entre el milagro y el agravio, entre el perdón y el ataque. Una vez que hacemos la elección a favor de la mente correcta, y la hacemos cada vez que miramos a los pensamientos del ego sin juicio, el amor que refleja nuestra decisión se extiende automáticamente a través de nosotros. No importa si uno está dando clases o escribiendo libros sobre *Un curso de milagros*, no importa si es albañil, psicoterapeuta, padre de familia, si enseña en una escuela o si arregla tuberías. Cualquier cosa que uno esté haciendo será automáticamente el instrumento a través del cual fluirá el amor de Jesús en nuestras mentes, *y es este amor el que sana, no las formas en las que se expresa.*

Y así, no debemos enfocarnos en lo que hacemos con la forma, sino solo en dejar sitio a la verdad. Jesús nos dice esto hacia el final de Libro de ejercicios: "Lo único que nos concierne ahora es dar la bienvenida a la verdad" (L-pII.14.3:7). Nuestro trabajo es conocer la verdad, no enseñarla o extenderla. Y llegamos a conocer la verdad haciéndole sitio en la mente mediante la liberación de la culpa cuando perdonamos. Esto permite que la verdad se extienda a través de nosotros de manera natural. Por eso, muy al principio del proceso de escritura, Jesús dijo a Helen que estas palabras que estaban destinadas a ella tenían que permanecer en el Curso: "Pregúntame qué milagros deberías realizar." En otras palabras: "No hagas las cosas por tu cuenta. No te dediques a hacer el bien. Deja que sea yo quien haga el bien. Simplemente elígeme a mí y estate conmigo, porque eso liberará mi amor para guiarte con respecto a qué decir y hacer en términos de la gente a la que ayudarás." Este es el significado de "No confíes en tus buenas intenciones, pues tener buenas intenciones no es suficiente" (T-18.IV.2:1-2). Son las personas con buenas intenciones las que se enfocan en salvar el mundo. Este no es un Curso sobre tener buenas intenciones. Es un Curso sobre darse cuenta de que a menudo nuestras intenciones son muy malas; sin embargo, una vez que las miramos con el amor de Jesús a nuestro lado, desaparecen, permitiendo que su amor fluya alegremente a través de nosotros.

Vamos ahora a la Lección 155, una lección extremadamente importante a la que me suelo referir a menudo, especialmente su párrafo de apertura. Ese párrafo, y de hecho toda la lección, nos pone en alerta ante la trampa habitual del ego de intentar parecer santo, de querer que todo el mundo sepa lo maravillosamente adelantados que estamos como maestros de Dios. Eso implica inevitablemente hacer juicios sobre las formas y las conductas del maestro de Dios, como las placas de matrícula que el coche de un maestro avanzado debería tener, usando un ejemplo extremo. Esta es la confusión antes mencionada entre forma y contenido, hacia la que Jesús llama nuestra atención. Debería indicarse que, en realidad, en esta lección Jesús está hablando de los maestros *avanzados*, como hace en las diez características de los maestros de Dios en el Manual para el maestro.

(L-pI.155.1:1-4) Hay una manera de vivir en el mundo que no es del mundo, aunque parezca serlo. No cambias de apariencia, aunque sí sonríes mucho más a menudo. Tu frente se mantiene serena; tus ojos están tranquilos. Y aquellos que caminan por el mundo como tú lo haces reconocen en ti a uno de los suyos.

"No cambias de apariencia." No te comportas distinto, ni hablas, vistes o comes distinto. Ciertamente, en el caso típico, tienes un aspecto parecido al de cualquier otra persona, siendo la única diferencia que sonríes con más frecuencia porque estás en paz. Esto se debe a que "das un paso atrás y dejas que él te muestre el camino." Tú no diriges ni abres el camino. El Espíritu Santo abre el camino. Tú das un paso atrás y miras a tu ego con Él, sin tomarlo en serio ni darle el poder de afectarte. Esto elimina de ti la carga de culpa y dolor, dejando solo una amable sonrisa. Una vez que se va la culpa, lo único que queda en tu mente es el amor de Jesús, y eso es lo que se expresa a través de ti. Es esencial darse cuenta de que no hay nada que tengas que hacer para que se manifieste ese amor. Tu trabajo consiste únicamente en dar un paso atrás y mirar a la interferencia de tu ego. Él hace el resto.

Un tema recurrente, que aparece en el Texto, pero con mucha más frecuencia en el Libro de ejercicios, es que Jesús, el Espíritu Santo y Cristo necesitan nuestros cuerpos. Una expresión de esto viene en la Lección 154, "Me cuento entre los ministros de Dios":

Nuestra práctica de hoy consiste en darle a Él [el Espíritu Santo] lo que es Su Voluntad tener, de manera que podamos reconocer los dones que nos concede. Él necesita nuestra voz para poder hablar por medio de nosotros. Necesita nuestras manos para que reciban Sus mensajes y se los lleven a quienes Él nos indique. Necesita nuestros pies para que nos conduzcan allí donde Su Voluntad dispone, de forma que aquellos que esperan acongojados puedan por fin liberarse. Y necesita que nuestra voluntad sea una con la Suya para que podamos ser los verdaderos receptores de Sus dones (L-pI.154.11).

Aparte de la "voluntad", que hace referencia a que nuestra mente tome la decisión a favor de la mente correcta, todo lo que Jesús menciona aquí —voz, manos y pies— hace referencia a nuestros cuerpos.

Encontramos otra expresión de este tema en la Introducción al Quinto Repaso, donde Jesús dice:

Así pues, deja que este repaso sea el regalo que me haces a mí. Esto es lo único que necesito: que oigas mis palabras y se las ofrezcas al mundo. Eres mi voz, mis ojos, mis pies y mis manos por medio de los cuales le llevo la salvación (L-pI. rV.9:1-3).

Otra referencia más viene en el último párrafo del resumen llamado "¿Qué es el Segundo Advenimiento?", en la Segunda Parte del Libro de ejercicios, en el que el tema es el Segundo Advenimiento:

Ora para que el Segundo Advenimiento tenga lugar pronto, pero no te limites a eso. Pues necesita tus ojos, tus oídos, tus manos y tus pies. Necesita tu voz. Pero, sobre todo, necesita tu buena voluntad (L-pII.9.5:1-4).

Segundo Advenimiento es el término que utiliza el Curso para referirse al final de la Expiación, el despertar final del Hijo en el que la Filiación fragmentada vuelve a reunirse. El pasaje deja claro que el Segundo Advenimiento (o Espíritu Santo) necesita no solo nuestro cuerpo, sino nuestra buena voluntad, lo que refleja el cambio que se produce en la mente, que pasa de identificarse con el ego a hacerlo con el Espíritu Santo.

Hay muchas otras referencias de esta naturaleza en el Curso. Su significado reside en que nos ayudan a entender que Jesús no está en contra del cuerpo, y que, aunque nos dice que el mundo no existe —solo existe una creencia demente en él, que es un ataque contra Dios—, él no lo condena. Él usa el mundo porque nosotros creemos en el mundo, y cambia su propósito para que sea un aula escolar a través de la cual él pueda comunicar su mensaje. Necesitaba el cuerpo de Helen, por ejemplo, para que este mensaje inespecífico pudiera tomar forma. Él necesitaba la decisión de la mente de Helen de dejar que su amor se expresara a través de su cuerpo para anotar las palabras. La fuente o el contenido del Curso es amor abstracto. Las palabras son su forma.

Lo que hizo que Helen fuera santa no fue la transcripción de *Un curso de milagros*, sino que ella tuvo la buena voluntad de unirse con Jesús. Esa misma santidad está en cada uno, y por eso, cuando la gente intentaba poner a Helen en un pedestal espiritual por hacer este "santo trabajo", ella respondía siempre que ellos también podían hacer lo que ella había hecho. Esta idea de la buena voluntad, de estar dispuesto, es un tema importante en el Curso, especialmente en el Texto, donde se habla de la "pequeña dosis de buena voluntad" (véase T-18.IV). Necesitamos buena voluntad para soltar la mano del ego y tomar la de Jesús. Esto significa mirar a nuestro ego y no tomarlo en serio. Cuando hacemos esto, nos identificamos únicamente con el Amor de Dios, que sabemos que es lo que somos. Entonces ese Amor se expresará automáticamente a través de nosotros y se manifestará en el mundo.

El mundo y sus imágenes no son sino proyecciones o extensiones ("representaciones pictóricas") de lo que está en nuestras mentes. Si lo que está en nuestras mentes es el Pensamiento de Amor, entonces en todo lo que hagamos y digamos se manifestará ese Amor. Como he observado antes, esta es la razón por la que Jesús nos dice que él es la manifestación del Espíritu Santo (C-6.1:1). Cuando él apareció sobre esta tierra, como cuerpo se parecía a todos los demás. Sin embargo, lo que vino a través de él, lo que su cuerpo reflejaba, era el amor resplandeciente del Cielo. *Esto* es lo que le hacía diferente. Su mente estaba totalmente unificada con el Amor de Cristo, de modo que todo lo que hacía y decía reflejaba ese Amor. El Espíritu Santo usó la voz, los ojos, los oídos, las manos y los pies de Jesús, y a través de ellos Él transmitió este mensaje. Hoy día, el mensaje de Jesús es exactamente el mismo, y así, en el Curso, nos pide que seamos su manifestación. Como él ya no está en un cuerpo y no pronuncia palabras, necesita nuestros cuerpos —voz y palabras— para poder transmitir a los demás el mensaje inespecífico del Amor de Dios, el principio de la Expiación que dice que la separación de Dios nunca ocurrió, y por lo tanto no estamos separados unos de otros.

Como he venido diciendo, los estudiantes tienen mucha tendencia a cometer el error de identificarse con la forma: "Quiero ser una persona santa; quiero enseñar *Un curso de milagros* como lo enseñas tú", como si hubiera algo santo en dar una charla. Lo que es santo es el amor del que se supone que informa esa charla, no la charla misma. Lo que hace de ti un maestro del Curso no es la capacidad de exponer lo que enseña, simplemente repitiendo una serie de conceptos, sino el amor con que enseñas. Claramente, entonces, tú no eres el maestro, sino que es el amor de Jesús a través de ti el que enseña. Por lo tanto, la idea no es quedarse pillado en la forma, sino identificarse en la medida de lo posible con el amor que es tu identidad. Es tu aceptación de este amor lo que hace de ti un maestro de Dios.

Pasando al segundo párrafo de la Lección 155, vemos una continuación de las enseñanzas de Jesús sobre cómo convertirnos en sus maestros:

(L-pI.155.2) El mundo es una ilusión. Los que eligen venir a él andan buscando un lugar donde poder ser ilusiones y eludir su propia realidad. Mas cuando se dan cuenta de que su realidad se encuentra incluso aquí, entonces se hacen a un lado y dejan que esta les muestre el camino. ¿Qué otra alternativa tienen realmente? Dejar

que las ilusiones vayan delante de la verdad es una locura. Mas dejar que las ilusiones se rezaguen detrás de la verdad y que esta se alce como lo que es, es simplemente muestra de cordura.

Cualquiera que venga a este mundo está tratando de proteger su autoimagen como yo separado, siendo el cuerpo y el mundo los medios de demostrar esto. En este sentido, el mundo es un escondrijo en el que evitar nuestra propia realidad. El maestro de Dios "deja que las ilusiones se rezaguen detrás de la verdad y deja que la verdad se alce tal como es, lo que es muestra de cordura". Como maestros de Dios, nos damos cuenta de que podemos estar en el mundo sin ser del mundo; podemos vivir en el mundo como cuerpos, y sin embargo saber que el Espíritu Santo está dentro de nuestras mentes, que somos los hijos de Dios y no del ego. Nuestro ego ha dado un paso atrás, lo que significa que el "tú" —la mente tomadora de decisiones— que se ha identificado con el ego ha dado un paso atrás, y por lo tanto el amor es la realidad y guía el camino. Entonces, todo lo que hagamos emanará de esa realidad. Jesús nos recuerda que sentimos la tentación de llevar la verdad a la ilusión, en lugar de llevar la ilusión a la verdad. La lección consiste en mirar a la ilusión y no tener miedo de ella. Solo entonces puede retroceder y ser reemplazada por la verdad.

En los párrafos cuarto y quinto de esta lección, Jesús establece tres maneras distintas de estar en el mundo: la primera abarca a las personas que creen que el mundo es malvado o pecaminoso, y debe ser evitado. La segunda está compuesta por aquellos que creen que el mundo es valioso, y están intensamente apegados a él porque es el medio de alcanzar la alegría y la felicidad. La tercera es el camino medio, el del maestro (avanzado) de Dios. Estos son los que caminan con Jesús y no con el ego. Su conducta y apariencia es como la de todos los demás, pero hay paz en torno a ellos porque lo que transmiten es amor, y no culpa ni especialismo.

(L-pI.155.4-5) Si la verdad exigiese que renunciasen al mundo, les parecería como si se les estuviera pidiendo que sacrificasen algo que es real. Muchos han elegido renunciar al mundo cuando todavía creían que era real. Y como resultado, se han visto abatidos

por una sensación de pérdida y, por consiguiente, no se han liberado. Otros no han elegido otra cosa que el mundo, y su sensación de pérdida ha sido aún mayor, lo cual no han sido capaces de entender.

Entre estas dos sendas hay un camino que conduce más allá de cualquier clase de pérdida, pues tanto el sacrificio como la privación se abandonan de inmediato. Este es el camino que se te pide recorrer ahora. Caminarás por esta senda como otros lo hacen, y aunque no parezcas ser distinto de ellos, ciertamente lo serás. Por lo tanto, podrás ayudarlos al mismo tiempo que te ayudas a ti mismo, y encauzar sus pasos por el camino que Dios ha despejado para ti y para ellos por mediación tuya.

Los que creen que el mundo es malo están viendo en él la proyección de su propio pecado, pero ya no lo perciben como suyo. Ellos ven la forma del pecado fuera de sí mismos, lo que da como resultado creer que el mundo es un lugar malo. A menudo esta es la tentación para la gente que trabaja con el Curso, pues piensan que cuando Jesús dice que el mundo es una ilusión, en realidad está diciendo que el mundo es pecaminoso. Si sientes que tienes que retirarte del mundo o de sus responsabilidades, de ser normal, estás diciendo que el mundo es malo, profano o no-espiritual. Una vez que dices eso, lo has hecho real, y, al hacerlo real, también has hecho reales los pensamientos de separación y culpa que el mundo representa.

Este fue el error de los gnósticos. Los gnósticos, una escuela filosófica que creció en los primeros siglos del cristianismo, enseña de manera casi unánime que el mundo no es real, que Dios no lo creó, que el Dios tanto del Antiguo como del Nuevo Testamento era el Dios del ego (aunque no usaban este término), y que el verdadero Dios estaba más allá de eso. Convencidos de esto, muchos de ellos —no todos— huyeron del mundo, creyendo que involucrarse en él era pecaminoso, creyendo que como el mundo era el efecto de un Dios inferior, involucrarse en él de cualquier modo era caer en las redes de esta falsa deidad. Valentino estuvo entre los pocos maestros gnósticos que escaparon de esta trampa.

Las personas que trabajan con *Un curso de milagros* a menudo se ven atrapadas en el mismo engaño. A veces, los críticos del Curso basan sus juicios en que es gnóstico. Sin embargo, no se dan cuenta de que es gnóstico en un área y no lo es en la otra. El Curso enseña evidentemente que Dios no creó el mundo, pero no condena al mundo ni aconseja a sus estudiantes que no se involucren con el cuerpo. Como dice el Texto:

> El cuerpo no es fruto del amor. Aun así, el amor no lo condena y puede emplearlo amorosamente, respetando lo que el Hijo de Dios engendró y utilizándolo para salvarlo de sus propias ilusiones (T-18.VI.4:7-8).

1) Esta primera manera de estar en el mundo está basada en la creencia de que el mundo es malo y, por lo tanto, hay que renunciar a él. El problema es que hay otra parte de nosotros que se siente atraída hacia el mundo, lo que significa que tendríamos que sacrificar aquello hacia lo que nos sentimos atraídos: Dios dice que no debería involucrarme con los pecados de la carne; por lo tanto, debo separarme de los pecados corporales, los placeres del sexo, la comida, el vestido, una cama cómoda, etc. Así, el problema está en el mundo, lo que nos lleva a evitarlo a toda costa. Esto nos deja con el conflicto de creer que Dios está pidiéndonos que renunciemos a algo que realmente queremos, una manera maravillosa de demostrar que el mundo y el sistema de pensamiento que lo fabricó son reales.

La idea de sacrificio y pérdida surge de este conflicto de renunciar al mundo mientras todavía se cree en su realidad. La noción de sacrificio ha desempeñado un papel prominente en casi todas las religiones del mundo, tanto en Oriente como en Occidente. Pero, en esta lección, Jesús nos dice que no es así como él quiere que seamos. Establece el mismo punto en la sección "No tengo que hacer nada" (T-18.VII), donde el contexto son las personas que pasan toda la vida en contemplación, sacrificio y luchando contra el pecado. Él explica que este planteamiento funcionará a largo plazo porque su objetivo es Dios, pero tomará mucho tiempo. El camino que nos ofrece en este Curso es mucho más corto porque, en primer lugar, no hace real el error, para después tratar de superarlo. Simplemente, mira al error y dice que no es verdad.

Una vez más, muchos estudiantes de *Un curso de milagros* sienten la tentación de ir en esa dirección, nacida del error, que ahora nos resulta familiar, de confundir forma y contenido y, por tanto, tratan de cambiar su conducta. Entonces los estudiantes afirman "Confío en mis hermanos que son uno conmigo"; "En mi indefensión radica mi seguridad"; "Una mente que ha sanado no planifica", y expresan estas "afirmaciones" modificando cómo viven sus cuerpos, a menudo poniendo en peligro sus vidas o las de sus seres queridos, como en los casos siguientes: no voy a cerrar mi coche ni mi casa, no planificaré para el futuro, abandonaré todas las pólizas de seguros porque soy un maestro de Dios avanzado y estoy más allá de estas preocupaciones mundanas. Hay una esperanza mágica de que, al cambiar lo externo (conducta), estamos cambiando lo interno (la mente). Sin embargo, lo único que ocurre es que la culpa interna sigue allí, pero ahora detrás de barricadas aún más firmes. Es posible que hayamos modificado nuestra conducta, pero la mente no ha cambiado.

El pensamiento del mundo, por tanto, es que cambiando la conducta podemos cambiar nuestro ser. *Un curso de milagros* enseña lo opuesto, que cambiando nuestro ser —es decir, la mente—, nuestro mundo cambiará, o ciertamente nuestras experiencias de él cambiarán. La idea es no enfocarse en cambiar lo externo. Recuerda que lo interno es la causa de lo externo, y no al revés.

Reiterando este punto central, el mayor obstáculo para nuestro desarrollo como maestros de Dios es confundir forma con contenido. Los pasajes del Texto que lidian con las relaciones especiales tienen como propósito enseñarnos a resolver esta confusión. En una velada crítica al cristianismo (especialmente al catolicismo), Jesús apunta la confusión entre forma y contenido al establecer que el ritual es la Voluntad de Dios, que uno muestra su amor por el Creador obedeciendo las leyes que Él ha establecido. El contenido de la crítica de Jesús es que no son el ritual o la forma los que son importantes, sino el contenido. Esta confusión es evidente en el ritual de la comunión (la eucaristía), donde la iglesia católica enseña que los fieles se hacen uno con Jesús uniéndose con su cuerpo transustanciado. Por eso nos dice en el Curso que él quiere unirse con nosotros en la mente, no en el cuerpo.

El problema es la creencia errónea de que al modificar nuestra vida externa tendremos un cambio correspondiente en nuestra vida interna. Llevamos esto a cabo adoptando en el mundo conductas que consideramos espirituales, como acabamos de ver ("Pongo mi futuro en manos de Dios") o adoptando comportamientos que nos permiten evitar el mundo que hemos juzgado como un lugar tan pecaminoso.

Por eso esta lección es tan importante. En esencia, Jesús nos está diciendo que seamos normales, que tengamos la misma apariencia que los demás y que actuemos como ellos, pero haciéndolo todo con él en lugar de con el ego. Como suelo decir, cuando trabajamos con el Curso, a menudo uno de los puntos más importantes a tener en mente es no olvidarnos de ser normales; no intentar ser diferentes ni estar separados de los demás.

Un último punto con respecto a esta manera de estar en el mundo: una vez que etiquetamos ciertos comportamientos de espirituales o no espirituales, estamos diciendo que hay una jerarquía de ilusiones; por ejemplo, tener pólizas de seguros es malo, no tenerlas es bueno; tener cerrojos en las puertas es malo, no tenerlos es bueno. Decir que las cosas en el mundo son buenas o malas presupone obviamente la existencia del mundo. Además, una vez que afirmamos que algo es espiritual, lo opuesto también debe ser verdad; y si afirmamos que algo es no espiritual, lo opuesto debe ser verdad. Esto significa que estamos en la dualidad. Al separar el mundo en personas santas y no santas, en actividades espirituales y no espirituales, percibimos una representación pictórica de la dualidad de la mente: Dios-ego, víctima-victimario, santo-profano. Tomamos este pensamiento demente, lo proyectamos en el mundo y vemos dualidad y oposición por doquier.

2) La segunda manera de vivir en el mundo, ante la que Jesús nos advierte, guarda relación con las personas que creen que el mundo es valioso. En el caso típico, son las personas que la sociedad llama materialistas, que se dedican a adquirir coches, dinero y posesiones de todo tipo, además de luchar por la fama, el prestigio y la adulación. Entonces, el mundo es un buen lugar si les da lo

que desean. Sin embargo, Jesús nos dice que no habiendo "elegido otra cosa que el mundo... han sufrido una sensación de pérdida aún más profunda, puesto que no han entendido." En otras palabras, después de conseguir lo que quieren, las personas sentirán que no es suficiente; todavía falta algo. Como al ego le encantan las comparaciones, existe la molesta creencia de que algún otro tiene más, lo que no hace sino intensificar el impulso de adquirir más. Reaccionan a esta tensión esforzándose por conseguir más y más, sintiendo al mismo tiempo que nunca tendrán suficiente. En último término, este segundo grupo basa su valor como personas en la cantidad de posesiones externas, o en ser estimados por otros. Lo que verdaderamente ocurre es que la sensación de vacío en la mente ha sido llenada, pero no con el Amor de Dios —eso es lo que temen—, sino con el amor al dinero y las cosas, y con otros cuerpos que adorarán en el altar al especialismo.

3) El camino medio "conduce más allá de cualquier clase de pérdida, pues tanto el sacrificio como la privación se abandonan de inmediato [...] Caminarás por esta senda como otros lo hacen, y aunque no parezcas ser distinto de ellos, ciertamente lo serás" (L-pI.155.5:1,3). Lo que hace que seas diferente como maestro avanzado de Dios es que ahora caminas con Jesús o el Espíritu Santo y no con el ego, lo cual simplemente significa que tu conducta externa y tus formas serán las mismas que las de todos los demás, pero habrá una paz en torno a ti, sonreirás con más frecuencia, y solo expresarás amor. Habrá auténtica compasión y preocupación no por un grupo particular, sino por *toda* la gente. No establecerás excepciones en nada de lo que veas, hagas o sientas. Reconocerás que todo el mundo es tanto víctima como victimario, porque todos sufrimos de una enorme montaña de culpa procedente de la creencia de que realmente destruimos el Cielo, huimos de casa y nunca encontraremos el camino de vuelta.

Lo que también es diferenciador con respecto a este camino medio es que una vez que te identificas con la paz de Dios y con el amor de Jesús, experimentas que ese estado mental es perfectamente natural y no está fuera de lo ordinario. Por lo tanto, no tienes la necesidad de anunciar "tu estado avanzado" a otros, por ejemplo. El Espíritu Santo enseña a través de contrastes

(T-14.II.1), y reconoces este estado natural viendo que tú ya no reaccionas a las situaciones como antes. Tu paz será inequívoca y sentirás la diferencia, como también la sentirán los que vivan y trabajen contigo.

Finalmente, servirás a otros no haciendo buenas obras en el mundo, sino recordándoles lo que tú has recordado. No hay nada erróneo en ayudar a otros en el mundo, siempre que sepas que tú no eres el ayudador y que no tengas una inversión en la reacción del mundo. No confundas la forma (conducta) con el contenido (pensamiento). La subsección "La función del maestro de Dios" del Manual para el maestro es una maravillosa presentación de este importante aspecto de cómo ser un maestro de Dios. Jesús hace referencia a que, como maestros de Dios, ayudaríamos a las personas enfermas, pero obviamente esto está pensando para extenderlo a todas las personas, no solo a las que están enfermas físicamente.

(M-5.III.2:2-3,6-12) La simple presencia del maestro de Dios les sirve de recordatorio. Su manera de pensar reclama el derecho de cuestionar lo que el paciente ha aceptado como verdadero [...] Representan la alternativa. Con la Palabra de Dios en sus mentes, vienen como una bendición, no para curar a los enfermos sino para recordarles que hay un remedio que Dios les ha dado ya. No son sus manos las que curan. No son sus voces las que pronuncian la Palabra de Dios, sino que sencillamente dan lo que se les ha dado. Exhortan dulcemente a sus hermanos a que se aparten de la muerte: "¡He aquí, Hijo de Dios, lo que la vida te puede ofrecer! ¿Preferirías la enfermedad en su lugar?"

Lo único que hacemos como maestros de Dios es servir de recordatorio, no con palabras, sino mediante la paz mental que se extiende a través de nosotros al mundo. Recordamos a otros que pueden cuestionar lo que han venido creyendo, sintiendo y cómo han venido comportándose: la ansiedad y el dolor que sentimos viene de una elección que hicimos, que hemos dado por supuesta, y nos hemos olvidado de cuestionarla: nuestro enfado parece ser una realidad, y nuestra culpa algo con lo que nacimos. Todo esto es lo que ahora debemos cuestionar.

Para los que se han olvidado de que tienen una mente, nuestra paz es otra manera de decir que existe otra opción. En palabras de Jesús: "Representan la Alternativa." Nuestra función no es curar a los enfermos, ni hacer nada externo que haga que la gente se sienta mejor. Es posible que nuestros cuerpos acaben haciendo justo eso, pero en realidad la curación se realizará a través de nosotros. Y veremos la diferencia cuando no tengamos inversiones en que la otra persona se sienta feliz o se cure, ni en que la situación cambie gracias a nosotros. Sabremos que lo hemos hecho con el Espíritu Santo más que con el ego cuando nuestra autoimagen no cambie debido al maravilloso trabajo que estamos haciendo, y a todas las personas que nos dicen lo maravillosos que somos. En otras palabras, sabemos que el amor y la paz de Jesús son todo lo que queremos, todo lo que tenemos, y todo lo que somos, y que no hay nada más. Por lo tanto, que la otra persona nos diga lo maravillosos que somos es irrelevante; si una persona se levanta de entre los enfermos y camina debido a nosotros es irrelevante. Esto no significa que este tipo de cosas no vayan a ocurrir; solo significa que son irrelevantes para nuestra paz interna y nuestra verdadera sanación.

Lo que es de ayuda no es tener manos curativas ni decir palabras santas, tanto si son de la Biblia, como de *Un curso de milagros* o de cualquier otro libro: "Ellos simplemente dan lo que se les ha dado a ellos. Muy delicadamente llaman a sus hermanos a alejarse de la muerte: 'Contempla, Hijo de Dios, lo que la vida puede ofrecerte. ¿Elegirías le enfermedad en su lugar?'" Esto no significa que visitemos a una persona en el hospital con el Manual para el maestro y que se lo leamos. Sé que esto suena divertido, pero te aseguro que ha habido estudiantes del Curso que han hecho exactamente eso. Una vez más: esto tiene que ver solo y exclusivamente con el contenido (mente), y nunca con la forma (cuerpo). Habiendo apartado a nuestros egos del medio, el amor y la paz se reflejarán de manera natural en nuestros comportamientos y actitudes. Nuestro pensamiento de la mente correcta señalará el hecho de que el pensamiento correcto también está en la otra persona, puesto que las mentes están unidas. Tal como elegimos tener a Jesús con nosotros, la mente tomadora de decisiones de esa persona también puede elegir estar presente a su amor.

(M-5.III.3:1-2) Los maestros de Dios avanzados no toman en consideración ni por un instante las formas de enfermedad en las que sus hermanos creen. Hacerlo sería olvidar que todas ellas tienen el mismo propósito y que, por lo tanto, no son en modo alguno diferentes.

Aquí volvemos a ver el tema, presentado una y otra vez en el Libro de ejercicios, de que todo es lo mismo. Esta es la razón del fuerte énfasis que se hace en las instrucciones de las primeras lecciones de que no excluyamos específicamente ningún objeto de la práctica del día, porque todo es lo mismo. Jesús nos enseña este profundo mensaje con instrucciones aparentemente simples. Él nos enseña que no nos dejemos engañar por la forma. A esto me refería antes en mi advertencia con respecto a los números y la cantidad. No importa cuánta gente estudie *Un curso de milagros*. No importa si solo hay una persona estudiando el Curso —tú—, porque dentro de nuestro sueño particular, nosotros *somos* los únicos que estamos estudiándolo, y este debería ser nuestro único punto de enfoque. Como nuestras mentes son verdaderamente una, el amor que nos une se extiende automáticamente para abrazar a todas las mentes. Sin embargo, esta extensión, en la mente o en el mundo, no nos preocupa. Ocurre automáticamente y de manera natural sin necesidad de que nosotros hagamos nada. Por lo tanto, ser un maestro avanzado de Dios es lo más fácil del mundo, porque no hacemos nada. Todo se hace a través de nosotros. Nuestra única responsabilidad es enfocarnos en la interferencia, y con el Espíritu Santo a nuestro lado, dejarla ir.

Volviendo al tema anterior, lo que puede ser confuso son esos pasajes del Libro de ejercicios que sugieren que Dios está involucrado en nuestro mundo, y que lo que hacemos con nuestros cuerpos es importante. Consideremos la lección 71, que nos hace preguntar a Dios: "¿Qué quieres que haga? ¿Adónde quieres que vaya? ¿Qué quieres que diga y a quién?" Esto puede fomentar el pensamiento mágico de que, si simplemente decimos la oración, todo estará bien, porque Dios mismo nos dirá qué hacer, etc. Por esta razón, yo sigo insistiendo a los estudiantes en que no saquen de contexto lo que se dice en el Libro de ejercicios. Identificados con cuerpos, no podemos evitar tener una visión mágica de Dios o de Jesús. Reprimimos nuestra creencia secreta de que Dios es el Enemigo iracundo, y la recubrimos con la fantasía de que nuestro Padre hará que todo sea maravilloso para nosotros. Pero como en realidad creemos que Dios es nuestro Enemigo, Jesús nos corrige diciéndonos que nuestro Padre es nuestro Amigo, y que se preocupa por nosotros como personas. Así, leemos en la Lección 194 "Pongo el futuro en Manos de Dios":

> Tu futuro está en Manos de Dios, así como tu pasado y tu presente. Para Él son lo mismo y, por lo tanto, deberían ser lo mismo para ti también. Sin embargo, en este mundo la progresión temporal todavía parece ser algo real. No se te pide, pues, que entiendas que el tiempo no tiene realmente una secuencia lineal. Solo se te pide que te desentiendas del futuro y lo pongas en Manos de Dios (L-pI.194.4.1-5).

Jesús está diciendo que el tiempo no existe, solo una ilusión en la que el pasado, el presente y el futuro son uno. Sin embargo, no podemos entender esto porque todavía creemos que el tiempo es real, y por tanto no nos está pidiendo que entendamos que no hay futuro. Simplemente nos pide que confiemos en que Dios nos ama. Es el hermano mayor hablando a sus hermanos pequeños, sabiendo que no sería de ayuda decirles: "No te molestes en preguntar a papá; ni siquiera sabe quién eres." La corrección que resulta útil es decir al pequeño: "Puedes confiar en Papá; él no está enfadado contigo." Este es el mensaje: Dios no está enfadado. Él no trata de castigar, sino solo de amar. No ha ocurrido nada que interfiera con su Amor.

Jesús no nos transmite ese mensaje dándonos un extenso discurso sobre el pecado, la culpa y el miedo, y sobre que el tiempo se fabricó como una defensa contra ese miedo. Lo que es de ayuda a estas alturas es corregir el error que dice que no podemos confiar en Dios porque Él es iracundo y punitivo. Y por tanto podemos confiar en nuestro Padre, poniendo nuestro futuro en Sus Manos, aunque Jesús también nos informa de que no hay futuro, diciendo: "Como crees que el futuro existe, voy a hablarte de esta manera. Lo que es verdad no es la forma de lo que estoy diciendo, sino el contenido." Esto es similar a cuando dice que Dios nos echa de menos, y que se siente solo e incompleto porque Le abandonamos. Desde el punto de vista del Curso, esto es pura herejía. Sin embargo, esto *es* lo que Jesús dice. ¿Por qué? No porque estas palabras sean literalmente verdad, sino porque su contenido lo es, puesto que Jesús nos enseña su mensaje de amor de un modo que podemos entenderlo sin temor. El ego nos diría que Dios está contento de que Su Hijo se haya ido, ¡y qué descanso para Él! En cambio, Jesús nos dice que nuestro Padre se siente solo porque nos hemos ido de casa. En otro pasaje se nos dice que Dios llora por nosotros. Amorosamente, Jesús usa símbolos para transmitir la verdad, que es que Dios nos ama, y nuestros supuestos pecados contra él no han tenido efecto.

En la Lección 192, "Tengo una función que Dios quiere que desempeñe", Jesús hace referencia a Dios, cuando en realidad se está refiriendo al Espíritu Santo, que es el único que sabe del perdón:

La santa Voluntad de tu Padre es que tú Lo completes y que tu Ser sea Su Hijo sagrado, por siempre puro como Él, creado por el Amor y en Él preservado, extendiendo Amor y creando en Su Nombre, por siempre Uno con Dios y con tu Ser. Mas, ¿qué sentido puede tener tal función en un mundo de envidia, odio y ataque?

Tienes, por lo tanto, una función en el mundo de acuerdo con sus propias normas. Pues ¿quién podría entender un lenguaje que está mucho más allá de lo que buenamente puede entender? (L-pI.192.1:1—2:2).

Jesús deja claro que este es un lugar de "envidia, odio y ataque", siendo una representación del *pensamiento* de envidia, odio y ataque. Por lo tanto, es más significativo que él nos hable sobre cómo deshacer este pensamiento, que hablar de un Amor que no podemos entender y de que nosotros somos su extensión.

Así, aquí tenemos otro ejemplo claro de por qué Jesús nos habla tal como nos habla en el Curso. Puesto que somos como niños pequeños, con mucha frecuencia él nos habla de esta manera, porque "¿quién podría entender un lenguaje que está mucho más allá de lo que buenamente puede entender?" Lo que no está mucho más allá de lo que buenamente podemos entender es esto: "Tienes un Padre amoroso en el Cielo que actúa como una persona. Él piensa, siente y llora; Él te echa de menos, y está solo e incompleto sin ti; Él te habla y tú Le puedes rezar. Finalmente, en Su gran Amor por ti, Él tiene un plan para deshacer el ego." En otras palabras, Jesús nos habla como si Dios tuviese un cuerpo, porque como creemos que tenemos un cuerpo, Dios también debe tener uno.

Sin embargo, en el Curso, Jesús siempre nos ofrece pasajes para ayudarnos a entender que Dios es abstracto, no específico, que Él no tiene un cuerpo y que no sabe del mundo, que Él no entiende palabras y no oye oraciones, y así sucesivamente. Si las afirmaciones se ponen una al lado de la otra, parece que se estuviera contradiciendo. Sin embargo, si comparamos el viaje espiritual con ascender por una escalera, podemos entender que Jesús dirige muchas de sus declaraciones hacia la base de la escalera, algunas hacia la parte media y algunas hacia la parte alta. Entendidas de esta manera, no son contradictorias en absoluto. Siempre debemos pensar en el contenido o el propósito, no en la forma. Y así leemos que el perdón no viene de Dios:

> El perdón es tu función aquí. No es algo que Dios haya creado, ya que es el medio por el que se puede des-hacer lo que no es verdad. Pues, ¿qué necesidad tiene el Cielo de perdón? [...] El perdón contempla dulcemente todas las cosas que son desconocidas en el Cielo, las ve desaparecer y deja el mundo como una pizarra limpia y sin marcas en la que la Palabra de Dios puede ahora reemplazar a los absurdos símbolos que antes estaban escritos allí (L-pI.192.2:3-5, 4:1).

El perdón es desconocido en el Cielo. No toca la verdad en absoluto, porque la verdad está más allá de todas las ilusiones del mundo. La "no-verdad" que oculta la verdad es la que tiene que ser deshecha. "El perdón contempla dulcemente todas las cosas que son desconocidas en el Cielo": todos nuestros pensamientos de ataque —odio, pecado, deseo de ser especial— y las proyecciones de estos pensamientos de ataque en el mundo. Recuerda estas importantes líneas: "El perdón... es tranquilo y sosegado, y sencillamente no hace nada... Simplemente observa, espera y no juzga" (L-pII.1.4:1,3).

Aquí lo importante es entender que Jesús no está hablando de hacer cosas grandes y maravillosas en el mundo. A él no le importa el número de estudiantes ni convertir el mundo a *Un curso de milagros*. Él simplemente nos enseña que el perdón mira a lo que es desconocido en el Cielo y, a continuación, amablemente, lo observa desaparecer. Si miramos con dureza, que es como generalmente miramos al mundo del ego —con los ojos de la culpa, el miedo y el juicio— se solidifica todavía más en nuestra mente, porque hemos dado realidad al sistema de pensamiento del ego. A medida que sigamos leyendo, estudiando y practicando el Curso, veremos con cuánta frecuencia aparece esta idea de no dar realidad al ego.

Una vez más, "El perdón contempla dulcemente todas las cosas que son desconocidas en el Cielo, las ve desaparecer...", y en ese punto el mundo queda limpio. En este contexto, el mundo es la mente, porque lo externo y lo interno son lo mismo. Sin el ego, la mente se queda solo con la Palabra de Dios, el principio de Expiación que refleja el Amor del Espíritu Santo. Este es el hogar de Jesús, la mente recta que queda liberada de pensamientos de pecado, sacrificio y ataque. La Palabra sanadora de Dios puede reemplazar "a los absurdos símbolos que antes estaban escritos allí". Entonces nuestros cuerpos se convierten en aulas escolares donde aprender:

> El perdón es el medio por el que se supera el miedo a la muerte, pues esta deja de ejercer su poderosa atracción y la culpa desaparece. El perdón permite que el cuerpo sea percibido como lo que es: un simple recurso de enseñanza

del que se prescinde cuando el aprendizaje haya terminado, pero que es incapaz de efectuar cambio alguno en el que aprende (L-pI.192.4:2-3).

El cuerpo, fabricado para ser una limitación y un ataque contra el amor —un instrumento de culpa, sufrimiento, dolor y muerte—, ahora es transformado en una ayuda para la enseñanza. No es bueno ni malo, santo ni profano, sino neutral, liberado para servir al santo propósito del perdón. Una vez más, el cuerpo no es santo en sí, meramente sirve al santo propósito de la mente. Esto es lo que significa ser un maestro de Dios avanzado. Nosotros no somos la Palabra de Dios, pero hemos permitido que Ella hable a través de nosotros. Nuestro trabajo consiste simplemente en elegir en contra de las barreras a la verdad, pues por fin le hemos dado la bienvenida. Lo que queda es la Palabra brillante, el resplandeciente amor de Jesús que se extiende naturalmente y sin esfuerzo a través de nosotros.

7. Resumen y cierre

En conclusión, me gustaría hacer un resumen de nuestros comentarios. Uno de los principales propósitos del taller del que está tomado este fragmento era ayudar a la gente a entender la naturaleza del Libro de ejercicios, así como fomentar el aprecio de su importancia y de su lugar dentro del programa de estudios de *Un curso de milagros*. Dicho aprecio tendría el efecto de ayudar a los estudiantes a sentirse humildes al ver cuánto pueden pasar por alto al trabajar con el Curso, y que hacen falta más de una, dos o diez lecturas para empezar a entender plenamente su propósito y la sabiduría que contiene.

Este profundo sistema de pensamiento no está diciendo lo que pensamos que está diciendo. A un nivel, su mensaje es que Dios nos ama, que nosotros no estamos separados de Él, y que todos somos uno, pero hay docenas y docenas de espiritualidades, antiguas y contemporáneas, que dicen algo muy similar. Lo que hace que este Curso sea diferente y una herramienta de aprendizaje tan poderosa es que hace énfasis en la necesidad de mirar al sistema de pensamiento del ego. El hecho de que Jesús diga que el ego es ilusorio no significa que no debamos prestarle atención. De hecho, es justo al revés. Debemos prestarle cuidadosa atención porque *nosotros* creemos que es real. Una vez más, sentimos humildad al darnos cuenta de cuánto nos resistimos a entender verdaderamente el significado de estas palabras, por no hablar de ponerlas en práctica.

Si relees el Libro de ejercicios, te garantizo que lo verás de otra manera. Y si después de eso relees el Texto, ciertamente lo verás de forma diferente. Hacen falta muchos, muchos años de estudio y disciplina para ser capaz de poner en práctica sus enseñanzas. No es fácil mirar al ego y hacerlo desaparecer. Una vez más, si fuera así de simple, ninguno de nosotros estaríamos aquí. Nos encontramos en el mundo porque no queremos mirar al ego. Por eso este es un curso de entrenamiento mental, de darnos cuenta de que somos mentes y no cuerpos.

Frecuentemente he citado que Helen dijo que *Un curso de milagros* era para cinco o seis personas. Obviamente, esto era un símbolo más que un número literal, aunque ella a veces sentía la tentación de ponerse a contar. Pero lo que Helen estaba expresando era el reconocimiento de que este es un Curso muy diferente, y que no es para las masas. Las religiones o la espiritualidad que están dirigidas a grandes cantidades de gente no dedican una gran cantidad de tiempo, como hace el Curso, a hablar del odio asesino y cruel de nuestras relaciones especiales. Y muy pocas espiritualidades occidentales hablan de la naturaleza ilusoria del mundo y de las profundas implicaciones de esta vía no dualista para nuestra vida de cada día: que no hemos de prestar tanta atención al mundo, sino a nuestra manera de pensar acerca de él. Por lo tanto, nuestro enfoque no consiste en cambiar lo que está fuera, la forma; más bien, nuestro enfoque está en cambiar nuestros pensamientos, e incluso, de manera más precisa, en mirar con Jesús a la fealdad del ego para poder darnos cuenta finalmente de que no es feo en absoluto. Es simplemente un pensamiento tonto que en una ocasión nos tomamos en serio.

Una vez más, este Curso es un gran desafío y deberíamos aproximarnos a él con respeto. Sin duda, esto *no* significa que debamos tratarlo como un libro sagrado, y rodearlo de flores, incienso y cosas parecidas. Sin embargo, sí significa que deberíamos aproximarnos a él con una humildad que diga: "Yo no sé nada, y quiero que se me enseñe, y creo que este es el vehículo que me ayudará, y cuento con el maestro que me ayudará a aprenderlo." Entonces, nos daríamos cuenta de que, si este es nuestro camino espiritual, estamos más que dispuestos a pasar el resto de nuestras vidas haciendo el viaje con Jesús, lo que significa recorrer el camino de nuestro ego, pero sin caminar solos. Cuando recorremos el camino de nuestro ego con Jesús, el camino cambia. Es a esto a lo que se refiere cuando habla de la visión: cuando de repente oímos a los pájaros gorjear, a los arroyos cantar y vemos flores brotando de la tierra. Por supuesto que esto solo son símbolos para denotar lo bello que nos parece el mundo porque nos hemos identificado con la belleza interna.

Estar con Jesús es la experiencia más bella del mundo, y cuando esa belleza forma parte de nosotros, miramos a un mundo de belleza, incluso si el mundo de la forma es tan feo y cruel como antes. Pero al sentir la belleza y el amor dentro, eso es lo que contemplamos fuera: *la proyección da lugar a la percepción*. Esto es lo que significa ser un maestro de Dios que avanza hacia el objetivo de despertar de la pesadilla de separación del ego. Mediante el programa de entrenamiento mental del Libro de ejercicios, Jesús nos ayuda a no subestimar nuestra inversión en el ego y nuestra identificación con él. Así, caminamos con él a través de las trampas de la ilusión, pero con los ojos abiertos que ahora ven la verdad más allá de las apariencias, el amor más allá del miedo, y la luz que nunca ha dejado de brillar en medio de las nubes oscuras de la culpabilidad.

Para cerrar, voy a leer una preciosa página de la Segunda Parte del Libro de ejercicios, titulada "¿Qué soy?" (L-pII.14). Toda la segunda parte está compuesta por estas maravillosas lecciones y oraciones a Dios. Después de cada grupo de diez, hay una página con una pregunta, que seguidamente se responde, y las catorce preguntas sirven como un maravilloso resumen de los temas de

Un curso de milagros. La última es la respuesta a la pregunta: "¿Qué soy?" En el Curso se nos dice varias veces que esta es la pregunta fundamental que deberíamos plantearnos. El ego, por supuesto, nos da la respuesta: eres una persona pecaminosa y culpable, y tú a continuación lo niegas, fabricando un mundo que parece decirte que eres otra cosa. La verdadera respuesta, por supuesto, es la del Espíritu Santo: tú eres el verdadero y único Hijo de Dios. Esta página es una preciosa expresión de esta verdad. Cierra con una exposición inspiradora de lo que significa ser un maestro de Dios viviendo en el mundo de ilusión. No hace referencia a los santos trabajos que haríamos, ni a todos aquellos a los que convertiríamos. Más bien, expresa la simplicidad de ser un mensajero que demuestra al mundo el amor que Jesús nos ha enseñado en su curso.

¿Qué soy?

Soy el Hijo de Dios, pleno, sano e íntegro, resplandeciente en el reflejo de Su Amor. En mí Su Creación se santifica y se le garantiza vida eterna. En mí el amor alcanza la perfección, el miedo es imposible y la dicha se establece sin opuestos. Soy el santo hogar de Dios Mismo. Soy el Cielo donde Su Amor reside. Soy Su santa Impecabilidad Misma pues en mi pureza reside la Suya Propia.

La necesidad de usar palabras está casi llegando a su fin. Mas en los últimos días de este año que tú y yo juntos le ofrecimos a Dios, hemos descubierto que compartimos un solo propósito. Y así, te uniste a mí, de modo que lo que yo soy tú lo eres también. La verdad de lo que somos no es algo de lo que se pueda hablar o describir con palabras. Podemos, sin embargo, darnos cuenta de la función que tenemos aquí, y usar palabras para hablar de ello, así como para enseñarlo, si predicamos con el ejemplo.

Somos los portadores de la salvación. Aceptamos nuestro papel como salvadores del mundo, el cual se redime mediante nuestro perdón conjunto. Y al concederle el regalo de nuestro perdón, este se nos concede a nosotros. Vemos a todos como nuestros hermanos y percibimos todas las cosas como buenas y bondadosas. No estamos interesados en ninguna función que se encuentre más allá del umbral del Cielo. El Conocimiento volverá a aflorar en nosotros cuando hayamos desempeñado nuestro papel. Lo único que nos concierne ahora es dar la bienvenida a la verdad.

Nuestros son los ojos a través de los cuales la visión de Cristo ve un mundo redimido de todo pensamiento de pecado. Nuestros son los oídos que oyen la Voz que habla por Dios proclamar que el mundo es inocente. Nuestras son las mentes que se unen conforme bendecimos al mundo. Y desde la unión que hemos alcanzado, invitamos a todos nuestros hermanos a compartir nuestra paz y sumarse a nuestra dicha.

Somos los santos mensajeros de Dios que hablan en Su Nombre, y que al llevar Su Palabra a todos aquellos a los que Él nos envía, aprendemos que está impresa en nuestros corazones. Y de esa forma, nuestras mentes cambian con respecto al objetivo para el que vinimos y al que ahora procuramos servir. Le traemos buenas nuevas al Hijo de Dios que pensó que sufría. Ahora ha sido redimido. Y al ver las puertas del Cielo abiertas ante él, entrará y desaparecerá en el Corazón de Dios.

72671642R00307